August Nitschke · Körper in Bewegung

Inhalt

EINLEITUNG

Historiker gehen verschiedene Wege

»In den unterschiedlichen Gesellschaftsstrukturen finden wir äußerst unterschiedliche Kategorien der Zeit... und stoßen wir auf verschiedene Wahrnehmung des Raumes.«

Aaron J. Gurjewitsch

Es mag an den Ereignissen unserer Tage liegen, daß ich in der letzten Zeit häufiger an eine Geschichte denken muß, die ich als Kind las. An einem Baum, so hieß es, der auf einer Paßhöhe im Norden Kanadas stand, gingen ein Maler und ein Holzhändler vorüber. Der eine sah das spröde, von Rissen gezeichnete Grau der verwitterten Rinde vor dem rot aufleuchtenden Abendhimmel und betrachtete betroffen die Schönheit des alten Baumes. Der andere bemerkte das bereits morsche Holz, dessen finanziellen Wert er schnell taxierte, und schritt ungeduldig weiter. Später kam ein Indianer. Er blickte kurz und voller Scheu zum Geäst des Baumes auf, der für sein Volk einen heiligen Charakter besaß. – Die drei Personen nahmen den einsamen Baum auf dem Paß unterschiedlich wahr.

Historiker beschäftigen sich seit einigen Jahren zunehmend häufiger mit den Wahrnehmungsweisen der Menschen. Sie erklären diese oft aus der Mentalität eines Berufsstandes oder aus der Tradition einer sozialen Gruppe. Das ist nicht neu.

In diesem Buch möchte ich zeigen, daß es gesellschaftstypische Wahrnehmungsweisen gibt, die einen anderen Ursprung haben. Sie sind auch anderer Art.

Aus zahlreichen Studien der letzten Jahre ging hervor, daß von den äußeren Umständen, unter denen eine Gesellschaft lebt – vom Klima, von der Wirtschaft, von der Technologie, vom Platz, der dem einzelnen in seiner Umwelt zur Verfügung steht, und von vielen anderen Faktoren – daß von diesen äußeren Umständen die Menschen einer Gesellschaft nur einige als Wirkungen erfahren. Und diese prägen ihre Wahrnehmungsweise.

In der Welt treten sehr unterschiedliche Wirkungen auf, die unsere Physiker mit mathematischen Formeln beschreiben. Allerdings messen, was die Historiker nachweisen können, die Angehörigen einer bestimmten Gesellschaft nur einigen dieser Wirkungen Bedeutung zu. In anderen Gesellschaften achten die Menschen auf Wirkungen anderer Art.

So wissen wir selber wohl, daß eine Bewegung – etwa das Gähnen – bei uns bewirken kann, daß wir diese wiederholen. An diesem Zwang zur Wiederholung eines Bewegungsablaufs orientieren sich viele Gesellschaften bei ihren Handlungen. Wir beachten ihn kaum und reagieren unsererseits dafür auf eine andere Art des Wirkens überaus empfindlich – etwa auf die Wirkung, die von einem Druck oder die von zunehmender Spannung ausgeht. Von diesen Wirkungen, soweit die Menschen der europäischen Gesellschaften ihnen ausgesetzt waren und soweit sie diese herbeizuführen beabsichtigten, wird dieses Buch berichten.

Über die Methode, nach der diesem Ziel zuliebe vorgegangen werden muß, soll erst am Ende des Buches gesprochen werden. Die dann vertrauten sachlichen Zusammenhänge werden es dem Leser erleichtern, sich auf die notwendigerweise abstrakten Überlegungen einzulassen.

Da es für die meisten von uns nicht selbstverständlich ist, sich von den Wirkungen Rechenschaft abzulegen, unter die wir Menschen als Angehörige unserer jeweiligen Gesellschaft geraten, will ich kurz mitteilen, wie ich dazu kam, nach ihnen zu fragen. Dabei kann ich auch gleich erläutern, welche Themen ich wählte und warum ich sowohl Handlungen als auch Plastiken und Bilder, Bewegungen wie auch Bauten beschreiben werde.

Menschen werden handelnd mit Wirkungen vertraut

Es begann mit einer Beunruhigung. Ich las als Student viel über einen Papst, Gregor VII. Nach allen Berichten bestand ein krasser Widerspruch zwischen dem, was er tat – er rüstete auf und führte Kriege –, und dem, was er schrieb – er forderte Handlungen aus »wahrer Liebe«. Nun sind uns die Briefe dieses Papstes erhalten. Ich bemühte mich daher, seine Worte nach einer neuartigen, sehr strengen Methodik nicht mit den Augen eines aufgeklärten Wissenschaftlers des 20. Jahrhunderts zu lesen, sondern mit denen, die ihm selber einst eigen waren. So widersprachen sich Tun und Äußerungen nicht mehr.

Die Eigenart meines eigenen Vorgehens wurde mir erst später voll bewußt. Ich hatte nicht jeder Äußerung von Gregor geglaubt. Ich ließ mir von ihm allerdings sagen, wie Menschen in seiner Welt aufeinander und wie ihre Umgebungen auf sie wirkten. Diese Beschreibung der Wirkungen nahm ich ernst, auch wenn ich ähnliche in unserer Gesellschaft nicht beobachten konnte.

Damit hatte ich mich von der Fragestellung sehr vieler Historiker entfernt. Diese wollen die Menschen der Vergangenheit kennenlernen, deren Charaktere, ihre Interessen oder Mentalitäten. Sie analysieren auch die Strukturen, in denen diese zu leben gewohnt waren. Ich hingegen fragte bei dieser Arbeit nicht nach den Personen und nicht nach den Formen, in denen sich diese Personen zusammenschlossen. Mich interessierten statt dessen die Wirkungen, denen sie handelnd und reagierend ausgesetzt waren. Dabei nahm ich an, daß die Menschen früherer Zeiten andere Wirkungen spürten als wir in unseren Tagen.

Nachdem sich der Wechsel des »Objektes« bei Gregor VII. als fruchtbar erwiesen hatte, untersuchte ich nun, mit welchen Wirkungen Physiker in der Antike, im Mittelalter und in der Renaissance rechneten, wenn sie Bewegungsabläufe zu erklären suchten. Dabei machte ich eine eigentümliche Entdeckung.

Die Wirkungen, von denen Physiker berichteten, waren auch den Staatstheoretikern geläufig, die in derselben Gesellschaft und etwa zur gleichen Zeit lebten. Von diesen Wirkungen – so beobachtete ich weiter – war auch in den Briefen die Rede, die in jener Gesellschaft menschliche Verhaltensweisen darstellten. Mit diesen Wirkungen wurde bei der Tatbestandsaufnahme im gleichzeitigen Strafrecht gerechnet. Sie wurden in den jeweiligen Verfassungen beachtet.

Diese eigentümlichen Parallelen erklärte ich mir daraus, daß ich annahm: Möglicherweise erfahren die Menschen einer Gesellschaft an ihrem eigenen Körper von den vielen Wirkungen, die nach einem Physiker objektiv vorhanden sind – dank ihrer Art, sich zu bewegen –, einzelne in besonders intensiver Weise und achten daher überall auf diese Wirkungen.

So kam ich dazu, mich den »Körpern in Bewegung« zuzuwenden.

In weiteren vergleichenden Untersuchungen wurde mir bald bewußt: Das, was die Menschen bei Bewegungen, die sie beim Tanz, bei Spiel oder sportlichen Übungen häufig wiederholen, am eigenen Körper an Wirkungen erfahren, ist in der Tat von Gesellschaft zu Gesellschaft verschieden. Diese Wirkungen kann allerdings nur der

Historiker beschreiben, der darauf achtet, welchen Raum Bewegungen benötigen, um zur Geltung zu kommen. Wenn sich die Aufmerksamkeit von Männern und Frauen nur auf den eigenen Körper richtet, genügt es, den Raum, den der menschliche Körper bildet, zu berücksichtigen. Beobachten sie hingegen, wie Wärme und Kälte auf ihren Körper wirken, dann muß der Historiker, da Wärme und Kälte von der Umgebung des Menschen ausgehen, diese Umgebung mit darstellen, wenn er diese Art des Wirkens kennenlernen will. So geben die Untersuchungen der Wirkungen Hinweise darauf, an welchen Räumen die Menschen einer Gesellschaft sich orientieren. Damit erfährt ein Historiker bereits etwas über die Wahrnehmungsweise der Menschen; denn diese wird ja durch eine Sicht des Raumes geprägt.

Im Anschluß an diese Arbeit bezog ich außereuropäische Gesellschaften in die Studien ein. Bei deren Interpretation fiel auf, daß diese von Wirkungen anderer Art ausgingen. Sie entsprechen in mancherlei Hinsicht den Wirkungen, die Mediziner bei Bewegungsabläufen von Kindern beobachteten. Die Kinder kann ein fremder Bewegungsvorgang selber bereits veranlassen, ihn zu wiederholen. Für sie gliedert er dann die Zeit. Über deren Eigenart erfahren somit die Menschen etwas, die fremde Bewegungen übernehmen.

Auf diese Weise kam ich dazu, mich – während andere Historiker sich mit den Menschen, mit ihren Interessen und Mentalitäten beschäftigten – erst einmal für die Wirkungen zu interessieren, auf die die Menschen einer Gesellschaft dank ihrer Körpererfahrungen zu achten lernten. Diese Vorarbeiten bestimmten den Aufbau des Buches.

Am Anfang einer Epoche werde ich einzelne Kunstwerke betrachten. Diese geben oft Gesten und Gebärden wieder. Ich werde nicht fragen: Sollen Gesten und Gebärden Informationen vermitteln? Oder: Drücken sie einen Charakterzug oder ein Gefühl aus? Ich will statt dessen wissen: Sind diese Gesten und Gebärden Teil einer Bewegung? Und was sollen sie bewirken, oder auf welche Wirkung gehen sie ein? Bezeugen sie etwa einen Widerstand, den sie in ihrer Umgebung erfahren? Nach dieser ersten Interpretation werde ich die Bewegung bei Leibesübungen oder Spielen beschreiben und wieder fragen: Welchen Wechselwirkungen setzt sich ein Mensch aus, wenn er diese häufig wiederholt? Anschließend gehe ich auf einfache Handlungen ein: Wie bewegt sich ein Mensch in seiner Wohnung, im Tempel oder in einer Kirche? In welcher Weise durchschreitet er seinen Garten? Wieder werde ich nur wissen wollen: Wirkt er dabei auf seine Umgebung, oder erfährt er besondere Wirkungen? Und welcher Art sind diese? Sollten Naturwissenschaftler von Wirkungen sprechen, werde ich auf diese ebenfalls hinweisen. So wird es möglich werden – auch wenn ich mich nicht immer streng an die gerade geschilderte Reihenfolge halte –, jeweils für eine Gruppe von Personen deren Wahrnehmungsweise zu rekonstruieren, deren Art, Räume oder Zeiten zu sehen. Sobald dies gelungen ist, werde ich mein Vorgehen ändern.

Nun gehe ich von der Wahrnehmungsweise aus, setze sie als bekannt voraus und untersuche einige Konsequenzen, die sich aus ihr ergeben.

So frage ich, ob sie Einfluß auf die Beurteilung von verschiedenen Tätigkeiten der Menschen innerhalb einer Gesellschaft hat. Gehört es etwa zu einer Wahrnehmungsweise, daß der oben gelegene Raum eine höhere Qualität als der untere Raum hat, dann werden Tätigkeiten, die Menschen aufrecht ausführen, zu besonderem Ansehen verhelfen. Die Wahrnehmungsweise hätte somit Folgen für die Gliederung der Gesellschaft.

Dann interessiere ich mich dafür, welche Wirkung Bedeutung für wirtschaftliches und politisches Handeln hat. So kann die Wirkung eines Druckes als Störfaktor angesehen werden, der, um eine Bewegung aufrechtzuerhalten, zu beseitigen ist. Derselbe Druck kann bei einer anderen Wahrnehmungsweise ein Mittel sein, eine bereits vorhandene Spannung zu erhöhen und so die damit verbundene potentielle Energie eines Menschen zu steigern. Unternehmer, die in der Wirtschaft tätig sind, werden dementsprechend auf Konkurrenten, die ihnen Widerstand leisten, unterschiedlich reagieren. In diesen Abschnitten stelle ich somit dar, welche Auswirkungen die Wahrnehmungsweisen auf wirtschaftliches und politisches Handeln haben können.

Bei dieser Vorgehensweise sollen, um dies noch einmal zu betonen, weder die Motive eines Politikers noch dessen Ziele erörtert werden. Es geht nur darum, dessen Wahrnehmungsweise kennenzulernen. Es kann durchaus sein, daß Politiker, die entgegengesetzte Tendenzen verfolgen, auf dieselbe Art von Wirkungen achten und infolgedessen durch eine gemeinsame Wahrnehmungsweise miteinander verbunden bleiben. So konnten im 16. Jahrhundert Anhänger der katholischen und Anhänger der evangelischen Konfession, die sich in Schriften und Taten leidenschaftlich bekämpften, ihre Umgebung durchaus in gleicher Weise sehen. Ein Historiker hat selbstverständlich auch die Pflicht, die Kämpfe zwischen diesen Parteien darzustellen. Doch das ist dann eine andere Aufgabe. Und vielleicht sollte er, ehe er damit beginnt, erst einmal wissen, wie die Menschen, für die er sich interessiert, sich und ihre Umgebung wahrnahmen.

Um uns diesem Ziel zu nähern, wollen wir ohne jede Scheu die Personen, mit denen wir uns beschäftigen, möglichst oft selber zu Wort kommen lassen.

I

DIE KÖRPER DER GRIECHEN

Künstler zeigen das Gewicht eines Körpers

Wir, die wir im 20. Jahrhundert leben, müssen das Gewicht unseres Körpers nicht wahrnehmen; wir können laufen, springen, tanzen, ohne den Körper zu spüren. Wenn wir eigens auf ihn achten, kann uns jedoch seine Schwere bedrücken, und wir spannen dann unsere Muskeln an, um diese Last zu tragen. Im allgemeinen vergessen wir allerdings diese Situation bald wieder.

Die gerade geschilderte Körpererfahrung wurde den griechischen Künstlern der Antike innerhalb weniger Jahrzehnte bewußt. Sie vergegenwärtigten sie in ihren Werken, und da diese allgemein akzeptiert wurden, müssen anderen Griechen diese Erfahrungen ebenfalls vertraut geworden sein. Was ereignete sich damals?

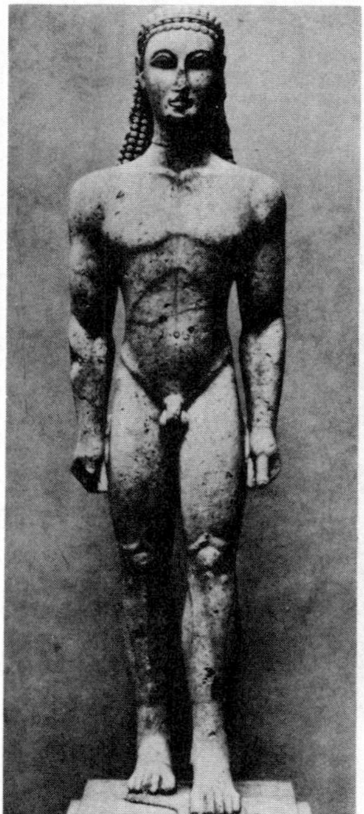

Abb. 2 Aphaia-Tempel, Aigina, Herakles als Bogenschütze

Abb. 1 Dipylon-Meister, Attika, junger Mann

An den archaischen Plastiken des 7. und 6. vorchristlichen Jahrhunderts arbeiteten Künstler gelegentlich beim Knie die Muskeln heraus. Diese dienten allerdings nicht dazu, den Druck einer Schwere zu ertragen. Sie wiesen, wie die Archäologen sagen, nur darauf hin, daß die dargestellte Person über Kraft verfügte (Abb. 1)[1].

Die Statuen haben nun seit dem 5. Jahrhundert einen anderen Charakter. Die Künstler gestalteten jetzt am menschlichen Körper die Muskeln so, daß diese eine Funktion erhalten. Sie dienen dem Menschen etwa dazu, sich mit seinen Beinen gegen das Gewicht des Rumpfes zu stemmen (Abb. 2)[2].

Auf den Vasenbildern ist eine ähnliche Veränderung zu beobachten. In der früheren Zeit folgten die Gewänder, die über dem menschlichen Leib lagen, jeweils eigenen Richtungen. Sie ließen – eben und glatt – die ornamentalen Muster, mit denen sie bedeckt waren, vorzüglich erkennen; denn sie breiteten sich wie Flächen über den Körper aus (Abb. 3)[3]. Seit dem 5. Jahrhundert nun fallen die Gewänder nach unten, sie sind schwer geworden, und ihre Schwere läßt sie Falten bilden (Abb. 4)[4].

Abb. 3 Amasis-Maler, Athena und Poseidon

Abb. 4 Panaitios-Maler, Theseus und Amphitrite

Auch die Sprache ändert sich unter dem Eindruck der neuen Erfahrung. Vor dem 5. Jahrhundert wählten die griechischen Dichter, wenn sie einen Mann oder eine Frau, die sich aufrichteten, beschrieben, kein Wort, das auf die Anstrengung bei dieser Tätigkeit hinwies[5]. Im 5. Jahrhundert hingegen schildern Aischylos und Sophokles, welche Kraft Personen benötigen, um aufzustehen[6]. Euripides verwendet für diesen Vorgang sogar ein neues Wort: *aeiro*, das an das Heben eines Gewichtes denken läßt – ähnlich wie bei uns das Wort »sich erheben« an das Heben erinnert[7].

Seit dem 5. Jahrhundert stellten die griechischen Künstler bei jeder Bewegung des Menschen dessen Schwere dar (Abb. 5)[8]. Auch Physi-

Abb. 5 Onatas von Aigina(?), Poseidon

ker sprechen von ihr und bemühen sich, sie zu messen[9]. Diese Schwere spürten Künstler und Wissenschaftler, weil sie eine Wirkung hervorrief. Doch das eigentlich Neue und Überraschende an ihrer Erfahrung war etwas anderes. Da sie selber über die Möglichkeit verfügten, gegen die Wirkung der Schwere mit einer eigenen Kraft anzugehen, wurde ihnen bewußt, daß zwei gegeneinander gerichtete Kräfte in ihnen um die Vorherrschaft kämpften und so zur selben Zeit innerhalb ihres Körpers wirkten. Bisher hatten sie vorwiegend darauf geachtet, wie ein Wesen ihrer Umgebung sie in eine Richtung veränderte – etwa leichter werden ließ[10]. Nun spürten sie einen Widerstreit in ihrem Körper.

Dieser verlieh dem menschlichen Körper eine ungewohnte Bedeutung. Er wurde für diese Griechen ein Raum, in dem Entgegengesetztes aufeinander wirkte. Nach solchen Räumen, in denen es zu ähnlichen Auseinandersetzungen zwischen gegeneinander gerichteten Kräften kommen kann, haben seitdem die Europäer gesucht. Dies charakterisiert von nun an – abgesehen von einer kurzen Periode in der Völkerwanderungszeit – bis ins frühe 20. Jahrhundert die in Europa verbreitete Wahrnehmungsweise. Aus diesem Grund beginnt unser Bericht mit den Griechen, und wir werden bei ihnen und bei den Angehörigen der späteren Gesellschaften immer erst einmal fragen: Welcher Art waren die gegeneinander wirkenden Kräfte, und welchen Raum benötigten sie, um zur Geltung zu kommen?

Bei den Griechen im 5. Jahrhundert, mit denen wir uns beschäftigten, brauchten die Kräfte einen dem Menschen ähnlichen Körper. Diese Sicht des Körpers faszinierte vor allem die Künstler. Sie experimentierten mit allen nur möglichen Varianten. Oft zeigten sie Menschen schreitend und ließen ein Bein belastet sein, während das andere nur locker den Boden berührte[11]. Schon den antiken Autoren, wie Plinius, fiel diese Darstellungsart auf[12]. Wir sprechen von einem Stand- und einem Spielbein.

Die Bildhauer begnügten sich keineswegs damit, die tragende Funktion eines Beines hervorzuheben. Sie ließen die Körper die eigentümlichsten Haltungen wählen, die einem Betrachter erst auffallen, wenn er sich darum bemüht, die Stellung einer Plastik jener Zeit nachzuahmen. Bei einem der ältesten Werke aus dem frühen 5. Jahrhundert, das diese sogenannte »kontrapostische« Haltung einnimmt, bei dem Kritios-Knaben, war die Beschreibung der Archäologen besonders sorgfältig (Abb. 6). Das Ergebnis lautet: »Das Standbein neigt sich deutlich nach vorn, der Unterleib folgt dieser Neigung etwa bis in Nabelhöhe, der Oberkörper lehnt sich, um das Gleichgewicht zu halten, weit zurück, der Kopf senkt sich stark nach vorn und erscheint lediglich aufgrund des zurückgeneigten Oberkörpers nicht hängend, sondern nur leicht geneigt.« Bei jedem Versuch, mit dem eigenen Leib sich dieser Gestalt anzugleichen, wird man rasch darauf aufmerksam, »daß diese Haltung eine enorme Kräfteanspannung verlangt, die den Eindruck des gelassenen Stehens nicht aufkommen läßt«. Denn durch die Neigung des Standbeins nach vorne ist eine Situation geschaffen, die die Wahrung eines Gleichgewichtszustandes gewissermaßen »künstlich« erschwert[13].

Im Verlauf der nächsten zweihundert Jahre wandeln sich die Plastiken der Bildhauer. Der berühmte eidechsenfangende Apollon des Praxiteles aus dem 4. Jahrhundert scheint fast mühelos dem kleinen Tier auf dem Baumstamm nachzustellen (Abb. 7). Doch auch da trügt der erste Anblick. Der Versuch, in gleicher Haltung zu stehen, wird, wie die Archäologen bemerkten, schnell darüber belehren, »daß es sich um eine ziemlich anstrengende Stellung handelt, die

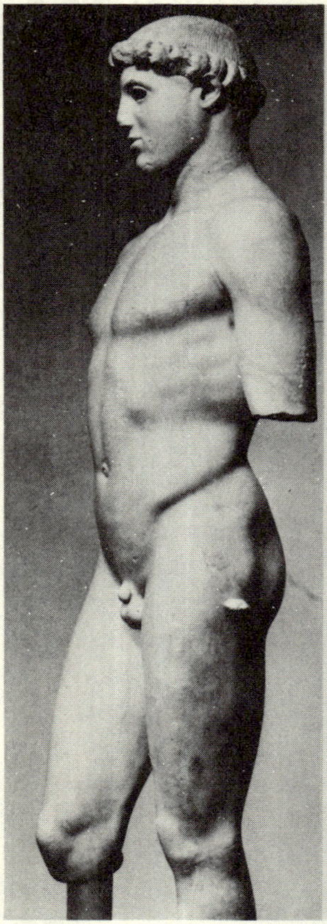

Abb. 6 Sog. Kritios-Knabe

Abb. 7 Praxiteles, Eidechsenfangender Apollon

nicht sehr lange durchzuhalten ist. Insbesondere die Arm-Schulter-Muskulatur auf der linken Seite sowie die Rückenmuskulatur haben eine hohe Belastung auszuhalten, die sich daraus ergibt, daß der Körper, seiner Schwere folgend, in Richtung des Baumstamms durchzuhängen trachtet.« Der Reiz der Darstellung besteht allerdings darin, daß das »entspannte« kindliche Gesicht des Gottes und die nicht besonders hervorgehobenen »einzelnen Muskelpartien« den Eindruck erwecken, als ob er sich ohne jede Mühe in diese Situation begeben habe[14].

Ob sich aus diesem Wandel Schlüsse auf Verhaltensweisen in den griechischen Städten zu verschiedenen Jahrzehnten ziehen lassen, mag umstritten sein. Doch ein Ergebnis bleibt gewiß: Diese Griechen, die wir über die Künstler und über die Wissenschaftler kennenlernten, spürten seit dem Ende des 6. Jahrhunderts innerhalb ihres Körpers Kräfte und Gegenkräfte. Sie sahen seitdem, wie junge und alte Menschen, wie Männer und Frauen, wie Siegende und Sterbende jeweils in anderer Weise von diesen Kräften bedrängt wurden. Ihre Plastiken und Bilder bezeugen es.

Dies waren freilich nicht die einzigen Kräfte, die in ihren Körpern gegeneinander wirkten. Ihnen schien es oft, als ob der menschliche Körper in der Gefahr schwebte, in einzelne Teile auseinanderzufallen.

Jugend, Verstand und Bewegung erhalten die Einheit des Körpers

Auf einer Vase des 5. Jahrhunderts spannt die Göttin Artemis den Bogen, um Aktaion zu töten. Ihre Hunde springen den Mann, der bereits hintenüber fällt, gleichzeitig von allen Seiten an. Sie hat den

Abb. 8 Pan-Maler, Artemis und Aktaion

Pfeil auf ihn gerichtet (Abb. 8)[15]. Daß die Schwere der Körper aller dargestellten Personen sichtbar werden soll, ist sofort zu sehen. Auffälliger ist, in welch eigentümlicher Haltung Artemis den Mann angreift.

Die Beine der Göttin eilen bereits von ihrem Opfer weg. Die Hüften richten sich, ruhig, wie es scheint, auf den Betrachter. Mit Kopf und Schulter wendet sie sich allerdings zu dem Mann zurück, auf den sie auch mit dem Bogen zielt. So haben drei Teile ihres Leibes jeweils eine eigene Bewegungsart und eine eigene Bewegungsrichtung.

Dieser Darstellung von Menschen begegnen wir in jener Zeit häufig. Tänzer können zur einen Seite schreiten, sich mit dem Leib halb drehen und zur anderen Seite schauen (Abb. 9)[16]. Auch Frauen gehen in eine und sehen in eine andere Richtung (Abb. 10)[17]. Selbst Götter, die auf einer Bank sitzend dargestellt werden, können sich einer benachbarten Gestalt so zu wenden, daß ihre Beine in eine andere Richtung als der Kopf weisen und daß der Rumpf, dazwischenliegend, eine eigene Stellung einnimmt (Abb. 11)[18].

Diese mit einer Bewegung verbundene Körperhaltung – es ist die Haltung von Orpheus, der auf dem Weg aus der Unterwelt zu seiner Frau zurücksieht – ist auch bei Gymnastik und Tanzdarstellungen

Abb. 9 Euthymides, Tanzende Zecher

Abb. 10 Helena-Maler, Pompe, Dionysos und Eros

Abb. 11 Ostfries des Parthenon, Poseidon, Apollon und Artemis

häufig anzutreffen. So müssen die Griechen zumindest gelegentlich diese Körperstellung eingenommen haben. Sie muß ihnen vertraut gewesen sein.

Wenn wir sie heutzutage wiederholen, merken wir, daß unsere Körper in eine ungewohnte Spannung geraten. Es fällt uns nicht leicht, nach links zu laufen, die Hüften ruhig zu halten und nach rechts mit Pfeil und Bogen zu zielen. Der Körper scheint dabei in verschiedene Teile zerrissen zu werden, von denen jeder seine eigene Tendenz hat. Wir benötigen bei diesen auseinanderführenden Bewegungsvorgängen eine zusätzliche Fähigkeit, um die unterschiedlichen Bewegungsabläufe zu koordinieren.

Auch diese Erfahrung kann nur innerhalb des eigenen Körpers gemacht werden. Es werden dabei Kräfte, die in ihm wirken, gespürt. Wenn wir das Beschriebene etwas allgemeiner formulieren, können wir sagen: Teile des Körpers verfügen jeweils über Kräfte, die sie zu eigenen Bewegungsweisen veranlassen. Diesen Kräften widersetzt sich eine Kraft, die alle Bewegungen lenkt, korrigiert und so den Körper zusammenhält. Diese Kraft, die dem Zerfall in einzelne Teile entgegenwirkt, nennen wir eine Kohäsionskraft. Deren Wirkungen sind von Physikern durchaus nachweisbar. Die Körpererfahrung erschloß somit wieder eine Eigentümlichkeit unserer – physikalischen – Realität.

Die gerade beschriebene Erfahrung beeindruckte einige Wissenschaftler so, daß sie meinten, im Menschen drei Seelen nachweisen zu können, von denen jede eine andere Tätigkeit verursache.

So behauptete Platon, »daß drei verschiedene Gattungen der Seele einen dreifachen Wohnsitz in uns genommen haben und daß jeder Seele eigentümliche Bewegungen zukommen«[19]. Die unsterbliche Seele, die alles lenkt, war im Kopf beheimatet. Die zweite Seele empfand Leidenschaften: Lust, Schmerz, kecken Mut, Verzagtheit, Zorn und die »verführerische Hoffnung«. »An die Brust aber und sogenannten Brustkorb fesselten die Götter den sterblichen Teil der Seele.«[20] Die dritte Seele oder der dritte Teil der Seele verlangte begierig nach Speise und Trank. Ihn suchte Platon im Bauch. In diesem Teil des Körpers ließ er auch Traumbilder entstehen[21]. So erklärte er sich, daß die Teile des Körpers unterschiedliche Bewegungsweisen hatten. Sie konnten »der Auflösung auf eine bestimmte Zeit widerstehen«, doch im Alter und mit dem Tod erlosch die Kraft, die alles verband[22]. Für die Zerteilung des Körpers sorgten nach seiner Meinung die im Körper wirkenden Feuerteilchen mit ihren scharfen Kanten[23]. Das alles sind naturwissenschaftliche Spekulationen. Uns interessiert die dahinter stehende Körpererfahrung.

Wieder wird innerhalb des Körpers gespürt, daß Kräfte gegeneinander wirken. Bei diesen gerade geschilderten Wechselwirkungen war nun wichtig zu wissen, wie diejenige Kraft, die die Einheit des Leibes erhielt, zu stärken sei. Von Natur aus war sie in der Jugend mächtig[24]. Sie wirkte später noch als Vernunft. Platon verglich sie mit einem Wagenlenker, der die Rosse der Leidenschaften und Begierden bändigte, dem Ziel zuführte und so im Menschen eine »gerechte« Ordnung schuf[25]. Selbst Bewegungen konnten Gleiches zu Gleichem bringen – Schweres zu Schwerem, Leichtes zu Leichtem[26], »befreundete« Elemente verbinden und auf diese Weise Ordnungen erhalten. Daher hat Platon sich für regelmäßige gymnastische Übungen eingesetzt[27].

Der Wandel, der seit dem Ende des 6. Jahrhunderts bei den Griechen zu beobachten ist, hängt, wie aus diesen Zeugnissen hervorgeht, damit zusammen, daß die Griechen an ihrem Körper neue Wirkungen erfuhren. Sie spürten, wie in ihrem Körper unterschiedliche Kräfte gegeneinander wirkten. Wenn sie sich bückten und aufrichteten, wenn sie schritten, Gymnastik trieben und tanzten, wurden sie ihnen immer erneut bewußt. Ihre Künstler stellten sie außerdem so eindrucksvoll dar, daß sie auch durch deren Plastiken und Gemälde auf sie hingewiesen wurden.

Ihre Erfahrung läßt sich so umschreiben: Im Körper stritten jeweils zwei Kräftepaare miteinander, die lastenden und tragenden, die trennenden und verbindenden Kräfte. So wurde der eigene Körper zu einem Kampfplatz – und gleichzeitig zu dem Raum, in dem das, was Wirkungen hervorrief, zur Geltung kam.

Wir wollen nun wissen, wie diese Auseinandersetzungen innerhalb eines menschlichen Körpers sich auf dessen Eigenart auswirkten und welche Wirkungen die Umgebung auf einen Menschen hatte.

Um die Körper kennenzulernen, wenden wir uns erst einmal der Architektur zu.

Architekten achten auf Eigenart, Zierlichkeit und Würde

In der Zeit Cäsars lebte Vitruv. Er schrieb ein größeres Werk über die Aufgaben des Architekten. Vieles stammt aus der Erfahrung, die er in seiner Zeit gewann. Gelegentlich jedoch referiert er griechische Lehrmeinungen. Dies geht aus den Beispielen hervor, die er im Zusammenhang seines Berichts einfügt.

Ein Teil dieser von griechischen Vorlagen übernommenen Texte erörtert die Pflichten der Architekten, ihren Bauten ein anmutiges Aussehen und einen symmetrischen Anblick zu geben. Vitruv erläutert die Symmetrie als einen Einklang der Wechselwirkungen, die die einzelnen Teile mit dem Bauwerk im ganzen verbinden [28]. So fordert er, daß die Beziehungen vom Bau zu dessen Teilen den Proportionen des menschlichen Körpers entsprechen soll: Die Natur hat den Körper des Menschen so geformt, »daß das Gesicht vom Kinn bis zum oberen Ende der Stirn (dem untersten Rand des Haarschopfs) ein Zehntel beträgt; die Handfläche von der Handwurzel bis zur Spitze des Mittelfingers ebensoviel; der Kopf vom Kinn bis zum höchsten Punkt des Scheitels ein Achtel und vom oberen Ende der Brust (dem unteren Ende des Nackens) bis zum untersten Haaransatz ein Sechstel« [29]. Und von diesen Proportionen heißt es nun, sie sollten auf ein Gebäude übertragen werden.

Menschen und Bauwerk lassen sich auch noch in einer anderen Weise vergleichen. Vitruv weist darauf hin, daß der Mittelpunkt des

Menschen der Nabel sei. Setzt man auf diesen eine Zirkelspitze und schlägt einen Kreis, so werden von dem Kreis die Fingerspitzen bei ausgestreckten Armen und bei freigestellten Beinen die Zehenspitzen berührt. Verbindet man diese Punkte, entsteht die Figur des Quadrats. Entsprechend lassen sich Bauten, vor allem Tempel, errichten[30]. So kann ein Gebäude in seiner Gesamtheit an den Menschen erinnern. Dies vermögen auch dessen Teile.

Tempel, Markthallen, einzelne Gebäude werden bei den Griechen gern durch Säulen geschmückt. Wer sich dem Tempel nähert, sieht zuerst dessen Säulen. Die Maße der Säulen erinnern erneut an den Menschen. Vitruv meint sogar, die ersten Säulenerbauer hätten dies bewußt geplant: »Als sie an diesem Tempel Säulen hatten bauen wollen, maßen sie – da sie die Symmetrie nicht kannten und deshalb danach suchten, wie sie es fertigbringen könnten, daß die Säulen zum Tragen von Lasten geeignet wären und zugleich dem Blick eine gefällige Anmut böten – den Abdruck eines männlichen Fußes und setzten dies Maß zur Höhe der Säule in Beziehung. Als sie bemerkt hatten, daß der Fuß beim Mann der sechste Teil der Körperhöhe war, übertrugen sie diese Maßverhältnisse ebenso auf die Säule und machten so die Säule einschließlich des Kapitells sechsmal so hoch wie sie den Schaft unten dick machten. So begann die dorische Säule die Proportion, die Stärke und die Anmut des menschlichen Körpers an den Tempeln zu zeigen.«[31]

Die anderen Säulenformen weisen nun nach Vitruvs Überzeugung auf andere Menschen hin: »Ebenso errichteten sie später der Diana einen Tempel. Auf der Suche nach der Schönheit eines neuen Stils übertrugen sie, indem sie ebenfalls die Fußspur als Maß zugrunde legten, die frauliche Schlankheit auf die Säule, und sie machten zuerst die Säulendicke gleich einem Achtel der Säulenhöhe, damit die Säule schlanker aussähe. Unter die Basis legten sie anstelle des Schuhs einen Säulenfuß. Am Kapitell brachten sie rechts und links Voluten an, die wie gekräuselte Haarlocken bei der Frauenfrisur vorhingen. Die Stirnseiten schmückten sie mit Wülsten und Fruchtgeschnüren anstelle der schön gekämmten Haupthaare. Und an dem ganzen Säulenschaft ließen sie Streifen herabgehen, wie bei Frauengewändern Gewandfalten üblich sind. So erfanden sie durch zwei unterschiedliche Entlehnungen vom menschlichen Körper zwei Säulen, eine von männlichem Körper ohne Schmuck, eine nackte Schönheit, die andere mit fraulicher Zierlichkeit, mit fraulichem Schmuck und fraulichem Ebenmaß.«[32] Auch die dritte Säulenform wird mit Menschen in eine Beziehung gebracht. Ein Mädchen in Korinth wurde über einer Bärenklauwurzel beigesetzt. Diese trieb in der Frühlingszeit Blätter und Stengel, und als ein Architekt diese Pflanze sah, war er so bezaubert von der Art und Neuigkeit der Form, daß er nach diesem Vorbild die Säulen bei den Korinthern schuf und deren Symmetrie festlegte. So konnte Vitruv sagen: »Die dritte Bauweise aber, die korinthisch genannt wird, ahmt jungfräuliche Zartheit nach, weil die Jungfrauen wegen der Zartheit ihres Alters, mit zarteren Gliedern gewachsen, anmutiger im Schmuck wirken.«[33]

Wie kommt es, daß die Säulen und die Gebäude einem Menschen so ähnlich sind?

Zum einen: Sie haben wie die Menschen eine zentrale Symmetrie. Diese wird beim Menschen durch den Nabel, beim Tempel durch den oben spitz zulaufenden Giebel eigens hervorgehoben. Sie charakterisiert genauso – durch Fuß und Kapitell – jede Säule.

Zum anderen: Bei Menschen, Gebäuden und Säulen wirken lastende und tragende Kräfte aufeinander. Die ersten Architekten der Säule fragten ausdrücklich, »wie sie es fertigbringen könnten, daß die Säulen zum Tragen von Lasten geeignet wären und zugleich dem Blick eine bewährte Anmut böten«[34].

So weisen die Bauwerke auf Eigentümlichkeiten der Menschen hin: auf die stämmige Würde eines Mannes oder auf die leichte, elegante Zierlichkeit einer Frau. Diese am Menschen hervorgehobenen Züge spiegeln nun die Form, in der sie die sich bekämpfenden Kräfte – die lastenden und die tragenden – aufeinander wirken ließen.

Wir wollen nun fragen, welche Wirkungen die Umgebung auf Menschen und auf Dinge haben kann.

Orte laden das ihnen Gemäße zu sich ein

Als der Grieche Xenophon, der Schüler des Sokrates, seiner jungen Frau den Sinn der Ehe erläutert, kommt er rasch auf das Haus zu sprechen. »Die Götter, die jenes Paar, welches Mann und Weib genannt wird, mit weisester Überlegung zusammengetan haben«, haben es nämlich auch um des Hauses willen getan: »Wie die Gottheit beide zu gemeinsamen Erziehern derselben Kinder bestimmte, so bestimmt das Gesetz beide zu gemeinsamen Verwaltern des Hauses.«[35]

Lange legt er nun dar, daß die Frau für das Haus bedeutungsvoller als der Mann sei. Sie will es erst nicht wahrhaben und ist nur allmählich bereit, die Achtung, die der Mann ihrer Aufgabe entgegenbringt, zu akzeptieren. Dann kommt er auf die Ordnung im Haus zu sprechen. Schlecht stehe es, meint er, wenn diese Ordnung fehle; doch da, wo Ordnung herrsche, sei alles »schön« anzusehen. Was er unter Ordnung versteht, verdeutlicht er am Aufbau eines phönizischen Schiffes: »Eine unbeschreibliche Anzahl von Geräten habe ich hier in einem höchst kleinen Raum ordnungsgemäß aufgestellt gesehen..., und ich fand, daß alles so aufgestellt war, daß es weder einander im Weg ist noch eines Suchens bedarf.« Er erzählt weiter, daß der Steuermann diese Ordnung immer wieder überprüft und dabei zu ihm gesagt habe: »Ich untersuche für den Fall, daß sich zufällig irgend etwas ereignen sollte, wie die Dinge im Schiffe liegen, ob irgend etwas fehlt oder etwas schwer erreichbar aufgestellt ist.« Ihm geht es nun darum, seiner Frau klarzumachen, daß auch im Haus alles ohne Schwierigkeit zu erreichen sein soll: »Würde es nicht ganz töricht von uns sein, wenn zwar die Leute in den Schiffen trotz deren Kleinheit für jedes Raum fänden und trotz der gewaltigen Schwankungen die Ordnung aufrecht erhielten und selbst unter Furcht und Bangen das für den Gebrauch Notwendige zu finden wüßten, wenn wir aber, obwohl im Hause alles für große Behältnisse eingerichtet ist und das Haus auf festem Grunde ruht, nicht im Stande wären, für alles einen schönen und wohlangemessenen Platz zu finden – sprich, sage ich, möchte das nicht sehr unverständig von uns sein?«[36] Nun beschreibt er das Haus, wie er es vom Architekten eingerichtet haben möchte: »Denn nicht mit allerhand Zieraten ist es geschmückt, sondern die Zimmer sind mit Vorbedacht eben dazu gebaut, daß sie möglichst passende Räume seien für das, was darinnen sein soll.« Und er führt weiter aus: »Die trockenen Räume des Hauses fordern das Getreide, die kalten den Wein, die offenen alle diejenigen Arbeiten und Gerätschaften, welche des Lichtes bedürfen.« Jedes Ding verfügt also über eine Eigenart, der eine besondere Umgebung gemäß ist. Und diese Umgebung möchte dementsprechend das Ding bei sich haben. Xenophon formuliert es ganz so, als ob die Orte lebendige Wesen seien: »Sie selbst laden das ihnen Gemäße zu sich ein.«[37]

Ähnliches gilt für die Menschen. Auch sie haben die Einflüsse der Orte zu spüren. Der griechische Arzt fand in den sogenannten hippokratischen Schriften des 5. Jahrhunderts längere Ausführungen, die diesen Zusammenhängen galten. Dort werden die Menschen in den verschiedenen Erdteilen geschildert. Jeder Erdteil zeichnet sich durch eine besondere Trockenheit oder Feuchtigkeit, durch eine eigentümliche Kühle oder Wärme aus. Diese beeinflussen den Körper und schaffen Charaktere. Sie lassen den Menschen tapfer oder feige, scharfsinnig und behend oder stumpf werden[38].

Diese Tradition wird von den Griechen den Römern weitergegeben. Noch Vitruv fordert von seinen Architekten medizinische Kenntnisse: »Medizin ist nötig, um von den guten und schlechten Eigenschaften der Luft, die klima- und landschaftsbedingt sind, etwas zu wissen.« Damit steht er in der Tradition der griechischen Medizin aus der Schule des Hippokrates, für die die menschlichen Körper aus Grundstoffen zusammengesetzt sind, aus Wärme und Feuchtigkeit, aus Erde und Luft, die ein richtiges Mischungsverhältnis benötigen, daß nicht einer überwiegt[39].

Auf alle Fälle muß ein Architekt Schaden vermeiden. Vitruv erörtert dies bei der Frage, an welchen Stellen ein Theater aufzurichten sei. Hier ist die Lage besonders wichtig: »Denn die Männer, die mit ihren Frauen und Kindern ununterbrochen dasitzen, werden durch die Freude am Spiel gefesselt, und ihre Körper, die infolge der Spannung bewegungslos sind, haben offene Poren, in die der Luftzug gerät, der, wenn er aus sumpfigen oder aus anderen ungesunden Gegenden kommt, in ihre Körper schädliche Dünste eindringen läßt. Wenn daher der Platz für das Theater mit Sorgfalt ausgewählt wird, werden die gesundheitsschädigenden Einflüsse vermieden.«[40]

Was er beim Theater ganz generell bemerkt, das wird beim Hausbau im einzelnen ausgeführt. Hier geht es nun schon nicht mehr nur um Abwehr schädigender Einflüsse, vielmehr sollen auch die positiven Fähigkeiten des Menschen verstärkt werden. So sagt er über die offenen Höfe in den Wohnungen: »Die Mittelräume... muß man mit Grünanlagen ausschmücken, ...weil die durch das Grün zarte und verdünnte Luft, die durch die Körperbewegung eindringt, das Sehvermögen schärft und dadurch, daß sie aus den Augen die dicke Feuchtigkeit nimmt, das Auge hell und klar und den Blick scharf werden läßt.«[41] Was ein Architekt nutzen kann, wird, auch das betont er, nur dann wirklich hilfreich sein, wenn die Menschen sich bewegen. Der Wechsel zwischen verschiedenen Räumen, der durch die Konstruktion des Hauses nahegelegt wird, bringt den Menschen in Bewegung. Dies ist seiner Gesundheit von Nutzen. Vitruv schildert es so: »Außerdem vermindert die Luft dadurch, daß sie, wenn der Körper durch die Bewegung beim Umherwandeln warm wird, aus den Gliedern die Feuchtigkeit aussaugt, die Überfülle der Säfte, und verdünnt sie dadurch, daß sie das, was mehr im Körper ist, als er ertragen kann, verdunsten läßt.« [42]

Bei dieser Grundeinstellung ist es nicht verwunderlich, daß Vitruv der Gesundheit zuliebe in verschiedenen Landschaften unterschiedliche Hausformen fordert: »Denn es scheint, daß die Bauart der Häuser anders in Ägypten, anders in Spanien, nicht in der gleichen Weise in Pontos, wieder anders in Rom und ebenso in den übrigen Ländern und Landstrichen mit ihren besonderen klimatischen Verhältnissen bestimmt werden muß, weil in der einen Gegend die Erde der Sonnenbahn sehr nah, in einer anderen sehr weit, in einer anderen mittelmäßig von ihr entfernt ist... Im Norden, so scheint es, müssen die Gebäude mit einem flach gewölbten Plafond versehen, möglichst geschlossen und nicht offen, sondern nach den warmen Himmelsgegenden hin gerichtet, angelegt werden. Dagegen müssen sie in südlichen Gegenden unter dem Aufprall der Sonne, weil die Hitze so drückt, offen und nach Norden und nach Nordosten gerichtet werden. So wird man künstlich berichtigen müssen, was die Natur zufällig an ungünstigen Verhältnissen bringt.« [43]

So ist unser Ergebnis: Auch die Umgebung wirkt auf die Dinge und Menschen. Doch diese haben eine von ihrer Umwelt unabhängige Eigenart, die, so sahen wir, von den Kräften geprägt wird, die in ihnen wirken. Die Umgebung kann die bereits vorhandenen Eigenarten nur abändern oder einseitige Veränderungen wieder rückgängig machen. Mehr Einfluß wird ihr nicht zugestanden.

So begrüßten es diese Griechen, wenn von der Umgebung auf ausgeglichene Dinge und Menschen keine Wirkung ausging.

Die Leere der Umgebung trägt zur Vollkommenheit des Körpers bei

Xenophon, der seiner jungen Frau so viele gute Ratschläge zu geben weiß, spricht auch über die Stellung eines Dinges im Haus. Jedes, so haben wir schon gehört, soll an seinen Platz kommen, und jedes soll vom Besitzer des Hauses leicht erreicht werden. Dies setzt voraus, daß sich zwischen diesem Besitzer und den einzelnen Dingen ein leerer Raum befindet. Der Vergleich mit dem Chor dient ihm dazu, dies eigens hervorzuheben. Er spricht von der Ordnung der Töpfe. Von diesen meint er, selbst wenn es einem Spötter lächerlich vorkommen möchte, sollten sie doch durch die Ordnung einen guten Rhythmus zeigen, und dann fügt er den Vergleich mit dem Chor hinzu: »Es erscheint nämlich jede Art der Geräte wie ein Chor. Und auch die Mitte zwischen denselben stellt sich als schön dar, wenn nichts im Wege steht, gerade wie auch ein kreisförmiger Chor nicht nur selbst ein schöner Anblick ist, sondern ihn auch die – leere – Mitte schön und rein erscheinen läßt.«[44]

Auch die Bauwerke waren ähnlich zu behandeln. Vor ihnen hatte ein freier Platz zu liegen, so daß sie zu sehen waren und sie eine Leere umgab. Dies galt vor allem für Tempel, von denen Vitruv schreibt: »Wenn sie an öffentlichen Straßen stehen, sollen sie so ausgerichtet sein, daß die Vorübergehenden sie beachten und beim Anblick ihnen ihre Ehrerbietung erweisen können.«[45] Für die griechischen Tempel galt diese Forderung seit dem 5. Jahrhundert. Ein griechischer Archäologe, Doxiades, hat einmal versucht, die Anordnung der Tempel in dem sie umgebenden Raum systematisch zu erfassen. 29 Anlagen vermaß er. Alle fielen sie dadurch auf, daß auf den ersten Blick nicht zu erkennen war, nach welchen geometrischen Gesetzen die einzelnen Heiligtümer einzuordnen seien; denn sie standen weder auf der Akropolis von Athen noch an einem anderen Bezirk in einem Rechteckmuster, das in jener Zeit im Städtebau bereits verwandt wurde[46].

Die Untersuchungen dieses Archäologen ergaben nun, daß sich von einem bestimmten Punkt aus, von der Stelle, an der ein Besucher die Anlage betritt, die Bauten in besonderer Weise zeigen. Die Akropolis von Athen etwa ist mehrfach umgebaut worden. Dabei wurden einige Tempel weggelassen, neue errichtet, und auch die Eingangshalle wurde verlegt. Doch bei jedem dieser Umbauten blieb eine Eigentümlichkeit erhalten: Immer erscheint jeder Tempel so, daß er mit seiner zugewandten Front vom Eingang aus entweder ganz oder gar nicht gesehen wird[47].

Doxiades versuchte darüber hinaus nachzuweisen, daß die von diesem Punkt aus gesehene rechte und linke Ecke eines Tempels immer einen Winkel bildeten, der sich Kreisausschnitten zuweisen läßt[48]. Diese Vermutung hat sich bei Überprüfung seiner Zahlen nicht halten lassen. Doxiades mußte zu viele nicht mehr sicher bezeugte Bauten annehmen, um zu der gleichmäßigen Winkeleinteilung zu kommen. Doch die erste Beobachtung bleibt weiter bestehen: Die Griechen waren darauf bedacht, jedes für sie wichtige Gebäude in seiner Eigentümlichkeit als eine Einheit wahrzunehmen, und zwar so, daß der Platz zwischen dem Gebäude und dem Betrachter leer blieb. So finden wir das gleiche Ordnungsprinzip wieder, das auch nach Xenophon auf dem Schiff und im Haus gegolten hatte.

Alle Beispiele zeigen, daß diese Griechen im Grunde jedes Ding als einen für sich bestehenden Körper sahen. Für sie stellte ein Körper den Raum dar, in dem die für sie wichtigen Wechselwirkungen zu erfahren waren. Für ihn interessierten sie sich.

Diese Tendenz hat nun gesellschaftliche Konsequenzen. Die Menschen können sich ja nicht darauf beschränken, die Schwere ihres Körpers zu überwinden oder gegen dessen auseinanderstrebende Tendenzen anzugehen. Sie müssen auch arbeiten, das heißt Kontakt mit ihrer Umwelt aufnehmen, um diese umzugestalten. Dabei müssen sie ihre Kräfte auf Objekte, an denen sie tätig sind, richten. Wie beurteilen die Griechen ein solches Verhalten?

Körperliche Arbeit führt in das Abseits

Arbeitende Personen werden von den Griechen selten dargestellt. Sie tauchen in den Dramen der griechischen Tragödie nicht auf. Weder Aischylos noch Sophokles noch Euripides schildern Personen, die eine anstrengende Tätigkeit ausführen müssen[49]. In der bildenden Kunst erscheinen Krieger, Jäger, Sportler und somit Personen, die sich körperlich betätigen. Jedoch waren Kampf, Jagd und Sport für die Griechen keine Arbeit, die zum Broterwerb diente.

Immerhin werden im griechischen Mythos einige Gestalten beschrieben, die in Situationen gerieten, in denen sie Arbeiten auszuführen hatten. Sisyphos mußte einen schweren Felsblock den Berg hinaufwälzen, Tantalos hatte wie ein erntender Bauer nach Früchten eines Baumes zu greifen, und Herakles vollbrachte schwere körperliche Arbeiten, als ein Vetter dies von ihm mit Billigung der Götter verlangte.

Auf hellenistischen Vasenbildern erscheinen diese drei Gestalten innerhalb von Szenen aus dem Totenreich. In einem aus sechs Säulen bestehenden kleinen Tempel halten sich die Unterweltsgötter Hades und Persephone auf. Diese sind rechts und links von Personen umgeben – von Orpheus, der in das Reich der Toten führt, von Minos und den beiden anderen Totenrichtern. Im untersten Streifen nun, unterhalb des Tempels, werden drei arbeitende Männer dargestellt, Herakles im Zentrum. Er neigt sich kräftig zur einen Seite, da der Höllenhund Kerberos, den er abzuführen hat, nach der anderen Seite zieht. Neben ihm stemmt Sisyphos den Felsen nach oben. Auch er spannt die Muskeln an, nimmt alle Kraft seines Körpers zusammen, um seine Aufgabe zu bewältigen. Ihm gegenüber sucht Tantalos – vergeblich – die Früchte eines Baumes zu pflücken (Abb. 12)[50].

Jede dieser drei Gestalten hat einen »Partner«, der ihn dazu zwingt, seine ganze Konzentration diesem zuzuwenden: den Hund,

Abb. 12 Apulien, Szenen aus der Unterwelt

Abb. 13 Handwerker bei der Arbeit

der zu entfliehen sucht, den Felsen, der herunterzufallen droht, und den Zweig des Baumes, der sich entzieht.

Manchmal treten auch Götter als Handwerker auf: Hephaistos schmiedet[51], Athene gestaltet aus Ton ein Tier[52]. Diese behalten –

Abb. 14 Handwerker bei der Arbeit

genauso wie ein Schmied – bei der Arbeit (Abb. 13) etwas in sich Ruhendes. Ihre Kräfte befinden sich in einem ausgeglichenen Verhältnis. Auch die Statue, die mehrere Handwerker bearbeiten, kann eine aufrecht ausbalancierte Haltung einnehmen, während die Handwerker gebückt oder gekrümmt sich ihrer Aufgabe widmen (Abb. 14)[53].

So ist unser Ergebnis: Wenn Künstler eine körperliche Tätigkeit darstellen, bei der Menschen alle ihre Kräfte dazu benutzen müssen, etwas zu ziehen oder etwas zu schieben, kurz: aktiv eine Veränderung in ihrer Umwelt herbeizuführen, dann stellen sie diese Personen auf den Bildern nach unten oder an den Rand. Wer etwas bearbeitet, das alle seine Kräfte beansprucht, um etwas in seiner Umgebung umzugestalten, dem wird keine zentrale Position zugebilligt.

Gestanden diese Griechen – so lautet nun die Gegenfrage – den Personen, die vorwiegend die lastenden und tragenden oder die auseinanderstrebenden und zusammenhaltenden Kräfte innerhalb ihres Körpers spürten, besondere Rechte zu?

Herrscher in Haus und Staat

Platon hat ein Erziehungsprogramm für junge Männer entworfen, die in seiner Stadt die Herrschaft ausüben sollten. Dabei spricht er darüber, wie Gerechtigkeit zu definieren sei. Denn die Regierenden sollten, das ist seine Absicht, für die Wahrung des Rechtes sorgen.

Da Platon überall Körper sieht, ist auch für ihn der Staat ein Körper. So bereitet es ihm keine Schwierigkeit, diesem die Eigenschaften zuzuschreiben, die der Körper des Menschen besitzt. Der Mensch ist nun dadurch charakterisiert, daß in ihm – seinen Seelen entsprechend – Kräfte unterschiedliche Aktivitäten verursachen und dagegen eine übergeordnete Kraft wirkt, die die anderen zu lenken und zu führen sucht. Wenn diese dominierte und den anderen jeweils ihre Plätze zuwies, war nach Platos Vorstellung ein Mensch gerecht.

Diese Kraft wurde beim einzelnen mächtig, so sahen wir, wenn er sich bewegte. So schlug Platon für die Erziehung künftiger Herrscher »eine Mischung aus Musenkunst und Gymnastik«[54] vor, was heutzutage gewiß nicht mehr bei der Ausbildung eines Politikers gefordert würde.

Da bei dieser Sichtweise alle Körper – so auch Staaten – ständig in der Gefahr schwebten, in ihre einzelnen Teile zu zerfallen, mußte ein Politiker über die Kraft verfügen, die Ordnung stiftete und alles zusammenhielt. Diese erwarb er im Umgang mit seiner eigenen Person. So bestand für Platon kein Unterschied zwischen dem, der sich selbst, der sein Haus und der einen Staat beherrschte.

Der gerechte Mensch »hat sein Hauswesen wohl bestellt, ist über sich selbst Herr geworden und hat Ordnung in sich geschaffen. Er... hat jene drei Teile in ein harmonisches Verhältnis gebracht, ganz wie die drei Hauptsaiten eines Instrumentes, die tiefste, die höchste und die mittlere.«[55] Diese gerechte Verhaltensweise zeichnet sich auch durch eine Art des Auftretens aus: »Bei alledem betrachtet und bezeichnet er dasjenige Handeln als gerecht und schön, das diese Haltung wahrt und mitbewirken hilft.«[56]

Aufgrund dieser Überlegungen ordnet Platon den Staat. Wieder überträgt er, was er am eigenen Körper erfuhr, auf seine Stadt. Wer nur der begehrlichen Seele und somit dem Wunsch, Geld zu erwerben, folgte, mochte als Handwerker tätig sein. Er gehörte für Platon auf die unterste Stufe und stand für ihn am Rande[57]. Wer von Leidenschaften ergriffen wurde und mutig in den Kampf zog, dem wurde als Wächter des Staates eine höhere Stellung zugestanden[58]. Die Herrscher jedoch mußten, nachdem sie in gymnastischen und musischen Übungen ihre Kräfte zu ordnen gelernt hatten[59], durch Beschäftigung mit Geometrie und anderen Wissenschaften die Grundharmonien des Universums studieren, um so in Berührung mit diesen auf ihre eigene harmonische Ausgeglichenheit zu achten[60]. Hatten sie die Fähigkeit erworben, den in ihnen wirkenden Kräften jeweils ihren Platz zuzuweisen, konnten sie auch die Lenkung des Staates übernehmen[61].

Platon billigte somit den Personen, die sich erst einmal darum bemühten, die in ihnen miteinander streitenden Kräfte zu bändigen und so die Einheit des Körpers zu erhalten, eine führende Position zu. Wer sich – wie ein Handwerker – gestaltend der Umwelt zuwandte, mußte auf einem untergeordneten Platz bleiben. Platons Konstruktion eines gerechten Staates hat zweifellos etwas Gewaltsames. Viel einfältiger schildert der andere Schüler von Sokrates, Xenophon, das Leben in einem ländlichen Haushalt. Der Mann zieht morgens auf das Feld und läßt sich das Pferd von einem Jungen nachbringen. Dort überwacht er die Tätigkeit der Sklaven, die pflügen, säen oder ernten. Anschließend übt und trainiert er seinen Körper, indem er reitend schwierige Wege wählt, wie sie etwa bei einem Krieg im unbekannten Gelände nötig werden. So sorgt er dafür, daß sein Körper stark und behend bleibt, fähig, Stadt und Haus zu verteidigen[62].

Doch dieser Mann spricht sich im Haushalt nicht die zentrale Stellung zu. Ihm gilt die Frau mehr, und das sagt er ihr auch. Beide, so meint er, müßten jeweils in ihrem Bereich herrschen, und die Tätigkeit der Frau vergleicht er mit der Aufgabe einer Bienenkönigin. Sie bleibt zwar im Stock, aber gestattet denjenigen Bienen, die draußen arbeiten müssen, nicht, träge zu sein. Sie nimmt in Empfang, was diese bringen, und sie teilt jedem das ihm Gebührende zum Gebrauch zu. Sie sorgt dafür, daß die Waben im Inneren des Stockes errichtet werden, sie läßt die Brut ausbilden und schickt sie schließlich hinaus[63]. Genauso, meint Xenophon, muß die Frau die Sklaven, die draußen zu arbeiten haben, aus dem Haus senden, muß über alle, die drinnen tätig sind, die Aufsicht führen, hat alles, was ins Haus geschafft wird, in Empfang zu nehmen und zu verteilen und jedem das ihm Notwendige an Kleidung oder an Essen zuzusprechen. Es nimmt nicht wunder, läßt Xenophon einen Ehemann zu seiner jungen Frau sagen, daß, wenn eine Bienenkönigin den Stock verläßt, ihr alle folgen. Als die Frau in dem von Xenophon wiedergegebenen Gespräch meint, der Mann habe doch eine höhere Bedeutung für das Haus, denn er bringe ja schließlich den Gewinn herein, antwortet dieser: »Nein, mein Hereinbringen würde lächerlich erscheinen, wenn niemand da wäre, der das Eingebrachte in Verwahrung nimmt.«[64] Auch könne die Frau die Sklavinnen ausbilden, die das Spinnen noch nicht verstehen, so daß diese danach doppelt soviel wert seien als zuvor, und schließlich sei es ihr möglich, selbst ihren Mann zu ihrem Diener zu machen: »Das angenehmste aber von allem wird sein, wenn du dich auch mir überlegen zeigen und hierdurch auch mich zu deinem Diener machen ... solltest.«[65]

In dieser Beschreibung eines ländlichen Hauswesens wird wieder vorausgesetzt, daß es eine Reihe von Personen gibt, die arbeitend tätig sind, außerdem eine Person, die sich militärisch ausbildet, damit sie fähig wird, Stadt und das Haus zu verteidigen, und schließlich die Person, die alles ordnet und lenkt, die Herrin des Hauses. Nicht der körperlich Arbeitende und nicht der Kämpfende stehen an erster Stelle, sondern die Frau, die Anweisungen gibt, antreibt, zurückhält, in Empfang nimmt und dabei auch die bewundernde Zuneigung ihres Mannes gewinnt.

Vasenbilder des 5. Jahrhunderts bestätigen unsere Beobachtung. In einem Kelchbild des Niobiden-Malers steht Herakles inmitten anderer Helden. Trotz kräftiger Muskeln wirkt er völlig beherrscht, frei, aufrecht und in sich ruhend. Die ihn umgebenden Gestalten hingegen tragen etwas oder stützen sich auf etwas. Unter ihm lehnt sich ein junger Mann so weit zurück, daß er sich mit den Armen am hochgezogenen Knie halten muß[66].

Rangordnung und Bewegungsweise verbinden auch die Personenkompositionen in den Tempelgiebeln. Die aufrechte, selbstbeherrschte Gottheit steht in der Mitte. Oft schreiten rechts und links von ihr Krieger zum Angriff. Darauf folgen in Aigina beim sogenannten Aphaia-Tempel Personen, die bereits stürzen, da sie ihr Gleichgewicht verloren haben (Abb. 15). Die nächsten winden sich gekrümmt oder vornüber gebeugt. In den Zwickeln liegen dann nur noch Gestalten, die sich kaum erheben können[67]. Ähnlich sieht es in den Giebeln des Zeus-Tempels von Olympia aus. Im Ostgiebel steht Zeus[68], im Westgiebel Apollon im Zentrum[69]. Beiden Göttern dient ihre Anspannung dazu, in einer lockeren Weise die in ihnen wirkenden Kräfte zu bändigen. Dabei lenken sie das Geschehen, das sich um sie ereignet, durch Neigung des Kopfes oder durch weisende Gebärden. So setzt neben Apollo gleich der Kampf wieder ein, der zur Überwindung der Kentauren führt. Zeus hingegen wird von Figuren umgeben, die stehend, gebückt, sitzend oder liegend seine zentrale Stellung noch deutlicher hervorheben.

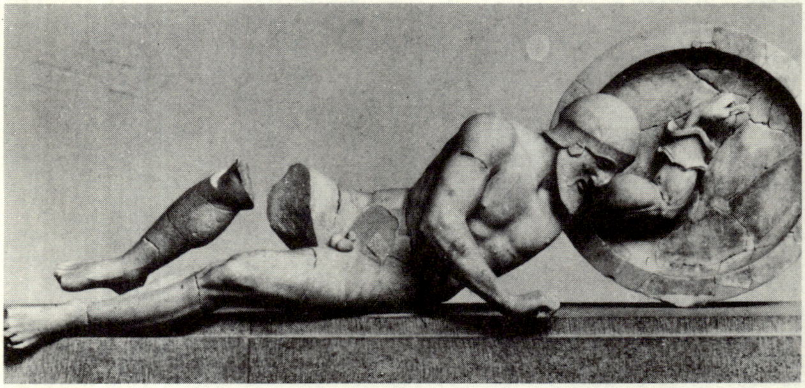

Abb. 15 Aphaia-Tempel auf Aigina, Gefallener Krieger

Eine gehobene Position haben somit in allen diesen Schilderungen die Männer und Frauen, die sich zu beherrschen verstehen. Denn Haus und Staat wurden als Körper gesehen, die in ihre Teile zu zerfallen drohten, wenn sie nicht geordnet und zusammengehalten wurden. Die Fähigkeit, dies zu erreichen, erwarb man, wenn man sich selbst zu lenken lernte. Daher gehörten – bei dieser Wahrnehmungsweise – Personen, die dies vermochten, an die Spitze des Staates.

Die Athener nehmen Gestalten wahr

Es ist sehr schwierig, sich bewußtzumachen, was Menschen früherer Zeit wahrnahmen. Selbstverständlich sahen und hörten sie – unter physiologischem Aspekt – nicht anders als wir, die Menschen des 20. Jahrhunderts. Die Griechen beobachteten, daß Frauen und Kinder sich einander nähern konnten, daß Wege in die Ferne führten oder aus ihr kamen, sie vernahmen Geräusche und Klänge – und doch: Ihre Wahrnehmungsweise richtete sich infolge einer Körpererfahrung primär auf einige Wirkungen und damit auf den eigenen Körper, in dem sie diese erfahren hatten. So sahen sie überall Körper, was Folgen, wie wir bereits beobachteten, für ihre Vorstellungen vom Staat und für ihre Beurteilung menschlicher Tätigkeiten hatte.

Wir wollen nun anhand einiger Berichte aus dem Alltag und aus der Geschichte noch einmal überprüfen, ob diese Griechen so »gestaltbezogen« wahrnahmen.

Regnete es oder blieb der Regen aus, so verbanden Griechen dieses Geschehen vielfach mit einer Person. Der Nörgler bei Theophrast meint selbstverständlich immer: »Zeus läßt regnen.«[70]

Herodot berichtet uns, daß die Perser das Meer wie eine Person behandelten. Als ein Sturm die Brücken zerstörte, die Xerxes über den Hellespont gebaut hatte, ergrimmte dieser und ließ dem Hellespont dreißig Geißelhiebe zuteil werden und Fußfesseln ins Meer versenken. Er soll sogar Henkersknechte geschickt haben, um dem Hellespont Brandmale aufzudrücken, und während das Meer mit Ruten gepeitscht wurde, sprach er: »Du bitteres Wasser, so züchtigt dich der Gebieter, weil du ihn gekränkt, der dich doch nie gekränkt hat. König Xerxes wird über dich hinweggehen, ob du willst oder nicht. Wie recht geschieht dir, daß kein Mensch dir Opfer bringt, dir schmutzigem, salzigem Strom.«[71]

Selbstverständlich war es für Herodot befremdlich, daß ein Mensch so mit dem Meer umging. Er nannte es ruchlos und gottlos. Doch gerade diese Kritik zeigt, daß er die damit verbundene Wahrnehmungsweise durchaus ernst nahm. Er tadelte zwar, daß der Perser das Meer schlagen ließ, aber er spottete nicht darüber, daß er dieses für eine Person, zumindest für eine besondere Gestalt hielt, die sich wie ein Mensch behandeln ließ.

In einen anderen Kreis geraten wir in der Umgebung von Sokrates und Platon. Sie gehörten zweifellos zu den führenden intellektuellen Schichten Athens. Platon hat mit einer Vielzahl von wissenschaftlichen Schriften für mancherlei Ereignisse Erklärungen geliefert, die das Volk möglicherweise von den Göttern her deutete[72]. Doch auch Platon sieht, wie man aus nebenbei geäußerten Bemerkungen erkennen kann, das Geschehen in der Natur gestalthaft.

Bei der Erziehung der Wächter, des oberen Standes, aus dem die Regierenden der Stadt genommen werden sollten, spricht er darüber, ob diese als Schauspieler einen Menschen nachahmen dürften oder nicht. Dabei entwickelt er die uns bereits vertraute Vorstellung, sie hätten immer angespannt und locker zu sein.

So ist es ihnen nicht erlaubt, als Frauen aufzutreten, speziell nicht, wenn diese sich von Gefühlen überwältigen lassen und mit dem Mann zanken oder mit Göttern streiten, prahlen, klagen, krank sind, lieben oder sich während der Wehen in Schmerzen befinden. Auf keinen Fall dürfen sie Sklavinnen und Sklaven gleichen, wenn diese arbeiten, und natürlich auch keinen Betrunkenen oder Wahnsinnigen, die die Selbstbeherrschung verloren haben[73]. Im Zusammenhang damit geht Platon auch auf die Frage ein, ob diese jungen Männer »das Wiehern der Pferde, das Brüllen der Stiere, das Rauschen der Flüsse, das Tosen des Meeres, den Donner und all diese Dinge« darstellen dürften, und die Antwort lautet: »Nein. Es ist ihnen ja verboten, wahnsinnig zu sein oder Wahnsinnige nachzuahmen.«[74] Diese Antwort wird nur verständlich, wenn für ihn eine Vergleichsmöglichkeit bestand zwischen wahnsinnigen Menschen und Pferden, Stieren, Flüssen, dem Meer und dem Donner. Mit anderen Worten, für ihn müssen auch Flüsse, das Meer und der Donner isolierte Wesen gewesen sein, die man als Gestalten betrachten kann, ähnlich wie Menschen und Tiere.

In der Naturwissenschaft ist dieselbe Beobachtung zu machen. Für Platon wie bereits für Demokrit setzt sich alles aus kleinen Körpern zusammen. Diese stellten nicht mehr zu teilende dreidimensionale Gebilde dar. Demokrit nannte sie die Nichtteilbaren, die Atome.

Diese Atome hatten für sie feste Gestalten. Unser Geschmacks-

und Tastsinn erlaubt uns, die Eigenart dieser Gestalten zu erkennen. Es läßt sich auch umgekehrt formulieren: Wenn wir etwas als süß oder sauer, als brennend oder besänftigend empfinden, ist dies dadurch zu erklären, daß die Atome verschiedenartige Gestalten besitzen. So erzeugen Milch und Honig ein wohliges Gefühl im Menschen, der bittere Wermut hingegen läßt den Menschen erschrocken sein Gesicht verziehen. Daraus ist zu folgern, daß Milch und Honig aus glatten, runden Atomen zusammengesetzt sind, während der Wermut aus spitzen oder mit Haken versehenen Atomen besteht. So lautet die Lehre des Demokrit[75]. Bei Platon sehen die Zusammenhänge anders aus. Er ist der Überzeugung, daß der brennende Schmerz, den ein Mensch empfindet, wenn er seine Hand ins Feuer hält, auf die spitze Form der Feuerteilchen zurückzuführen ist, und er glaubt, die Hände würden im Frost klamm werden und zittern, weil bei Kälte Teilchen mit großen Flächen auf diese drückten[76].

Aus diesen Erklärungsversuchen geht hervor, daß das Universum aus Gestalten besteht, die die verschiedensten Wirkungen hervorrufen. Diese kleinsten Teile, aus denen sich alle Körper zusammensetzen, benötigen Bewegungsmöglichkeiten. Für Demokrit sind die Atome und die aus Atomen zusammengesetzten Körper von einer Leere umgeben. Ein Raum in unserem Sinn ist nicht vorhanden, ein Raum, an dem gleichermaßen Körper und diese Leere teilhaben, oder, wie die Wissenschaftler später sagen, ein Raum, der als eine dreidimensionale Größe Körper und Zwischenräume umfaßt. Es gibt statt dessen Räumlichkeit nur bei den Körpern, das andere ist Leere, gar nichts[77].

Platon hat vor diesem Begriff der Leere Scheu. Er behauptet, daß jeder dieser Körper unmittelbar an den anderen anschließe. Dabei drangen dann kleine Elemente in die Zwischenräume ein. An einen Raum, an dem die sogenannten Zwischenräume und die sogenannten Körper gleichermaßen teilhaben, denkt allerdings auch er nicht. Räumlichen Charakter haben mit anderen Worten auch für ihn nur die Körper[78]. Auch Aristoteles, der ebenfalls überall Gestalten sieht[79], kennt keinen Raum in unserem Sinne[80].

Dies entspricht den Darstellungen der Vasenmaler. Sie können gelegentlich durch Linien andeuten, auf welchem Grunde einzelne Gestalten – Menschen, Tiere, Wagen, manchmal auch Bäume – stehen, doch sie geben nie die Tiefe eines Raumes wieder. So ist im Grunde nicht zu sagen, wie weit entfernt ein hinten gelegener Körper ist oder wie dicht ein anderer vorne stehen soll[81].

So wird dann auch der Alltag beschrieben. Zwischen den einzelnen Geräten des Hauses, die fein säuberlich geordnet nebeneinander aufzureihen sind, und dem Besitzer, der diese Geräte verwenden möchte, besteht eine Leere[82]. Ähnlich kommt es den Architekten darauf an, daß vor Tempelanlagen ein freier Platz bleibt, so daß die Menschen diese sehen können[83]. Das Bauwerk seinerseits, davon war auch gesprochen, zeugt von lastenden und tragenden Kräften, und die Art, wie diese in Beziehung zueinander gesetzt werden, verleiht dem Bau den Charakter eines Mannes oder die Anmut und Zierlichkeit einer Frau. Die gesehenen Gestalten erinnern somit an den Menschen[84]. So begegnen wir überall, wie diese unterschiedlichen Beispiele zeigen, der Tendenz, Körper wahrzunehmen und diese mit dem menschlichen Körper, an dem die entscheidenden Wechselwirkungen erfahren wurden, zu vergleichen.

Die Wahrnehmungsweise derjenigen Griechen, deren Werke wir interpretierten, konnten wir somit rekonstruieren.

Wir fragten: Welche Wirkungen beachteten die von der Gesellschaft anerkannten Künstler und Wissenschaftler?

Die Antwort lautete: Sie stellten den Menschen in Situationen dar, in denen in ihnen Kräfte gegeneinander wirkten.

Wir haben diese Kräfte dann näher charakterisiert. Es waren lastende und tragende, auseinanderstrebende und zusammenhaltende Kräfte.

Am Ende stellten wir fest, in welchem Raum sich die Auseinandersetzung zwischen diesen Kräften abspielte: innerhalb des menschlichen Körpers.

Die von den Künstlern geschaffenen Statuen und Bilder nahmen nun Haltungen ein, die auch in der Gymnastik und im Tanz jener Zeit üblich waren. Da für uns selber die bei diesen Bewegungen und Haltungen beanspruchten Kräfte noch spürbar sind, müssen die Griechen jener Zeit sie ebenfalls wahrgenommen haben. Sie waren mit ihnen vertraut. Diese Kräfte sind nun unabhängig von uns Menschen vorhanden. So können Physiker unserer Tage sie immer noch beschreiben und messen.

Die Griechen, von denen wir sprachen, sind, so können wir nun sagen, durch ihre Körperhaltung und durch ihre Bewegungsweise mit Wechselwirkungen von Kräften bekannt geworden, die in der Welt da sind. Diese spürten sie in sich, und daß sie vornehmlich auf diese achteten, prägte ihre Wahrnehmungsweise.

Innerhalb dieser Wahrnehmungsweise traten nun Varianten auf.

So begann mit Philipp von Makedonien und Alexander dem Großen eine Zeit, in der einige Personen meinten, daß hinter dem Widerstreit der Kräfte, den ein Mensch in sich erfahren konnte, ein zusammenhängender Prozeß stünde, der den Menschen und jedes andere Wesen einem Ziel zuführe. Die immer bereits erfahrene lenkende Kraft schien diesen Griechen eine ganz und gar dominierende Kraft zu sein. Aristoteles, der zu ihnen gehörte, entwarf eine Theorie, derzufolge diese Kraft zwar bei Steinen, Tieren, Pflanzen und Menschen jeweils anders wirkte, doch immer dazu fähig war, die »Materie« so zu formen, daß sich ein Körper bildete: Stein, Pflanze, Tier oder ein Mensch[85]. Die Stoiker, die seine Thesen bekämpften, wiesen ihrerseits auf eine Substanz hin, die eine Mischung aus Luft und Feuer oder gar das Feuer selber sein sollte, und nannten diese das »Pneuma«. Dies vermochte etwas kohärent zu machen als »Hexis« oder als »Tonos« oder als »Sympathie«[86].

Künstler jener Tage gestalteten Männer, die dank dieser Kraft im Kampf oder auf der Jagd in dynamischen Bewegungen über sich hinaus zu wirken vermochten, so daß jeder erkennen konnte, daß diese Kraft jenen Männern eigen war.

Innerhalb der Wahrnehmungsweise traten noch weitere Varianten auf. Als einige Menschen später zu spüren begannen, daß alle in ihnen wirkenden Kräfte nachlassen konnten, brauchten sie in einer neuen Weise Unterstützung aus ihrer Umgebung. Die Frauen und Männer der späten römischen Republik und des frühen Prinzipats berichten von dieser neuen Erfahrung. Diesen wenden wir uns nun zu.

II

DIE UMGEBUNG DER RÖMER

Lucans Gott dringt in die Brust der Menschen

Als junger Mann schrieb Lucan ein Epos über den Bürgerkrieg, über die Kämpfe zwischen Caesar und Pompeius. Er widmete es Nero. Es ist ein grausiges Werk. Schauerliches wird drastisch ausgemalt. Kaum je wurde so abstoßend dargestellt[1], wie Menschen sich im Kriege verstümmelten und mordeten.

In dieses Epos hat Lucan viele naturwissenschaftliche Lehren seiner Zeit eingearbeitet. Er trägt auch eine eigentümliche Götterlehre vor. Danach können die großen Göttergestalten, denen die Griechen Opfer brachten, nur begrenzt das Geschehen lenken, so wie auch naturwissenschaftliche Gesetze nur eingeschränkt gelten. Lucan behauptet nämlich, daß dämonische Weiber in Thessalien mit ihren Sprüchen auf die Bewegungen des Firmaments und auf den Standort der Erde Einfluß zu nehmen vermöchten. Sie können sogar – auch durch ihre Worte und Lieder – gegen den Willen der Götter das Schicksal der Menschen verändern[2]. Lucan erwägt, ob es einen Gott über allen Göttern gäbe, dem die anderen gehorchen müßten und der seinerseits von diesen hexenähnlichen, bösartigen Wesen abhängig sei[3]. Nur wenn das Schicksal, das er das Glück nennt, vom Ursprung der Welt an etwas festgelegt hat, so daß viele Ursachen bereits vor langer Zeit miteinander verknüpft wurden, vermögen diese Frauen nichts auszurichten[4]. Doch das ist die einzige Grenze ihrer Wirksamkeit.

Vor der Entscheidungsschlacht zwischen Caesar und Pompeius wendet sich nun ein feiger Sohn des Pompeius an eine dieser widerwärtigen Frauen und bittet, sie möchte ihm die Zukunft enthüllen. Die Ruchlose freut sich und erweckt einen frisch Verstorbenen, damit er die Zukunft prophezeie. Zu diesem Zweck füllt sie durch dessen Mund hindurch dessen Brust mit heißem Blut: »Unverzüglich erwärmte sich das geronnene Blut, speiste die Wunden und strömte in die Adern bis zu den äußersten Gliedern. Unter seinem Pochen regten sich die Stränge tief in der kalten Brust, und von neuem schlüpfte Leben in die ihm entwöhnten Organe und mischte sich mit dem Tod. Dann zuckte es der Leiche in allen Gliedern, ihre Sehnen spannten sich, doch statt daß der Leichnam sich allmählich Glied für Glied von der Erde erhob, wurde er durch die Erde abgestoßen und auf einmal aufgerichtet.«[5]

Das Leben eines Menschen scheint nach dieser Schilderung sein

Zentrum in der Brust zu haben. Ist diese wieder mit Blut gefüllt, vermag ein Mensch sich zu bewegen. Bei der Bewegung benötigt dieser Mann jedoch keine Kraft, um sich gegen die Schwere seines Körpers anzustemmen. Im Körper werden überhaupt keine Kräfte beschrieben. Kaum wird der Tote lebendig, steht er mit einem Ruck auf.

Bei Beginn einer Schlacht schildert Lucan die Verdienste des römischen Legionärs Scaeva. Er war ein Anhänger Caesars und kämpfte eine Zeitlang völlig allein gegen die Truppen des Pompeius: »An Caesars statt stand er als unerschütterliche Mauer da und gebot Pompeius halt.«[6] Scaeva hielt dabei Pompeius' Männer so lange fest, bis Caesars Truppen herangeeilt waren. Dann brach er zusammen. Lucan schildert, was nun geschah, so: »Als er umsank, fing ihn die Schar der Seinigen auf und lud den ohnmächtigen Mann mit Freuden auf ihre Schultern, und sie verehrten die Gottheit, die gleichsam in seiner zerfetzten Brust eingeschlossen war, und das lebende Bild der großen Göttin Tapferkeit.«[7]

Auch bei dieser Schilderung ist von der Brust die Rede. Die Brust des Scaeva hatte eine Gottheit eingeschlossen, und nach seinem Tod wurde diese Gottheit sichtbar. Die Waffen des Scaeva hängten die Soldaten übrigens anschließend an die nackte Brust des Kriegsgottes Mars[8].

Zweimal erzählt Lucan, daß eine Frau von einem Gott die prophetische Gabe erhielt; die eine war Priesterin in Delphi. Als Apollon sie ergriffen hatte, »durchraste sie von Sinnen, ohne ihren Hals in der Gewalt zu haben, die Grotte, ließ unsteten Nackens die frommen Bänder und Lorbeerreise durch die Tempelräume wirbeln, so daß sie dem gesträubten Haar entfielen, stieß den Dreifuß um, der ihrem Hin und Her im Wege stand, und glühte in hohem Fieber, indem sie dich, den zornigen Phoebus, trug«[9]. Bevor sie ihre Prophezeiung spricht, wird sie noch einmal geschildert: »Jetzt rann zum erstenmal Irrsinnsgeifer aus ihrem schäumenden Mund, mit Gestöhn und verworrenem Schreien bei keuchendem Atem. Jetzt klang dumpfes Wehgeheul in der weiten Grotte, und endlich, da das Mädchen bezwungen war, ertönten die Worte.«[10]

Bevor Gott von der jungen Frau Besitz ergriff, weigerte sie sich und heuchelte einen Zustand, in den sie gar nicht geraten war. Sie tat so, als ob Gott schon in ihr wirke, in ihrer allerdings damals noch »ruhigen Brust«[11]. Doch die sie um Rat fragten, durchschauten das Spiel. Sie wurde verflucht, floh erschrocken zum Dreifuß und ging dabei an den weiten Schacht dichter heran. Und dann ereignete es sich, »sie empfing in ihrer bisher unerfahrenen Brust die Gottheit… Nun endlich bemächtigte sich Apollon der Brust der Priesterin. Niemals drang er mächtiger in ihre Glieder; er trieb ihr den früheren Verstand aus und gebot, daß der Mensch ihm in der ganzen Brust weiche.« [12]

Ähnliches wird von einer anderen Frau erzählt. Eine Römerin jagte nämlich wie eine Mänade, die vom Gott Dionysos besessen wurde, durch die Stadt und verriet, daß Phoebus – Apollon – ihre »Brust« beherrsche, als sie rief: »Ach, wohin treibt es mich, Apollon, in welches Land entführst du mich durch die Lüfte? Ich sehe weiß beschneite Pangaion-Kämme und zu Füßen der Balkan-Felsen die Ebene von Philippi… Wohin treibt es mich in anderer Richtung? Ins Land der ersten Morgensonne bringst du mich, wo im Ptolemäer-Land das Meer dem Nilstrom Platz macht… Jetzt reißt es mich über wolkenverhangene Alpenberge und schwindelnde hohe Pyrenäen hinweg.« [13]

Gott erfüllt somit immer die Brust eines Menschen, verjagt, was an menschlichen Fähigkeiten und was an Verstand in dieser tätig war, läßt ihn dann Künftiges sehen oder wirbelt ihn hoch in die Lüfte, so daß er ferne Länder und dort kommende Ereignisse zu schauen vermag.

In allen diesen Schilderungen verfügt der Mensch über ein Zentrum, aus dem heraus er lebt. Ist von dort das Blut entströmt, muß er in das Reich der Toten. Gelingt es, das Blut zurückzuführen, wird er wieder lebendig. In dieses Zentrum kann eine Gottheit eindringen, die dann durch den Menschen handelt. In diesem wirkt auch der menschliche Verstand, den Apollon vertreibt, wenn er seinerseits die Brust des Menschen erfüllen will.

Tritt so ein Mensch unter die Herrschaft Gottes, gewinnt dieser eine neue Beziehung zur Umwelt. Wenn ein Gott vom Menschen Besitz ergreift, zeichnet sich dieser von Gott Ergriffene durch Tapferkeit aus, eine Eigenschaft, die im Kampf gegen andere sichtbar wird. Außerdem: Wirkt Apollon in der Brust eines Menschen, dann schleudert dieser alles beiseite, was um ihn liegt, und er erkennt Dinge, die er vorher nicht wahrnahm, oder vermeint, in die Luft gehoben, Länder zu sehen, Berge, Meere und weite Ebenen. So geht es in dieser Menschendarstellung um verschiedenartige Verhaltensweisen der Umwelt gegenüber.

Die Griechen hatten darauf geachtet, daß in ihrer Umgebung jeder

Körper auf dem ihm angemessenen Platz stand. War denn die Beziehung zwischen Mensch und Umwelt bei den Römern anders?

Cicero bemüht sich, die Beziehungen zwischen den Menschen zu ändern

Im ausgehenden 60. oder beginnenden 59. Jahr vor Christi Geburt schrieb Cicero einen ungewöhnlich langen Brief an seinen Bruder. Diesem war seine Amtszeit als Propraetor in Asien zum zweiten Mal verlängert worden, so daß er das dritte Jahr dort als Roms oberster Beamter für Recht und Ordnung zu sorgen hatte.

In diesem Brief bemüht sich Cicero, in diplomatisch geschickter Weise seinen Bruder Quintus auf die Eigenschaften hinzuweisen, die in seinem Amt gefordert werden. Dabei kommt er auch auf die Fehler zu sprechen, die die bisherige Amtsführung nicht so erfolgreich sein ließen, wie eigentlich zu wünschen war. Cicero sieht seinen Bruder wie einen Schiffsmann und meint, er solle seinen Mut nicht sinken lassen, damit er nicht durch die Größe der Aufgabe wie durch einen Flutschwall niedergeworfen werde. Er könne sich dagegen aufrichten und aus freien Stücken den Geschäften entgegengehen [14].

Was möchte Cicero? Die Griechen sollten den Bruder bestaunen wie einen Mann aus ihren Geschichtswerken oder wie einen vom Himmel gekommenen göttlichen Mann. Sie hatten seine Tugenden bereits in den Rang der Götter erhoben und diese auf Altären geehrt. Er solle nun den Namen »Vater von Asien« [15] verdienen. Seine Eigenschaften, schreibt Cicero, würden wie in einem Theater betrachtet werden, dessen Stimmen noch in Rom zu hören seien [16]. Dieses Leben sei überhaupt als ein Schauspiel anzusehen. Er solle daher wie ein guter Dichter oder geschickter Schauspieler das dritte Jahr so gestalten, wie ein dritter Akt auf der Bühne zu sein habe. Er muß elegant und vollkommen enden [17].

So wird von Cicero ein Verwaltungsbeamter in eine Umwelt gestellt. Alle seine Handlungen sollten so sein, daß die, die ihn ununterbrochen beobachten, loben und tadeln, am Ende ihn nur noch rühmen.

Dies erwartet er vom größeren Zusammenhang. In der Alltagsarbeit wird ähnliches gefordert: »Die Wohlfahrt, die Kinder, der gute

Name und das Eigentum seien dir teuer.«[18] Außerdem solle er immer auf seine Umgebung achten; so fordert Cicero eine »Bereitwilligkeit, die Leute anzuhören, Milde im Urteilen, Sorgfalt beim Wiedergutmachen und Erörtern«[19]. Dies alles scheint Cicero eine Selbstverständlichkeit, die nicht einmal besonders schwierig zu verwirklichen sei. Er faßt es in dem Satz zusammen: »Dich fremden Gutes zu enthalten, aller deiner Leidenschaften Herr zu bleiben, deine Angehörigen im Zaum zu halten, die Gerechtigkeit unparteiisch und mit Billigkeit zu handhaben, jeden, der dir etwas vorzutragen hat, gefällig anzuhören und niemand freien Zutritt zu versagen, das alles ist eher rühmlich als schwer, denn es kostet keine besondere Mühe oder Anstrengung und hängt lediglich von unserem Vorsatz und Willen ab.«[20]

Was Cicero hier formuliert, scheint sich ohne weiteres aus der Sache zu ergeben. Er spricht mit einem Beamten und erwartet, daß dieser sich dem Amt entsprechend verhält. Doch ganz so selbstverständlich ist es wiederum nicht.

Die Griechen in der Zeit des Perikles hatten von ihren Landsleuten ebenfalls erwartet, daß diese sich nicht vom Wunsch nach Besitz so treiben ließen, daß sie andere unrechtmäßigerweise enteigneten. Doch sie stellten den Zusammenhang anders dar. Für sie war die Begehrlichkeit eine Eigenschaft, die innerhalb des Menschen wirkte, die wie andere Eigenschaften von einer Leidenschaft zeugten, die zu beherrschen war. Sie interessierte die Wechselwirkung zwischen der herrschenden und lenkenden Fähigkeit der Vernunft und den inneren Antrieben eines Menschen, zu denen auch die Gewinnsucht gehörte[21].

Cicero hingegen geht sofort von den Beziehungen zwischen den Menschen aus. Er erwartet, daß man lernen solle, auf andere zu hören, auf andere einzugehen, daß man bereit sei, anderen Zutritt zu gewähren. Diese Forderungen haben wenig mit der Begehrlichkeit oder den Leidenschaften zu tun, sondern sie schildern zwischenmenschliche Relationen und suchen diese in einer bestimmten Weise zu regeln.

Unter diesem Aspekt betrachtet er auch einen Fehler seines Bruders. Dieser wurde leicht jähzornig: »Nur über einen einzigen Punkt werde ich nie aufhören, dich zu ermahnen, denn soviel an mir ist, will ich nicht dulden, daß dir etwas von dem Lob genommen wird. Alle Menschen, die von dort hierherkommen und deine Tugend, Rechtschaffenheit und Menschlichkeit rühmen, berichten übereinstimmend, daß an dir alles sehr zu loben sei, nur dein Jähzorn nicht.«[22] Er nennt diesen Jähzorn ein Zeichen eines leichten und schwachen Sinnes. Er meint, sein Bruder solle täglich daran denken, diesem Zorn zu widerstehen, und wenn er seinen Sinn bewege, dann solle er wenigstens die Zunge zähmen[23].

Ein Mensch ist, und das betont er am Ende seines Briefes, doch kein Einzelwesen. Er gehört einer Familie an, muß an seine Geschwister und muß an seine Kinder denken. Er darf nicht den Eindruck erwecken, seiner eigenen Familie nicht wohlgesonnen zu sein[24]. Damit ist Cicero wieder bei den Zusammenhängen, von denen er ausging: Der Mensch ist ein Wesen, das auf die Beziehungen, die zwischen ihm und anderen bestehen, zu achten hat.

Jede entstehende Unstimmigkeit zwischen ihm nahestehenden Menschen versucht Cicero zu beseitigen. Als sein Bruder Quintus einmal Schwierigkeiten mit seiner Frau, der Schwester von Atticus, hatte, schreibt er diesem: »Sobald ich einige Erbitterung bei ihm wahrzunehmen glaubte, habe ich es in meinen Briefen weder an sanftem, brüderlichem Zureden noch an schärferen Zurechtweisungen fehlen lassen, die ein älterer Bruder gegen den jüngeren sich erlauben darf. Und nach dem, was er mir seither öfter geschrieben, habe ich Ursache zu glauben, daß gegenwärtig alles sei, wie es sein soll und wie wir wünschen.«[25]

Ihm selber ist die Zustimmung seiner Freunde lebensnotwendig. Er kann ohne sie gar nicht auskommen. So sagt er Atticus: »Ich habe in den verschiedenen Glückswechseln meines Lebens Gelegenheit genug gehabt, bis in dein Innerstes zu blicken und mich von der Wahrheit und Wärme deiner Teilnahme an meinen kummervollen wie an meinen fröhlichen Tagen aufs innigste zu überzeugen, und oft hat deine Freude über den Beifall, den ich erhielt, die meinige erhöht, oft in gefährlichen Lagen dein tröstender Zuspruch die Ruhe in meinem Gemüt wiederhergestellt.«[26] Freunde erst machen einen Menschen wirklich ungezwungen und frei. Nur in ihrer Nähe ist es möglich, unbekümmert zu scherzen. Sind sie zu Besuch gekommen, kann er auch ohne jeden Zwang klagen[27].

Da er so auf die Zuwendung seiner Mitmenschen angewiesen ist, rät er allen, die ihm nahestehen, sich ihre Umgebung sehr sorgfältig anzusehen. Seinem Bruder in Asien gibt er lauter Hinweise, welche Männer möglicherweise falsche Freunde sein könnten und welche Gründe sie fast dazu zwingen, eine nicht vorhandene Freundschaft vorzutäuschen[28]. Immer wieder erkundigt er sich, wie einzelne Personen über ihn oder seine Freunde urteilen, und sucht Spannungen zu beseitigen[29]. Selbst wenn er, über die politischen Ereignisse verdrossen, sich aus dem öffentlichen Leben zurückzieht und allen mitteilt, daß er keinen mehr sehen wolle, sondern sich ausschließlich seiner wissenschaftlichen Arbeit zu widmen gedenke, wünscht er doch immer Freunde in seiner Nähe zu haben. Er braucht ihre Unterhaltung, ihre Aufmerksamkeit, – im Grunde – ihre Zuneigung[30].

Diese erhofft er sich auch von seiner Frau und erwartet, daß die Frau seines Bruders sie für diesen hat. Da waren die Beziehungen nicht immer so, wie es zu wünschen gewesen wäre[31]. An die Kinder fühlt er sich immer eng gebunden und möchte sie in seiner Nähe wissen. Als seine Tochter allzu früh bei der Geburt eines Kindes stirbt, bemühte er sich monatelang, ein Grundstück zu finden, in dem er einen Tempel für sie errichte, so daß sie ihm an diesem Ort wieder gegenwärtig sei[32].

Gerade diese Bemühungen zeigen: Es geht Cicero keineswegs nur um politische Anerkennung und Ruhm bei der Nachwelt. Ohne Zuneigung zu spüren, kann er nicht leben. Spiegelt sich dieser Wunsch nun auch in der Körperhaltung?

Im frühen Principat beachten die Künstler Schulterstellung und Kopfhaltung

Im verschütteten Herculaneum wurden fünf Broncefiguren gefunden. Sie standen in der Villa der Pisonen. Es handelte sich um lebensgroße Frauengestalten (Abb. 16). Die Archäologen, die sie untersuchten, kamen zu folgendem Ergebnis: »Sie ahmen im Stil, in der Gewandung und in den Bewegungen griechische Vorbilder des 5. Jahrhunderts v. Chr. nach, vereinigen jedoch nichtzusammengehörige Elemente. Die erhobenen Arme sind von Karyatidenstatuen übernommen, ohne daß der dazu notwendige Korb auf dem Kopf wiedergegeben wäre. Es handelt sich kaum um Tänzerinnen.«[33] Dies war zuerst wegen der aufrechten Haltung, wegen des angedeuteten Schrittes und wegen des einen erhobenen Armes angenommen worden.

Zwei Damen haben den linken Fuß erhoben. Der Betrachter sieht es freilich nur am Knie, das die Falten des herabfallenden Gewandes

Abb. 16 Villa der Pisonen, Frauengestalten

etwas herausdrückt. Eine zieht mit der linken Hand das Gewand nach oben. Sonst bleiben die streng herausmodellierten Gewandfalten so senkrecht, daß ein Körper unter ihnen kaum erkennbar wird. Auch die Haltung deutet nicht an, daß ein Standbein das Gewicht des Körpers zu tragen hat. Nirgends wird dessen Schwere herausgearbeitet. So richtet sich der Blick unwillkürlich auf den Oberkörper. Doch da auch dieser vor allem durch die herabfallenden Gewandfalten charakterisiert wird, gilt die Aufmerksamkeit dann der Schulter, den Armen und dem Kopf. An dieser Partie des Körpers sind Bewegungen vorstellbar. Der hochgehobene Arm verschiebt das Gewand, der Kopf, aufrecht gehalten, ist nach vorne oder zur Seite gewendet. Dadurch, daß der nicht erhobene Arm leicht zur Seite abgewinkelt ist, muß ein Betrachter, wenn er die Haltung dieser Figur nachahmen möchte, seine ganze Aufmerksamkeit auf Schultern, Arme und Kopf richten. Diese geraten in eine Beziehung zueinander, stellen einen Bewegungsvorgang dar, wobei Kräfte benötigt würden, um diesen fortzuführen[34].

Diese Haltung ist ungewöhnlich. Sie ist unter den aus Rom erhaltenen Plastiken auch nicht selbstverständlich. Viele von ihnen ahmen den griechischen Stil nach. Je offizieller ein Kunstwerk ist, um so eher neigt dessen Künstler zu diesem Stil. Wenn Augustus am Beginn seiner Herrschaft – zwischen 20 und 17 vor Christi Geburt – dargestellt wird, nimmt er fast die Haltung einer griechischen Figur an (Abb. 17). Das Standbein wird hervorgehoben, die Hüfte darüber ist leicht verdreht, so daß sofort zu erkennen ist: Das Gewicht des Körpers lastet auf diesem Bein. Allerdings: Da der rechte Arm vorwärts weist und der linke, am Ellbogen angewinkelt, etwas trägt und da die Schulter nach links geschoben und der aufrecht in die Ferne blikkende Kopf leicht nach rechts gedreht ist, liegen auch in dieser Figur die Spannungselemente, die durch unterschiedliche Bewegungen hervorgerufen werden, in der Schulterpartie[35].

Abb. 17 Rom, Augustus

Abb. 18 Rom, Tiberius

Derselbe Eindruck ist bei einer sitzenden Statue des Tiberius zu gewinnen, die aus dem 3. Jahrzehnt nach Christi Geburt stammt. Die griechischen Bildhauer liebten es, eine sitzende Figur etwas in sich zusammensinken zu lassen. So spürte der Betrachter das Gewicht, das die Gestalt nach unten drückte, und die Lockerheit oder Anspannung, mit der der Sitzende diesen Druck zu überwinden verstand[36]. Tiberius hingegen hat den rechten Arm erhoben, den linken auf sein Knie gelegt. Seine Schulter ist so weit nach rechts gedreht, daß der ganze Oberkörper dieser Haltung folgt, während der Kopf sich in entgegengesetzte Richtung nach links wendet. Auch diese Haltung stellt den Ausschnitt aus einer Bewegung dar, und da die Füße so wiedergegeben sind, daß an ein Aufstehen nicht gedacht werden kann, vermag eine Bewegung wieder am ehesten die Positionen von Armen, Schultern und Kopf zu verändern (Abb. 18)[37].

Diese Art, Menschen wiederzugeben, kann noch auffälliger betont werden. Augustus ließ ja einen Friedensaltar errichten. An der Seite schreiten Lictoren, dann folgt er, von zwei Konsuln begleitet. Priester schließen sich an und Frauen und Kinder, die wohl alle seiner Familie angehören (Abb. 19).

Die Szene ist voller Bewegung. Einige Erwachsene drehen sich nach hinten um, auch Kinder schauen zurück. Eine im Hintergrund gezeigte Frauengestalt legt den Finger auf den Mund, was wohl bedeuten soll, daß die anderen während einer Kulthandlung nicht zu laut reden möchten.

Bei diesen Figuren sind nun einige überhaupt nur mit Kopf und Schulter wiedergegeben, nämlich alle, die im Hintergrund stehen. Auch die für den Betrachter erste Reihe zeigt recht unterschiedliche Armbewegungen und Kopfhaltungen, während die Füße und Beine, auch wenn sie deutlich zu erkennen sind, fast keine tragende oder stützende Funktion haben. Daß der Körper auf ihnen lastet, kann ein Betrachter nicht empfinden.

Um so lebendiger ist der Ausdruck der Schultern und Köpfe. Sie deuten Versunkenheit, Scheu, Aufmerksamkeit, Zuneigung, Zurückhaltung und Interesse an, und falls man solche Interpretationen vermeiden möchte, lassen sie zumindest erkennen, daß in diesem Bereich Bewegungen zu erwarten sind: Eine nach rückwärts gewandte Kopfhaltung kann in einer Prozession nicht lange beibehalten werden, in der eine Frau oder ein Mann nach vorne gehen muß. Auf diese Weise richtet sich wieder die Aufmerksamkeit eines Betrachters vorwiegend auf Kopf und Oberkörper[38].

Aus der Zeit des Augustus oder des Tiberius stammt auch ein weiteres Prozessionsbild. Im Hintergrund sind Männer zu erkennen,

Abb. 19 Rom, Friedensaltar des Augustus

die eine Toga tragen und mit Lorbeerkränzen geschmückt sind. Vor ihnen stehen Jugendliche, fast Kinder noch, barfuß (Abb. 20). Drei von diesen halten in der linken Hand eine Statuette, Hausgötter. Bei diesen jugendlichen Gestalten wird durch die Beinstellung angedeutet, daß sie sich in Bewegung befinden. Doch der Unterkörper und die Hüften sind so wenig herausgearbeitet, daß der Eindruck, die Beine hätten etwas zu tragen, nicht entstehen kann. Hingegen werden Schulter- und Kopfhaltungen wieder hervorgehoben – die Köpfe fast überraschend, da sie innerhalb des Reliefs besonders plastisch modelliert sind[39].

Ähnlich sieht es bei den Kunstwerken anderer Gattung aus. In Aquileja ist aus dem zweiten Viertel des ersten nachchristlichen Jahrhunderts eine Silberschale, eine Patera, erhalten, die ursprünglich vergoldet war. Auf ihr bringt eine in der Mitte stehende männliche Figur, wohl Triptolemos, ein Opfer dar (Abb. 21). Der Mann sieht

Abb. 20 Rom, Prozession

dabei zu der etwas höher vor ihm sitzenden Demeter auf. Wahrscheinlich hat er die Gestalt eines Mitglieds des kaiserlichen Hauses oder gar eines Kaisers. Schon bei ihm, der in griechischer Tradition das eine Bein etwas lockerer hält, fällt auf, daß er trotz der dadurch nötigen Gewichtsverlagerung kaum die Schwere seines Körpers aufzufangen hat. Statt dessen charakterisiert ihn die freie, etwas nach vorn gewölbte Brust. Sie tritt fast frontal hervor, während sein Kopf sich nach links dreht. Die gesamte Aufmerksamkeit gilt also wieder der Schulterpartie. Die anderen Figuren wirken ähnlich. Der »Himmel«, der aus der Höhe herabblickt, ist überhaupt nur mit Schulter und Kopf wiedergegeben. Gegenüber von Demeter erscheinen – oberhalb des Opfernden – zwei Gestalten, von denen eine wieder nur mit dem Oberkörper gezeigt wird. Oberkörper und Kopf werden bei einer kauernden Gestalt vor ihm besonders hervorgehoben, und unter ihm ruht die Erde, deren Beine, Hüfte und Unterleib in den Grund der Schale übergehen und so nur eine geringe Plastizität haben. Dagegen sind Brust, Schultern und Kopf wieder so zueinander in Beziehung gesetzt, daß sich am ehesten bei ihnen eine Bewegung erwarten läßt[40].

Abb. 21 Silberpatera, Ein Opfer

Diese Art, Menschen darzustellen, folgt fraglos hellenistischen Traditionen. Alexander, seine Krieger und Gegner wurden von den Künstlern jener Zeit oft so wiedergegeben, daß der Betrachter glauben mußte, in ihnen wirke eine Kraft, die vom Oberkörper her sich auf einen Freund oder Widersacher richte (Abb. 22)[41]. Eine solche angriffsfreudige Tendenz fehlte den römischen Statuen und den Figuren der Patera jedoch.

Die Neigung, eine Gestalt aus dem Hintergrund allmählich hervortreten zu lassen, war ebenfalls bereits in Kunstwerken hellenistischer Zeit anzutreffen. So ließen griechische Künstler aus Tarent menschliche Körper aus einer Fläche sich hervorwölben. Sie benutzten dabei recht verschiedenartige Materialien. Eine schlafende Mänade etwa ist in Terrakotta gearbeitet[42], eine Nereide tritt auf dem Deckel einer Pyxis auf (Abb. 23)[43], eine tanzende Siegesgöttin erscheint auf einem Silberrelief (Abb. 24)[44]. Für alle diese Figuren, die im Umkreis von Tarent gefunden wurden, gilt nun, daß einzelne Partien des Körpers allmählich aus dem Untergrund hervorzudrängen scheinen, wie auf der Schale, die das Opfer darstellt.

Doch achten die tarentinischen Künstler auf andere Teile des Kör-

Abb. 22 Alexandersarkophag, Kampf zwischen Griechen und Persern

Abb. 23 Deckel einer Pyxis, eine Nereide

Abb. 24 Silberrelief, Tanzende Nike

pers. Bei der schlafenden Mänade ruht der Kopf auf den Armen und ist dadurch etwas erhoben. Auffällig jedoch ist die breit vorgewölbte Hüfte. Die Nereide, die auf einem Seeungeheuer reitet, hat sich von dem Betrachter abgewandt. Mit einem Arm umschlingt sie den Hals des Ketos, den anderen hebt sie zum Kopf. Betont jedoch wird der untere Rücken und somit die Hüftpartie. Die tanzende Nike auf dem Silberrelief hat die Arme gestreckt, so daß ein Ellbogen besonders herausmodelliert wird. Der Kopf ist leicht nach vorne geneigt. Hüfte, Knie, Fuß und der Faltenwurf erwecken beim Betrachter den Eindruck, die Gestalt bewege sich auf ihn zu. Er erwartet – da Nike eine Statue trägt, so daß sie die Haltung der Arme und des Kopfes nicht ändern kann – am ehesten eine Bewegung der Beine, wofür auch die wehenden Gewandfalten sprechen.

Die Werke der späten römischen Republik und des beginnenden Principats stehen so zwar in der Tradition hellenistischer Arbeiten, doch sie modifizieren sie. Die Schulterpartie wird nicht deswegen betont, weil die Gestalten, wie Alexander im Kampf gegen Dareios oder wie Jäger in Auseinandersetzung mit gefährlichen Tieren, eine andere Figur angreifen. Diese Römer bleiben eher ruhig. Sie geben eine Bewegung auf oder wenden sich zurück[45]. Wenn, wie auf der Schale, Figuren aus dem Hintergrund so herausgearbeitet werden, daß nur der Oberkörper und Kopf erscheint, dann war diese Technik zwar ebenfalls in hellenistischer Zeit verbreitet, doch galt damals die Aufmerksamkeit nicht so ausschließlich den Schultern und dem Kopf.

Diese Beobachtung legt es nun nahe, sich mit den Kräften, die in Kopf und Schulter wirken, genauer zu befassen. Stehen sie in Beziehung zu anderen Kräften, die innerhalb des Körpers wie die lastenden und tragenden Kräfte der Griechen im 5. Jahrhundert wirken[46], oder wirken sie auf Kräfte, die außerhalb der dargestellten Figur auftreten? Wie nehmen denn die Menschen jener Zeit ihre Umgebung wahr? War etwas außerhalb ihrer Person für sie bedeutungsvoll?

Realitäten werden zu Bildern

Als Plinius für den Reiz eines Landsitzes in der Toscana wirbt, schreibt er einem Freund einen Brief, in dem er alle angenehmen Aspekte seines Hauses und dessen Umgebung hervorhebt. Dabei kommt er auch auf die Landschaft zu sprechen, in der es liegt, und meint: »Es wird dir so vorkommen, als sähest du nicht Ländereien, sondern ein in außergewöhnlicher Schönheit gemaltes Landschaftsbild, an dessen Buntheit und Gliederung deine Augen sich erquicken werden, wohin sie nur blicken.«[47] Für Plinius wird eine Realität zu einem Kunstwerk.

Von ihm erfahren wir noch genauer, wie er diese Landschaft sah. Er schildert in dem gleichen Schreiben, in welcher Art er seine Gärten anlegen ließ, so daß diese fast unmerklich in eine nicht vom Menschen veränderte Natur übergingen. Das sieht so aus: »Den Rasenteppich umzieht eine von niedrigem, mannigfach zugestutzten Buschwerk eingefaßte Promenade, zur Seite eine zirkusförmige Allee, die um einen vielgestaltigen Buchsbaum und um künstlich niedrig gehaltene Bäumchen herumführt... Dahinter eine Wiese, nicht weniger hübsch in ihrem urwüchsigen Zustand als die vorher genannten Dinge in ihrer Künstlichkeit.« Inwiefern ihm beides, das Künstliche und das Natürliche, gefällt, wird noch einmal erläutert: »Hier und da tritt eine kleine Rasenfläche dazwischen, dann wieder ein Buchsbaum allein, zu tausenderlei Gestalten verschnitten, manchmal zu Buchstaben, die bald den Namen des Herrn, bald den des Gartenkünstlers nennen. Abwechselnd erheben sich kleine Pyramiden und fügen sich Obstbäume ein. Inmitten städtischer Verfeinerung unversehens gleichsam eine Anspielung auf unverfälschtes Landleben.«[48]

Die meisten von uns würden das, was Plinius in diesem Brief, Bewunderung heischend, hervorhebt, keineswegs sonderlich schön finden. Wir schätzen Buchsbäume nicht, die so zugeschnitten sind, daß Buchstaben und Namenszüge sichtbar werden.

Plinius sieht offensichtlich das Künstliche und das Natürliche nicht als den Gegensatz, den wir seit dem Aufkommen des »natürlichen« englischen Parks am Ende des 18. Jahrhunderts wahrzunehmen meinen[49]. Ihm bedeuten die zwei Aspekte seines Gartens etwas anderes. Jeder von ihnen verweist auf eine Umgebung, die Buchsbäume auf die geordneten Verhältnisse der Stadt, der Obstbaum auf das Land. Stadt und Land liebt er. In der Stadt kann er als Verwaltungsbeamter tätig sein, auf dem Land als Wissenschaftler. Von Bauern freilich möchte er nichts wissen. »Ihre bäuerlichen Klagen lassen mich mit Sehnsucht an unsere Wissenschaft und die Tätigkeit in der Stadt denken.« [50] Die Realität schätzen diese Römer als Bild, wenn es sie an etwas erinnert.

Das ging Cicero nicht anders, nur daß dieser sich gerne in historische Situationen versetzen ließ. So suchte er für sein Haus in Tusculum in Griechenland Götterstatuen zu kaufen, um sie an verschiedenen Plätzen aufzustellen. Als er eine Plastik erhielt, die gleichermaßen Hermes und Athene wiedergab, schreibt er, daß der Platz, den er für körperliche Übungen schuf, jetzt nach Aufstellung der Statue so aussehe, als ob er bloß um ihretwillen geschaffen sei [51]. Das war ein sehr hohes Lob. Selbst Bäume erinnern ihn an historische Ereignisse. So läßt ihn eine Platane, die Crassus auf seinem Landgut pflanzen ließ, an Sokrates denken, der sich unter einer Platane mit seinen Freunden über wissenschaftliche Themen unterhielt [52]. Auch Bilder wecken Erinnerungen. Sie werden Cicero im Lauf seines Lebens wichtiger als Statuen. Sie möchte er erwerben, um sie bei sich anbringen zu lassen [53].

Diese gebildeten Römer am Ende der Republik und in der frühen Kaiserzeit wollten sich in Situationen versetzen, die vielleicht in Griechenland einst bestanden hatten, in denen sie jedenfalls leben wollten.

Nun sind uns in Pompeji und an anderen Orten Wandgemälde erhalten, die Landschaften und Gebäude wiedergeben und auch Menschen zeigen, die in diesen Landschaften tätig sind. Immer, wenn die Landschaft dominiert, haben die Bilder die von Cicero und Plinius so geschätzte Eigenart: Sie versetzen den Betrachter mit ihren Tempeln und Götterstatuen in eine historische oder mythologische Situation. Sie haben ausnahmslos etwas Schwebendes, wirken aufgrund ihrer Farbigkeit und stellen keine Personen dar, denen anzusehen ist, daß sie sich mit den in ihrem Körper wirkenden Kräften auseinandersetzen müssen (Abb. 25) [54]. (Dies gilt nicht für die Bilder, die unabhängig von Landschaften Personen wiedergeben. Bei diesen dominieren die griechischen Vorbilder [55].)

Wenn die Landschaftsbilder sich so auf mythische und historische Situationen beziehen oder einfach auf das Land oder auf Städte in der Landschaft hinweisen, müssen wir genauer fragen, in welcher Weise diese Landschaften vor ihnen lagen.

Abb. 25 Pompeji, Paris auf dem Ida

Segmente eines Ortes sind einer bestimmten Zeit zugeordnet

Catull beginnt eines seiner schönsten und sicher sein leidenschaftlichstes Liebesgedicht, in dem er am Ende seine Freundin auffordert, ihm hundert und tausend Küsse zu geben, mit einer Betrachtung über die Zeit. Er entwickelt keine philosophischen Gedanken, er schildert nur zwei Gegebenheiten.

Die Sonnen, so sagt er, können gehen und wieder zurückkehren, für uns Menschen jedoch ist das Ende eine ewige Nacht, in die wir wie in einen Schlaf versinken[56]. Mit andern Worten, im Bereich der Gestirne ist eine Wiederkehr möglich, die Dauer verspricht; die Menschen auf der Erde jedoch leben in einer Zeit, die in einer Richtung abläuft und im Tod endet.

Auch Lucan schildert diese zwei unterschiedlichen Orte im Universum in einer sehr eindrucksvollen Szene. Brutus besucht vor Beginn des Bürgerkrieges seinen Onkel Cato. In einer längeren Rede erörtert Brutus, es sei wohl damit zu rechnen, daß Cato sich an diesem Kriege nicht beteiligen werde, und vergleicht ihn und seine Rolle mit den Sternen und den hohen Bergen, die in den Bereich der Gestirne hineinragen: »Besser wirst du als einziger ohne Waffen still und müßig bleiben, so wie die Sterne am Firmament stets unerschütterlich auf ihrer Bahn hinziehen, während näher an der Erde die Luft von Blitzen aufflammt. Auch kennt der untere Bereich der Erde Stürme und zuckende Bewegungen der Flammen, hingegen der Olymp ragt über die Wolken.« [57]

Beide Dichter geben nur die verbreitete naturwissenschaftliche Lehre wieder, die Aristoteles schon formuliert hatte: Im Bereich der Gestirne bewegt sich alles regelmäßig, so daß dort ewig Dauerndes zu bestehen vermag; auf der Erde hingegen, die ja im Zentrum des Weltalls vorgestellt wird, sind die Bewegungen unstet und führen zum Untergang.

Lukrez hatte zur selben Zeit gerade eine materialistische Variante dieser Naturlehre vorgetragen. Danach löst sich am Ende allen Geschehens jedes Lebewesen in seine atomaren Einzelbestandteile auf. Dabei sind Erde und Menschen insgesamt in einen Prozeß zunehmenden Verfalls eingefügt, der alles kleiner, schwächer und schlechter werden läßt [58]. Ihm lag sehr daran, klarzumachen, daß wir Menschen uns nicht von Ängsten beunruhigen lassen dürften. Doch er betonte diese Absicht so intensiv, daß der Leser spürte, wieviel Beunruhigung er wohl bei sich selbst überwinden mußte. Dabei zweifelte er sowenig wie die anderen daran, daß die Zeit hier auf Erden für den Menschen einen Prozeß darstellte, der unabwendbar zum Tode führte [59].

Wer in diesen Vorstellungen lebte, schwebte oft in der Gefahr, eine Verschlechterung der politischen Situation als etwas Naturgegebenes hinzunehmen und zu resignieren. Cicero geriet immer wieder in solche Stimmungen hinein, denen er am Ende unterlag [60]. Für ihn gab es allerdings Möglichkeiten, sich diesem Vorgang zu entziehen. Er konnte sich eine Umgebung schaffen, die an eine vergangene, bessere Zeit erinnerte. Vollkommener war für ihn die Epoche, in der die großen Griechen Sokrates und Platon lebten. So holte er sich aus Griechenland Statuen, so besuchte er gern einen Freund, der Bäume pflanzte, unter denen auch Sokrates gesessen hatte, so umgab er sich in seinem Haus mit Bildern aus der früheren griechischen Zeit[61]. Wenn er so von einer Platane – von dem Baum Sokrates' – zu einer griechischen Statue an seinem Übungsplatz oder zu seinen griechischen Bildern ging, dann hatte er jeweils einen kleinen Ausschnitt, ein Segment eines Ortes vor sich, der ihn an frühere Zeiten erinnerte.

Er konnte noch in einer anderen Weise der vergänglichen Gegenwart entgehen. Als seine inniggeliebte Tochter bei der Geburt eines Kindes starb, bemühte er sich um ein Gartengrundstück, in dem er ein Heiligtum errichten wollte, das ihn an sie erinnerte. In einem sich lang hinziehenden Schriftwechsel besprach er mit seinen Freunden, welches Grundstück sich dafür am besten eigne. Es sollte für viele gut sichtbar sein; vor allem jedoch sollte es in einem Bereich liegen, der nicht in der Gefahr schwebte, von anderen gekauft und bebaut zu werden, denn Cicero wünschte, durch diese Gedenkstätte den Prozeß des Vergehens, des Verfalls, des Vergessens möglichst lange aufzuhalten und seiner Tochter so eine begrenzte Erinnerung zu sichern[62].

Wieder ist es ein Ort, der mit einer besonderen Zeit verbunden werden soll, und wieder stellt dieser Ort ein Segment dar, in dem die Zeit anders als in den sie umgebenden Orten verläuft.

Einzelne Römer ließen auch die Stunden ihres Tages so aufeinander folgen, daß jeweils die gleichen mit dem gleichen Ort verbunden waren. So schreibt Plinius in einem Brief, wie er in Tuskien während des Sommers seinen Tag gliederte:

»Ich werde wach, wann ich mag, meist um die erste Stunde, oft auch früher, selten später. Die Fenster bleiben geschlossen. Wunderbar, wie ich durch die Stille und Dunkelheit geschützt gegen alles, was ablenkt – frei und mir selbst überlassen –, nicht den Augen mit dem Geist, sondern dem Geist mit den Augen folge, die sehen, was der Geist sieht, wenn sie nichts anderes sehen. Ich überdenke, was ich gerade in Arbeit habe, überdenke es, als ob ich es Wort für Wort niederschriebe und verbesserte... Dann rufe ich meinen Sekretär, lasse das Tageslicht ein und diktiere ihm, was ich entworfen habe.

Sobald die vierte oder fünfte Stunde heran ist, eine feste, genau bemessene Zeiteinteilung habe ich nicht, begebe ich mich, je nachdem, ob das Wetter es ratsam erscheinen läßt, auf die Terrasse oder in die Wandelhalle, überdenke das Weitere und diktiere es. Dann setze ich mich in den Wagen. Auch dort tue ich dasselbe wie im Gehen oder Liegen. Die geistige Spannung hält an, durch die Abwechslung neu belebt. Danach mache ich ein kurzes Schläfchen, gehe wieder spazieren. Anschließend lese ich eine griechische oder lateinische

Rede, laut und deutlich... Noch einmal ein Spaziergang, dann Massage, Gymnastik und Bad.

Bei Tisch lese ich, wenn meine Frau zugegen ist oder ein paar Freunde, aus einem Buch, nach Tisch Komödie oder Lautenspiel. Nachher ein Spaziergang mit meinen Leuten, unter denen sich gebildete Männer befinden.«[63]

Dieser Tagesablauf hat nichts Starres, Einengendes, und doch führt er nacheinander an vorher festgelegte Orte. Und so wird im Verlauf eines Tages zu bestimmten Stunden ein Ort, der diesen gemäß ist, aufgesucht. Diese Orte, das abgedunkelte Zimmer, die Wandelhalle, die Terrasse, das mit dem Wagen zu erreichende Land, der Eßraum, das Zimmer für Massage, Gymnastik und Bad sind jeweils voneinander geschieden, und jedem steht eine Zeit zu.

So ist auch die Beziehung zu seiner Frau geregelt. Als diese einmal verreist war, klagt er ihr in einem Brief, wie sehr er sich nach ihr sehne: »Warum? Weil ich dich lieb habe und weil wir es nicht gewohnt sind, getrennt zu sein.« Und dann erzählt er ihr, wie sich diese Zuneigung äußert: »Daher kommt es auch..., daß, wie man ganz richtig sagt, die Füße selbst mich bei Tage zu den Stunden, wo ich mich dir zu widmen pflegte, zu deinem Aufenthaltsraum führen, daß ich schließlich, bedrückt und niedergeschlagen, als hätte man mich nicht eingelassen, dein leeres Gemach verlasse.«[64] Er schildert in diesem Brief die Intensität seiner Zuneigung, aber gleichzeitig, daß es ihm selbstverständlich ist, im Ablauf des Tages feste Stunden zu haben, an denen er mit seiner Frau zusammenkommt. Nur während dieser Zeit tragen ihn die Füße von selbst zu ihrem Zimmer.

So haben einzelne Ausschnitte von Orten ihre eigene Zeit und gehören zu einzelnen Zeiten bestimmte Orte, eine Terrasse, eine Wandelhalle, der Aufenthaltsraum der Frau. Diese Regelmäßigkeit der Zeiteinteilung brachte eine Wiederholung, die in gewisser Weise den sich wiederholenden Sternenbahnen glich. So litten Menschen wie Plinius darunter, wenn sie von dem Zeitablauf abweichen mußten, weil sie ihre verreiste Frau an dem vertrauten Ort nicht antrafen. Wozu benötigten diese Römer die von ihnen so bewußt mit Zeiten verbundene Umgebung?

Eine Zuwendung schützt im Prozeß des Verfalls

Vergil schildert in seiner ersten Ekloge ein Zusammenkommen von Hirten. Einige von diesen sind aus ihrer Heimat vertrieben. Vergil spielt auf das Geschick von Flüchtlingen seiner eigenen Zeit an, die Haus und Hof verlassen mußten. Die Unterhaltung zwischen denen, die ihre Heimat verloren, und denen, die auf ihrem Gut weilen, zieht sich bis zum Abend hin, und am Ende wird das Bild der kommenden Nacht beschworen, wenn die Schatten der Berge bereits ins Tal fallen. Es ist die Nacht, die den gleichzeitig dichtenden Catull an den ewig währenden Tod erinnerte[65].

Bevor diese hereinbrechende Nacht alles mit Dunkelheit bedeckt, bieten die Hirten, die über ihren Besitz noch verfügen, den Fremden Unterkunft und eine Mahlzeit an. Milch, Käse, Kastanien stehen bereit, und die Verse klingen, da den Flüchtlingen Schutz gewährt wird, trotz der immer länger werdenden Schatten der hohen Berge tröstlich aus[66].

In dem Gedicht, in dem Catull beschwörend seine Freundin daran erinnert, wie vergänglich ihr Dasein sei, ruft er sie gleich danach auf, zu lieben und das törichte Gerede alter Männer nicht zu beachten. Er wünscht, sie möge ihn küssen, hundertmal, tausendmal, ohne zu zählen, so daß niemand sagen könne, wie oft sie ihn geküßt habe. Es ist gewiß eine Zuwendung anderer Art, die dieser Dichter ersehnt, doch es ist wieder die Zuwendung, die ihn den bevorstehenden Tod, eine Zeitlang wenigstens, vergessen läßt[67].

Freilich, bei Catull ist die Liebe selbst mit Erfahrungen des Flüchtigen durchwoben. Klagend über die Untreue seiner Freundin, entwirft er das Bild von der Frau, die, was immer sie dem liebenden Mann an Zärtlichkeiten sagt, nichts ernst meint, so daß dieser ihre Worte dorthin schreiben mag, wo alles vergeht – in den Wind, in die reißenden Wasserströme[68]. So bleibt ihm nur die Erinnerung. Die augenblickliche Zuneigung der Liebenden, die ein Schutz sein könnte, hilft doch nicht.

In anderer Weise stellt dasselbe Thema Lucan dar. Vor der entscheidenden, für Pompeius verhängnisvollen Schlacht rät dieser seiner Frau, sie solle sich auf die sichere Insel Lesbos zurückziehen, um den Gefahren des Krieges zu entgehen. Diese wehrt sich erst leidenschaftlich, doch er meint, er hätte nicht verdient, während des Krieges sorglos bei seiner Frau zu schlafen. »Ich scheue, als trauriger

Pompeius den Bürgerkrieg ohne einen Verlust zu beginnen.«[69] Sie gibt schließlich nach. Ihre nächste Nacht schildert Lucan dann so: »Wie umarmte sie oft, schlaftrunken, mit getäuschten Armen, das leere Lager, und ohne an die Flucht zu denken, suchte sie in der Nacht ihren Mann... Es half ihr nicht, den Körper auf dem ganzen Lager hin- und herzuwerfen, ein Teil des Bettes blieb frei. Sie fürchtete, Pompeius immer entbehren zu müssen.«[70] In dem bevorstehenden Verhängnis hatte die enge Verbindung der Eheleute noch etwas Schutz gewährt. Auch dieser ist nun genommen.

Die Zuwendung, die von Hirten ausgeht, die Flüchtlinge aufnehmen, oder von Frauen, die einen Mann lieben, kann auch von Freunden kommen, die Beifall spenden und trösten oder wenigstens klagen lassen. Das war die Situation von Cicero. Wir haben sie beschrieben. Die Zuwendung mag in vielen Varianten auftreten; sie wird von den Römern jener Jahrzehnte immer wieder beschworen und so wohl wirklich benötigt.

In einer eigenen Form begegnet sie auch auf Bildwerken. Auf dem Friedensaltar des Augustus innerhalb der dort dargestellten Prozession wenden sich Männer ihren Frauen zu, sehen Kinder einander oder die Eltern an[71]. Auf der Patera dreht sich die zentrale Gestalt, die das Opfer bringt, der Demeter zu; auch die Figuren, die oben sitzen, scheinen aneinandergelehnt, ganz vornübergebeugt, nur auf Demeter gerichtet. Eine Göttin, die zu den Füßen des Opfernden vor dem Wagen mit geflügelten Schlangen niederkauert, füttert die Tiere. Alle sind – oft innig – miteinander oder mit anderen Lebewesen verbunden[72].

Die Art der Darstellung verstärkt diesen Eindruck. Auf dieser Silberplatte treten einzelne Gestalten aus dem Untergrund so hervor, daß nur Schulter und Kopf voll sichtbar werden. Diese sind es jedoch, die sich den anderen und auch dem Betrachter zuneigen. Für diesen entsteht so der Eindruck, als ob die Gestalten aus einer Tiefe zu ihm aufsteigen[73]. Eine ähnliche Wirkung hat es – wir sprachen schon davon[74] –, wenn nur die vorderen Gestalten voll ausgearbeitet sind, während die hinteren schwach modelliert bleiben. Wieder scheinen sich die ersten dem Betrachter zu nähern[75].

Selbst mit Farben läßt sich ein ähnlicher Effekt erzielen. In einigen Landschaftsbildern, so in dem berühmten Garten und Park der Livia, bleibt der Hintergrund farbig und zeigt nur verschwommen einzelne Pflanzen. Je näher diese dem Betrachter stehen, um so klarer werden ihm ihre Formen, so daß er unwillkürlich den Eindruck ge-

Abb. 26 Villa der Livia, Heiliger Hain

winnt, daß ihm aus einer nur farbig gehaltenen Tiefe einzelne Gestalten in scharfen Konturen nahe kommen (Abb. 26)[76].

So sind die verschiedenen Orte nicht nur in Segmente zerlegt, die jeweils zu einer Zeit gehören, sondern diese können sich einem Menschen auch schützend, hilfreich zuwenden. In welcher Weise vermitteln sie denn diese Erfahrung? Dieser Frage sind wir bisher noch nicht nachgegangen.

Beliebte Raumsegmente verbinden von Menschen Gestaltetes und Natürliches

Das römische Haus betrat der Bewohner von der Straße. Fenster waren im unteren Stock nicht vorgesehen. Er kam zuerst in das Vestibül, einen Vorplatz, danach durchschritt er eine Haustür, einen Gang, in dem gelegentlich ein Hund oder ein Sklave Wache hielt. Nach dem Gang folgte, durch einen Vorhang abgeschlossen, das Atrium[77]. Dieses war in der Kaiserzeit ein offener Hof. In der etruskischen Zeit, aus der es stammte, stellte es den zentralen, am Anfang möglicherweise sogar den einzigen Raum des Hauses dar[78]. Erst als die Häuser zu dicht beieinander lagen, wurde das nach außen abfallende Dach nach innen gewendet, und somit floß das Regenwasser nun über dies Dach in den Hof. In diesem Hof stand ursprünglich der Herd. Dort befand sich der Webstuhl der Frauen und Mägde. Dem Eingang gegenüber war das Ehebett aufgestellt, an dem Ort, der später zum Ehrenplatz der Frau wurde[79].

In spätrepublikanischer Zeit bildete das Atrium nur noch einen Aufenthaltsraum, um den herum einzelne Zimmer lagen. Es behielt freilich einen hervorgehobenen Charakter. So wurde dort die Geldkiste aufbewahrt, gelegentlich war dort auch die Kapelle der Hausgötter, der Laren. Die Zimmer, die das Atrium umgaben, waren ursprünglich wohl Schlaf- und Wohnräume[80]. Sie wurden später zu Aufenthaltsräumen. An der Rückwand des Atriums befand sich ein Raum, Tablinum genannt, in dem die Bewohner des Hauses oft aßen oder von dem aus sie in den Garten gingen[81].

Dieser Garten, der hinter dem Tablinum lag, war in der frühen Kaiserzeit gelegentlich bereits an drei oder an vier Seiten von Säulenreihen umgeben. Einen solchen Hof nannten die Römer in Anlehnung an das griechische Vorbild Peristyl. In Pompeji sind uns kleine, aber auch große Peristyle erhalten, und in diesen befanden sich Gartenanlagen, Fischteiche, Springbrunnen sowie Nischen, aus denen Wasser floß, und zwischen den Säulen wurden Statuen aufgestellt. Innerhalb des Peristyls konnte auch ein Altar stehen[82].

In diesen Häusern von Pompeji liegen Schlaf- und Aufenthaltsräume um ein Peristyl. An dessen Ende befand sich dann wieder ein größerer Raum, dem Tablinum entsprechend, und dahinter konnte ein weiterer Garten liegen[83].

Wenn das Peristyl auch von den Griechen übernommen wurde, so hatte sich doch sein Charakter verändert. In den hellenistischen Häusern waren oft zwei Peristyle eingerichtet, und der zweite lag im Wohnbereich der Frauen. Diese waren ja in der griechischen Gesellschaft zur Zeit des Hellenismus selbständiger geworden, beanspruchten eigene Rechte, wollten einen eigenen Hausbezirk mit einem gesonderten Zugang. So konnten sie von diesem zweiten Peristyl oft unmittelbar auf die Straße gelangen[84].

In den römischen Häusern konnte das Peristyl diesen Charakter nicht besitzen, denn die Frau hatte ihr Zentrum im Atrium. In diesem wurden auch Gäste empfangen, was uns für die spätrepublikanische und kaiserliche Zeit bezeugt ist, denn die strenge Trennung zwischen dem Bereich der Frauen und dem der Männer war den Römern nicht geläufig[85]. So erhielt der zweite Hof, das Peristyl, eine andere Bedeutung.

Atrium und Peristyl waren für die Römer verschiedene Räume. Sie gingen vom Vestibül ins Atrium und durch das Tablinum in das Peristyl oder suchten andere Räume auf. Die Speisezimmer etwa lagen rechts und links vom Tablinum oder waren im Tablinum selber eingerichtet. In größeren Häusern gab es einen Sommer- und einen Winterspeiseraum, und diese konnten am Peristyl liegen. Wer zum Essen gehen wollte, mußte durch die verschiedenen Höfe und Zimmer seines Hauses schreiten[86].

So haben die Archäologen betont: »Architekturgeschichtlich ist von Interesse, daß dieser Grundtyp (des römischen Hauses) sich von entsprechenden Wohnbauten des hellenistischen Ostens nicht ableiten läßt.«[87] Dies begründen sie aus der Anordnung der Zimmer: »Das pompejanisch-römische Haus ist – dies ist ein wesentlicher Unterschied zum griechischen Haus – in höchst bewußter Weise auf Blickachsen angelegt... Das römische Haus öffnet sich ins Freie, gewährt auf der dem Eingang entgegengesetzten Seite einen kunstvollen Ausblick in den Garten, in den hortus, beziehungsweise in den umsäulten Gartenhof, das Peristyl.«[88]

Dieser Wandel vom hellenistischen zum römischen Haus, der dem Wandel vom etruskischen zum römischen Haus parallel läuft, läßt sich nun sehr genau datieren. Aus den Grundrissen läßt sich folgendes entnehmen: Die erste uns genauer bekannte Villa wurde von Scipio Africanus errichtet. Er starb 183 vor Christi Geburt. Diese Villa kann sich nun nicht nach außen »ins Freie« gewandt haben, denn sie liegt in einer Gegend, die zu betrachten nicht lohnte. Es handelte sich um eine »flache, reizlose Schwemmebene ohne landschaftliche Fernziele«. Sie ist daher als ein Gutshof vorzustellen[89].

Somit ist die Mysterienvilla bei Pompeji das älteste Bauwerk, von dem wir sagen können, es hat die spezifisch römische, auf eine Landschaft bezogene Konstruktion. Der Steintechnik nach entstand diese Villa in der zweiten Hälfte des zweiten Jahrhunderts[90]. In dieser Zeit müssen die Römer zu der neuen Bauweise gekommen sein, die Architektur und Landschaft miteinander verband.

Diese neue Villa wird nun von den Archäologen folgendermaßen beschrieben: »Im letzten vorchristlichen Jahrhundert beginnt die Villa in verstärktem Maß, sich nach außen zu öffnen, das heißt bei gleichzeitiger Verkümmerung des Atriums ihren einfachen Grundtypus zu sprengen und Freigelände in ihren Baukörper einzubeziehen bzw. Baueinheiten selbständiger Bestimmung abzusondern. Hierzu kommt die gärtnerische Gestaltung der unmittelbaren Umgebung durch Hecken, Wege, Wasserbecken, Quellgrotten, Pergolen, Tempelchen und abgeschiedene Stätten philosophischer und musischer Betätigung... In augusteischer Zeit beginnt der Siegeszug der Seevilla, in neronischer und flavischer Zeit erreicht die Zersplitterung der Villa, ihre Auflösung in Teilgebilde bzw. in eine architekturdurchsetzte Landschaft, ihren Höhepunkt.«[91]

Die Bauweise dieser Villen bezeugt nun ein »besonderes Verhältnis zum Gelände – ein römisch-militantes Verhältnis«[92]. Die römischen Architekten gestalteten nämlich auf Wunsch ihrer Bauherren die Landschaft um. Sie ließen sie nicht in ihrer ursprünglichen Form bestehen.

Das erste, was bei dieser Umgestaltung auffällt, ist, daß die Architekten darauf bedacht waren, Landschaft und Architektur miteinander zu verbinden. Sie wünschten Bauten, die ihnen gestatteten, das Land zusammen mit den Säulen, Pfeilern oder Wänden zu sehen. So schufen sie Ausblicke, die von der Seite her durch Architekturteile eingeengt waren und so einen Blick aus dem Inneren des Hauses eröffneten[93]. Auf diese Weise konnten die Bewohner des Hauses nur auf Landschaftsausschnitte, Segmente, blicken. Den Architekten sowie den Bauherren ging es nie um einen »panoramaartigen Rundblick«[94]. So sehen wir eine Landschaft, wenn wir auf eine Terrasse oder auf einen Balkon vor das Haus treten.

Ganz anders verhalten sich die Römer. In Pompeji stehen drei Villen in deutlichem Abstand nebeneinander, die Mysterienvilla, die Villa des Diomedes und die des Cicero. Diese Villen waren zu verschiedenen Zeiten entstanden, und der Weg, der zwischen ihnen verlief, zwang nicht dazu, sie einheitlich einzurichten. Sie alle jedoch schauen auf ein Gebiet: auf den Golf von Castellamare, die Halbinsel von Sorrent und die Insel Capri. Es ist, als ob diese Villen jeweils ein eigenes Wesen, etwa eine menschliche Person, darstellten und auf ein gemeinsames Ziel blicken wollten. So entsteht eine »achsiale Bindung zwischen der Villa-Architektur und einem landschaftlichen Motiv«. »Es äußert sich hierin der Wunsch, die Aussicht gewissermaßen mit den Augen der Villa, als Abschluß eines vorgelagerten achsialen Richtungssystems, und das heißt, von bestimmten architektonisch festgelegten Punkten aus, theaterartig zu genießen.«[95]

Um diesen Blick zu gewinnen, mußte ein Bewohner des Hauses von den hinteren Räumen her durch die Säulen sehen, oder er hatte durch ein Fenster die Umgebung zu betrachten. Dies mußte dann schmal konstruiert sein, wie es der Architekt von Cicero auch ausdrücklich forderte[96]. Immer sah der Bewohner oder der Gast dann nur ein Segment.

Diese Tendenz, den Blick durch Architekturteile einschränken zu lassen, spiegelt sich auch in den Wandgemälden jener Zeit. Die Römer brachten an den Wänden Gemälde an, die einen Park oder eine mythologische Landschaft oder Häuser am Meer darstellten, in denen sich kleine Personengruppen aufhalten konnten. Diese Landschaften sind so auf die Wand aufgetragen, daß an ihren Seiten sich – ebenfalls aufgemalte – Säulen oder Pilaster befinden (Abb. 27)[97].

Abb. 27 Villa unter der Farnesina, Wand eines Zimmers

Also selbst bei diesen Landschaftsbildern achtete der Römer darauf, den Eindruck zu haben, daß er durch die von ihm geschaffene Architektur hindurchsah und dann von ihr eingegrenzt einen beschränkten Ausblick auf ein Landschaftssegment erhielt.

Im Verlauf des ersten nachchristlichen Jahrhunderts treten im Haus weitere Achsen zu der einen Achse. So entstehen mehrere

Blickrichtungen. Für ein Haus, das zwei Ausblicke bot, gilt allerdings: »Die beiden Blicksysteme – einmal geradeaus, einmal in Querrichtung – haben nicht das geringste miteinander zu tun, stehen ohne räumlichen Zusammenhang nebeneinander.«[98]

Von den Grundrissen her läßt sich somit als Ergebnis anhand eines Hauses aus Pompeji folgendes formulieren: »Die Gartenanlage des Tiburtinus (hier handelt es sich um ein pompejanisches Haus) ist römisch-rigoros auf Achsen ausgerichtet und wirkt im Grundriß gleichwohl eigentümlich locker, zufällig und unklar. Ihren Sinn empfängt sie erst als Vorgelände für genau gerechnete Perspektiven.«[99] Diese Tendenz führt dann bei kaiserlichen Villen, etwa auf Brioni, dazu, daß die Villa in einzelne Gebäude zersplittert wird, die zueinander keine Beziehung aufweisen. »Formgeschichtlich hängt eine derartige Zersplitterung jedoch zusammen mit der Zersplitterung des achsialen Ausblicks in eine Reihe zusammenhangloser Perspektiven, die hier über die Bucht hinweg das vorgelagerte Gelände durchmessen und in den einzelnen Architekturen ihre Blickbasen bzw. ihre Blickziele finden.«[100]

So bestätigen die Grundrisse der römischen Villen unsere bisherigen Beobachtungen. Schriftsteller hatten sich an Segmenten von Orten orientiert, die jeweils mit einer bestimmten Zeit in Zusammenhang standen. Nun, nachdem wir die Wohnungen kennengelernt haben, die ja nicht nur von Schriftstellern benutzt wurden, läßt sich sagen: Die römische Bevölkerung, die in diesen Wohnungen lebte, hatte die Tendenz, bestimmte Segmente der Umgebung auf sich wirken zu lassen. Warum, so fragen wir erneut, wünschten sie dies?

Zuerst einmal müssen wir festhalten, daß diese Ausschnitte bereits mit einem Blick Unterschiedliches erkennen ließen. Wir hatten bei Plinius beobachtet, daß er den Wechsel zwischen künstlich-städtischen und naturhaft-ländlichen Gartenanlagen schätzte. Er wollte gleichzeitig die beschnittenen Bäume und die ursprünglich wachsenden Obstbäume sehen[101]. Eine ähnliche Betrachtungsweise gestattet nun auch die Architektur der römischen Villen. Sie zeigt dem, der aus dem Raum hinaus in die Landschaft schaut, das vom Menschen geschaffene Werk, eben Teile seines Hauses, und die wilde, ursprünglich gehaltene Natur. Diese Verbindung ließ sich auch umgekehrt herstellen: So lobt Cicero einen Bekannten, weil er in seiner Bibliothek Bäume aufgestellt habe[102]. Plinius schuf sich Räume, in die von außen die Weinreben hineinwuchsen. Er meinte sich so im Wald zu befinden, ohne daß er vom Regen berührt werden konnte[103].

So ist es offenkundig, daß die Römer sich nicht so sehr an den Wechselwirkungen zwischen den Kräften orientierten, die sie innerhalb ihres Körpers spürten. Sie waren vielmehr davon betroffen, daß diese ständig zu schwinden drohten. Sie mußten von außen, von der Umgebung her, verstärkt werden. Dazu »dienten« ihnen ihre Freunde, ihre Frau, Zeitausschnitte, Ortssegmente. Dieses Bedürfnis, ihre eigenen Kräfte zu erhöhen, beeinflußte sie in ihrer öffentlichen und in ihrer privaten Tätigkeit.

Die Umgebung bringt eine Vermehrung der Kräfte

Die Römer unterscheiden sehr klar zwei verschiedene Lebensstile. Sie können in ihrer Tätigkeit an der Praxis orientiert sein oder an der Theorie. Beide Begriffe verwenden sie allerdings nicht so, wie wir sie heute gebrauchen. Praktisch arbeitet ein Mensch nicht als Handwerker oder Künstler, sondern wenn er auf andere Einfluß zu nehmen versucht, in der Rechtsprechung oder in der Politik. Eine theoretische Tätigkeit wählt ein Mensch im Unterschied hierzu, wenn er zu schreiben beginnt. Er kann als Historiker politische Handlungen, als Philosoph moralische Fragen oder als Naturwissenschaftler geographische Verhältnisse darstellen. Immer ist er dann theoretisch tätig[104].

Für diese verschiedenen Tätigkeiten benötigt er eine jeweils entsprechende Umgebung. In der Praxis kann ein Römer nur in der Stadt wirken. Dort ist es ihm möglich, aus einem Haus unmittelbar auf das Forum zu gehen[105]. Zum Bücherschreiben hingegen zieht er sich gerne auf das Land zurück, in eine der Villen, die wir gerade kennengelernt haben.

Auf dem Land braucht er bei seiner geistigen Arbeit einen fast ständigen Ortswechsel. Plinius hat es ausführlich beschrieben: Morgens wünschte er ein abgedunkeltes Zimmer, so daß er dem Geist mit seinen Augen folgen und seine Entwürfe überdenken konnte. Dann stand er auf, diktierte, begab sich auf die Terrasse oder in die Wandelhalle, setzte sich in den Wagen, doch nur, um immer wieder zur Arbeit angeregt zu werden. »Die geistige Spannung hält an, durch die

Abwechslung neu belebt.«[106] Plinius wird nicht müde, von diesem Zusammenhang zu sprechen. So empfiehlt er die Jagd, aber auch diese soll nur einen Ortswechsel bringen, der neue Anregungen zu geistiger Arbeit schafft. »Es ist erstaunlich, wie der Geist durch körperliche Tätigkeit und Bewegung angeregt wird. Dazu ringsum der Wald und die Einsamkeit und überhaupt die lautlose Stille, wie die Jagd sie erfordert. Das sind starke Anregungen für die Gedankenarbeit. Darum, wenn du auf Jagd gehst, nimm auf meinen Rat neben Brotbeutel und Feldflasche ruhig auch eine Schreibtafel mit.«[107]

Diese Oberschicht der römischen Bevölkerung drängte danach, in irgendeiner Weise tätig zu sein. Sie wollten als Politiker auf ihre Mitmenschen einwirken. So hat Cicero ausgesprochen gern erzogen. Er meinte, auch Erwachsene noch ändern zu können, wenn dies, wie er zugab, auch nicht immer leicht war. Doch sein Interesse galt gerade den Erwachsenen.

Diese pädagogische Tätigkeit verglich er mit der Arbeit von Malern. So berief er sich auf Apelles und auf Protogenes, zwei von ihm geschätzte griechische Maler. Wie diese meinte er zu handeln.

Einmal hatte sich einer der Männer, um die er sich so erzieherisch sorgte, der Politiker Metellus, nicht so verhalten, wie er es hätte tun sollen. Er war in eine Situation geraten, in der er jämmerlich versagte. Cicero schrieb daraufhin: »Wie Apelles, wenn er seine Venus, oder wie Protogenes, wenn er seinen Ialysos« – das waren Bilder dieser Maler – »besudelt im Kot hätte liegen sehen, einen tiefen Schmerz empfunden hätten, so sah ich diesen Menschen, den ich mit den schönsten Farben meiner Kunst gemalt und zum Glänzen gebracht hatte, plötzlich so verunstaltet, nicht ohne tiefen Schmerz.«[108]

Auf dem Lande bereiteten sie Reden vor oder arbeiteten sie als Wissenschaftler, wie Plinius es gerade berichtete. Vor dem Nichtstun hatten diese Römer Scheu. »Die Muße ist für dich beschwerlich«, dichtete Catull, »in der Muße wirst du allzu übermütig und handelst zu sicher. Die Muße hat früher schon Könige und glückliche Städte zugrunde gerichtet.«[109]

Diese Tätigkeit hat jedoch wenig mit dem Wunsch der Griechen, sich zu bewegen, gemeinsam. Platon hatte ja gemeint, daß Menschen, die sich nicht bewegten, damit rechnen müßten, daß Leidenschaften oder Begierden, die in Teilen ihres Körpers beheimatet waren, sich verselbständigten und so die Person zerstörten. Er riet daher zu gymnastischen Übungen[110].

Dies war nicht die Schwierigkeit der Römer. Sie wurden dadurch beunruhigt, daß im Ablauf der Zeit die Kräfte in ihrem Körper nachließen. Sie benötigten daher Personen oder Ortsausschnitte, die ihre Kräfte von neuem anregten.

Dabei half es ihnen, wenn sie ständig ihre Umgebung wechselten. Es war so, als ob die anregende Kraft einer Person oder der Natur, die sie wahrnahmen, sich allzu bald erschöpfte. Sie mußten immer wieder eine andere vor sich sehen. So eilte Plinius von Zimmer zu Zimmer, verließ das Haus, kehrte wieder zu ihm zurück[111]. So wünschten sie auch bei dem, was sie sahen, den Wechsel mit zu beobachten, den Wechsel zwischen selbstgestalteten Architekturteilen und einer sich selbst überlassenen Natur[112]. Auf einen Blick mußte das so Unterschiedliche erfaßt werden, damit es die Lebendigkeit vermittelte, die zu neuer Tätigkeit anspornte.

Eigentümlicherweise rechneten die Römer gar nicht damit, daß einzelne Menschen über eine naturgegebene, besondere Aktivität verfügten, die etwa auf ihre Vitalität zurückging, die bei einigen Menschen größer, bei anderen geringer ist. Die Aktivsten waren vielmehr besonders darauf angewiesen, etwas von ihrer Umgebung zu empfangen, oder – umgekehrt – nur wer die Fähigkeit erwarb, viel von seiner Umwelt entgegenzunehmen, konnte wirklich aktiv werden. Jedenfalls urteilten sie so über die Personen, die gesellschaftlich und politisch den höchsten Rang einnahmen.

Die Bereitschaft, etwas entgegenzunehmen, entscheidet über den Rang der Menschen

Aus der Zeit des Augustus ist eine Kamee erhalten, die den Namen Gemma Augustea erhielt, ein Onyx, nicht sehr groß, 19 cm hoch, 23 cm breit, der übereinander zwei Szenen abbildet (Abb. 28).

Oben sitzt Augustus, der in der rechten Hand über seinem Knie ein Lituus hält, während die erhobene Linke sich auf ein Zepter stützt. Ihm wendet sich, neben ihm sitzend, die Göttin Rom zu. Diese beiden sind von allegorischen Figuren umgeben. Die bewohnte Erde hält einen Eichenkranz über sein Haupt, die fruchttragende Erde sitzt unter ihm und stützt Arm und Kopf auf seinen Sitz. Auf der anderen Seite steht ein kaiserlicher Prinz, und aus der Ferne

Abb. 28 Kamee aus Onyx, Augustus als Sieger

kommt Tiberius, lorbeerbekränzt, der ebenfalls ein langes Zepter hält, von einer Quadriga. Diese wird von der Siegesgöttin gelenkt.

Nach dieser Szene datiert man das Bild. Da Tiberius 7 vor Christi Geburt und 12 nach Christi Geburt einen Triumph erhielt, könnte der Stein damals geschnitten worden sein[113].

Auf dem unteren Streifen wird eine ganz andere Szene geboten. Soldaten bemühen sich darum, ziehend und stützend ein Siegeszeichen zu errichten. Gefangene Barbaren werden daneben an den Haaren herbeigezerrt oder kauern bittend und trauernd am Fußboden.

Die untere Szene ist voller Aktivität und Bewegung. Die Haltungen lassen deutlich erkennen, daß eine aktive, freudige Gruppe – die römischen Soldaten – von einer klagend sorgenvollen – von den Gefangenen – unterschieden wird. Die Freudigen greifen zu, handeln. Sie spannen die Muskeln an, um das Siegesmal aufzurichten oder die Gefangenen an den Haaren heranzuholen.

Sehr anders ist die Situation auf dem oberen Streifen. In Bewegung wird noch Tiberius gezeigt. Er nähert sich von der Seite dem Augustus. Die anderen sitzen oder stehen ruhig, die Göttin Rom könnte sich gerade dem Augustus zugewandt haben. Er selber wirkt am ausgeglichensten, befindet sich in einer Haltung, die er ohne jede Schwierigkeit unverändert beibehalten könnte.

Bei allen Figuren werden Schulter- und Brustpartien besonders hervorgehoben. Die stemmenden und ziehenden Soldaten benötigen die Kräfte, die in ihrem Oberkörper liegen. Doch auch Tiberius, der von der Seite hereinschreitet, ist so wiedergegeben, daß deutlich zu erkennen ist, wie er sich mit seinem Oberkörper dem Augustus zuwendet. Von den allegorischen Figuren ist oft nur der Oberkörper zu sehen. Jede dreht den Kopf dem Augustus zu. Dasselbe gilt für die Göttin Rom. Bei Augustus fallen Brust und Schultern auf, der Kopf wird ein bißchen zur Seite gewandt.

Bisher wurden die Figuren nur jeweils für sich geschildert. So wären auch griechische Reliefs im 4. und 5. Jahrhundert darzustellen gewesen. Die römische Arbeit unterscheidet sich nun in einem Punkt: Die Figuren sind so angeordnet, daß sich zwischen ihnen verschiedene Räume bilden. Diese Räumlichkeit entsteht dadurch, daß einige Gestalten in Seitenansicht und einige vom Rücken her gezeigt werden.

Betrachtet man die beiden übereinander liegenden Streifen unter diesem Gesichtspunkt, so entstehen drei Raumgruppen. Unten rechts befinden sich die Soldaten, die die Gefangenen herbeiholen. Unten links eine andere Soldatengruppe, die das Siegeszeichen aufrichtet. In beiden Gruppen sind die Personen jeweils von vorn, von hinten und von der Seite einander zugewandt. Im oberen Streifen hingegen ist nur eine zusammenhängende Gruppe zu erkennen. Ihr Raum wird durch die Personen an den Seiten begrenzt, und diese richten sich mit Schulter und Kopf zu Augustus hin.

So ist erst einmal festzustellen, welche Bedeutung die Betonung von Schulter und Kopf hat. Mit Schulter und Kopf drehen sich die Figuren so, daß sie eindeutig auf andere hin gerichtet sind. Sie können dabei dank ihrer Körperkräfte etwas verändern wollen; das wird in den beiden unteren Bildern dargestellt. Sie können jedoch auch etwas bringen und entgegennehmen. Das ist die Situation, die oben wiedergegeben wird. Die eigenen Körperkräfte dienen somit entweder dazu, eine Veränderung herbeizuführen, oder um eine Zuneigung zu zeigen oder diese auf sich einwirken zu lassen. Dabei steht eindeutig die Person am höchsten – Augustus –, die eine Zuwendung, die von anderen kommt, entgegennimmt. So entstehen Räume der Tätigen und Räume der einander Zugewandten. Die

Menschen benötigen ihre Kräfte dazu, um an diesen Räumen teilzuhaben.

Somit wird nun verständlich, warum die Menschen in der späten Republik und im frühen Principat oft so anders als zur Zeit des Perikles in Athen wiedergegeben werden. Sie achten nicht mehr vorwiegend auf den Raum ihres Körpers, den sie dank der in ihnen wirkenden Kräfte spüren. Statt dessen benötigen sie ihren Oberkörper dazu, um Kräfte von Personen ihrer Umgebung entgegenzunehmen. Dabei entsteht zwischen diesen und ihnen ein eigener Raum.

Wir besprachen schon die Silberpatera, auf der Opfer dargestellt werden (Abb. 21)[114]. Sehen wir sie unter diesem neuen Gesichtspunkt noch einmal an, so ist die gleiche Art der Komposition zu erkennen.

Wieder bilden Personengruppen unterschiedliche Räume. So sind die Knabengestalten, von denen eine dem Betrachter den Rücken zukehrt, eng miteinander verbunden. Eine besondere Gruppe bilden die beiden Göttinnen, die geflügelte Schlangen speisen. Sie schaffen einen Raum der Fürsorge. Alle anderen Gestalten gruppieren sich um die zentrale Figur, den Mann, der Demeter ein Opfer bringen will. Hier entsteht ein Raum zwischen der Göttin und diesem Opfernden. Dabei wird wieder dessen Schulterpartie und Brust hervorgehoben, nicht jedoch die Last, die die Beine zu tragen haben. Auch

Abb. 29 Rom, Die Erde auf dem Friedensaltar des Augustus

wendet sich der Kopf noch etwas zur Seite, der Göttin zu. Alle anderen sind ohnehin nur den beiden zugewandt.

Wie diese Gestalten der Opfernden werden auch Götter in jener Zeit in Situationen gezeigt, in denen sie in einen Raum geraten, den andere mit ihrer huldigenden Sympathie schaffen. Die Erde auf dem Friedensaltar des Augustus sitzt im Zentrum (Abb. 29). Zwei kleine Kinder klettern an ihren Hüften empor, eines ist wieder vom Rükken, das andere von der Seite gesehen, so daß sich zwischen diesen Kindern und ihrer Mutter ein Raum bildet.

Rechts und links schweben zwei Windgottheiten. Die eine bringt die linden Lüfte, die andere die salzige Seeluft. Bei beiden weht das Gewand in einem Halbkreis über ihren Häuptern, so daß sie mit Schultern und Kopf und mit dem Hintergrund der Gewänder den Raum begrenzen, in dessen Zentrum die Erdmutter sitzend alle diese Huldigungen an sich herankommen läßt[115]. Diese Darstellungen setzen voraus, daß die Kraft der Götter und die Kraft ungewöhnlicher Menschen, die die anderen überragen, darauf beruht, daß sie in einen Raum geraten, in dem ihnen von anderen Wesen Unterstützung zuteil wird.

Danach läßt sich nun verstehen, warum Cicero und andere Römer so sehr darauf drängten, daß ihre Freunde ihnen zu ihren guten Taten Beifall spendeten und in ihren schwierigen Situationen sie trösteten, daß sie vor allem immer wieder zu ihnen kamen und in ihrer Nähe blieben. Sie benötigten nicht nur den Raum, in dem die Sympathie der anderen ihre Unsicherheit vertreiben konnte, sie wünschten auch recht konkret, zu den Empfangenden zu gehören und damit höher als die anderen zu stehen. Wer sich und seine Umgebung so zu sehen gewohnt war, bekam auch ein eigentümliches Verhältnis zu Gefahren.

Es ist bekannt, daß einzelne Menschen eine Tendenz haben, Gefahren aufzusuchen. Bei einigen zumindest ist diese durchaus zu beobachten. Im allgemeinen nehmen wir an, daß die Menschen sich dabei ihrer Tüchtigkeit bewußt werden wollen. Sie möchten spüren, daß sie rasch zu reagieren verstehen, daß sie kräftig sind, wendig, elastisch, kurz, sie wollen in etwas bedrohlichen Situationen ihre eigenen, hervorragenden Eigenschaften kennenlernen.

Auch unter den Römern gab es diesen Typus, der die Gefahr liebte. Caesar, so wurde behauptet, soll ihn repräsentiert haben. Lucan schildert ihn einmal in einer Gefahrensituation. Er hob dabei allerdings andere Eigentümlichkeiten hervor.

Im wilden Sturm ließ sich Caesar von der dalmatinischen Küste nach Calabrien übersetzen. Kaum hatte das Schiff die offene See erreicht, dachte der Schiffer nicht daran weiterzufahren und bat, umkehren zu dürfen. Voll Zuversicht, daß alle Gefahren vor ihm weichen müßten, rief Caesar: »Spotte der drohenden See und gib dem Wind, so sehr er tobt, deine Segel frei. Wenn du dich weigerst, nach Italien zu fahren, weil der Himmel es nicht will, so fahre, weil ich es will. Nur daraus läßt sich deine Furcht verstehen, daß du deinen Fahrgast noch nicht kennst: einen Mann, den die Götter nie im Stich lassen... Was sich in diesem mächtig unheilvollen Geschehen vorbereitet, ahnst du nicht: in diesem Tumult von Meer und Himmel sucht Fortuna eine Gelegenheit, mir Gutes anzutun!« Es kam nicht so, wie Caesar hoffte. Nach Calabrien konnte er nicht übersetzen, doch eine machtvolle Böe warf das Schiff auf das trockene Ufer zurück und rettete ihn so. »Sein Glück nahm er erneut auf.« [116]

Der Unterschied zu modernen Vorstellungen ist deutlich. Caesar selber konnte während der Überfahrt weder Geschicklichkeit noch Kraft zeigen. Er suchte die Gefahr auch nur, um zu spüren, daß die Glücksgöttin ihm wohlgewogen war.

So nutzten die Römer ihre Kräfte nicht, um mit den verschiedenen Antrieben in ihrem eigenen Körper zurechtzukommen, sie brauchten sie, um mit ihrer Umgebung den richtigen Kontakt aufzunehmen. Gelang es ihnen, Zuneigung, Unterstützung oder Huldigungen zu erfahren, dann standen sie über den anderen Menschen und waren von diesen zu achten.

Diese Oberschicht der Römer unterscheidet sich sehr von den Griechen, die wir kennenlernten. Nur eines war ihnen gemeinsam: Wie die Griechen gingen sie von Bewegungen aus, in denen sie etwas über die Kräfte, die innerhalb ihrer eigenen Person wirkten, erfuhren.

Die von uns geschilderten Griechen beachteten innerhalb ihres Körpers eine lastende Schwere und eine aufrichtende Kraft, die Eigenbewegung einzelner Körperbereiche und eine diese zusammenhaltende Kohäsionskraft. Die Griechen nahmen nur insofern von der Umgebung Notiz, als diese auch mit dazu beitragen konnte, die Einheitlichkeit des Körpers zu wahren.

Die Römer erfuhren diese Kräfte weiterhin. Doch gleichzeitig und viel bedrängender spürten sie, wie diese Kräfte im Laufe der Zeit, mit zunehmendem Alter, nachließen. So lernten sie, auf alles in ihrer Umgebung zu achten, was ihre eigenen Kräfte erneut anregte. Dazu gehörte auch der begrenzte Raumausschnitt, den die Zuneigung anderer Personen schuf.

Diese Grundeinstellung hatte selbstverständlich auch Folgen für die Politik.

Politik und Wahrnehmung

Wollte ein Römer auf den Staat Einfluß nehmen, so mußte er zeigen, daß er sich in einem Raum befand, in dem andere ihm wohlgesonnen waren, ihn unterstützten, halfen, trösteten oder huldigten. Er konnte nur mit einer Klientel oder mit Freunden auftreten. So handelten die Römer auch, so ging Cicero auf das Forum, wenn er zu sprechen beabsichtigte[117].

Da die führenden Römer auf Zustimmung ihrer Umgebung angewiesen waren, mußten sie sich bei allen politischen Aktionen immer vergewissern, wer auf ihrer Seite stand und wieviel Sympathie er ihnen entgegenbrachte. Dementsprechend waren sie bei ihren Einladungen, bei ihren Treffen und in ihren Briefen darauf bedacht, Beziehungen zu knüpfen, Freundschaften zu sichern und bestehende Empfindlichkeiten zu beseitigen[118].

Als unter Augustus die neue Regierungsform des Principats allmählich entstand, änderte sich an dieser Situation wenig. Nun war es Aufgabe des Princeps, »Freunde« zu gewinnen und so Zustimmung zu finden[119]. Der Princeps vermochte im Verlauf der Zeit auch – je nach der Situation, in der er zu regieren hatte – den Kreis, mit dem er sich umgab, zu wechseln. Augustus suchte Künstler heranzuziehen oder die Bürger der Stadt[120]. Spätere Kaiser achteten auf die Neigungen der Soldaten. Es ist oft bereits den Reliefs, auf denen sie sich darstellen ließen, zu entnehmen, welche Personenkreise ihnen wichtig waren (Abb. 30)[121]. Immer jedoch ist der Kaiser nun derjenige, auf den sich die Sympathie seiner Umgebung richtet und der bereit ist, Huldigung und Anerkennung entgegenzunehmen. Er ist nicht der selbstdisziplinierte Staatsmann wie Perikles und auch nicht der leidenschaftliche Kämpfer wie Alexander, der Löwen überwindet und politische Gegner in der Schlacht besiegt. Vielmehr bleibt er auf einen Raum angewiesen, in dem ihm Sympathie entgegengebracht wird.

So hatte für ihn ein begrenzter Raum – ein Raumsegment oder

Abb. 30 Konstantin-Bogen, Kaiser Marc Aurel

Raumaggregat, wie wir auch sagen können – einen eigenen Charakter. Diese Eigenart muß auch von den Römern damals wahrgenommen worden sein. Sie konnten sich dabei sogar auf Theorien stützen, die bereits in hellenistischer Zeit Naturwissenschaftler ausgearbeitet hatten, um Veränderungen in begrenzten Räumen zu erklären.

Platon und Aristoteles hatten sich nur für Körper und die Orte, an denen sich Körper befinden, interessiert. Die Stoiker im Hellenismus begannen schon mit einem Raumkontinuum zu rechnen, das zwischen den Körpern liegt. So meinte Chrysipp, beim Sehen würde die Luft in dem Segment zwischen dem Auge und den betrachteten Objekten in einen eigenen Spannungszustand geraten, der die Übertragung des Bildes ermöglichte. Ein Bericht hierüber lautet: »Chrysipp... behauptet, daß wir sehen, indem das Licht zwischen dem Sehorgan und dem Objekt sich kegelförmig ausspannt. Dieser Kegel in der Luft hat seinen Scheitelpunkt im Auge und seine Basis im gesehenen Objekt; so wird der gesehene Gegenstand durch die gespannte Luft wie durch einen Stab übermittelt.«[122] Dieser Ausschnitt des Raumes erhält somit beim Sehen einen besonderen Charakter.

Ähnliches nahm Poseidonios für den Bereich »Mond – Meer« an. Er folgte erst einmal Kleomedes, der den Zusammenhalt innerhalb des Kosmos auf eine »wechselseitige Sympathie seiner Teile« zurückführte[123]. Poseidonios meinte nun, daß sich zwischen Mond und Meer aufgrund dieser Sympathie folgendes ereigne: »Wenn sich nämlich dieser (Mond) um ein Tierkreiszeichen über den Horizont erhebt, so beginnt das Meer anzuschwellen und steigt merkbar landeinwärts bis zu seiner Kulmination. Neigt sich aber das Gestirn wieder abwärts, so weicht auch das Meer allmählich wieder zurück, bis der Mond nur noch um ein Tierkreiszeichen über dem Horizont steht.«[124]

Plutarch schrieb jedem Körper im Universum eine Bewegung zu, die auf Sympathie zwischen Gleichartigem beruhe. »Und die Tendenz der fallenden Körper ist nicht ein Beweis dafür (wie Aristoteles angenommen hatte), daß die Erde der Mittelpunkt des Kosmos ist, sondern daß die Körper, die, von der Erde weggeschleudert, zu ihr zurückkehren, eine gewisse Verwandtschaft und Kohäsion mit ihr haben. So zieht die Sonne alle Teile an, aus denen sie besteht, und die Erde nimmt den Stein als ihr zugehörig auf, der sich auf sie hinunterbewegt.«[125] Diese Sympathie bewirkt, daß sich der Spannungszustand im Raum zwischen den Körpern verändert[126].

Auch einfache Landschaftsschilderungen bestätigen, daß die Menschen auf den Raum, der zwischen den Dingen lag, achteten. So vergleicht Plinius zwei seiner Villen unter diesem Aspekt: »Zwei von ihnen machen mir besondere Freude, freilich auch die meiste Mühe. Die eine liegt hoch auf dem Felsen, wie in Baiae, und schaut auf den See, die andere, ebenfalls in Baiae, berührt ihn. Deshalb pflege ich jene die Tragödie und diese die Komödie zu nennen, weil erstere gleichsam auf Kothurn, letztere gleichsam auf Sandalen steht. Jede hat ihren eigenen Reiz, und beide sind ihrem Besitzer eben wegen ihrer Gegensätzlichkeit besonders lieb. Die eine genießt den See aus größerer Nähe, die andere in weiterer Ausdehnung... Jene spürt die Welle nicht, an dieser brechen sie sich.«[127]

So sahen diese Menschen die Gestalten in ihrer Umgebung in einem auf sie bezogenen Raumausschnitt miteinander verbunden. Dies hatte Folgen für ihre Art, mit einzelnen Dingen umzugehen. Die Griechen im 5. Jahrhundert neigten dazu, jede einzelne Gestalt an den ihr gemäßen Platz zu stellen. Die Römer respektierten die Dinge nur dann, wenn sie der Eigenart des zu ihnen gehörigen Raumsegments entsprachen. War dies nicht der Fall, suchten sie diese zu entfernen oder zu verwandeln. Davon ist in ihren Briefen oft die Rede. Man gewinnt bei der Lektüre dieser Schreiben den Eindruck: Kaum betrachtete ein Römer das Land vor seinem Haus genauer, so begann er mit Umgestaltungsplänen. An eine Stelle mußte ein Bach hingeführt, an eine andere ein Wald gepflanzt werden. Dieser Baum mußte beschnitten werden, jener hingegen unverändert bleiben. Dort war eine Statue aufzustellen, hier hingegen waren höchstens Bilder anzubringen. So reagierte Cicero, so Plinius, so reagierten die Freunde, mit denen sie darüber diskutierten[128].

Da sie Verschiedenartiges schätzten, denn dieses regte sie zu ihrer Arbeit an, kann man fast raten, was sie jeweils noch zur Ergänzung wünschten. Auch ist es ihnen angenehm, wenn sich die verschiedenen Raumsegmente voneinander unterscheiden. So veranlaßte diese Art wahrzunehmen die Römer dazu, ihre Umgebung umzugestalten, was dann die Archäologen von einem »römisch-militanten Verhältnis zum Gelände« sprechen läßt.

Diese Raumausschnitte schützten, wie wir sahen, die Römer für eine begrenzte Dauer vor der Vergänglichkeit, in die die Zeit hier auf Erden alles hineinzog. Es ist insofern nicht ganz ausgeschlossen, daß an den einzelnen Dingen auch ihr bevorstehender Untergang mit wahrgenommen wurde. Manche der Sträucher, der Baumgruppen, der Architekturteile oder der nur mit Schultern und Kopf angedeuteten Personen auf den Bildern und Reliefs, die auf uns so impressionistisch skizzenhaft wirken, mögen darauf hingewiesen haben[129]. Vielleicht wurden Bäume, Architektur, Felsen und Brunnen wirklich so gesehen.

Körpererfahrungen sind Folgen einer Wirkung

Es wird so viel von Körpererfahrungen in unseren Tagen gesprochen. Frauen und Männer sind darauf bedacht, ihren Körper zu spüren. Sie wollen ihren Stimmungen in Bewegungen und Gesten Ausdruck verleihen, ihrer Freude, ihrer Trauer. Sie scheuen sich nicht, ihren Zorn zu zeigen, wenn ihnen dabei nur ihr Körper gegenwärtig wird. Daß die Menschen auf diese Weise ihren Körper dazu benutzen können, etwas auszudrücken, war ihnen bereits in der Antike bewußt. Xenophon erzählt in seinen Erinnerungen von einem Gespräch zwischen Sokrates und dem Maler Parrhasios, in dem sie zu diesem Thema Stellung nehmen. Sokrates fragt nach diesem Bericht: »Meinst du, daß die Menschen, die am Glück oder Unglück ihrer Freunde teilnehmen, denselben Gesichtsausdruck zeigen wie die, welche nicht daran teilnehmen?« »Beim Zeus, keineswegs«, sagte Parrhasios, »denn über das Glück der Freunde zeigen sie sich heiterstrahlend, über das Unglück traurig-finster.« »Also ist es möglich«, entgegnete Sokrates, auch dieses wiederzugeben?« »Durchaus«, sagte Parrhasios. – »So gibt sich gewiß auch das Erhabene und Freie, das Niedrige und Unfreie, das Besonnene und Vernünftige, das Freche und Geschmacklose bei den Menschen im Gesichtsausdruck und in der Haltung stehender oder bewegter Personen zu erkennen.« »Du hast recht«, sagte Parrhasios. – »Ist nicht auch dieses darzustellen?« »Natürlich«, antwortete Parrhasios[130].

Der Körper kann so etwas vom Charakter eines Menschen verraten oder von der Stimmung, in der er sich befindet, auch von den Gefühlen, zu denen er fähig ist, die er auszudrücken versteht. Wer sich auf diese Körpererfahrungen einläßt, kann so die Mentalität eines Menschen darstellen. Dies ist auch oft genug versucht worden.

Wir sind nicht so vorgegangen. Wir wollten statt dessen wissen: Lassen sich Wirkungen nachweisen, die der Mensch an seinem Körper wahrnahm, die sein Körper somit »erfuhr«?

So beschäftigten wir uns mit Plastiken und Bildern, die die Haltungen und Bewegungen eines Menschen darstellten. Aus diesen ging hervor, daß die griechischen Künstler seit dem 6. Jahrhundert an einem Menschen zeigten, wie innerhalb seines Körpers verschiedenartige Kräfte gegeneinander wirkten. Da die Griechen die von den Künstlern wiedergegebenen Bewegungen selber ausführten, müssen sie diese Kräfte ebenfalls gespürt haben.

Seit der Zeit Alexanders des Großen dominierte eine Kraft im Körper. Bei den Römern, mit denen wir uns beschäftigten, mußte diese noch von der Umgebung unterstützt und verstärkt werden.

Alle diese Körpererfahrungen machten dem Menschen bewußt, daß er Wirkungen hervorrief und Wirkungen ausgesetzt war. Die Kräfte, die diese Wirkungen hatten, veranlaßten ihn, bestimmte Bewegungen auszuführen.

Tragen wir noch einmal die verschiedenen Beobachtungen, die wir bei Griechen und Römern machen konnten, zusammen.

Die Bewegungen der menschlichen Körper wurden unterschiedlich erklärt[131]. Diese Erklärungsmodelle behandelten wir nicht weiter. Uns genügte die Tatsache, daß aufgrund einer Körpererfahrung, die wir geschildert bekamen, angenommen wurde, ein Körper befinde sich in Bewegung. Dies schloß selbstverständlich nicht aus, daß manche Philosophen wünschen, er möchte irgendwann einmal in Ruhe geraten oder zumindest die unregelmäßigen Bewegungen in regelmäßige Bewegungen, etwa in Kreisbewegungen, überführen und so in einer Weise Ruhe und Bewegung miteinander verbinden[132]. Jedoch änderte dieser Wunsch nichts an der Gegebenheit, daß Körper, so wie sie sind, bewegte Körper sind.

An seinem bewegten Körper spürte ein Mensch eine Kraft, die er die Schwere nannte. Diese Schwere drückte ihn zu Boden. Die Griechen führten diese Kraft meist auf Elemente zurück, etwa auf die Erde oder das Wasser. Sie behaupteten, daß diese Elemente die Tendenz hatten, zu gleichartigen Elementen hinzustreben. Daher drängten sie nach unten und wurden vom Menschen als Schwere empfunden. So argumentierte Plato. Aristoteles behauptete, die Erde habe im Universum einen »natürlichen« Ort. Dieser liege im Zentrum des Universums. Im Zentrum finde sich unser Stern, die Erde, und alles Erdhaltige strebe zu dem Zentrum hin. Dies empfänden wir als Schwere[133].

Gegen diese Schwere nun vermochte der Mensch anzugehen, wenn er liegend seinen Körper erhob oder wenn er gebückt seinen Körper aufrichtete. Uns interessieren nicht die Erklärungsmodelle, sondern welche Wechselwirkungen zwischen den beobachteten Kräften bestanden. Für alle diese Griechen, die wir unter den Dichtern, Bildhauern, Malern antrafen, galt, daß sie an den bewegten Körpern zumindest die zwei gegeneinander wirkenden Kräfte beobachteten: diese Kraft der Schwere und eine Kraft des Sichaufrichtens. Von diesen Kräften sprachen sie auch.

Noch ein Gegensatzpaar wurde von ihnen wahrgenommen: Teile eines Körpers hatten jeweils eigene Bewegungsweisen. Diese veranlaßten einen Teil, sich von den anderen abzusetzen. Diesen Kräften, die auf Trennung bedacht waren, widerstand eine Kraft, die das Entgegengesetzte zusammenhielt, die Kraft der Kohäsion.

Diesen Körpererfahrungen war gemeinsam, daß alle Kräfte, die beachtet wurden, innerhalb des menschlichen Körpers wirkten. So interessierte die Griechen, soweit sie von diesen Erfahrungen geprägt wurden, nur der Raum, den ein Körper bildet. Die Schwere, die Kohäsionskraft und die ihnen entgegengesetzten Kräfte waren ja nur an Körpern nachzuweisen. Außerhalb von Körpern traten diese nicht auf. Diese Wahrnehmung blieb – aufgrund der Körpererfahrungen – körperbezogen. Zu dieser Wahrnehmungsweise gab es nun drei Varianten.

Die erste: Einige Künstler und Wissenschaftler der Zeit Alexanders des Großen achteten nicht mehr auf die Vielfalt der einander entgegengesetzten Tendenzen, sondern auf die Wirkung einer dominierenden Kraft, die den Körper zusammenhielt, lenkte und vorantrieb.

Die zweite: Die Römer, die auch dazu neigten, von der Wirkung einer dominierenden Kraft auszugehen – und den Menschen so als eine Einheit zu sehen –, spürten, daß diese Kraft im Menschen nur wirkungsvoll blieb, wenn Personen seiner Umgebung sich ihm zuwandten und so zur Erneuerung seiner Kraft beitrugen. So unterstützten sie die Beziehungen zwischen den Menschen.

Die dritte: Die Römer beobachteten, daß einzelne Orte als Raumsegmente einer Person Kraft vermittelten. So sorgte ein Römer durch künstliche Bauten dafür, daß die Natur so vor seinen Augen gegliedert wurde, daß er den Eindruck gewann, dieser Ausschnitt der Natur richte sich zum ihm hin. Aus diesem Grunde schufen die Römer Villen, in denen sie von einem mittleren oder hinteren Teil des Hauses aus durch Pfeiler oder Säulen ein Segment der Natur vor sich sahen. Dieses wurde dann durch die Architektur isoliert und richtete sich nur auf den Betrachter. In gleicher Weise haben die Römer Bilder einer Landschaft in ihren Häusern so angebracht, daß sie diese immer auch durch auf die Wand gemalte Säulen hindurch betrachteten.

Diese drei Varianten basieren alle auf der Grunderfahrung der Griechen, die wir zuerst schilderten, derzufolge innerhalb des menschlichen Körpers unterschiedliche Kräfte gegeneinander wirken konnten. Diese bestehen, wie mehrfach gesagt wurde, unabhängig vom Menschen. Sie sind auch heute noch physikalisch nachweisbar.

Bei dieser Körpererfahrung sind die Menschen somit nicht darauf bedacht, ihre Stimmungen, ihren Charakter oder ihre Mentalität – und somit etwas Subjektives – so zum Ausdruck zu bringen, daß sie den eigenen Körper spüren. Vielmehr wird am Körper erfahren, daß etwas auf ihn wirkt. Bei den Griechen und Römern wirkten einander widerstreitende Kräfte auf ihn. Diese Wirkungen verweisen auf Gegebenheiten – bei Griechen und Römern auf Kräfte –, die unabhängig vom Subjekt und somit – im Sinn der Physik – objektiv bestehen. Diese Körpererfahrungen vermitteln so auch den Zugang zu einer nichtmenschlichen Realität.

Diese Körpererfahrung beeinflußte nun die Sehweise derjenigen, die sie teilten. Das waren selbstverständlich nicht alle Angehörigen eines griechischen Stadtstaates und nicht alle Bewohner des Römischen Reiches. Wir können im Grunde nur über die Personen sprechen, deren Werke wir beschrieben haben. Nur war dieser Kreis schon verhältnismäßig groß. Zu ihm gehörten auch die Personen, die – etwa in Pompeji – in den Häusern wohnten, die für diese Wahrnehmungsweise charakteristisch waren.

So erschließen uns die Wechselwirkungen, die ein Mensch bei Haltungen und Bewegungen seines Körpers erfährt, die Wahrnehmungsweise des Menschen.

Das Eigentümliche ist nun: Die Wechselwirkungen, die diese Griechen und Römer am eigenen Körper kennenlernten, machten sie mit physikalisch nachweisbaren Wirkungen, jedoch nur mit einer Art von Wirkungen, vertraut:

- nur mit den Wechselwirkungen, die innerhalb eines Körpers wahrzunehmen sind,
- mit der Wechselwirkung einer lastenden Schwere und der dagegen angehenden tragenden Kraft,
- mit der Wechselwirkung zwischen den auseinandertreibenden und den einen Zusammenhalt herstellenden Kräften.

Dazu kam bei den Römern die Erfahrung, daß diese innerhalb des Körpers wirkenden Kräfte im Laufe der Zeit nachließen und von außen wieder verstärkt werden konnten.

In der uns bekannten Natur lassen sich noch viele andere Arten von Wirkungen nachweisen. So finden – bei Erwärmung eines Stoffes – Energieübertragungen statt. Auch haben die Geschwindigkeiten von Bezugssystemen Wirkungen auf Zeit- und Körpermaße. Davon wird noch zu sprechen sein.

Im Augenblick können wir nur sagen: Griechen und Römer lernten über eine ihnen vertraute Körpererfahrung eine Art des Wirkens kennen, die innerhalb des Körpers zu spüren war. Dies prägte ihre Wahrnehmungsweise, so daß sie zuerst alles vorwiegend gestalthaft als Körper sahen – die diesen Wechselwirkungen ausgesetzt waren – und dann den Raum nur insofern mit beachteten, als dieser wie ein Segment auf einen Körper bezogen war und dessen nachlassende Kräfte verstärkte.

Somit hängt die Körpererfahrung eng mit der Wahrnehmungsweise der Menschen zusammen, und diese beeinflußt die Vorstellung von Staat und politischem Handeln. Innerhalb dieser Wahrnehmungsweise können selbstverständlich verschiedene politische Ziele verfochten und unterschiedliche Maßnahmen für nützlich oder schädlich angesehen werden. Innerhalb dieser Wahrnehmungsweise variieren auch die Vorstellungen von Gut und Böse, die das Handeln der Menschen beeinflussen. Dies alles läßt sich darstellen; nur ging es uns im Augenblick allein darum, die Eigentümlichkeiten der Wahrnehmungsweise zu beschreiben.

Wir werden nun fragen müssen, ob sich die Körpererfahrungen wandelten und inwieweit eine solche veränderte Erfahrung des eigenen Körpers auch Einflüsse auf die Wahrnehmungsweise gewinnen konnte.

III

DIE ERHABENE UNBEWEGLICHKEIT DER KAISER

Die Wirkungen der Umwelt sind abzuwehren

Julian hatte als junger Caesar die Germanen in der Schlacht bei Straßburg besiegt und war dann mehrfach jenseits des Rheins in deren Gebiete vorgedrungen. Die Erfolge überraschten, und die Legionäre erhoben Julian daraufhin zum Augustus. Julian gab etwas später vor diesen Männern einen Bericht über die Ereignisse der letzten Zeit. Dabei erwähnte er die gerade geschilderten Siege: »Im gemeinsamen Tatendrang mit euch brachte ich es zuwege, daß die römischen Heere den Rhein überschreiten können, so oft es ihnen beliebt.« Diese militärischen Erfolge stellte er dabei so dar, als ob er mit ihnen nur nachgewiesen habe, daß die germanischen Feinde ihn nicht bewegten. »Gegen murrende Gerüchte und gegen die ungestümen Einfälle starker Völkerschaften stand ich unbeweglich im festen Vertrauen auf die Stütze eurer Tapferkeit.«[1] Er lobte sich somit, weil nichts ihn zu verändern vermochte. So erzählt Ammianus Marcellinus, ein Offizier, der im Heer Julians kämpfte.

Diese Unbeweglichkeit rühmt Ammian auch an Constantius II. So unterbrachen die Truppen ihn einmal bei einer Rede durch Zwischenrufe, indem sie seine Entscheidung priesen. Ammian fährt fort: »Der Kaiser stand unbeweglich, bis sie schwiegen, und sprach dann das übrige mit größerem Vertrauen.«[2]

Bei Constantius' Tod gibt Ammian noch einmal eine zusammenfassende Charakteristik dieses Kaisers und lobt erst, daß er bei Waffenübungen, wenn er Bewegungen ausführte, kräftig und geschickt war. »Meisterhaft verstand er es, zu reiten, den Speer zu werfen und vor allem geübt mit dem Bogen zu schießen.«[3] Dann jedoch schildert er ihn als eine Person, die bei offiziellen Anlässen das Gesicht möglichst unbeweglich hielt. »Niemand hat ihn je in der Öffentlichkeit sich den Mund oder die Nase wischen oder gar spucken oder sein Gesicht nach einer Seite wenden sehen.«[4]

Bei seinem triumphähnlichen Einzug in Rom wird von Ammian diese Eigentümlichkeit von Constantius noch ausführlicher beschrieben. Wieder heißt es: »Er spuckte nicht aus, rieb oder wischte sich nicht die Nase, und nie sah man ihn auch nur eine Hand bewegen, was immer er auch wünschte.« Auch drehte er sein Gesicht nicht zur Seite: »Er richtete die Schärfe der Augen geradeaus mit gepanzertem Hals.« Selbst die Jubelrufe der Bevölkerung beeinflußten ihn nicht. »Er zeigte sich so unbeweglich, wie man ihn auch in seinen Provinzen sah, ... und wandte das Gesicht weder nach rechts noch nach links.«[5]

Besonders hob Ammian hervor, daß auch rein mechanische Einwirkungen auf seinen Körper von ihm aufgefangen wurden, »selbst, wenn ein Rad ihn erschütterte«[6]. Er vergleicht den Kaiser mit der Statue eines Menschen, so unbeweglich blieb er.

Diese Kaiser benötigten sehr häufig die Zustimmung und die Unterstützung ihrer Soldaten, an die sie sich in entscheidenden Situationen immer wandten. Es war dabei durchaus auch möglich, daß ein Vorschlag der Kaiser von den Truppen abgelehnt wurde, dann mußte weiter verhandelt werden[7]. Diese Truppen waren es auch, die ihre Führer mit Ehrennamen versahen, oder sie gar zu Herrschern erhoben[8]. Das konnte in Situationen sein, in denen es dem Betreffenden nicht lieb war[9]. Es gab somit eine Umgebung, auf die die Herrscher im Krieg wie im Frieden angewiesen waren.

In dieser Hinsicht glich die Situation durchaus noch den Zuständen der späten Republik und des frühen Principats. An die Spitze konnte nur ein Mann kommen, dem sich Personen seiner Umgebung zuwandten. Dies zeigte jeder von ihnen auch gerne. Jedesmal, wenn sie sich in einer Rede an die Soldaten wandten, traten sie umgeben von Männern und Standarten auf, das heißt, sie stellten sich als Personen dar, die sich in einem Raum befanden, der von Menschen geschaffen wurde, die ihnen wohlwollten[10].

Bei feierlichen Handlungen allerdings veränderten auch diese ihre Eigenart. Sie huldigten dem Herrscher nicht, sie zeigten nicht Begeisterung, sondern sie umgaben ihn genauso starr, wie er selber auftrat. So berichtet Ammian vom Triumphzug Constantius' II., daß er von Bewaffneten und Panzerreitern begleitet gewesen sei, die dieselbe Unbeweglichkeit wie er wahrten. »Man hätte sie für Statuen halten können, die des Praxiteles Hand geglättet hatte, nicht aber für Menschen.«[11]

So hat sich nun doch die Situation des Herrschers deutlich gewandelt. Er bedarf zwar einer Umgebung, die ihm zustimmt, doch er wendet ihr sein Gesicht nicht zu. Sein Blick richtet sich geradeaus, ohne daß gesagt wird, was er eigentlich wahrnimmt. Auch dessen Begleitung ist nicht mehr an ihm orientiert, sondern schreitet neben ihm genauso aufrecht, genauso unbeweglich wie er.

Von Julian wissen wir, daß es ihm schwerfiel, sich nicht spontan zu bewegen. Er war so rasch in seinen Reaktionen, daß er oft, wenn er sitzenzubleiben hatte, aufstand, wenn er stehenbleiben sollte, einem anderen entgegenging. Ammian hat dies jedesmal getadelt[12]. Er selbst hat es auch als störend empfunden und seine Umgebung gebeten, ihn bei zu raschen Handlungen zurechtzuweisen[13]. Dem Temperament nach war Julian somit gar nicht zu solch einem Verhalten geschaffen, doch war er, wie alle diese Berichte zeigen, als Herrscher dazu verpflichtet, in jeder Umgebung unbewegt zu bleiben.

Wir würden gerne erfahren, was der Grund für diese neuen Forderungen war. Zwei Eigentümlichkeiten werden immer hervorgehoben: Nichts konnte den Kaiser aus seiner Stellung verdrängen. Und: Er sah immer geradeaus. Zuerst müssen wir fragen, was dieser Blick für eine Bedeutung besaß.

Zukünftiges ist in der Gegenwart erkennbar

Menschen interessieren sich wohl zu jeder Zeit für das ihnen zugedachte Geschick. In vielen Gesellschaften gibt es eine eigene Priesterschaft, die Zukünftiges erkennen soll. Von den römischen Priestern wurden meist bestimmte Bezirke beobachtet, etwa der Vogelflug in einem vorher eingegrenzten Feld oder einzelne Organe geopferter Tiere[14]. Es fällt auf, wenn in einer Gesellschaft Menschen, die einer wissenschaftlich ausgebildeten Oberschicht angehören, meinen, unabhängig von diesen im Kult hervorgehobenen Objekten Zukünftiges erkennen zu können. In diesen Situationen lohnt es sich zu fragen, aus welchen Beobachtungen sie ihre Schlüsse ziehen.

Viele Kaiser wie Julian hatten eine wissenschaftliche Ausbildung genossen, waren somit fähig, Naturvorgänge den Vorstellungen der damaligen Wissenschaft entsprechend kausal zu erklären[15], und trotzdem meinten sie, gelegentlich aus einzelnen Ereignissen Zukünftiges entnehmen zu können. Dafür ein paar Beispiele.

Als Julian in der Zeit, in der er noch Caesar, also nicht Kaiser war, einmal an militärischen Übungen teilnahm und dabei seinen Schild schüttelte, schleuderte er die Felgen, durch die dessen Rund zusammengefügt war, fort. Es blieb ihm nur der Griff, mit dem er den Schild angefaßt hatte, in seiner »starken Hand«. Alle, die es sahen, waren erschrocken. Er aber sagte: »Fürchte sich niemand! Ich habe fest in der Hand, was ich schon hielt.«[16]

In die umgekehrte Situation geriet Constantius. Er berichtete eines Morgens von einem Traum, den er hatte, ehe er in tiefen Schlaf sank. Er sah den Schatten seines Vaters, der ihm einen schönen Knaben entgegenhielt. Diesen nahm er und setzte ihn auf seinen Schoß. Doch der Knabe schlug ihm die Kugel aus der Hand, die er selbst in der Rechten hielt, und warf sie weit fort[17].

In beiden Geschichten wird eine einfache Bewegung zum Anlaß genommen, mit einer analog verlaufenden künftigen Veränderung zu rechnen. Julian: Nichts kann mir genommen werden, Constantius II.: Alles wird mir genommen. Ähnlich unheilvoll wurde interpretiert, daß die Statue des Kaisers Maximian, die im Vorraum des kaiserlichen Palastes aufgestellt war, »plötzlich die eherne Kugel, die die Gestalt eines Globus hatte und die er in der Hand hielt, verlor«[18]. Die Menschen entnahmen der Tatsache, daß sie etwas festzuhalten vermochten oder weggenommen bekamen, wie es in Zukunft mit ihrer Position bestellt sein würde.

Ein zweiter Bewegungsablauf war ihnen ähnlich bedeutungsvoll: Bewegungen, die in die Höhe führten oder nach unten verliefen. So glitt einmal der Soldat, der Julian beim Besteigen des Pferdes mit der rechten Hand stützte, aus und fiel zu Boden. Julian, der von Constantius II. zum Caesar erhoben wurde und ihm später das Kaisertum streitig machte, reagierte rasch: »Sofort rief Julian laut, so daß es viele hörten, derjenige sei gefallen, der ihn auf den hohen Gipfel der Macht erhoben habe.«[19] Er schloß also daraus auf den Tod des Constantius.

Dieser Schluß war wohl zutreffend, ein anderer hingegen erwies sich als falsch. So wurde auf dem Feldzug gegen die Perser Julian ein Pferd namens Babylonius vorgeführt: »Durch einen Anfall von Kolik jedoch gepeinigt, wälzte sich das Tier vor Schmerzen auf dem Boden und verstreute seinen Schmuck an Gold und Edelsteinen überall hin. Froh über dieses Vorzeichen rief der Kaiser unter dem Beifall der Zunächststehenden: ›Babylon ist zu Boden gestürzt und seines sämtlichen Schmuckes beraubt!‹«[20]

Dann waren einzelne Gestalten unheilvoll. Einem Toten zu begegnen galt als ein schlechtes Omen. Dabei konnte auch die Richtung, in der der Leichnam lag, von Bedeutung sein[21]. Auch Sternschnuppen wurden beachtet, überhaupt Eigentümlichkeiten der Gestirne[22]. Dies alles deuteten die Menschen selber, wenn sie sich auch oft zusätzliche Erklärungen von dafür ausgebildeten Priestern besorgten. Ammian, der uns von diesen Ereignissen berichtet, gehörte zu den Personen, die auch naturwissenschaftliche Erklärungen für bestimmte Phänomene kannten. Er nannte verschiedene Hypothesen, aus denen hervorging, daß, was so ausgelegt wurde, sich auf unterschiedliche naturgegebene Ursachen zurückführen ließ[23]. So ist ihm der sonst sehr geschätzte Kaiser Julian entschieden zu abergläubisch, doch er tadelt an ihm im Grunde nur, daß er zu viel und Falsches interpretiert. Er müßte, meint er, ein genauerer Beobachter sein[24], das heißt, er ist durchaus davon überzeugt, daß gegenwärtige Ereignisse auf künftige hinzuweisen vermögen.

So ist er auch der Meinung, daß Menschen in Träumen etwas Zukünftiges erkennen können. Julian sah eine Gestalt im Vorzimmer, die ihn zu erhöhen versprach – Constantius einen Jungen, der ihm eine Kugel aus der Hand schlug. Ammian weiß wohl, daß Träume auch eine andere Ursache haben können. Gallus, der in fragwürdigen Gerichtsverfahren politische Gegner hatte töten lassen, litt später unter Angstträumen: »Während der Fristen, die ihm zur Erholung dienten, wurden seine Sinne durch den Schrecken umhergehender Rachegeister verwundet, und die Scharen Getöteter, an deren Spitze Domitianus und Montius, ergriffen ihn, wie er im Schlaf wähnte, und warfen ihn den Krallen dieser Rachegeister vor. Denn wenn der Geist von den Fesseln des Körpers gelöst ist, bleibt er dennoch kräftig in unermüdlichen Bewegungen aufgrund von unterdrückten Gedanken und Sorgen, die die Sinne der Menschen quälen, und er sammelt nächtliche Gesichter, die wir Griechen Phantasien nennen.«[25]

Die Traumgesichter hängen somit für Ammian vom Geist der Menschen ab. Dieser ist, solange der Mensch wach bleibt, an den Körper gefesselt. Im Schlaf löst er sich von dieser Bindung; damit gerät er in Bewegung und sieht Bilder und Gesichter.

Ammian hat allerdings auch eine eigentümliche Theorie, mit deren Hilfe er erklären möchte, aus welchem Grund es den Menschen möglich ist, Zukünftiges zu erkennen. Da er dabei am Ende auch wieder auf Bewegungen zu sprechen kommt, soll sie kurz charakterisiert werden. Er geht davon aus, daß der Geist, der unabhängig von den Körpern besteht, alle Elemente durchdringt, die seiner Überzeugung nach ewige Körper sind. Und dieser Geist verfügt über die Fähigkeit, Zukünftiges zu sehen. Er ist »immer und überall« wirksam[26].

Natürlich wirkt dieser in Gottheiten. Sind erst die »Mächte durch verschiedene Riten besänftigt«, können Menschen unter die Gewalt einer Gottheit geraten, etwa der Themis, die die Zukunft kennt. Entsprechend kann ein Gott den Flug der Vögel lenken, denn die Vögel ihrerseits wissen selbstverständlich die Zukunft nicht, und wenn eine Gottheit sich einem Menschen zuwendet, kann dieser den Flug deuten. In ähnlicher Weise ist die Prophezeiung aus Eingeweiden von Tieren zu erklären[27].

Von der Sonne nimmt Ammian an – wobei er sich auf Physiker beruft –, daß sie der geistige Verstand der Welt sei, der sich auch in unserem Verstand in Funken ausbreite und so den Menschen entzünde. Sibyllen, die prophezeiten, glühten daher in diesem Zustand. Eine Glut im Körper kann somit dafür sprechen, daß der Mensch vom Geist der Welt ergriffen ist[28]. Dies alles wird eher referiert.

Er selber bekennt sich entschieden zur Traumdeutung. Doch da der Traum auch Sorgen und Beunruhigungen eines Menschen spiegelt, muß er zwischen verschiedenen Träumen unterscheiden. Unter Berufung auf Aristoteles meint er, daß diejenigen Träume Zukünftiges erkennen lassen, bei denen die Menschen eine besondere Körperhaltung einnehmen: »Sie sind, wie Aristoteles versichert, dann sicher und zuverlässig, wenn jemand in tiefem Schlaf liegt und die Pupille seines Auges nach keiner Seite gerichtet ist, sondern geradeaus blickt.«[29] (Wenn ein Mensch aus solchen Träumen falsche Schlüsse zieht, liegt es nach Überzeugung des Ammian am Traumdeuter und nicht etwa am Inhalt des Traumes[30].)

Unter den Menschen sind Soldaten an dem, was ihnen bevorsteht, wohl meist lebhaft interessiert. Im Römischen Reich jener Zeit waren sie fast ständig in Kämpfe verwickelt und mußten immer mit Verwundungen oder mit dem Tod rechnen. Daher suchten sie nach Personen, die ihnen ihre Zukunft prophezeien konnten, und fühlten sich solchen Feldherren verbunden, von denen sie annahmen, daß sie das künftige Geschick vorauszusehen, vor Gefahren zu schützen und dementsprechend zu Siegen zu führen vermöchten.

So wird nun verständlich, warum gerade die Kaiser, die mit ihren Truppen in die Schlachten zogen, ihre Bewegungen einschränkten. Sie zeigten so nicht nur, daß von außen auf sie zukommende Erschütterungen – etwa die Erschütterungen eines Wagens – nichts über sie vermochten, daß Antriebe ihres Körpers, die sie veranlassen konnten, sich zu kratzen oder auszuspucken, ihnen nichts anhaben konnten[31]; sie verhielten sich außerdem wachend so, als ob sie sich im Schlaf befänden, in dem ja der Geist vom Körper getrennt wurde. Wenn sie dann ihre Pupillen geradeaus richteten, also nach vorne sahen, und ihr Gesicht nicht nach rechts und nach links wandten[32], dann nahmen sie die Haltung ein, die Zukünftiges erkennen ließ.

Darum hielt Constantius bei seinem Triumphzug in Rom genauso wie in den Provinzen seinen Kopf so gerade.

Kaiser, die sich in diese Vorstellungswelt einlebten, achteten nicht nur auf ihre Träume. Constantius meinte, im Verlauf seines Lebens auch die Fähigkeit erworben zu haben, am hellichten Tage, also im Zustand des Wachseins, einen Schutzgeist wahrzunehmen, der ihn zu unterstützen bereit war. Er sprach allerdings erst davon, als dieser von ihm nicht mehr gesehen werden konnte: »Später gestand er seiner nächsten Umgebung, daß er wie verlassen sei und etwas Geheimnisvolles nicht mehr sehen könne, das, wie er glaubte, ihm bisweilen undeutlich nahegestanden habe. Von diesem sei anzunehmen, daß es ein bestimmter Genius sei, der ihm zum Schutze des Lebens beigegeben wurde. Und dieser habe ihn verlassen, da er bald von der Welt scheiden werde.«[33] Ammian sucht diese Behauptung durch viele Zitate griechischer Dichter zu belegen. Er deutet sogar die Göttergestalten, die Homer erwähnt, in diesem Sinne um: »Ebenso wird durch die unvergänglichen Gedichte Homers zu verstehen gegeben, daß nicht himmlische Götter mit den Helden gesprochen und ihnen im Kampf beigestanden oder ihnen geholfen haben, sondern daß vertraute Genien sich bei ihnen befanden.«[34] Er nennt auch viele Politiker, Kaiser und Wissenschaftler, die behaupteten, solche Erfahrungen gemacht zu haben, und meint, daß diese Genien auch Größeres lehrten, wenn sie erkannt hatten, daß die Seelen dieser Menschen »rein« seien. Und dieses Wort erläutert er noch: »Frei von der Berührung mit der Sünde, bei unbefleckter Vereinigung mit dem Körper.«[35]

Dieses Zeugnis ist für uns sehr interessant, weil Ammian kein Christ ist. Er folgt nicht christlichen Vorstellungen und nicht der christlichen Lehre vom menschlichen Körper. Er schildert statt dessen eine Erfahrung – diese mochte gewiß auch von heidnischen Philosophen wie Plotin theoretisch gerechtfertigt werden[36] –, aber es handelt sich eindeutig um eine Erfahrung, die ein Mensch an sich selber zu machen vermochte – vorausgesetzt, er achtete auf die Beziehung zwischen Geist und Körper. Die Körperhaltung scheint somit auch durch die Tatsache bedingt zu sein, daß die Menschen den Geist in sich neu zu erfahren lernten. Wie spürten sie diesen »Geist«?

Der Geist trennt sich vom Körper

Der Heide Julian sprach gelegentlich von einem Geist. Er betete zu ihm. So berichtet Ammian: »Stets stand er um Mitternacht auf, nicht aus Federn und seidenen Decken, die in buntem Glanz schimmern, sondern von einem Teppich und einer Felldecke, die die einfachen Leute Susurna nennen. Dann betete er heimlich zu Merkur, der nach Lehre der Theologen der schnelle Weltgeist ist und die Bewegungen des Geistes verursacht.«[37] Noch vor seinem Tode betont er in einer Ansprache, daß der Geist – wir würden das Wort heute mit Seele übersetzen – mit den Himmlischen verwandt sei und aus dem Bereich des Himmels in den Körper herabgekommen sei. Er, Julian, der schwierige und dann sehr glanzvolle Zeiten durchlebt habe, habe sich immer von allem Körperlichen ferngehalten: »Als ich in Dunkelheit und enge Verhältnisse verwiesen wurde oder nachdem ich die Kaiserwürde übernommen hatte, habe ich meinen Geist, der gleichsam aus der Verwandtschaft mit den Himmlischen herabglitt, wie ich glaube, unbefleckt bewahrt.«[38]

Auch Christen, die ihre Geist-Seele nicht so mit einem Gott verbanden und doch die besondere Eigentümlichkeit des in ihnen wirkenden Geistes deutlich empfanden, haben ihn ebenfalls von allem Körperlichen freizuhalten gesucht.

Von Constantius etwa wird berichtet, daß er beim Essen und Trinken Maß hielt und »über lange Zeiten seines Lebens hin geschlechtlich überaus enthaltsam lebte, so daß er von keinem Diener auch nur verdächtigt werden konnte«[39]. Auch Julian war »mit wenig Schlaf zufrieden«. »Er verletzte seine Keuschheit nicht. So wurde gerühmt, daß er sich nach dem Verlust seiner Gattin keiner Sinnenlust mehr hingab.«[40] Nicht einer von seinen vertrautesten Dienern konnte ihm etwas vorwerfen. Weiter wurde an ihm »die Genügsamkeit im Essen und Schlafen« hervorgehoben. Ammian beruft sich auf Zeugen, die wußten, »daß er Vergnügungen nicht einmal im Rahmen der natürlichen Bedürfnisse Raum gab«[41]. Julian betonte auch, daß es schimpflich sei, Ruhm aufgrund körperlicher Leistungen zu erhoffen, wo der Mensch doch einen Geist habe – wir würden wieder übersetzen: »doch eine Seele habe«[42].

Die Fähigkeiten dieser Geist-Seele entfalten sich somit nur bei den Menschen, die die Antriebe ihres Körpers zurückzudrängen verstehen: den Wunsch nach Getränk, nach Essen, nach Schlaf und die

Sexualität. Wollte ein Mensch seinen Geist »unbefleckt« vom Körper halten, wie Ammian das nannte, dann mußte er alle diese Bedürfnisse einschränken[43]. Daß darüber hinaus auch die Leidenschaften, die die Menschen überwältigen können – Zorn, Wut, Freude an der Grausamkeit –, zu beherrschen waren, war selbstverständlich. Ammian störte es ja bereits, daß Julian sich manchmal zu schnell bewegte, zu eilig vor einem verehrten Mann aufstand oder zu rasch ihm, den er schätzte, entgegenging[44]. Nur wer alle diese Neigungen seines Körpers zu zähmen vermochte, konnte hoffen, daß sein Geist sich so in ihm entfaltete, daß er eine neue Wahrnehmungsweise gewann, mit deren Hilfe er sah, wer ihn schützte, und erkannte, was die Zukunft brachte.

Den Ursprung des Geistes konnten die Menschen auf mannigfache Weise – christlich, heidnisch oder philosophisch – erklären. Solche Erklärungen mögen die Menschen in ihrer Neigung, den Körper zu beherrschen, bestärkt haben. Für das Verständnis der Bewegungen ist etwas anderes wichtiger: Die Menschen erfuhren offenkundig bei eingeschränkten Bewegungen, daß in ihnen eine eigene Substanz, die sie »Geist« nannten, erhalten blieb, mit deren Hilfe sie wahrzunehmen verstanden. Die Bilder ihrer Träume meinten sie auch dank dieses »Geistes« zu sehen. Dieser Geist war keiner Stelle des Körpers zuzuordnen, nicht dem Kopf und nicht der Brust. Er wirkte durch seine Beweglichkeit anders als die körperlichen Substanzen mit ihrer Schwere. Aufgrund dieser Erfahrung spürten die Menschen wieder in sich zwei voneinander unterschiedene Kräfte. Sie wirkten auch gegeneinander. So mußte sich die geistige Substanz gegen eine »Befleckung« durch die körperlichen Substanzen wehren. Die Soldaten konnten kräftig, behende, gelenkig und körperlich geschickt sein[45]. Die Offiziere, die die neue Erfahrung des geistigen Erkennens gewannen, mußten allerdings lernen, in zwei Bewegungsweisen heimisch zu werden.

Auf diese Weise wurde die Schwere des menschlichen Körpers nicht einer Kraft entgegengesetzt, die dessen Last zu tragen und hochzuheben verstand. Die Schwere wurde vielmehr nun als Eigenart von körperlichen Substanzen erfahren, die diesen eine bestimmte Beweglichkeit verlieh. Diese Beweglichkeit wurde gegen die größere Beweglichkeit anderer Substanzen abgesetzt. So wirkten unterschiedliche Beweglichkeiten nebeneinander.

Die Beweglichkeit des Geistes kam von einer »Gottheit«, die von außen auf den Menschen einwirkte. Für die Menschen jener Zeit wurde es zur Frage, wie die Wirkungen, die von dieser geistigen Substanz ausgingen, in ihnen lebendig werden konnten.

Die Gegensätze werden durch eine neuartige Liebe überboten

Wurde erst einmal der Geist vom Körper so geschieden, daß sich nur in einem unbeweglichen Körper der Geist voll entfalten konnte, dann wurde es schwierig, als Herrscher im Alltag den Bedürfnissen des Körpers zu folgen und trotzdem den Geist so »unbefleckt« zu erhalten, daß er Künftiges zu erkennen in der Lage war.

Für die Christen wurde diese Spannung noch verschärft. Denn das ohnehin in der Gesellschaft verbreitete Mißtrauen gegen den Körper wurde durch diejenigen Sätze des Neuen Testaments bestätigt, die alle die Handlungen verurteilten, die die Neigungen des Körpers befriedigten[46]. Augustin gehörte zu den Menschen, die diese Sprüche des Neuen Testaments als eine Aufforderung zu strenger Askese interpretierten, und er kam daher jahrelang mit den Geboten des Christentums nicht zurecht[47]. Als er eine Lösung gefunden und darüber Christ geworden war, beunruhigte ihn ein anderer Zusammenhang, der freilich mit dem ersten Problem eng zusammenhing. Doch von diesem ist jetzt zu berichten.

Wenn es einem Herrscher zu Zeiten Constantius' II. und Julians gelang, dank ihres Geistes Zukünftiges zu erkennen, dann erfuhren sie immer, wie wenig das Geschick auf sie Rücksicht nahm, das eine Gottheit ihnen zudachte. Sie wußten dann wohl, was ihnen bevorstand, aber dieses konnte ihr Untergang sein. Dagegen gab es keine Berufung. Ihr Handeln vermochte daran nichts zu ändern.

Augustin störte diese Rücksichtslosigkeit. Nach den Berichten des Alten Testaments ging es doch früher anders zu. Gott gab Befehle, und wer sie ausführte, hatte Erfolg[48]. Gott ordnete Kriege an, und wer den Krieg nach den Geboten Gottes begann, siegte. Nur wer ungehorsam war wie Saul, als er die Frauen und Kinder, die Gott zu töten befohlen hatte, nicht umbrachte, mußte mit einer Niederlage rechnen[49]. Jedoch hatte der Gehorsame – nach diesen Zeugnissen des Alten Testaments – mit einem Erfolg zu rechnen.

Wer so an der Vorhersehbarkeit des Erfolges interessiert war wie Augustin, den mußte noch etwas anderes irritieren: die vielen Erfolge der Römer. Sie hatten so oft gesiegt und waren doch nie Gott gehorsam gewesen. Sie konnten es ja nicht sein, denn sie wußten von diesem Gott nichts, da sich der Gott Abrahams an sie nicht gewandt hatte.

Augustin hatte nun den fast wahnwitzigen Gedanken, einen Zusammenhang zwischen den militärischen Erfolgen der Römer und Gottes Handeln herzustellen. Im Grunde nahm er dabei allerdings nur eine christliche Lehre sehr ernst: Er führte alles, was geschah, auf Gott zurück. Das bedeutete für ihn: Auch die Kriege mußten von Gott gewollt sein und die Siege in den Kriegen ebenfalls. Und da dieser Gott ein gerechter Gott war und diese Gerechtigkeit den Menschen einsichtig sein sollte, stellte sich Augustin die Aufgabe, zu klären, wie denn die vielen Siege der Römer und die Ausdehnung der römischen Herrschaft auf ein gerechtes Handeln Gottes zurückzuführen seien.

Hierbei half ihm nun die Erfahrung, die er selber bei seiner Bekehrung gewonnen hatte. Ihm war es nicht gelungen, einen Geist zu entfalten, der sich vom Körper trennen ließ. Alle Wünsche des Körpers nach Trinken, nach Essen, nach Liebe dominierten in ihm so sehr, daß er überhaupt keine Möglichkeit sah, sich von ihnen zu lösen. Ob er den Versuch machte, durch eine aufrechte, unbewegliche Körperhaltung die Begierden zu überwinden, wissen wir nicht. Er selber berichtet immer nur davon, daß sie ihn in all seinen Handlungen angetrieben hätten, und er litt dabei vor allem unter der Unruhe, die sie in ihm verursachten[50].

Seine entscheidende Entdeckung war nun, daß die Liebe, die ihm am meisten zu schaffen machte, sich in zwei Gefühle trennen läßt. Er selber schildert es so: »Es stiegen damals Nebel von der schmutzigen Begierde des Fleisches auf und von den widerlichen Verlokkungen der Jugend, und sie verdunkelten und verdüsterten mein Herz, so daß es die Heiterkeit der Liebe nicht von der Dunkelheit der Begierde zu unterscheiden vermochte und daß im vermischten Zustand beides Glut hervorrief und das schwache Alter durch die Abgründe der Begierden riß und in den Strudel der Schande untertauchte.«[51]

Bei Augustin ging es somit nicht mehr wie bei den Griechen in klassischer Zeit um eine eigene Kraft, die die Kräfte der Leidenschaften beherrschte. Er suchte auch nicht wie Cicero oder Plinius eine Umgebung, die in ihm Einseitigkeiten ausglich und ihn aktiv werden ließ. Es gelang ihm ebensowenig, sich wie Constantius in eine ruhige Körperhaltung zu versetzen, so daß sein Geist rein blieb. Er ließ statt dessen die Leidenschaften weiter gewähren, entdeckte an ihnen nur eine Seite, die ihren anderen Eigentümlichkeiten, die so viel Unruhe stifteten, die Kraft nahm.

Dies hängt nun damit zusammen, daß er die Leidenschaften nicht so sehr als einen Antrieb zum Handeln empfand. Sie waren ihm ein Mittel, sich in einen Zustand versetzen zu lassen, den er mit dem Gefühl der Süße umschrieb. Dieses Gefühl der Süße erfüllte ihn, wenn er dem nachgab, was er später seine Begierden nannte[52]. Und dieses Gefühl bot ihm eine Möglichkeit, die verschiedenen Seiten der Liebe zu unterscheiden, denn es ließ sich unter besonderen Umständen steigern, wie er erfuhr. Er beschreibt, was geschah, mit folgendem Satz: »Wie süß wurde mir plötzlich, all die Süßigkeiten des Nichtigen zu entbehren. Und wenn es einst eine Furcht gewesen war, diese zu verlieren, war es jetzt eine Freude, sie wegzuschicken.«[53] Er führte diese Erfahrung der neuen Süße unmittelbar auf Jesus zurück: »Du warfst nämlich diese Süßigkeiten aus mir heraus, Du wahre und höchste Süße! Du warfst sie heraus, und Du betratest an ihrer Stelle mich, süßer als jede Begierde, freilich nicht in Fleisch und Blut; leuchtender als jedes Licht, aber innerlicher als jedes Geheimnis, erhabener als jede Ehre ... So war mein Geist frei von den quälenden Sorgen des Begehrens, des Erwerbens, des Herumziehens und des Getriebenwerdens, zur Schande der Begierden.«[54] Diese wahrhaft süße Liebe wandte den Menschen Gott zu. Da Gott es war, der diese Süße im Menschen schuf, indem er die anderen Gefühle der Süßigkeit aus dem Menschen vertrieb, wird er als der Handelnde angesehen.

Diese Erfahrung klärte im persönlichen Bereich viel, doch für das Verständnis von Politik und Krieg brachte sie die Schwierigkeit, von der gerade gesprochen wurde; sie ließ sie im Grunde erst erkennen. Gewiß ist im Alten Testament davon die Rede, daß Gott Kriege befiehlt und verursacht und den Gehorsamen siegen läßt, doch diese Berichte konnte nur derjenige Mensch radikal ernst nehmen, der wie Augustin in sich selber Gottes Handeln erfahren hatte und der daher wußte, daß Gott der allein Handelnde war. So mußte er sich nun fragen: Wie sind denn nun die Kriege der Römer, die Siege der Römer als Taten Gottes zu erklären?

»Daher laßt uns denn sehen, welche Sitten der Römer der wahre Gott würdigte und aus welcher Ursache der wahre Gott es für würdig hielt, zur Erweiterung des Römischen Reiches beizutragen, in dessen Gewalt alle irdischen Reiche sind.«[55]

Dieses Problem löste Augustin dadurch, daß er den Menschen insgesamt eine abgestufte größere oder geringere Entfernung von der Süßigkeit der nichtigen Liebe zubilligte. Er maß dabei die Handlungen der Menschen an der Einstellung, die diese zu ihrer eigenen Person hatten. Sobald diese sich etwas von der Selbstliebe lösten, waren sie bereits – wenn auch am Anfang nur begrenzt – positiv zu beurteilen, denn sie befanden sich gewissermaßen auf dem Wege, der sie in die Abhängigkeit von Gott brachte.

Für die Römer sah das konkret so aus: Augustin bescheinigte ihnen eine Begierde nach Lob und Ruhm. Diese vollbrachte viel »Wunderbares und Lobenswertes«; denn sie ließ in den Römern alle anderen Begierden unwirksam werden. »Diese liebten sie brennend, dieser wegen wollten sie leben, für sie zu sterben zögerten sie nicht. Und so unterdrückten sie durch die ungeheure Begierde zu dieser einen alle übrigen Begierden.« [56]

Weiter meinte er, zwischen dem Wunsch nach Ruhm und der Vaterlandsliebe eine Verbindung aufzeigen zu können: »Um der Ehre, des Lobes und des Ruhmes willen dienten sie dem Vaterland, in welchem sie den Ruhm selbst suchten, und so zögerten sie nicht, dessen Heil dem eigenen Heil voranzustellen.« [57] Dieser Gedanke ließ sich ausführen. Man konnte auch aus Liebe zum Ruhm für die Gerechtigkeit kämpfen [58] oder für den Frieden [59]. Immer war man dann bereit, die eigene Person zurückzustellen.

Diese Art zu denken ermöglichte es Augustin, einem Christen die Beteiligung an Kriegen zu erlauben. Wieder kam es nur darauf an, daß er nicht zu seinem persönlichen Vorteil handelte und sich nicht von egozentrischen Leidenschaften bestimmen ließ, etwa von Grausamkeit oder Begierden [60]. Doch wenn er von sich selber absah, war im Grunde nichts dagegen einzuwenden, daß er den Befehlen seiner Vorgesetzten folgte und gegen Feinde kämpfte, auch wenn er sie dabei töten mußte.

Alle diese theologischen Überlegungen ließen sich auf Bewegungen und Körperhaltungen übertragen. Für Augustin war es nicht sinnvoll, sich unbeweglich, ruhig und aufrecht von den anderen Menschen abzusetzen. Auch konnte es nicht darauf ankommen, eine ausgewogene, selbstbeherrschte Haltung zu zeigen, in der Anspannung und Druck leicht und locker beherrscht wurden [61]. Er mußte darauf bedacht sein, daß die Menschen gerade darauf verzichten, in sich selber zu ruhen. Statt dessen sollten sie sich völlig Gott zuwenden, das heißt nach vorn geneigt, außerhalb ihres Schwerpunktes Gottes Bilder hier auf der Erde verehren. Dieser Gott erschien ihm nun in seinen Freunden.

So wandelte sich bei Augustin die Freundschaft. Er benötigte keinen Freund, der ihm Beifall spendete oder in traurigen Lagen Trost zusprach. Er wollte auch nicht, daß ihm gehuldigt wurde. Für ihn war der Freund gewissermaßen ein erster Hinweis auf Gott, auf denjenigen, der ihm immer überlegen blieb. »Deine Liebe... kam von jenem, in dem wir geschaffen und geboren sind.«[62] So schrieb einer dieser Freunde dem anderen. Der Freund hatte alle guten Eigenschaften: »Du gleichst einer Stadt auf dem Berg gebaut, strahlst wie ein Licht auf den Leuchtern entzündet, ich aber verberge mich unter dem Scheffel der Sünden.«[63]

So entstand ein Freundeskreis. Zu ihm gehörten Hieronymus und Paulinus von Nola[64]. Sie alle schrieben sich Briefe, um in diesen die eigene Nichtigkeit und die überragenden Qualitäten des Freundes zu betonen. Im Grunde wollten sie damit nur deutlich machen, daß sie völlig von sich absahen und auf andere angewiesen waren, selbst wenn es zwischen den Freunden gelegentlich Empfindlichkeiten und Spannungen gab[65]. Bereits der Intention nach unterschied sich das Verhalten dieser »Freunde« von dem entsprechenden Verhalten in der späten Republik.

Auch diese Christen erfuhren – ähnlich wie der am Geist orientierte Julian – in sich die Wirkung von geistigen und körperlichen Substanzen. Beide verursachten Bewegungen – freilich so unterschiedlicher Art, daß die geistigen Substanzen nicht unter den Einfluß der körperlichen geraten durften.

Julian und Constantius suchten in sich den vom Körper geschiedenen Geist selber durch eine ruhige und aufrechte Haltung zu entfalten. Augustin erkannte nun, daß er der Zuwendung seiner Freunde oder der Zuwendung Gottes bedurfte, damit er selber aktiv zu werden vermochte. Innerhalb dieser Wahrnehmungsweise spüren somit einzelne, daß die ihnen wichtige Kraft von Personen ihrer Umgebung geweckt und gestärkt werden kann.

Wie sehr sich diese Erkenntnisse auf die Körperhaltung auswirkten, zeigen die Menschendarstellungen der Künstler aus jenen Jahrhunderten.

Die Bilder der Menschen erstarren

Die Kunst des 4. und frühen 5. Jahrhunderts spiegelt die Mannigfaltigkeit der Gesellschaft, die damals im Römischen Reich lebte. Die Menschen wurden von vielen Künstlern noch so abgebildet, wie dies in der griechischen Antike üblich war[66]. Auch die Varianten, die die Römer in der republikanischen Zeit schufen, blieben erhalten[67].

Natürlich kann man vermuten, daß manche Künstler nichts anderes zuwege brachten als saubere Kopien früherer Vorbilder. Doch dies war sicher nicht immer der Fall. Es gibt ergreifende Darstellungen, in denen ein junger Mann oder eine junge Frau sich voller Zuneigung einem Kind zuwendet, so daß ein Raum der Sympathie entsteht, wie er lebendiger zur Zeit des Augustus nicht gestaltet werden konnte (Abb. 31)[68]. Es muß noch viel von den älteren Verhaltenswei-

Abb. 32 Jesus als lehrender Philosoph

Abb. 31 Elfenbein-Arbeit, Eine junge Frau

sen in der Bevölkerung lebendig geblieben sein, sonst hätten Künstler diese Welt nicht so beteiligt und unmittelbar wiedergeben können.

Wir müssen damit rechnen, daß in verschiedenen gesellschaftlichen Gruppen, in einzelnen Familien oder in sozialen Schichten der Städte die älteren Lebensweisen erhalten blieben, ja gepflegt und weitervermittelt wurden. Daneben sind dann allerdings auch recht andersartige Darstellungen des Menschen zu finden.

Auch diese stehen oft in älteren Traditionen. So kannten Ägypter, Perser und viele Völker des Orients eine strenge, aufrechte Haltung im Kult oder beim Zeremoniell. Sie wurden ebenfalls in Kunstwerken dieser Länder beibehalten und beeinflußten Verhaltensformen, die sich innerhalb des Reiches ausbreiteten[69].

Was neu, wirklich neu ist, läßt sich am besten den Werken entnehmen, die die Kaiser oder die den christlichen Gott darstellen. Für die Kaiser waren Augustus und seine unmittelbaren Nachfolger Vorbild. Und wenn Künstler davon abwichen, charakterisiert dies ein neues Selbstverständnis. Dasselbe gilt für die Christus-Darstellungen. Christus war in den ersten Jahrhunderten als Philosoph, das heißt als Lehrer der Weisheit (Abb. 32), oder als Guter Hirte abgebildet worden (Abb. 33)[70]. Als solcher unterschied er sich kaum von den Philosophen oder Göttern der Antike. Wenn seine Gestalt sich nun wandelte, bezeugt dieser Wandel ebenfalls eine neue Sicht des Menschen.

Die an die Tradition gebundenen Standbilder der Kaiser lassen, wie die Augustus-Statuen, erkennen, daß der Dargestellte die Lasten des Körpers zu tragen und Anspannungen zu beherrschen weiß. Dabei werden Kopf, Schulter und Brust wie zur Zeit des frühen Principats hervorgehoben[71].

Was sich verändert, ist die Stellung des Kopfes und die Eigenart der Augen. In der augusteischen Zeit nahm der Herrscher mit Schultern und Kopf etwas auf, was ihm entgegengebracht wurde[72]. Jetzt hingegen sind Schultern und Kopf gerade und auf eine Weite eingestellt. Und die Haltung verleiht den Herrschern etwas Strenges, Majestätisches[73]. Der Eindruck, daß sie etwas entgegennehmen, kann nicht mehr aufkommen.

Die Augen sind groß, aufgerissen, sie schauen in eine Ferne (Abb. 34)[74]. Der Kaiser wird somit – seit Constantin ist dies zu beobachten (Abb. 35) – so dargestellt, wie er im Zeremoniell auftrat: nicht zu erschüttern durch äußere Einwirkungen, nicht beeinflußbar von

Abb. 33 Jesus als Guter Hirte

Abb. 34 Statue eines Kaisers

Wünschen und Neigungen, die in ihm selber aufkommen, selbstbeherrscht, aufrecht, unbeweglich, als ein Mensch, dessen Geist dazu fähig ist, Künftiges wahrzunehmen.

Einige Beispiele deuten vielleicht am besten die möglichen Varianten an.

Der triumphierende Kaiser gleicht oft einem siegenden Wagenlenker. Beide treiben ihre Pferde unmittelbar auf den Betrachter zu[75]. Von ihm sei daher ausgegangen.

Der Wagenlenker Porphyrios ist auf dem Relief viel zu groß (Abb. 36). Die unter ihm symmetrisch angeordneten Pferde wirken fast wie Spielzeuge, die ihn umgeben. Seine Haltung – und dieser gilt unser Interesse – ist aufrecht, starr, und soweit zu sehen (der Kopf ist beschädigt), blickt er geradeaus. Im Unterschied zu ihm bewegen sich weiter unten die Zuschauer jubelnd. Er nimmt von diesen keine Notiz[76].

Genauso wird auf einer Gemme ein triumphierender Kaiser dargestellt (Abb. 37). Die Entstehungszeit ist nicht genau zu datieren; sie liegt wohl in der Mitte des 5. Jahrhunderts. Von rechts und links

Abb. 35 Constantinus I.

Abb. 36 Der Wagenlenker Porphyrius

reichen ihm Sonne und Mond eine Kugel dar. Victoria mit einem Tropäum und eine zweite Victoria mit einem Vexillum geleiten – zur Seite und nach hinten gebeugt – die äußeren Pferde. Diese schreiten über niedergeworfene Feinde hinweg. Die Gestalten von Sonne und Mond richten sich auf den Triumphator. Die beiden Siegesgöttinnen wenden ihm ebenfalls den Kopf zu. Er jedoch, mit starr nach vorne gerichteten Augen, verharrt in Unbeweglichkeit, die durch kein Geschehen in seiner Umgebung zu beunruhigen ist[77]. Beide Darstellungen entstanden später als die Texte, aber sie geben doch genau den Eindruck wieder, den Constantius II. hervorgerufen haben muß.

Ähnlich wirken die Personen auf dem Sockelrelief des Theodosius-Obelisken. Oben thronen drei Kaiser und ein Prinz, als ob die aufrechte, gerade Haltung, die sie einnehmen, keinerlei Anstrengung bedürfe. Sie erscheinen völlig unbeweglich. Unter ihnen knien huldigende Barbaren, neben ihnen stehen auch fast statuenhaft Vertreter des Hofes (Abb. 38)[78]. Auf einer Silberschale aus derselben Zeit sitzt Theodosius allein unter einer Arkade, eingerahmt von zwei seiner Mitregenten. Am Rande stehen je zwei mit Schild und Speer versehene Soldaten (Abb. 39). Alle Personen scheinen ohne jede Anstrengung ihren Platz einzunehmen. Sie spüren den

Abb. 37 Triumph eines Kaisers

Abb. 38 Theodosius-Obelisk, Barbaren huldigen dem Kaiser

Körper nicht als Last, gegen die sie sich anstemmen müßten, und in ihm keine Leidenschaften, die zu bändigen wären. Die Soldaten halten sich so, als ob von Theodosius kreisförmig Wellen ausgingen und sie so einen der Wellenberge mit ihrem Körper ausfüllten. Die zwei Mitherrscher sitzen schon gerade; er jedoch wirkt durch den herabfallenden Faltenwurf bereits fast unkörperlich. Die Stellung des linken Beines ist unter dem Gewand kaum noch zu erkennen. So konzentriert sich der Blick auf Kopf und Augen, die über dem aufrechten Oberkörper nach vorne gerichtet sind. Bewegt ist nur eine huldigende Gestalt, und bewegt sind Figuren unterhalb des Hofes, doch auf diese achten weder die Kaiser noch die Soldaten[79].

Abb. 39 Silberschale, Theodosius unter einer Arkade

Auf allen diesen – aus so verschiedenen Materialien hergestellten – Werken werden die Gestalten in Bewegung und die Personen mit ruhiger Haltung voneinander abgesetzt. Der fast unkörperlich starre, nach vorn blickende Herrscher nimmt – offensichtlich aufgrund dieser Haltung – den höchsten Rang ein. Diese Bilder entsprechen völlig den Berichten, die Ammian von Herrschern seiner Zeit gab.

Im westlichen Teil des Reiches können Menschen ganz anders dar-

Abb. 40 Santa Sabina, Holztür

gestellt werden. Auf der Holztür von Santa Sabina, die in der Zeit, als Augustin bereits als Bischof von Hippo wirkte, geschnitzt wurde, scheinen die Personen in einer lebendigen Wechselwirkung miteinander verbunden (Abb. 40). Sie drehen sich leicht zur Seite, sitzen mit gebeugten Knien und ausgebreiteten Armen und richten den Kopf nach oben oder neigen ihn nach vorne. So bewegt, ohne auf das Gleichgewicht ihres Körpers zu achten, wenden sie sich dorthin, wo die schrägliegende Figur von zwei Engeln hochgehoben wird. Diese Personen verzichten auf ein ausgewogenes Gleichgewicht, sie sind nur darauf bedacht, sich einer anderen Gestalt zuzuwenden, während andere, die am Rande stehen, als Kontrastfiguren dies gerade nicht tun[80].

Abb. 41 Jesus als thronender Herrscher

Ein ähnlicher Wandel ist auf den christlichen Sarkophagen zu beobachten. Diese hatten ursprünglich Jesus als Philosophen (Abb. 32) oder Guten Hirten abgebildet (Abb. 33)[81]. Er ruhte dann wie die antiken Gestalten in sich selber und schuf helfend oder lehrend einen Raum zwischen den Figuren, die sich in Sympathie einander zuwandten. Auch als thronender Herrscher konnte er zwischen den Aposteln sitzen, die ihn wie einen römischen Kaiser huldigend umgaben (Abb. 41)[82].

Im ausgehenden 4. Jahrhundert kommen auf den Sarkophagen andere Darstellungen auf. Jesus steht nun mit erhobenem Arm in der Mitte auf einem Hügel (Abb. 42). Aus diesem treten die vier Ströme des Paradieses hervor. Rechts und links von ihm naht je ein Apostel. Diese sind so weit vornüber geneigt, daß sie beinahe auf einer Diagonale zu liegen scheinen, die von ihren Füßen zu Jesus hin verläuft. Jeder von ihnen bringt dabei dem Herrn Geschenke. Weder werden die Gesetze der Schwerkraft beachtet – in der Stellung der beiden Apostel kann sich kein Mensch halten – noch werden Anstrengungen gezeigt, die überwunden werden müssen. Es entsteht auch kein Raum zwischen Gott und den Aposteln. Gott steht für sich, ohne

Abb. 42 Jesus zwischen zwei Palmen

darauf zu achten, was sich rechts und links von ihm ereignet, und die Apostel stellen nur ihre Abkehr von der eigenen Person dar, die sich völlig auf Gott hin richtet[83]. Gott muß nicht in Menschengestalt auftreten, er kann auch als Lamm gezeigt werden (Abb. 43)[84].

Abb. 43 Jesus als Lamm

Diese Gottheit handelt nicht mehr als Mensch. Daß sie irgendeine Kraft benötigt, um eine Bewegung durchzuführen, ist nicht zu sehen. Von ihr gehen allerdings Bewegungen aus. Sie segnet, und der Ort, an dem sie steht, läßt Flüsse entspringen, die sich dank ihrer Viererzahl nach allen Richtungen wenden. Auf diese Weise ist nur noch Gott darzustellen.

Die Menschen hingegen sind in dieser Welt Wesen, in denen Kräfte wirken, die sie zu Gott hin ziehen. Sie nutzen so ihre eigenen Fähigkeiten höchstens dazu, sich völlig aus dem Gleichgewicht zu bringen, um sich nur dankend, lobend und erkennend Gott zuzuwenden. Den Menschen charakterisiert es, denjenigen zu preisen, von dem eine Tätigkeit ausgeht.

In allen diesen Darstellungen des Menschen hat jeweils eine Person eine zentrale Bedeutung: entweder der Kaiser, der dank seiner Unbeweglichkeit in sich seinen Geist unbefleckt erhält, oder Gott, von dem allein Bewegungen ausgehen. Diese Konzentration auf eine Person veränderte auch die Architektur.

Die Innenräume schaffen einen Platz für Abstand

Die Menschen, die sich an Gott oder an Personen orientierten, die in sich einen »neuen Geist« oder die »Süße der Liebe« spürten, benötigten keine Wohnung und keine Plätze, die ihnen gestatteten, durch Pfeiler, Säulen, Fenster und Tore hindurch in die Natur zu sehen, um von dieser gefördert und gestärkt zu werden. Sie sorgten dafür, daß Gott oder den ihnen überlegenen Personen soviel Platz zugestanden wurde, daß diese in ihrer Eigenart auftreten und wirken konnten. Diese mußten in eine Ferne sehen und auf alles Einfluß nehmen können. So lag es nahe, den Innenraum so zu gestalten, daß er Abbild eines größeren Bezirks oder gar der Welt wurde. Auch ältere Gebäude wurden entsprechend interpretiert[85].

Als Constantius II. zum ersten Mal nach Rom kam, bewunderte er voller Staunen die Bauwerke der früheren Jahrhunderte. Ammian berichtet, was der Kaiser an ihnen rühmte, und aus dieser Erzählung geht hervor, wie er Bauwerke sah. Die Bäder – die großen Thermen – schienen ihm Provinzen ähnlich zu sein. Das Pantheon glich, wie er meinte, einer abgerundeten Stadt, einem Land, gewölbt in hoher Schönheit[86]. So wurden die Bauwerke mit einem Bezirk verglichen, sie dienten dazu, etwas, das außerhalb von ihnen bestand, innerhalb der Architektur noch einmal abzubilden: eine Provinz oder eine Stadt. So hatte Diokletian schon seinen Palast in Split geschaffen. Er gestaltete ihn so, daß der Besucher den Eindruck hatte, sich in ein römisches Lager zu begeben. Der Palast stellte eine Stadt dar[87]. Die Menschen interessierten sich für die Räume innerhalb der Bauwerke und nicht mehr für einen Blick durch das Bauwerk hindurch nach außen. Auch bei den jetzt entstehenden Wohnungen, etwa in Ostia, richtete sich das Interesse auf die Innenraumgestaltung[88]. Als Constantius II. in Rom überlegte, was er denn an Ähnlichem ausführen lassen könnte, traute er sich nur zu, eine Reiterstatue ähnlich dem

Werke Trajans in Auftrag zu geben. Der Königssohn Hormisdas, der ihn begleitete, riet daraufhin, dieses Tier in ein Gebäude zu stellen und erst einmal einen Stall errichten zu lassen, in dem Pferd und Reiter sich aufhalten könnten. Das war möglicherweise kein wohlwollender Vorschlag, der Plan wurde auch nie ausgeführt, doch er zeigt, wie selbstverständlich es den Menschen jener Zeit geworden war, sich an Innenräumen zu orientieren[89].

In diesen Innenräumen konnte Gott und konnten die Personen, die den höchsten Rang einnahmen, den anderen gegenübertreten. Sollten sie, wie die Kaiser, aufrecht den Blick in die Ferne richten, mußten die Innenräume hoch sein und viel Platz gewähren. Von dieser Bauweise zeugen alle Werke, die damals entstanden, etwa die Maxentiusbasilika, die Constantin so für sich umbauen ließ, daß sie zur Seite hin noch mehr Raum gewann[90], oder die Basiliken, die die Christen errichteten, in denen am Altar Gott verehrt wurde. Schon daß der Altar in den Innenraum hineingenommen wurde – in der Antike hatte er vor dem Tempel gestanden –, zeigt den Wandel[91]. Wie wurde bei diesem Wandel nun das nicht bebaute Land gesehen?

Land und Stadt werden voneinander geschieden

Die Städte des Römischen Reiches waren wie Rom selber in das Land hinaus gebaut. Gutshöfe umgaben sie. Die reichen Stadtbewohner hatten diese zum Teil zu Landvillen umgestaltet. In diesen hielten sie sich während der heißen Sommermonate auf. Diese ländliche Umgebung hatten sie zur frühen Kaiserzeit gerne aufgesucht, da sie eine wechselnde Umwelt benötigten, um immer wieder zu Tätigkeiten angeregt und so gefördert zu werden. Gewiß richtete sich die Aufmerksamkeit in der Bevölkerung zunehmend mehr auf Innenräume, doch dies galt ja nicht für alle Reichsbewohner. Viele Familien folgten weiterhin den früheren Sitten, und wenn wir Schilderungen glauben dürfen, ist die Freude, städtische und ländliche Lebensform miteinander zu verbinden, im 4. Jahrhundert noch recht verbreitet gewesen.

In der Zeit von Julian schildert Libanios die Herrlichkeiten der Stadt Antiochia. Er beginnt mit einer ausführlichen Beschreibung der Natur, rühmt die Fruchtbarkeit des Landes, den Wechsel zwischen der Ebene und dem gebirgigen Teil, preist die reichen Ernten und die Reize der Flüsse, die das Land durchzogen. Völlig selbstverständlich sieht er die Stadt zusammen mit ihrer Umgebung, und ihr Glanz gründete auf dem von Göttern gesegneten Land, in dem sie liegt[92].

Anderthalb Jahrhunderte später beschrieb Prokop diese Stadt. Er hatte unter Belisar, dem Feldherrn Justinians, gedient, erzählte in umfangreichen Geschichtswerken später dessen Kriege und schrieb auch ein eigenes Buch über die Bauten des Kaisers. Darin berichtete er ebenfalls über Antiochia. Von der einstigen Schönheit dieser Stadt war nichts geblieben: »Alles war eingeäschert und zerstört. Lediglich zahlreiche Hügel ragten noch aus der allgemeinen Brandstätte, so daß sich die Einwohner von Antiochia außerstande fühlten, zunächst einmal nach Entfernung des ganzen Trümmerschutts den Standort des eigenen Hauses festzustellen und dessen Überreste von Brandspuren zu säubern, schließlich gar einen Neubau zu wagen. Es gab ja auch nirgendwo mehr öffentliche Hallen oder säulenumstandene Höfe, keinen Marktplatz, nicht einmal die Wege, welche die Hauptstraßen abgrenzten.«[93] Der Kaiser griff ein. Bei dieser Neugestaltung der Stadt veränderte er nun ihren Charakter. Prokop erwähnte dabei folgendes: »Seit alters besaß die Stadt eine überlange Mauer mit sehr vielen Ausbuchtungen und schloß ohne rechten Sinn teils Ebenen, teils Felsgipfel ein, so daß sie mehr Gefahren ausgesetzt war. Justinian beschränkte nun die Stadtmauer auf das nötige Maß... Die tiefgelegenen Mauerteile... verlegte er nämlich möglichst weit zum Stadtkern hin und drängte hier den Platz recht geschickt zusammen, wobei die Ballung dessen Verteidigung zugute kam. Den Orontes aber, welcher an der bislang ausgebuchteten Verteidigungslinie vorüberfloß, zwang er, seinen Lauf zu ändern und der Ringmauer nahe zu bleiben. In einem Kanal führte er die Strömung möglichst dicht um die Stadt herum. Er befreite diese dadurch von der Gefahr ihrer übergroßen Ausdehnung und gab ihr zugleich den alten Schutz durch den Orontes zurück.« In dieser Stadt achtete Justinian vor allem auf die richtige Wasserversorgung.

Außerhalb der Stadt drohen in erster Linie Gefahren. Sie richten sich meist gegen die Städte. Bereits die Natur kann für Städte gefährlich sein. Das Wasser, das innerhalb der Stadt die Quelle aller Lebendigkeit ist, wird außerhalb der Stadt bedrohlich.

In Daras brachte das Wasser die Menschen oft in Not. »Gewaltige Wolkenbrüche waren nämlich inzwischen niedergegangen, so daß der eben erwähnte Fluß brausend vor der Stadtmauer bis zu beträchtlicher Höhe anschwoll und sein gewohntes Bett verließ, da weder der Einlauf noch das Aquädukt die mächtig angewachsene Flut wie bisher aufnehmen konnten. So staute er sich an der Mauer, wuchs zu bedeutender Höhe und Tiefe und bildete hier Seen, dort Ausbuchtungen mit starkem Wellenschlag. Das Vorwerk erlag sogleich seinem gewaltigen Ansturm, doch damit nicht genug, unterhöhlte er auch einen sehr beträchtlichen Teil der Stadtmauer, sprengte die Tore und überflutete im mächtigen Schwall fast die ganze Stadt. Nachdem er den Markt, die Gassen und ebenso die Häuser durchströmt und von dort Hausrat, hölzerne Geräte und andere Dinge derlei Art in großer Menge mit sich genommen hatte, stürzte er schließlich in den genannten Stollen, wo er unter der Erde verschwand.«[94]

Ein Gewässer bedrohte auch Edessa. »Einmal stieg dieses Gewässer infolge zahlreicher Regengüsse zu bedeutender Höhe an und wälzte sich zerstörend gegen die Stadt. Es riß einen großen Teil des Vorwerks und der Stadtmauern bis auf den Erdboden nieder, überschwemmte fast die ganze Siedlung und richtete furchtbare Schäden an. Die schönsten Bauwerke sind dabei mit einem Male vernichtet worden, während ein Drittel der Einwohner den Tod fand. Kaiser Justinian aber baute nicht nur in der Stadt alle Ruinen wieder auf, wozu die christliche Kirche und der sogenannte Antipheros gehörten, sondern traf auch mit allem Nachdruck Vorkehrungen, welche die Wiederholung eines derartigen Unglücks ausschließen sollten... und erhielt so der Stadt, während er ihr alle Angst vor Überschwemmungen nahm, die bisherigen Vorteile.«[95]

In ähnlicher Weise mußte Zenobia unter dem Euphrat[96], Antiochia unter einem Wildbach leiden[97].

Mindestens ebenso beunruhigend waren für die Städte die Gegner des Reiches. Sie drangen nicht mehr nur an den Grenzen vor. Sie hatten diese längst überschritten und zogen durch die verschiedenen Provinzen bis nach Italien, saßen in Nordafrika, Gallien, Spanien. Überall kam es zu Angriffen auf die Städte. Justinian und seine Feldherren mußten daher die Städte im ganzen Reich neu befestigen. Schon Belisar, als dieser gegen die Ostgoten vorrückte und Rom eingenommen hatte, stellte in Rom erst einmal die alten Stadtmauern wieder her und ließ neue errichten[98]. Kriege waren nur noch zu führen, wenn die Städte durch Mauern geschützt wurden.

Diese Erkenntnis veranlaßte Justinian selber dazu, überall die Städte unter diesem Gesichtspunkt umzugestalten. Er ließ nicht nur

Ort für Ort die Mauern erneuern oder für einzelne Städte zum ersten Mal Mauern bauen[99], er entschied auch in Zusammenarbeit mit seinen Feldherren und Ingenieuren, bei welchen Städten der bisherige Umfang der Befestigung aufgegeben werden mußte, da sich das gesamte Areal nicht mehr verteidigen ließ oder gar nicht für die Verteidigung geeignet war. So sorgte er in vielen Orten dafür, daß die Bewohner auf einem engeren Fleck zusammenkamen, der dann mit Mauern umgeben wurde, so daß sie auf diese Weise zu schützen waren[100]. In diese ummauerten Zirkel wurde gelegentlich Ackerland mit hineingenommen, denn es erwies sich als nötig, auch die Bauern vor den Angriffen zu bewahren. So zogen in einzelnen Gegenden die Bauern entweder in die Stadt und arbeiteten dort als Landwirte weiter, oder sie ließen ihre Felder von einer neuen Mauer mit umschließen, so daß sie als Bauern tätig sein konnten und sich gleichzeitig im Schutze der Befestigung befanden[101].

Es gab kaum eine Stadt, in der nicht irgendeine Veränderung dieser Art vorgenommen werden mußte. Prokop berichtet davon. Dies verwandelte natürlich den Charakter einer Stadt. Der selbstverständliche Übergang zwischen Stadt und Land wurde aufgegeben. Der städtische Bereich wurde nun gegen das Land abgesetzt, und darüber wurde das Gebiet außerhalb der Mauern eine wilde, unheimlich gefahrenvolle Natur, vor der der Mensch sich abzuschirmen hatte.

Die Welt wird in ein Gebäude hineingenommen

Es ist nun nicht so, daß die Natur aufgrund dieser gewandelten Erfahrungen generell abgelehnt wurde. Sie bekam nur zwei Eigenheiten. Diejenige Natur, die dem Menschen hilfreich, nützlich oder angenehm war, wurde in die Städte hineingenommen. Innerhalb oder dicht bei einer Stadt erfreuten sich die Menschen an Gärten oder an Parkanlagen[102]. Paulos Silentiarios, ein Zeitgenosse Justinians, schildert einmal, wie er oder wie seiner Meinung nach die Menschen überhaupt diese Natur sahen. Die Menschen ließen ihr Auge, so schreibt er, »auf grünende Hügel schweifen«, oder sie wünschten, »das jugendfrische Ährenfeld, das Dunkel des dichten Waldes, die hüpfenden Herden und den gekrümmten Ölbaum, die an sprossende

Zweige sich klammernde Rebe und die glänzende Fläche des strahlenden Meeres« zu betrachten [103].

Wenn vom Künstler diese Natur dargestellt wurde, dann gefielen Paulos Silentiarios einzelne Tiere und Zweige, die sich zu Mustern verweben ließen, wobei er die Gaben der Natur – die dem Menschen nützlichen Gaben der Natur – hervorhob. So »fügte Künstlerhand kleine Marmorstücke aneinander und zauberte... auf die Wände eine fortlaufende Folge von Hörnern, die überquellen von herrlichen Früchten des Herbstes, dazu Blumenkörbe und Blätter, und auf den Enden der Zweige ließ sie Vögel sitzen. Über diesen Streifen mit den schöngeschwungenen Füllhörnern schlingt sich ringsum ein Rebstock mit goldenem Weinlaub und flicht ein gewundenes Band aus verwobenen Zweigen. Ein wenig neigt dieses sich nach vorne und beschattet so auch den benachbarten Stein mit einer gedrehten Blättergirlande.« [104]

Oft blieben von der Natur nur noch deren Farben, die den Betrachter mit Freude erfüllten. Prokop konnte vom Inneren einer Kirche folgende Charakteristik geben: »Wer könnte... die Pracht der Säulen und Steine aufzählen, mit denen die Kirche geschmückt ist. Man könnte sich in eine Blumenwiese zur Frühlingszeit versetzt fühlen. Denn was die Steine anlangt, so möchte mit Recht der Betrachter an diesem den Purpur, an jenem das Grün, hier das aufblühende Rot und dort das blitzende Weiß bewundern, dazu noch jene Stücke, welche die Natur einem Maler vergleichbar in den buntesten Farben erstrahlen läßt.« [105] Ähnlich erinnerten Paulos Silentiarios Kirchenräume an Blüten und Farben: »Niemals noch brach man solche Säulen... so hochstrebende, anmutige, so waldgrüne, so überreich an kunstvollen Blüten.« Von anderen schreibt er, auch sie »glänzen von grünen Blütenflocken«. Das gleiche Entzücken riefen Marmorflächen hervor. »Und wer könnte... die dichtgedrängten, wiesenähnlichen Marmorflächen an den festen Wänden des hochragenden Tempels oder auf dem weitgedehnten Fußboden besingen.« Diese Schönheiten malt er im einzelnen aus. So hebt er den Marmor Phrygiens hervor, »der sich teils rosig darbietet, von weißem Dufte durchzogen, teils üppig in Purpur wie Silberblumen erstrahlt. Purpurfarben und mit zierlichen Sternen besetzt, leuchtet viel aufragendes Steinwerk.« Von den lydischen Steinen meint er, sie zeigten »Blüten, gewunden aus Blaßgelb und Rot«. Andere Formationen erinnerten ihn an Wasser: »Nicht zu vergessen das Gestein, welches das tiefvereiste keltische Gebirge emporsandte, zwar schwärzlich schimmernd anzusehen, doch von vielen milchigen Adern durchzogen, die sich, frei strömend, so wie es der Zufall will, bald dahin, bald dorthin wenden.« Manche lobt er nur der Farbenspiele wegen: »Hier ganz grün leuchtend und dem Smaragde nicht unähnlich, dort noch dunkler und ins Blau sich verlierend, endlich findet sich schneeiges Weiß, mit dem Glanz des Schwarzen verbunden, so daß die Anmut des Steins vom Farbengemisch noch erhöht wird.« [106]

Diese Natur, der die Menschen sich in Begeisterung zuwandten, hatte, wie die Schilderungen zeigen, zwei Aspekte: Sie war fruchtbar, und dementsprechend kamen die Menschen, die sie schilderten, auf die Jahreszeiten zu sprechen, in denen sich die Fruchtbarkeit der Natur zeigte, auf den Frühling, in dem alles wuchs, und dann vor allem auf Sommer und Herbst, die Zeit der Ernte, die auch sonst hervorgehoben wurde. Die Natur war zum anderen – in ihrer Farbigkeit – einfach da. Die Farben hatten keine Beziehung zum Menschen, sie erinnerten an Blüten, an das Meer, an Wasserströmungen, an kühle Berge, an leuchtenden Glanz.

Beide Aspekte lassen eine Natur erkennen, die unabhängig vom Menschen besteht. Der Mensch wird nicht durch die Natur in Schwierigkeiten getröstet, in frohen Stimmungen ermuntert; alle diese Wirkungen, die Ausschnitte der Natur auf den Menschen ausüben konnten, werden nicht mehr erwähnt. Auch wird die Natur nicht mit historischen Zeiten zusammengebracht oder mit mythischen Ereignissen, die die Menschen in einen gehobenen Zustand versetzten. Statt dessen werden in diesen Schilderungen alle guten Seiten der Natur – von den zerstörerischen ist in diesem Zusammenhang nie die Rede – zur selben Zeit hervorgehoben: die Blumen und die Sterne, die Flüsse und das Meer, der lichte Wald, die grünenden Hügel, der gekrümmte Ölbaum, die vereisten Gebirge, das strömende Wasser, das schneeige Weiß und der Glanz des Schwarzen. Es scheint so, als ob die Menschen darauf bedacht gewesen seien, sich von dem gesamten Universum umgeben zu lassen – immer vorausgesetzt, daß die unheilbringende Natur dabei ausgeschlossen blieb.

Wie bewegen sich die Menschen, die sich, nachdem sie das Unheilvolle abgewehrt haben, von einer solchen Natur umgeben wissen?

Der Geist findet einen eigenen Ort

Wenn Julian von dem Geist sprach, der ihn Zukünftiges erkennen ließ, wußte er genau, daß dieser von seinem Körper getrennt war. Er mußte ihn unbefleckt erhalten. Dieses Wissen veranlaßte ihn und andere Kaiser dazu, aufrecht und unbeweglich aufzutreten.

Auch Augustin betonte, daß die Liebe, die zu Gott führte, sich deutlich von der Liebe unterschied, die ein Mensch aufgrund seiner körperlichen Natur empfand. Wer sich von dieser göttlichen Liebe leiten ließ, verlor sein Gleichgewicht, seine Schwere, um sich ganz diesem Gott zuzuwenden. Das alles waren innere Erfahrungen. Im 5. Jahrhundert begannen nun die Menschen sich mit der Frage zu beschäftigen, ob es auch außerhalb ihres Leibes einen Ort geben könne, der etwas von der eigentümlichen Schwerelosigkeit des Geistes besäße. Er sollte dem Wandel und somit der Zeit nicht unterworfen sein.

Über solche Orte mochte man spekulieren. Das ist auch gelegentlich geschehen. So hatten die Christen sich gefragt, ob nicht einzelne Zahlen, die Acht etwa, auf die Ewigkeit hinwiesen und sich daher Gebäude konstruieren ließen, die im oberen Teil aus acht Ecken bestünden, so daß sie die Menschen an den Übergang von der Zeit in die Ewigkeit erinnerten. Ambrosius hatte solche Gedanken erwogen [107]. Das waren Überlegungen, die Intellektuelle interessieren mögen, die jedoch notgedrungen immer einen etwas unverbindlichen Charakter hatten. Wer Zahlen nicht symbolisch interpretierte oder wer diese symbolische Interpretation nicht akzeptierte, der konnte an achteckigen Bauten beim besten Willen keinen Hinweis auf die Ewigkeit entdecken. Immerhin zeigen die Diskussionen über diese Frage, welches Problem die Menschen beschäftigte.

In eine andere Welt geraten wir bei Justinian. Ihm ging es nicht mehr um Vergleiche, die möglicherweise einem Ort einen zeitlosen, geisterfüllten Charakter zuwiesen. Ihn interessierten Fragen der Konstruktion, mit denen sich Ingenieure zu befassen hatten. Das Ergebnis war folgendes – Prokop berichtet davon: »Mit vielen Kunstgriffen haben Kaiser Justinian und der Ingenieur Anthemios samt dem erwähnten Isidoros so erreicht, daß der Kirchenbau zugleich schwebt und auf gesicherter Grundlage ruht.« [108]

Prokop sprach über die Hagia Sophia. Sie sollte einerseits eine sichere Grundlage haben und andererseits schweben. Diese Aufgabe wurde durch die Technik der Ingenieure gelöst. Ehe wir darauf eingehen, müssen wir genau feststellen, welcher Teil denn der schwebende war.

Prokop erwähnt gleich am Anfang seiner Beschreibung den schwebenden Charakter des Baues: »Steigt doch das Gotteshaus fast zu himmlischer Höhe empor, und indem es sich wie von den übrigen Bauwerken fortschwebend löst, grüßt es von oben die übrige Stadt.«[109] Es ist also offensichtlich der obere Teil, von dem gesagt wird, daß er zu schweben scheint – der obere Teil, das ist die Kuppel.

Abb. 44 Innenraum der Hagia Sophia

Der schwebende Charakter dieser Kuppel wird auch von innen her beschrieben (Abb. 44). Bei der Schilderung des Innenraums bemerkt er: »Beiderseits davon wachsen Säulen aus dem Boden, stehen aber nicht in gerader Linie, sondern treten nach Formen eines Halbkreises wie bei einem Chor hintereinander zurück, und ein mondförmig gebogener Bauteil schwebt über ihnen.«[110] Also auch innen wirkt die Kuppel, die er mondförmig nennt, auf den Betrachter schwebend.

Dies ist keine zufällige Bemerkung. Prokop wiederholt sie oft. An anderer Stelle heißt es: »Darüber wachsen vier Bogen im Geviert empor. Ihre Enden ruhen, paarweise zusammenlaufend, auf dem Oberteil der genannten Pfeiler. Ihre übrigen aufstrebenden Teile verschweben in unendlicher Höhe.«[111] Es ist auch nicht nur eine Eigentümlichkeit der Hagia Sophia. Von dem Kuppeldach der Kirche des Erzengels Michael am Anaplus meint er: »Ein Kuppeldach schwebt darüber.«[112] Auch die von Justinian konstruierte Kirche der Mutter Gottes in Jerusalem empfand er als teils stehend, teils schwebend[113].

Diese Eigentümlichkeit der Kirchen fiel nicht nur Prokop auf. Paulos Silentiarios schildert den oberen Teil der Hagia Sophia in ähnlicher Weise: »Darüber aber strebt die Kuppel in den grenzenlosen Raum empor und rundet sich allseits zu einer Kugel... Sie läuft dabei aber nicht in eine scharfe Spitze aus, sondern macht eher den Eindruck einer in den Lüften schwebenden Kugel.« Dabei meint Paulos, daß die Kuppel im Schweben steigt: »So schwebt denn auf vier Bogen die schöngehelmte, weitgeschwungene Kuppel empor.«[114]

Sowohl Prokop als auch Paulos stellen eine Beziehung zwischen ihr und dem Himmel her. Prokop sagt: »Eine riesige, dieses Kreisrund überspannende, kugelähnliche Kuppel leiht jenem besondere Schönheit. Sie scheint nicht auf festem Bau zu ruhen, sondern als goldene Kugel am Himmel zu hängen und so den ganzen Raum zu bedecken.«[115] Paulos äußert sich sehr ähnlich: »Wahrlich, du könntest meinen, daß du den schweifenden Blick auf den Himmel und seine vielen Bogen lenkst.«[116]

So wird klar zwischen der Kuppel und dem unteren Teil des Bauwerks geschieden, als ob keine Beziehung zwischen diesen Bauteilen nachzuweisen sei. Von der Kuppel behaupten sie, daß sie dem Himmel gleiche oder, wie Prokop es formuliert, daß sie am Himmel zu hängen scheine[117]. Sie wird als schwerelos empfunden, sie lastet nicht auf Säulen oder Wänden, die sie zu tragen haben. Diese verlieren damit selbstverständlich auch ihre tragende Funktion. Auf alle Fälle ist der Ort, den die Kuppel umschließt, deutlich von dem Ort geschieden, der von Säulen und Wänden umgeben und gegliedert wird. Die Frage ist nur, was Prokop mit den vielen Kunstgriffen meint, durch die Justinian und seine Ingenieure erreicht hätten, daß die Kuppel schwebe und zugleich auf gesicherter Grundlage ruhe.

Es handelt sich um die Gewölbekonstruktion. Die Eigenart dieser

Bauteile wurde Paulos und Prokop unabhängig voneinander bewußt.

Paulos berichtet von einem Erdbeben. Teile des schon bestehenden Gewölbes stürzten ein. Doch brach nur der eine, der östliche Gewölbebogen zusammen. Der andere hingegen blieb unversehrt, und Paulos bemerkt dazu: »So lag denn das eine Bauglied auf dem Boden, während das andere – ein Wunder anzusehen – weiterhin ganz ohne Stütze frei in den Lüften schwebte.«[118] Durch die Art der Zusammenfügung hielten die Steine von sich aus; sie benötigten keine Wand oder Säule, die sie trug – sie schwebten, wie Paulos bemerkte.

Das zweite Ereignis: Während des Baues schienen die Pfeiler die Lasten nicht mehr tragen zu können, sie bekamen Risse. Was da geschah, erzählt Prokop: »Einer der eben erwähnten Bogen, ... und zwar der östliche, war auf beiden Seiten schon emporgewachsen, in der Mitte aber noch nicht ganz ausgeführt, sondern unvollendet. Da konnten die Pfeiler, auf denen das Bauwerk ruhte, die Größe der Last nicht mehr tragen, bekamen ganz plötzlich Sprünge und drohten, bald einzustürzen. Anthemios und Isidoros und ihre Leute, über den bösen Zwischenfall tief beunruhigt, berichteten an den Kaiser und fühlten sich mit ihrer Kunst am Ende. Justinian aber befahl, auf der Stelle den Bogen fertig zu wölben ...: ›Der Bogen‹, sprach der Kaiser, ›wird ja, wenn er auf sich selber ruht, der Pfeiler darunter nicht mehr bedürfen‹... Die Bauleute führten also den Befehl aus. Der gesamte Bogen ward sicher gewölbt und besiegelte durch den praktischen Beweis die Richtigkeit des Gedankens.«[119] Wieder wurde somit beobachtet, daß die Art der Konstruktion – die Form, in der die Steine beim Gewölbebau aneinandergefügt waren – die stützenden Pfeiler entlastete. Sie wurden unnötig, da das Gewölbe über ihnen in sich selber hielt: Es schwebte.

Nun sind Kuppelbauten auch schon früher errichtet worden – bekannt ist das Pantheon aus der Zeit des Augustus –, doch nie ist bei der Konstruktion der schwerelose Charakter dieses Bauteils hervorgehoben worden. Dementsprechend ist auch bei der Beschreibung der früheren Werke nicht davon die Rede, daß der Bau in zwei Teile zerfiele, von denen der eine schwebe.

Jetzt hingegen stellt die Kuppel einen besonderen Ort dar. Dabei wird noch durch eine weitere konstruktive Maßnahme eine unmittelbare Beziehung zum Himmel hergestellt. Es sind in die Kuppel Fenster eingelassen, durch die die Sonne hineinscheint: »Auf ihrem Rükken aber öffnet sie sich in fünf gesonderte, Licht aufnehmende Fenster, die ihrerseits mit dünnen Glasscheiben versehen sind, durch deren Mitte die hellblitzende, rosenfüßige Morgensonne hereinleuchtet.«[120] Der Lichtglanz der Sonne wird durch die goldenen Mosaiksteine weitergegeben, die die Kuppel bedecken – er wird sogar noch gesteigert, so daß das hereinfallende Licht an die Mittagssonne im Frühling erinnert: »Goldene Mosaiksteinchen überziehen die Decke, und funkelnder Goldglanz flutet von ihnen herab, so daß Menschenaugen es kaum ertragen können. Man möchte glauben, mittägliche Frühjahrssonne zu sehen, wenn sie jegliche Höhe übergoldet.«[121]

Die Decke erinnert nicht nur an die Sonne, die ihre Bahn durch den Himmel zieht, sondern genauso an die Sterne, die sich am Himmel bewegen. Daran soll der Besucher in der Kirche sich freuen: »Es ist, wie wenn Wanderer bei klarem Himmel die da und dort aufgehenden Gestirne zu Gesicht bekommen und der eine den lieblichen Abendstern beobachtet, der andere auf den Stier achtet, ein weiterer sich am Boötes erfreut und ein letzter schließlich sein Auge auf den Orion und die Bahn des Wagens richtet, die nirgends die Meeresfläche berührt… So kann sich inmitten des weiten Tempels das Herz eines jeden bald an diesem, bald an jenem Lichtstrahl entzücken.«[122]

Der Kuppelbereich ist somit nicht nur schwerelos, sondern er ist auch der Ort, an dem die himmlischen Gestirne und überhaupt das Licht sichtbar werden, durch Fenster und durch Mosaiken. Und damit ist die Kuppel auch in dieser Beziehung vom unteren Teil der Kirche getrennt: »An Licht und Sonnengefunkel aber hat sie Überfluß. Man könnte nämlich meinen, der Platz werde nicht von außen her durch die Sonne erleuchtet, sondern empfange seine Helligkeit von sich aus – eine solche Lichtfülle ist über das Heiligtum ausgegossen.«[123]

Diese Unterscheidung zwischen dem irdischen Bereich, innerhalb dessen ein Mensch sich befinden kann, und dem Himmel, zu dem er aufsehen muß, macht sich auch in den Haltungen bemerkbar, die die Besucher der Kirche einnehmen. So meint Paulos erst einmal: »Noch kein Sterblicher, der seinen Blick zum herrlich gestalteten Himmel richtete, hat es lange ertragen, mit zurückgebeugtem Nacken den kreisförmigen Wiesenplan des Sternreigens zu betrachten.«[124] Dann aber stellt er für die Besucher der Kirche fest: »Setzt er aber seinen Fuß in das göttliche Heiligtum, dann möchte er ihn nicht mehr zurückziehen, vielmehr mit schwelgenden Blicken den Nacken dahin und dorthin wenden.«[125]

Dieser Bereich der Kuppel ist so hoch, daß er mit den Mitteln, die dem menschlichen Körper zur Verfügung stehen, nicht zu erreichen ist. So spricht Paulos den Kaiser Justinian mit folgenden Worten an: »Du wolltest ja nicht den gewaltigen Ossa auf die Gipfel des Olymps türmen und den Pelion auf des Ossas Nacken setzen und so den Himmel für Menschenfuß zugänglich machen. Nein, mit frommem Bemühen hast du ein Werk vollendet, das alle Erwartungen übersteigt, und verlangst nicht nach einem auf Berge gegründeten Zugang, um darauf in den Himmel zu steigen.«[126] Dieser Ort ist – mit anderen Worten – von der Erde her nicht zu erobern.

Ein Ort, der den Menschen und allem Irdischen so unzugänglich ist, kann nur von einem Wesen betreten werden, das seinerseits von allem Irdisch-Vergänglichen frei blieb. Diesem Bezirk kann ein Mensch sich nur mit Hilfe seines Geistes oder seiner Frömmigkeit nähern. Dies wird auch ausdrücklich gesagt. So meint Paulos von Justinian: »Auf den geradewegs aufstrebenden Schwingen deiner Frömmigkeit erhebst du dich in den göttlichen Äther.«[127] Von den Gläubigen insgesamt sagt er: »Das gesamte Volk strebte ja zu den göttlichen Bezirken und wollte sein Dankgebet sprechen und wähnte, seinen Fuß in reine Himmelsräume zu setzen.«[128] Prokop meint vom Besucher der Kirche: »Sein Sinn aber erhebt sich zu Gott und wandelt in der Höhe und glaubt daran, daß der Herr nicht ferne ist, sondern am liebsten in den Räumen weilt, die er sich selbst ausgewählt hat.«[129]

Diese Kuppelbauten stellen somit einen himmlischen Ort dar. Er ist schwerelos, schwebt über der Erde, strahlt von Licht und Glanz erfüllt. Wie wirken sich diese Orte auf die Bewegungen der Menschen aus?

Beweglichkeit und Herrschaft an verschiedenen Orten

Zu Beginn seiner letzten Schlacht führte der Gotenkönig Totila den byzantinischen Truppen ein eigentümliches Schauspiel vor. Prokop erzählt es: »Totila hatte eine ganz von Gold blitzende Rüstung angelegt, und purpurfarben und auch sonst königlich – ein wunderschöner Anblick! – hing ihm der Kriegsschmuck von Helm und Lanze herab. Dabei führte er auf einem prächtigen Rosse sitzend im Raum zwischen den beiden Heeren kunstvoll das Waffenspiel vor. Er ließ das Pferd im Kreise gehen, dann wieder in anderer Richtung Volten schlagen, und während er so ritt, warf er seinen Speer hoch in die Luft. Wenn dieser dann wirbelnd wieder herunterkam, fing er ihn auf und ließ ihn immer aufs neue in kunstvoller Abwechslung von einer Hand in die andere gleiten, wobei er seine ganze Geschicklichkeit entfaltete. Dazu warf er sich bald zurück, bald wiegte er sich in den Hüften, bald ließ er sich nach beiden Seiten hin tief heruntersinken so wie einer, der von Jugend auf in den Künsten der Rennbahn unterwiesen ist. Damit brachte er den ganzen frühen Nachmittag hin.« [130]

Totila hatte zuvor seinen Goten die Weisung gegeben, beim Kampf weder Bogen noch sonst eine Waffe, sondern ausschließlich Lanzen zu verwenden. Prokop begriff diesen Befehl nicht, sondern bemerkte dazu nur: »So geschah es denn, daß Totila infolge seiner eigenen Torheit unterlag.« [131] Totila müssen die Lanzen etwas bedeutet haben – vielleicht in Erinnerung an ältere kultische Vorstellungen, die Prokop nicht kannte. So wird sich auch dieses eigentümliche Lanzenspiel erklären, das er allein vor der Schlacht ausführte. Aus der Sicht des Prokop jedoch glich er einem Mann, der von Jugend auf in den Künsten der Rennbahn unterwiesen wurde [132]. Wie dieser zeigte er eine erstaunliche Beweglichkeit seines Körpers, wenn er sich zurückwarf oder sich in den Hüften wiegte oder an der Seite des Pferdes einmal rechts, dann links tief hinuntersank.

Die Welt der Rennbahn, die Zirkuswelt, wird uns in den Elfenbein-Diptychen recht lebendig dargestellt. Durch ein kaiserliches Edikt war es im Jahre 384 nur noch Konsuln erlaubt, diese Elfenbein-Diptychen zu verschenken. Diese Konsular-Diptychen enthalten oben die Darstellung des Beamten, der, manchmal von zwei Personen umgeben, auf einem Sitz meist mit erhobenem rechten Arm gezeigt wird, wie er sich dem Betrachter zuwendet (Abb. 45). Mit dem Arm gibt er das Zeichen zum Beginn der Spiele. Diese werden unter ihm dargestellt: die Tierhetzen, bei denen sich die Menschen mit Gitterrosten vor den Angreifern zu schützen suchen oder ihrerseits diese töten, akrobatische Kunststücke, die die Artisten durch die Luft fliegen lassen, Wettkämpfe mit Pferden, Wettrennen – lauter sehr bewegte Szenen [133].

Auf diesen Abbildungen flüchten Menschen im eiligen Lauf, sie springen in die Höhe, sie strecken zur selben Zeit Arme und Füße von

Abb. 45 Elfenbeindiptychon, Ein Konsul eröffnet die Spiele

sich, sie wirbeln an einem Baum durch die Luft; sie gestikulieren heftig. Sie erscheinen häufig in Situationen, in denen ihre Beweglichkeit gezeigt wird, aber nicht die Kraft, die zu einer Bewegung nötig ist[134]. Der Betrachter gewinnt den Eindruck, diese Menschen hätten Freude daran, jedes ihrer Glieder für sich isoliert zu bewegen. Sie erinnern an Tänzer aus Ägypten oder Kleinasien, die diese Fähigkeit immer schon besaßen (Abb. 46)[135], anders als die griechischen und römischen Tänzer und Tänzerinnen. Für diese hatte der Körper noch eine Einheit gebildet, selbst wenn der Kopf in Ekstase nach hinten geworfen wurde (Abb. 47)[136]. In den Bildern auf den Diptychen hin-

Abb. 46 Serapisheiligtum, Tanz

gegen haben die Menschen dank der orientalischen Isoliertechnik eine neue Beweglichkeit gewonnen, die mühelos und akrobatisch wirkt.

Der oben sitzende Konsul verhält sich hingegen völlig anders. Zwar ist auch seiner Haltung nicht anzusehen, daß er irgendeine Anstrengung benötigt, um sie einzunehmen. Doch er sitzt aufrecht, blickt frontal auf den Betrachter und bewegt sich nicht. Während die Gelenkigkeit der Zirkusspieler überbetont wird, scheint der Konsul über ihnen keine Gelenke zu haben. Schultern und Arme werden zu

Abb. 47 Tanz beim Dionysoskult

einer Rundung, Rumpf und Knie sind vollständig von Gewandstreifen bedeckt, deren ornamentale Muster kaum noch Falten erkennen lassen[137].

Dies war nicht immer so gewesen. In der Zeit um 400 wurde auf einem Diptychon oben der Vikar der Stadt Rom, Rufius Probianus, abgebildet. Bei ihm formt der Körper die Falten der Gewänder. Es ist zu erkennen, wie seine Knie sich nach vorne schieben. Er sitzt auch in einem perspektivisch wiedergegebenen Raum: Die Personen neben ihm verstärken durch die Wendung ihrer Körper die Räumlichkeit, die ihn umgibt. Unter ihm stehen Männer, die sich etwas zu ihm wenden oder ganz zu ihm drehen, so daß der Betrachter einen Raum vor sich zu sehen meint. Diese Männer huldigen – wie die Personen neben Probian – dem Vikar durch ihre Haltung (Abb. 48)[138].

Abb. 48 Diptychon, Der Vikar der Stadt Rom, Rufius Probianus

Gewiß ist Probian größer als die anderen, auch sitzt er aufrechter, sein Gesicht ist nach vorn gewandt, die Augen sind betont. Er gehört zu den Gestalten, die, ähnlich wie Constantius II. oder Julian, ihren Körper in eine Haltung bringen, die dem Geist im Körper eine eigene Unabhängigkeit gestattet. Manchmal konnten in jener Zeit die Menschen sogar noch so wiedergegeben werden, daß die Körperhaltung zeigt, wie sie die Schwere ihres Körpers zu tragen wußten und einander dabei in Sympathie zugetan waren. Liebespaare ließen sich so darstellen [139].

Doch seit 480 wandelt sich die Situation. Von nun an werden Menschen an einem Ort beweglich, an einem anderen ornamental, fast raum- und körperlos wiedergegeben, und dies auf demselben Kunstwerk. Der Künstler gestaltet zwei verschiedene Orte, und die Menschen zeigen gewissermaßen nur, an welchem Ort sie sich befinden. So kann auch ein Kaiser wie Justinian, wenn er – in der unteren Welt – reitend dargestellt wird, zur Seite gebogen und bewegungsfreudig abgebildet werden (Abb. 49) [140]. Er wie seine Beamten haben jedoch an einer Schwerelosigkeit teil, sobald sie sich in einem höheren Bereich befinden (Abb. 50) [141].

Damit werden die Gegensätze zwischen Körper und Geist in einer neuen Weise aufgehoben. Die Menschen haben nicht mehr in sich selber mit diesem Widerspruch fertig zu werden, so daß sie, die als

Abb. 49 Justinian auf dem Pferd

Krieger voller Beweglichkeit in die Schlacht zogen, als Herrscher gleichzeitig unbewegt sein sollten. Der Grad der Bewegung hängt nun von dem Ort ab, an dem eine Person sich befindet. So verhält sich ein Kaiser im Palast anders als bei seinen Truppen. Die Bewegung im Palast regelt das Zeremoniell.

Abb. 50 Mosaik in Ravenna, Justinian mit Erzbischof und Gefolge

Innerhalb dieses Zeremoniells gelten die strengsten Gebote. Der Kaiser befindet sich in einer Umgebung, die dem himmlischen Raum ähnelt. Sein Erscheinen wird mit dem Aufgang der Sonne verglichen [142]. Ein eigener Mechanismus wird ersonnen, der ihn mitsamt seinem Thron bei einer Audienz in die Höhe hebt, so daß, während die Besucher sich noch zu Boden neigen müssen, er aufschwebt, und wenn sie sich wieder aufrichten, er sich hoch über ihnen befindet [143]. Die Empfangsräume werden durch Zeichen am Fußboden aufgeteilt. Jeder Beamte und jeder Besucher weiß, bis zu welcher Stelle er sich dem Kaiser nähern darf, zu dem er selbstverständlich immer in Abstand bleiben muß [144]. Der Herrscher ist von allem Irdischen in diesem Raum so ferngehalten, daß eigene Beamte nur dafür da sind, für das Schweigen zu sorgen [145]. Dieses Zeremoniell ist uns in allen Einzelheiten beschrieben. Es stellt im Grunde nur eine Ausgestaltung der Grundkonzeption dar: In den Räumen des Kaisers hat der Herrscher an den himmlischen Eigenschaften teil. So ist es niemandem gestattet, ihn mit Irdischem in Berührung zu bringen. Auf den Gewändern der Beamten wurde ein Purpurstreifen angebracht, ein Streifen mit der kaiserlichen Farbe, und wenn sie ihm etwas gaben, mußten sie mit der Hand diesen Streifen emporheben und das Dargebotene darauf legen, so daß der Kaiser von allem Irdischen getrennt blieb[146]. Außerhalb dieses Bereiches jedoch war ihm jede Form der Beweglichkeit möglich. Justinian konnte als ein agiler Reiter dargestellt werden, und Totila vermochte im Purpurgewand sich wie ein Zirkusakrobat zu bewegen. Die Welt war für diese Menschen mannigfach geteilt. Erst einmal schieden sie Stätten der Fruchtbarkeit, in denen Quellen sprudelten, grüne Wiesen und Wälder wuchsen, das Korn reifte und die Menschen in Frieden zu leben vermochten, von einer bedrohlichen Umgebung, von der Welt der Naturkatastrophen, der Welt der Barbaren. In Wüste und Oase, in Dunkelheit und Licht wurden diese Gegensätze lebendig[147].

Innerhalb des Bereiches, den es zu verteidigen galt, war die Umgebung der Menschen noch einmal geschieden. Die Orte der Schwerelosigkeit und des Lichtglanzes forderten andere Haltungen und Bewegungsweisen als die übrigen Plätze, auf denen die Gesetze der Schwere galten.

Diese Wahrnehmungsweise, die mit der Erfahrung von Wirkungen entstand, die von außen kamen und den Menschen in einen bisher unbekannten Zustand versetzten, ließ somit einige Männer und Frauen auch den sie umgebenden Raum neu sehen. Sie entdeckten, daß es nicht nur eine geistige Substanz in ihnen gab, die ohne Gewicht war, sondern auch »Orte« der Schwerelosigkeit.

Diese Erkenntnis regte Wissenschaftler zu neuen Theorien an.

Naturwissenschaftler entdecken den Raum

Der Raum hatte die griechische Naturwissenschaft so lange nicht interessiert, als die Wissenschaftler ihre Aufmerksamkeit auf die Körper richteten. Sie sahen den Raum dann entweder als eine Leere zwischen den Körpern an oder gingen überhaupt nur von der Grenze aus, die den Körper umschloß wie der Krug das Wasser, das in ihm steht[148].

Ein erster Wandel war bei den Stoikern eingetreten, denen auch die Römer folgten. Sie achteten auf Veränderungen, die sich zwischen dem Menschen und den Objekten, die dieser wahrnahm, abspielten. Der Raum dazwischen konnte für sie unterschiedliche Spannung haben. Moderne Wissenschaftshistoriker haben diese Spannung mit Schwingungen oder Wellenbewegungen verglichen, die das Segment zu verändern vermochten[149].

Im späten 5. und frühen 6. Jahrhundert nun lernten die Menschen, daß der Ort, an dem sie sich befanden, über ihre Art der Geistigkeit und der Beweglichkeit entschied. So lag es nahe, auch in der Naturwissenschaft nicht vom Körper, sondern von den Orten her zu argumentieren.

Simplikios, der am Anfang des 6. Jahrhunderts schrieb, berichtet uns über einen Physiker des 5. Jahrhunderts, Syrianos, und zitiert einen Satz des Syrianos. Dieser lautet: »Der Raum macht sich die verschiedenen Körper zu eigen, und in bezug auf einen Teil wird er zum natürlichen Platz des Feuers... in bezug auf den anderen zum natürlichen Platz der Erde.«[150] Aristoteles hatte genau umgekehrt argumentiert. Er hatte der Natur des Feuers und der Natur des Erdstoffes die Kraft zugeschrieben, sich an einen für sie natürlichen Ort zu bewegen[151]. Syrianos hingegen schreibt: »So unterliegen innerhalb der räumlichen Ausdehnung weder Bewegung noch Ruhe der Natur der Körper, noch werden sie durch diese erzeugt.«[152]

Diese Erklärungen gelten innerhalb des irdischen Bereichs. Der Schüler des Syrianos, Proklos, ging sehr viel weiter. Er möchte den Raum insgesamt neu definieren als eine Größe, die alles umfaßt. Dabei kam er zu dem Ergebnis, der Raum sei ein unbeweglicher, unteilbarer, immaterieller Körper und als solcher das Licht. Hinter dieser uns am Anfang unverständlichen Behauptung stehen folgende Überlegungen:

Den Raum beschreibt er als eine Ausdehnung. Er kann nun entweder unbeweglich oder beweglich sein: »Hätte er irgendeine Bewegung, so müßte er sich von Ort zu Ort bewegen..., so daß Raum wiederum eines anderen Raumes bedürfe, was unmöglich ist.« Nun überlegt er, ob der unbewegliche Raum durch die in ihm befindlichen Körper zu teilen ist oder nicht: »Ist er teilbar, wie Luft und Wasser durch die sich in ihnen bewegenden Körper geteilt werden?« Das verneint er, denn bei dieser Teilung geriete der Raum ja durch die Körper, die ihn spalten, in Bewegung. Das sollte aber gerade ausgeschlossen sein: »Daraus würde folgen, daß der Raum beweglich ist, weil seine Teile sich bewegen... daher muß der Raum unteilbar sein.« Als nächstes untersucht er, ob der unbewegliche, unteilbare

Raum materiell oder immateriell ist. Nun entnimmt er der Tatsache, daß der Raum nicht zu teilen ist, daß er auch nicht materiell sein kann: »Nur immaterielle Objekte können durch nichts geteilt werden.« Und somit handelt es sich um eine immaterielle Größe. Als letztes bleibt die Frage, ob er ein Körper sei oder nicht. Da, meint er, könne man nur annehmen, daß der Raum ein Körper sei, denn er muß doch von derselben Art sein wie ein Gegenstand im Raum: »Wie könnten Körper und Unkörperliches von gleicher Art sein?« Er schließt somit aus der Tatsache, daß Körper eine räumliche Ausdehnung haben, auf die Gleichartigkeit von Körper und Raum und leitet daraus ab, daß es sich beim Raum ebenfalls um einen Körper handeln muß[153].

An diesem Punkt fragt er nun: Gibt es einen Körper, der ebenfalls immateriell ist? Dies, so ist seine Behauptung, kann nur das Licht sein. »Denn das Feuer ist das immateriellste aller Elemente, und Licht ist das reinste Feuer.« Sein Ergebnis ist also: »Daher ist offenkundig, daß der Raum Licht ist, der reinste aller Stoffe.«[154]

Damit hat er nun die Möglichkeit, eine Beziehung zwischen dem Universum und dem Raum herzustellen: »Denken wir uns nunmehr zwei Kugeln. Die eine aus Licht, die andere aus einer Vielfalt von Stoffen, beide gleichen Inhalts. Die eine (die Lichtkugel) sei um den Weltmittelpunkt gelegen, die andere (die Kugel mit der Vielfalt von Stoffen) in die erste getaucht. Dann wird der gesamte Kosmos (mit der Vielfalt seiner Stoffe) als an seinem Ort gelegen und im unbeweglichen Licht rotierend erscheinen. Als Ganzes wird er sich nicht von seinem Ort wegbewegen und wird in dieser Hinsicht dem Raume ähnlich sein. Aber jedes seiner Teile wird in (rotierender) Bewegung sein, und in dieser Hinsicht wird der Kosmos weniger sein als der Raum.«[155]

Durch diese Theorie werden zwei Gegebenheiten voneinander unterschieden: die Körperwelt und der Raum. Es wird nachgewiesen, daß der Raum zwar auch ein Körper ist, weil er Ausdehnungen wie die Körperwelt besitzt, aber doch immaterieller Natur. Außerdem ist er unteilbar und unbeweglich und dem Lichte gleich. Dieser nichtmaterielle, dem Licht gleiche Raum unterscheidet sich von der irdischen Welt. Diese zwei gegeneinander abzusetzenden Räume – wir hatten sie zwei Orte genannt – waren in den Kuppelbauten unmittelbar wahrzunehmen: der Raum der Kuppel schwebend, voller Licht, und der Raum zwischen Säulen und Wänden, die schwer waren und nur bunt – nicht voller Licht. Es läßt sich wohl auch umgekehrt sagen: Nachdem es möglich war, in der Wahrnehmung zwei Räume in dieser Weise voneinander zu scheiden, konnte ein Naturwissenschaftler auch den Versuch unternehmen, den immateriellen Lichtraum zu dem Raum schlechthin zu erklären, in den die Welt mit den einzelnen Körpern eingetaucht wurde.

Was die Naturwissenschaftler anregte, war die neuartige Wahrnehmungweise. Sie gilt es noch einmal zu schildern.

Der schnelle Weltgeist prägt die Wahrnehmungsweise

Die Römer, die in der Zeit der späten Republik und des frühen Principats ihre Villen bauten, verstanden es, die Kräfte, die sie bewegten und die immer schwächer wurden, durch Personen oder Segmente ihrer Umgebung verstärken zu lassen. Doch diese Kräfte müssen im Verlauf des 4. Jahrhunderts bei einigen so gering geworden sein, daß diese jegliches Vertrauen zu ihnen verloren. Das war kein Wunder. Wirtschaftliche Not, Bürgerkriege, Einfälle der Germanen und Perser ließen gerade die Erfahrenen und Weitsichtigen – etwa die führenden Offiziere – immer stärker daran zweifeln, ob es überhaupt noch möglich sei, in der eigenen Umgebung Unterstützung zu finden.

Persönlich – und militärisch – reagierten diese Männer in der gleichen Weise: Sie bauten Verteidigungspositionen aus und konzentrierten sich darauf, alles, was sie beunruhigte, abzuwehren.

Auch gegen Begierden und Leidenschaften wurde nun eine Abwehr aufgebaut. Dieses – wir würden heute sagen: asketische – Bemühen war Folge einer überraschenden Erfahrung vom Wirken einer »Kraft«, die von außen her sie, wie sie am eigenen Körper spürten, veränderte.

Diese Römer, Constantius II. und Julian, von denen Ammian berichtete, beobachteten an sich selber, daß in ihnen etwas lebendig blieb, was da war, obwohl sie nichts mehr auf sich wirken ließen und keiner Leidenschaft nachgaben. Dies zeichnete sich nur noch durch seine Beweglichkeit aus, durch die Beweglichkeit, die sonst überall verlorenzugehen schien. Diese Erfahrung war nicht selbstverständlich. Nur Menschen, die alle Antriebe, die in ihnen wirkten, zu reduzieren verstanden und die außerdem alle Einwirkungen von außerhalb zurückwiesen, spürten, daß in ihnen dann immer noch etwas blieb, was sich zu bewegen vermochte. Sie nannten dies den Geist. Wir könnten das Wort manchmal auch mit Seele übersetzen.

Sie beschrieben diesen Geist. Er war für sie ein Körper. Er konnte sich bewegen. Julian sagte von seinem Geist, daß er »gleichsam aus der Verwandtschaft mit den Himmlischen herabglitt«. Er konnte auch verändert werden, wie Julian und Ammian ihrerseits mehrfach bemerkten, er war nämlich zu »beflecken«.

Befleckt wurde der Geist immer dann, wenn der Mensch den Antrieben, denen sonst Körper unterworfen waren, nachgab. Der Geist stellte einen Körper dar, der im Unterschied zu den anderen Körpern viele Antriebe nicht hatte, die sie kannten. So besaß er keine Schwere; daher vermochte er von den Himmlischen herabzugleiten oder in einen Kuppelraum aufzusteigen, sich in verschiedenen Bereichen zu bewegen, etwa in Träumen, auch in verschiedenen Zeiten, etwa Zukünftiges zu sehen. Doch das sind bereits Ausschmückungen der Grunderfahrung. Diese kann nur gewesen sein, daß ein Mensch, wie Augustin es schildert, in seinem Inneren spürte, von einer Zuneigung ergriffen zu werden, die ihn so beeindruckte, daß er sich von allen Wünschen nach Besitz frei hielt und keinem vom Körper kommenden Einfluß nachgab.

Das so Erfahrene war beweglich und schwebte. Es ist das einzige, was wir mitgeteilt bekommen. Es war außerdem verletzbar. Wenn Menschen sich von Leidenschaften oder Begierden zu etwas hinreißen ließen, wenn sie, nur aus Sympathie, spontan handelten, zu rasche Bewegungen durchführten, dann entwich dieser Körper. Sie konnten ihn nicht mehr spüren.

Aufgrund dieser Erfahrung neigten wohl viele der Personen, die diese eigentümliche bewegliche Schwerelosigkeit in sich einmal wahrgenommen hatten, dazu, diesen Geist mit einer göttlichen Gestalt in Zusammenhang zu bringen. So berichtet Ammian von Kaiser Julian, daß dieser um Mitternacht aufstand. »Dann betete er heimlich zu Merkur, der nach Lehre der Theologen der schnelle Weltgeist ist und die Bewegungen des Geistes verursacht.«

Augustin schreibt, daß Jesus seine Begierden »herauswarf« und selbst deren Stelle »betrat«. Damit wird eine neue Ursache und eine neue Art des Wirkens erkennbar.

Diese Art des Wirkens unterscheidet sich nun grundsätzlich von allen Formen, die wir bei Griechen und Römern bisher kennenlernten. Für Griechen und Römer gingen die Wirkungen von denjenigen Körpern oder Gestalten aus, die zu ihren Körpern gehörten und in ihren Körpern wirkten. In ihrem Körper waren Feueratome tätig, die ihm seine Lebendigkeit verliehen. In ihm war eine Psyche tätig – so meinte eine andere Richtung, die Richtung der Stoiker –, die ebenfalls als ein »Körper« den Menschen zusammenhielt. Sie sahen bei allen Wesen »Körperteile«, die als »Kräfte« auf diese Wesen einwirkten. So nahmen sie dementsprechend sich und ihre Umgebung – etwa Tiere oder Pflanzen – als Körper wahr.

Nun hingegen kommt eine Ursache hinzu, die außerhalb des Körpers liegt. Dies führt zu einer Revolution des naturwissenschaftlichen Denkens. Johannes Philoponos formulierte die neue Sichtweise am klarsten. Er nimmt an, daß ein leuchtendes Objekt – etwa die Sonne – die »Energien« des Lichtes geradlinig aussendet. Diese Energien verfügen über einen Antrieb. Das Licht ist dabei für ihn nicht körperlicher Art, es kann jedoch den Zustand der Körper verändern, etwa wenn es durch ein farbiges Glas fällt und der dahinterliegende Körper sich dadurch verfärbt. »Wir sehen ja, daß gewisse Kräfte immaterieller Natur feste Körper färben, wenn Sonnenstrahlen, die durch einen durchsichtigen, gefärbten Gegenstand hindurchgegangen sind, auf sie treffen.«[156] Dabei kann nach Philoponos das Licht der Sonne in Körpern etwas erzeugen, was in diesen Körpern zwar vorhanden ist, was aber, wenn das Licht nicht auf sie träfe, nicht entstehen würde. So meint er, daß in der Luft »Wärme« vorhanden sei, daß sie aber durch das Licht hervorgerufen werden müsse. »So behaupte ich, wird auch, von der Sonne ausgehend, durch das Licht eine Art vitaler Energie in der Luft erzeugt, die die eingeborene Wärme der Luft in Bewegung setzt und diese erwärmt.«[157]

Die Energien des Lichtes sind nicht körperlicher Art. Sie wirken von außen auf einen Körper – auf die Luft – und wecken in ihm eine Energie, die dann aufgrund der entstehenden Wärme für den Körper spürbar wird.

Somit wird von Philoponos angenommen, daß einige Zustände – der Wärmezustand der Luft – von »Energien« geschaffen werden, die von außen auf den Körper einwirken. Hierbei beschreibt Philoponos eine Wirkungsweise, die auch die Physiker des 19. und 20. Jahrhunderts nicht anders darstellen würden. Sie mögen zwar bezweifeln, ob der konkrete Vorgang so abläuft, wie Philoponos es sieht, doch sie rechnen selbstverständlich damit, daß von außen einem Körper Energien zugeführt werden können, die diesen verändern.

Ein zweites Beispiel mag wenigstens andeuten, wie folgenreich diese Art der Wahrnehmung sein konnte.

Die ältere griechische Physik hatte angenommen, daß alle Bewegungen auf die Elemente der Körper zurückgingen. Jedes Element tendiere zu seinem natürlichen Ort oder, was ja auf dasselbe hinauslaufen kann, zu anderen gleichartigen Elementen. Das hatte zur Folge, daß ein Wurf, der vom natürlichen Ort wegführt, als eine »gewaltsame« Bewegung bezeichnet wurde. Es war nun eine große Schwierigkeit, zu erklären, wie diese denn überhaupt zustande kam. Aristoteles meinte, daß eine Hand, die ein Geschoß warf, die Luft mit wegschob und daß diese weggeschobene Luft hinter dem Geschoß herflog und auf das Geschoß drückte und so seine widernatürliche Bahn erklärte.

Da Philoponos mit einer Energie rechnete, die immateriell war und auf Körper einzuwirken vermochte, brauchte er diese recht unglaubwürdige Deutung des Wurfes nicht. Er stellte statt dessen die Frage: »Erteilt der Werfende dem Stein eine gewisse kinetische Kraft?« Und seine Antwort lautet: »Dem Geschoß muß von dem Werfenden eine gewisse kinetische Kraft erteilt werden, wobei die gestoßene Luft entweder nichts oder sehr wenig zu dieser Bewegung beiträgt.«[158]

Diese Beispiele zeigen, welcher Art die neue Wahrnehmungsweise war: Immer schuf eine Ursache, die außerhalb des eigenen Körpers lag und als »Energie« auf diesen wirkte, in ihm einen neuen Zustand. So wurden Menschen, Tiere und Pflanzen, Städte, einzelne Gebäude und auch andere Werke nun unter dem Aspekt gesehen: In welchem Zustand befinden sie sich? Und: Welche Ursachen haben von außen her diesen Zustand erzeugt – etwa den goldenen Glanz der Kuppel der Hagia Sophia oder den Wohlstand und Frieden in einer befestigten Stadt?

Diese Wahrnehmungsweise führt auch zu einer Umformung der Gesellschaftsstruktur. Die Menschen konnten dazu tendieren, sich nur vom Geist lenken zu lassen. Dann zogen sie sich aus der Gesellschaft zurück und unterwarfen sich einer strengen Askese.

Sie konnten auch auf Personen achten, in denen dieser Geist wirkte. Für diese Personen war charakteristisch, daß sie sich von allen körperlichen Antrieben freizuhalten suchten. Sie erreichten es meist mit Hilfe eines Zeremoniells, das ihnen Unbeweglichkeit zuwies und gleichzeitig eine Distanz zwischen ihnen und ihrer Umgebung schuf. Dieses Zeremoniell prägte von nun an den Kaiserhof. Die Kaiser sollten in diesem Sinne auf ihre Untertanen einwirken. So benötigten sie nicht mehr, wie zur Zeit von Augustus, »Freunde«, die ihnen in Sympathie zugetan waren. Sie hatten statt dessen Distanz zu wahren. Dann vermochten sie – aus der Ferne – den Zustand zu verursachen, in dem die Bewohner ihres Reiches lebten. So kamen diese dazu, sich einem Monarchen zu unterwerfen.

Dazu half ihnen eine neue Architektur. Wenn es den Kaisern gelang, Innenräume so zu gestalten, daß diese – etwa durch Kuppelbauten – schwereloser wirkten, dann verstärkte die Umgebung ihre Eigenart.

Alle Menschen dieser Gesellschaft waren außerdem in ihrem Handeln auf die Ursache aller Wirkungen bezogen, auf den Geist, den sowohl die Heiden wie auch die Christen als eine Gottheit verehrten. So mußten die Menschen, da sie in ihrer Wahrnehmungsweise sich diese Ursache immer mit vergegenwärtigten, ihren Staat als eine in der Religion wurzelnde Gemeinschaft verstehen.

Wieder sehen wir, daß eine Erfahrung, die am eigenen Körper gemacht wurde, die Menschen auf eine bestimmte Art des Wirkens aufmerksam werden läßt. Diese Art des Wirkens kann auch von den Physikern beobachtet werden. Damals war sie für die Menschen neu und wurde für diese so wichtig, daß sie ihre Wahrnehmungsweise prägte.

Wir wenden uns nun den Körpererfahrungen zu, die sich in den Teilen des Römischen Reiches ausbreiteten, die zu jener Zeit von Germanen beherrscht wurden.

IV

DIE VERMITTELNDE KÖRPERHALTUNG DER FRANKEN

Ein germanisches Intermezzo verwirrt die Römer

Die Römer beschäftigten sich intensiv mit den Germanen. Sie mußten es – am Anfang, um sich gegen diese zu verteidigen, später, um sie, die inzwischen als Soldaten und Offiziere im römischen Heer dienten, besser zu verstehen. Das war für die Römer nicht leicht.

Auch Historiker haben immer noch Schwierigkeiten. Lange Zeit sahen sie in den Germanen eine Gruppe von Stämmen, die zwar verschiedene Namen trugen und sich wechselseitig bekämpften, aber doch, alles in allem genommen, ähnlicher Art schienen. Sie glaubten sogar, Zeugnisse derjenigen Germanen, die in Skandinavien und Island nicht unter römische Herrschaft kamen, unbefangen als Quellen benutzen zu dürfen, die auf »Germanisches« hinwiesen [1].

Es gab dann eine Periode, in der die späteren Texte verachtet wurden, als zu literarisch galten und daher nicht, so hieß es, zur Interpretation germanischer Eigenart heranzuziehen seien [2]. Inzwischen ist die Situation noch komplizierter geworden.

Einerseits mußte die Skepsis gegen isländisch-skandinavische Quellen nicht in allen Fällen aufrechterhalten werden. Sie liefern manchmal ein durchaus brauchbares Zeugnis, das durch archäologische Befunde aus der Antike bestätigt wurde [3]. Andererseits, und das macht die Lage wirklich schwierig, wissen wir inzwischen auch, daß die Germanen, mit denen sich die Römer auseinandersetzen mußten, sich wandelten. Die Germanen der frühen Zeit sind mit denjenigen späterer Jahrhunderte nicht identisch, doch die Römer unterschieden, wenn sie germanische Eigentümlichkeiten beschreiben, ältere und spätere Gebräuche nicht [4]. Genauer wissen wir erst über die Germanen Bescheid, die in der Völkerwanderungszeit in das Römische Reich eindrangen. Doch selbst bei diesen müssen wir damit rechnen, daß sie, die bunt gemischt aus verschiedenen Stämmen kamen, unterschiedlichen sozialen Gruppen zuzuordnen sind.

So kennen wir eine ältere landwirtschaftlich orientierte Gesellschaft der Germanen. In dieser wurden die Sonne und die Erde verehrt, Gottheiten, von denen die Fruchtbarkeit der Felder und das Leben der Menschen abhingen. Zu ihr gehörten auf Seefahrt angewiesene Stämme. Über diese wissen wir wesentlich weniger, über deren Gottheiten fast gar nichts [5]. Später folgte dann eine germanische Gesellschaft, für die die Familie erfolgreicher Krieger im Zentrum stand. Frauen spornten ihre Männer zum Kampf an, um die

Ehre der Familie zu erhöhen[6]. Die Gottheiten waren Kriegsgottheiten, die zur Sonne eine Beziehung haben konnten, dabei wurde die Sonne als ein Wesen angesehen, das mit seinem Strahlenkreuz Beweglichkeit und Freiheit vermittelte[7].

Jede dieser Gruppen war aufgeteilt in unterschiedliche Kultgemeinschaften. Die Bindung an eine Gottheit im Kult beeinflußte Tracht und Bewaffnung. Es war durchaus möglich, im Zusammenhang mit Kriegen, manchmal in einer Schlacht, von einem Kult zu einem anderen, das heißt von einer Gottheit zu einer anderen, überzugehen[8]. Im Rahmen solcher Kultwechsel wurden auch die ersten Germanenstämme zu Christen[9]. So ist mit mannigfachen Überschneidungen innerhalb eines ohnehin sehr differenzierten Geschehens zu rechnen, das immer wieder Veränderungen brachte.

Nur weniges läßt sich mit einiger Sicherheit sagen. Bis in die Völkerwanderungszeit hinein gab es eine Person im Sinn der Griechen oder Römer bei den Germanen kaum. Sie stellten vor Prozessen erst zu mehreren ein Wesen dar, das eidlich beschworene Aussagen vortragen konnte. Allgemein wurden zwölf Männer dafür benötigt[10]. So brauchten die Germanen eine Verbundenheit mit anderen Menschen, um überhaupt auftreten zu können. Sie fanden solche Verbindungen auf unterschiedliche Art[11].

Am nächsten lag es, sich mit der Familie zusammenzuschließen. Dann kam alles darauf an, die Ehre dieser Familie zu wahren[12]. Genauso war es vorstellbar, mit anderen Männern Zeltgenossenschaften[13] oder mit einem Herrn Gefolgschaften zu bilden[14]. Aller Wahrscheinlichkeit nach haben auch Frauen sich in eigenen Gruppen zusammengefunden, die gemeinsam Kultaufgaben übernahmen, um durch Veränderung des Wetters für Fruchtbarkeit zu sorgen[15].

Diese verschiedenen Zusammenschlüsse dauerten wohl bei allen Germanen über den Tod hinaus. Es waren, wie Tacitus uns berichtet, Gefolgsleute bereit, nach dem Tod ihres Herrn in der Schlacht so lange zu kämpfen, bis auch sie gestorben waren[16]. Auch Frauen konnten einem Mann in den Tod nachfolgen[17]. Einzelne führten das Leben verstorbener Verwandter weiter[18]. Alle jedoch waren darauf bedacht, sich an vorbildliche Handlungen von Personen, die früher einmal gelebt hatten, anzugleichen[19]. So kannten sie weder eine Individualität im Sinn der Griechen und Römer (oder in unserem Verständnis), noch schien ihnen ihr Leben auf die Zeit, in der sie selber lebendig waren, beschränkt. Und diese völlig anderen Voraussetzungen

zungen führten selbstverständlich auch zu besonderen Rangordnungen innerhalb der Gesellschaft.

Diese wurden durch eine weitere, den Griechen und Römern ebenfalls unbekannte Eigentümlichkeit geprägt. Die Familien, Gefolgschaften, Zeltgenossenschaften glichen sich nicht nur an andere Menschen an, sie übernahmen gelegentlich auch die Eigenart anderer »Lebewesen«. Vieles spricht dafür, daß sie diesen einen höheren Rang zusprachen als den Menschen. Das hatte zur Folge, daß sie Menschen nur achteten, wenn sie zu diesen anderen Lebewesen eine Beziehung aufnehmen konnten.

Tacitus berichtet uns davon, daß die Germanen Pferde besonders verehrten: »Eine Eigentümlichkeit des Volkes ist, weissagende Zeichen auch an Pferden zu beobachten. Von der Gemeinde werden diese in heiligen Wäldern und Hainen gehalten, schneeweiß und nie berührt von irdischer Arbeit. Wenn sie den heiligen Wagen ziehen, begleitet sie der Priester mit dem König und dem Fürsten der Gemeinde... Sie halten sich nämlich für Diener der Götter, jene (die Tiere) für Kundige des Götterrats.« [20] So entnahmen sie nach dem Bericht von Tacitus aus dem Wiehern der Pferde ihre Zukunft. Einem Pferd vertraute in Island auch einer der ersten germanischen Ansiedler: seiner Stute Skalm. Dieser Mann durchwanderte einen Herbst lang, als sei er ein Nomade, auf deren Spuren das Land und wartete darauf, daß sie sich an einer Stelle mit ihrer Last niederlege. Als es endlich geschah, errichtete er dort sein Heim[21].

In einzelnen Stämmen suchten die Krieger immer zu Pferde in den Kampf zu ziehen. Sie nahmen die Tiere sogar auf ihren Schiffen mit – so die Wandalen[22]. In Kultgemeinschaften, die mit Odin verbunden waren, ritt der tote Krieger wie der Gott auf einem Pferd in Walhalla ein[23]. In anderen Stämmen scheint das Rind eine ähnliche Rolle gespielt zu haben – so bei den Merowingern, deren Stammvater eine Stiergottheit war[24] –, in anderen waren es Ziegen[25] oder Hunde[26]. Und da die Wikinger in ihre Schiffe an Heck und Bug Tiergestalten einschnitzten, ist nicht ausgeschlossen, daß die an Seefahrten gebundenen Germanenstämme sich ebenfalls der Lenkung von Tieren anvertrauten.

Neben diesen Tieren verehrten sie Bäume. Tacitus berichtet uns, daß die Germanen keine Tempel errichteten, und fährt dann fort: »Die Götter in Wände einzuschließen, ...achteten sie der Hoheit himmlischer Wesen nicht gemäß. Hainen und Gehölzen legten sie heiligen Charakter bei.« [27] In solchen Hainen lebten die Pferde. Wie

Pferde können auch Balken, also Hölzer bearbeiteter Bäume, eine Beziehung zur Zukunft haben. Als die Norweger und Dänen sich in Island eine neue Heimat suchten, führten sie jeweils die Pfeiler ihres Hauses auf dem Schiff mit. Diese warfen sie kurz vor der Landung über Bord und achteten darauf, wohin sie schwammen. Dort errichteten sie dann ihren neuen Hof[28]. Aus archäologischen Funden wissen wir, daß die Häuser der Germanen um diese Pfosten herum gebaut wurden. Gelegentlich waren sie zweischiffig. In der Mitte der Halle stand dann eine eigene Säulenreihe, und in dieser konnte eine Säule hervorgehoben werden[29]. Auch zwischen Häusern und Tieren bestand ein Zusammenhang. Tierköpfe wurden oft am Giebel angebracht, und diese Sitte hat sich bis in unser Jahrhundert gelegentlich erhalten.

Dabei können wir der Aussage von Tacitus, daß die Tiere, Pferde oder Rinder den heiligen Wagen zu ziehen haben, durchaus trauen. Uns sind in Felszeichnungen aus Skandinavien und in Bronzearbeiten aus jener Zeit solche Wagen erhalten. Sie sind unmittelbar mit den Tieren verbunden: Tier und Wagen bilden eine Einheit[30]. Auf diesen Wagen erscheint sehr häufig die Sonnenscheibe, also das Bild der Gottheit, das, wenn auch unter verschiedenen Aspekten, von den Germanen immer wieder verehrt worden ist. Auf den Felszeichnungen tragen auch die Schiffe die Sonne[31].

Es sieht nun so aus, als ob in der Zeit, in der die Römer zuerst mit den germanischen Stämmen zusammenkamen, und auch noch später, in der frühen Völkerwanderungszeit, die germanischen Götter immer stärker in eine Auseinandersetzung mit einer sie angreifenden, bedrohlichen Welt gerieten. Sie werden im Kampf dargestellt, im Kampf gegen Schlangen, Würmer, Drachen[32]. Es mag sein, daß die Jahreszeiten als sich bekämpfende Gewalten verstanden wurden. Von der Überwindung des Winters und seiner Vernichtung zeugen einige Bräuche[33]. Sicher ist jedoch, daß die Germanen, die sich diesen Göttern anglichen, die Tracht, etwa den Bart, oder die Waffen, Speer oder Streitaxt, die diese Götter trugen, übernahmen[34]. Wenn einzelne Adels- oder Königsfamilien sich unmittelbar auf solche Gottheiten zurückführten, wie die Merowinger auf eine Stiergottheit oder wie die Könige der Angeln auf die Pferde, deren Namen sie führten, dann entstand eine Bereitschaft, die Ahnen dieser Familie in Aussehen und Handlungen darzustellen[35].

So erhielten die Dinge, die zu den Göttern gehörten, eine höhere Weihe – etwa Waffen[36] oder Sitze als Voraussetzung für Rechtsansprüche[37]. Einen Hochsitz hatte bereits der mächtige Herr, der von ihm aus seinen Hof regierte; einen solchen besaß auch der König. Diese Sitze konnte ein Herr seinem Nachfolger bei Lebzeiten überlassen. Daher sorgten die Merowinger dafür, daß junge Mitglieder ihrer Familie nicht ohne Wissen der anderen sich dem in Paris stehenden Sitz nähern durften[38]. Ein Sitz begründete eine Herrschaft, auf dem Bauernhof genauso wie in einem Reich.

Der jeweilige Rang hing mit der Zugehörigkeit zu einer Gruppe und mit dem eigenen Besitz zusammen. Die Familien und die Gefolgschaften verfügten jeweils über unterschiedliche Würde[39]. Auch als Angehöriger eines Stammes wußte man, daß das Ansehen, das dieser besaß, auch das Ansehen des einzelnen stärkte oder minderte[40]. In diesen Gruppen gewann ein junger Mann an Geltung, wenn ihm die Waffen überreicht worden waren. Innerhalb einer Herrschaft gewann er an Gewalt, wenn er den Speer der Herrschaft bekam. Eine Rangerhöhung erfolgte auch, wenn er den Sitz auf einem Hof oder in einem Reich zum erstenmal innehatte[41]. So sind es Zugehörigkeiten und Erwerbungen, die über den jeweiligen Rang entscheiden.

Die germanischen Gesellschaften waren dynamisch. Es ging den Germanen nicht so sehr darum, ein erworbenes Ansehen zu verteidigen; ihre Intention war, das gewonnene zu erhöhen. So zählten in einzelnen Stämmen unverheiratete Mädchen, die durch die Heirat[42], oder Frauen, die durch die Erhöhung der Kinderzahl die Ehre der Familie zu steigern vermochten[43], doppelt oder dreimal so viel wie ein Mann. Alles, was zur Rangvermehrung diente, wurde in dieser Welt geachtet[44].

Die Wahrnehmung dieser Menschen orientiert sich somit an Zusammengehörigkeiten. Eine Person wurde nicht in ihrer Vereinzelung wahrgenommen, sondern nur als Repräsentant einer Familie, einer Gefolgschaft, einer Genossenschaft oder eines Stammes.

Diese glichen sich oft jeweils einer Gestalt – etwa einem Gott – an. Dies hatte Konsequenzen für die Tracht der Menschen. Sie übernahmen von dieser Gestalt den Haarschmuck, das Gewand und deren Insignien. Dies hatte auch Folgen für die Bewegungsweise. Sie hielten sich und sie bewegten sich wie diese Gestalten[45].

So ritten sie in der Haltung und benutzten die Waffen des Gottes, auch wenn dies im Kampf zu Einseitigkeiten führte, die militärisch nicht zu verantworten waren und dementsprechend bei den Gegnern Spott und Hohn auslösten[46]. Sie, die immer nur mit anderen zusammen eine eideswürdige »Person« bildeten, tanzten, wobei sie die Insignien ihres Gottes, etwa dessen Schwert, bei sich führten, in Mustern, die bewegte Ornamente schufen, und stellten so die Bewegungsweise ihres Gottes dar. Wenn dieser sich mit angewinkelten Armen und Beinen dem sonnenähnlichen Strahlenkreuz anglich, schufen sie dieses Muster in ihren Tänzen (Abb. 51)[47].

Abb. 51 Goldscheibe aus Pliezhausen, Krieger mit Siegeshelfer

Abb. 52 Helmschmuck aus Valsgärde mit Tieren

Wir lernen somit eine bisher von uns nicht beachtete Art von Wirkungen kennen: Die Germanen achteten nicht wie Griechen und Römer auf die Kräfte, die in ihnen gegeneinander wirkten. Sie beobachteten, daß Tiere, Götter und Menschen, die eine Haltung einnahmen oder eine Bewegung ausführten, bei anderen bewirkten, daß diese eine ähnliche Haltung und Bewegung übernahmen.

Die Germanen suchten Aussehen und Bewegungsform eines Wesens zu übernehmen, das wirkungsvoll zu handeln verstand und für sie daher vorbildhaft war[48]. Dabei empfingen sie ihre Würde auch von den Dingen, die dieses Wesen benutzte: vom Hochsitz auf einem Hof, vom Pferd, von den Waffen (Abb. 52).

Sie waren wie ihre Götter zerstörerischen Gewalten ausgesetzt: der Nacht, dem Winter, dem Feind, dem Gewürm (Abb. 53)[49]. Oft waren sie sich nicht sicher, ob diese Unholde nicht auch an die Stelle ihrer ehemaligen Freunde oder Frauen getreten waren[50]. So lebten sie im ständigen Kampf, der ihnen allerdings ermöglichte, ihren Rang – und das hieß: den Rang ihrer Familie, ihrer Gefolgschaft – zu erhöhen.

In dieser germanischen Welt waren die Menschen ununterbrochen

Abb. 53 Hornhausen, Reiter über Schlangen

auf andere bezogen. An diese Wahrnehmungsweise gebunden, trafen sie auf die Frauen und Männer des Römischen Reiches. Als sie begannen, deren Eigentümlichkeiten zu übernehmen, formten sie die Welt dieser Römer nach ihrem Bilde um.

Frost, Ruinen und Einsamkeit lähmen die von ihren Vorbildern verlassenen Menschen

Herrlich schildert ein Herr aus dem Stamme der Angelsachen im 8. Jahrhundert sein vergangenes Glück: »Ich hatte eine hohe Stellung. Es fehlte mir in der Halle nicht, daß sich da eine tapfere Schar bewegte... In dieser Zeit war ich mächtig. Weise priesen mich, im Kampf retteten sie mich, sie begleiteten mich ehrenvoll, sie wehrten den Feinden... Landgüter besaß ich; ich herrschte voll Stolz auf fruchtbarem Boden, hatte meinen Herrensitz. Mit magischen Worten beschwor ich, der alte Friede zerbrach nicht, sondern das Jahr war gesegnet, Musik klang. Der dauernde Friede hielt den Strom der Klagen auf... Der Burgsaal erbebte. Hell ragte er empor, die Kraft nahm zu, der Reichtum lockte, die Edlen wurden weise.« Dem entsprach seine eigene Stimmung, die Stimmung aller, mit denen er zusammenlebte: »Munter war ich, in Frohsinn, mit bunten Farben geschmückt, mit Farben der Freude, mit Farben der Blüten. Die Männer sahen mich, sie ließen die Feste nicht enden, sie freuten sich über das Geschenk des Lebens. Geschmückt trugen die Rosse sie über die Fluren in munterer Gangart, freudig, mit langem Gliederbehang. Damals war alles zum Wachstum erweckt, die Welt war belebt, unter dem Himmel geschmückt, durch die fruchtbare Kraft belebt. Die Gäste gingen vorbei, sie tauschten Scherzworte aus. Freudig verweilten sie, sie strahlten vor guter Laune.«

Freilich, dies war alles nicht mehr so. Was dieser Herr schilderte, galt als längst vergangen: »Nun ist mein Herz verwirrt, ängstlich von Schicksalsschlägen, der Not nah, es flieht nachts, wer vorher am Tag mein Freund war... Die Sorge um Haus und Hof drückt, den Kühnen überwindet das Alter, das Elend wächst, Bösartigkeit zieht den Eid in den Schmutz.« Er zog in die Fremde, auf die See hinaus: »Von der Kälte durchdrungen, waren meine Füße von Frost gebunden mit kalten Fesseln... mit Eiszapfen behangen, der Hagel flog in Schauern... Zuweilen hatte ich den Gesang des Schwans zur Unterhaltung, den Ruf des Wasserhuhns und den Schrei des Brachvogels statt des Lachens der Männer, die singende Möwe statt des Mets. Stürme peitschten die Steinklippen... Kein naher Verwandter konnte das einsame Herz trösten.«[51]

Selbstverständlich schimmern ältere germanische Gesellschaftsformen durch diese Schilderung. Der Zusammenhang zwischen dem Herrn und seinen Freunden, die gemeinsamen Feste in den Hallen, Sorge für Frieden unter Menschen und Natur, Bereitschaft zum Kampf – all dies war den Männern in der Zeit der Völkerwanderung durchaus vertraut. Nur, gegenüber jener Zeit hatte sich – auch in den glücklichen Zeiten, die der Klagende als vergangen darstellt – für ihn eines gewandelt: Er war nicht mehr eingefügt in die Tradition der Familie oder in die Überlieferung der Helden. Er verkörperte nicht eine früher bewunderte Gestalt – er stand auch als reicher Gastgeber für sich allein, jedenfalls nach dieser Erzählung. Offenkundig hatten die Vorbilder, mochten es Götter oder Helden sein, an Bedeutung verloren. Sie waren ihm nicht mehr gegenwärtig, hatten ihn gewissermaßen verlassen. Als dann das Alter kam, Not und Schwierigkeiten auftauchten, blieb ihm nichts. Nun wurde nur noch die Verlassenheit gespürt und diese überall wahrgenommen.

Ergreifend wird der Verfall der Städte geschildert, jener Reste aus einer vergangenen römischen Zeit: »Kunstvoll ist der Steinbau. Das Schicksal zerstörte ihn, die Stadt zerfiel, es zerbrach das Werk der Riesen. Die Dächer sind zerfallen, morsch die Türme, die Holztore zerstört, Reif ist auf dem Mörtel, rissig sind die Dächer, zerschnitten, eingefallen, vom Alter zernagt... Oft erlebte diese Mauer, rehgrau und rot gefleckt, ein Reich nach dem andern, stehengeblieben unter Stürmen. Obwohl hoch und rund, sank sie dahin.«

Dem Schicksal dieser Städte gleicht das Geschick der Menschen: »Hell waren die befestigten Gebäude, die vielen Badehäuser, hoch die reichen Zinnen, groß der Jubel der Menschen. Manche Festhalle war voll vom Jubel der Männer, bis das mächtige Schicksal das umwandelte. Es fielen weithin die Erschlagenen, es kamen die Pestzeiten, der Tod raffte die tapferen Männer dahin... Es sanken dahin die Männer, zur Erde hin. Daher veröden nun diese Paläste, und dieses rotgefärbte, runde Dachgerüst verliert die Ziegel. Die Ruine sank zur Erde, zerbrochen, zertrümmert.«[52]

In der Welt der Germanen wußten die Frauen noch, daß es ihre Aufgabe war, die Männer anzutreiben, ihren Mut zu stärken, sie zu Taten anzuspornen, die der Familie neue Ehre bringen konnte. Doch auch die Frauen sind nun verlassen. Ihr Geschick mag im einzelnen unterschiedlich sein – am Ende umgab sie die Einsamkeit. Eine klagt: »Da begannen die Verwandten des Mannes zu erwägen in ihren heimlichen Gedanken, daß sie uns trennten, damit wir in dieser Welt weit auseinander schrecklich lebten, und ich sehnte mich nach ihm... Als ich den so zu mir passenden Mann unglücklich fand, traurig im Herzen, ...da schworen wir oft, daß uns nichts trennen sollte als nur der Tod, nichts anderes. Das hat sich geändert.« Sie lebte nun allein irgendwo in der Einsamkeit: »Es hieß mich der Mann im Walde wohnen unter einem Eichenbaum in dieser Erdhöhle. Alt ist diese Erdhöhle, ich bin von Sehnsucht verzehrt, die Täler sind düster, die Hügel steil, die Befestigungsanlage abweisend, mit Dornenbüschen bewachsen, ein Ort ohne Freude.« Doch auch ihrem Mann geht es nicht anders: »In einem fernen Land, wo mein Freund sitzt unter einem felsigen Abhang, von Sturm und Rauhreif bedeckt, der müde Freund, vom Wasser umgeben an dem wüsten Ort. Es trägt mein Freund große Sorge. Er erinnert sich zu oft an das glücklichere Heim.«[53] Auch Frauen können, so getrennt, ihre Aufgabe nicht mehr wahrnehmen.

Was in Dichtungen dargestellt wird, wird uns in Briefen der

Frauen genauso, vielleicht noch intensiver, bezeugt. Diese Briefe sind in ihrer Trostlosigkeit ergreifend: »Ich bin«, schreibt im 8. Jahrhundert eine junge Frau, »allein zurückgelassen und entblößt von der Hilfe meiner Verwandten. Ich sage, daß niemals die Traurigkeit von meiner Seele weicht.«[54] Mutter und Tochter schreiben in einem anderen Brief: »Uns bedrücken die Mittellosigkeit und der Mangel an zeitlichen Gütern, die geringe Größe unseres Wiesenlandes und die Anfeindung durch den König... ebenso die Abgabe an König, Königin, Bischof, Vögte, Beamte und Grafen... Zu all diesem Elend kommt der Verlust der Freunde und Nahestehenden, der Schar von Verwandten und der großen Zahl von Vettern. Wir haben weder Sohn noch Bruder, keinen Vater oder Vatersbruder... Aus all diesen und ähnlichen Gründen... wird uns das künftige Leben zuwider; fast ekelt es uns davor, weiterzuleben.«[55]

So können nur Menschen sprechen, die gewohnt waren, von anderen mit getragen zu werden. Sie hatten nicht mit eigenen Leidenschaften zu kämpfen, die zu bändigen waren. Sie spürten in sich keine Last, die sich dank eigener Kraft aushalten oder gar heben ließ. Ihre Stärke beruhte auf der Zugehörigkeit zur Familie, zur Gefolgschaft, zu Freunden. Und diese war wieder begründet durch die Bindung an Vorbilder, mit denen sie sich in der Familie, zwischen den Freunden und in der Gefolgschaft identifizierten, die sie erneut darzustellen hatten. Wenn dies alles nicht mehr bestand, zerbrach, was den Menschen bisher Stolz und Sicherheit verlieh.

Wodurch hatten diese Vorbilder ihre anziehende Kraft verloren? Da mag es vielerlei Gründe gegeben haben. Die Menschen waren in eine heidnische Religion eingebunden gewesen. Und als sie zum Christengott übertraten, mochten sie mit dessen Hilfe, was ja ihr Wunsch war, in Schlachten siegen. Zu ihrer Familie hatte dieser Gott keine Beziehung. Er gehörte nicht, wie manche der germanischen Götter, zu den Vorfahren, deren Kleidung und Tracht man tragen konnte[56]. Gelegentlich wurde zwar behauptet, so von den Franken, dieser Gott liebe den eigenen Stamm[57], aber damit war in der Situation des Alltags, wenn man überhaupt daran glaubte, im Umgang mit Mann und Kindern, mit Eltern und mit den verstorbenen Vorfahren wenig anzufangen. Man erhielt dadurch keine Handlungsanweisungen und vor allem nicht die Stärke, die die Zugehörigkeit zur Familie bisher verlieh.

Doch das ist sicher nur ein Grund. Es hatten auch die alten Kämpfe aufgehört. Die Zeit der Wanderungen war eine Zeit ständiger Kriege gewesen. Doch nun war man seßhaft in England. Gewiß gab es noch Auseinandersetzungen, aber diese hatten doch einen recht anderen Charakter. Früher mochten Germanen durchaus den Eindruck gehabt haben, im Kampf zwischen den bedrohlichen Wintergöttern und ihren göttlichen, heilbringenden Widersachern diese zu unterstützen. Zwar wurde der Winter weiterhin als etwas Beklemmendes, Vernichtendes empfunden, aber wie gerade diese angelsächsischen Gedichte zeigen, litt man unter Frost und Hagelschauern nun als einzelne Person und nicht mehr in Gemeinschaft mit Göttern.

Ein weiterer Grund kann auch ein Wandel der äußeren Umwelt gewesen sein. Die germanischen Stämme waren während ihrer Wanderschaft den Einflüssen des Wetters viel unmittelbarer ausgesetzt als zu der Zeit, in der sie sich in den verfallenden römischen Anlagen neue Wohnstätten aufbauten, die auch in ihrer behelfsmäßigen Form mehr an Schutz boten. Zumal in Pfalzen und Klöstern waren Männer und Frauen sicher besser vor Witterungseinflüssen abgeschirmt als auf den Höfen. So mochte der Wechsel der Jahreszeiten für sie nicht mehr diesen dramatischen Charakter besessen haben, der ihre Vorfahren noch dazu anhielt, in dieser Auseinandersetzung Partei zu ergreifen und sich Vorbildern anzugleichen.

Schließlich können auch Veränderungen im staatlichen Bereich Wirkungen ausgeübt haben. So suchten die Könige ihre Untertanen daran zu hindern, selber die Ehre der Familie durch Aktionen der Blutrache zu wahren. Wer sich so behütet wußte, war selbstverständlich nicht mehr unmittelbar auf den Zusammenhalt mit den anderen Familienmitgliedern angewiesen[58].

Auf diese Weise mag eine Vielzahl von Gründen zusammenkommen, die am Ende alle dazu führten, daß die Vorbilder, an die die Menschen sich bisher angeglichen hatten, was ihnen ein Gefühl der Zugehörigkeit und Stärke vermittelte, an Bedeutung verloren. Da man jedoch gewohnt war, durch die Verbundenheit mit anderen das eigene Wohlergehen zu sichern, lag es nahe, erneut auf Personen zu hoffen. So ist es nicht völlig überraschend, daß die Menschen darauf sahen, ob etwas in ihrer Umgebung ihnen Hilfe bot.

Allerdings: Der Herr, der Gaben austeilte, war, wie ein Angelsachse klagte, nicht mehr da: »Seit ich vor langer Zeit meinen freigebigen Herrn mit dem Dunkel der Erde bedeckte und ich elend und wintermüde fortzog über das weite Meer, heimatlos einen Schatzspender suchte, wo ich nah und fern jemand finden könnte, der mir in der Methalle Freundschaft schenkte oder mich Freundlosen tröstend mit Gaben locken wollte.« Es half ihm auch nicht, wenn er davon träumte, »daß er seinen Herrn umarme und küsse und auf seine Knie Hände und Haupt lege, weil er manchmal in vergangenen Tagen sich der Gaben erfreute«. Denn der Traum schwand: »Dann wieder erwacht der freundlose Mann, sieht vor sich die fahlgrünen Wogen, badende Seevögel, die ihre Schwingen ausbreiten, Reif und Schnee fallen, mit Hagel vermengt.«[59]

Gerade diese Erinnerung an die Vergangenheit brachte eine neue, ganz unerwartete Erfahrung: Der Herr forderte etwas.

Die Christen hören und ermahnen

Im Jahre 811 verkündete Karl der Große zusammen mit den Bischöfen: »Wenn wir Christus und den Aposteln... nachfolgen wollen, müssen wir uns in vielen Dingen anders verhalten als bisher, müssen wir viele unserer Gebräuche und Gewohnheiten aufgeben und vieles tun, was wir bisher nicht getan haben.«[60] Christus war für die Franken ihr Herr. Was dieser Herr forderte, war jedoch nicht leicht zu erfahren.

Ein Jahr zuvor hatte Karl deswegen für das ganze Reich ein dreitägiges Fasten angeordnet, »um Gott zu bitten, daß er uns zeigen möge, in welcher Weise unser Verhalten ihm gegenüber gebessert werden müsse«[61]. Dieser Gott hatte in der Vergangenheit seine Gebote verkündet. Im Alten und im Neuen Testament waren sie zu lesen. In der Vergangenheit hatte somit Gott Vater, hatte Jesus Forderungen gestellt. Sie schenkten nicht nur, sie schützten nicht nur, sondern sie verlangten etwas.

In jener Zeit hatte während einer Krankheit, dem Tode nah, Barontus eine Vision. Er meinte, geleitet von einem Engel, durch die Lüfte über die Klöster der Nachbarschaft allmählich in den Himmel aufzusteigen. Unterwegs wurde er ständig von Dämonen verfolgt. Sie warfen ihm seine Sünden und Fehler vor. Die Gebete der Mönche, über deren Kloster er schwebte, halfen ihm nicht[62]. So geängstigt, erreichte er das Paradies: »Wir kamen zum ersten Tor des Paradieses. Dort sahen wir viele Brüder unseres Klosters, die dort versammelt auf den Tag des Gerichtes warteten.« Barontus, der durch die bisherigen Ereignisse verstört war, hoffte, daß er von ihnen Hilfe erhielte. Sie beteten für ihn, doch sie, die bereits Verstorbenen, blieben ohne Erfolg[63]. Auch die Kinder, die am zweiten Tor, und die Märtyrer, die am dritten, am gläsernen Tor, den »Krieger Christus« anriefen, der siegend nicht gestatten solle, daß der Teufel die Seele von Barontus in die Hölle entführe, flehten vergeblich[64]. Nach dem vierten Tor wurde auf Befehl des Erzengels Raffael schließlich der Apostel Petrus gerufen. Erst als dieser erfuhr, daß Barontus wenigstens einen Teil der göttlichen Forderungen erfüllt hatte, und als er daraufhin drohte, mit seinem Dreier-Schlüssel auf die Köpfe der Dämonen einzuschlagen, flohen sie[65]. Eine Person, die früher gelebt hat, Petrus, der von Jesus zum Himmelspförtner eingesetzt worden war, konnte den, der den Forderungen entsprach, vor Not und Schmerzen schützen. Was war nun die Eigenart dieser Forderungen? Bleiben wir noch einen Augenblick bei den Visionen.

Am Anfang des 9. Jahrhunderts hatte auf der Insel Reichenau ein Mönch Wetti ebenfalls kurz vor seinem Tod eine Vision. Ihm wurden von einem augenlosen, scheußlich deformierten Geist verschiedene Marterwerkzeuge gezeigt, mit denen er ihn morgen zu quälen gedachte[66]. In einer zweiten Vision führte ihn ein Engel in das Land der Verstorbenen, und Wetti sah die qualvollen Strafen der Sünder. Auch Wetti kam dann zu einem wunderschönen Ort, an dem sich ein herrlich leuchtendes Gebäude mit goldenen und silbernen Bögen befand[67]. Dort begegnete er zuerst den heiligen Priestern. Als diese erfuhren, was für ein kläglicher Sünder Wetti gewesen war, erhoben sie sich unverzüglich und gingen vor den Thron Gottes und warfen sich dort nieder, um für ihn Gnade zu erflehen. Wetti vermochte nicht zu sehen, wer dort saß, doch er hörte eine Stimme. Die Stimme sagte, Beispiele der Erbauung sollte er anderen geben und tat es nicht. Danach gelangte Wetti zu den Märtyrern. Auch diese flehten, auf den Boden niedergeworfen, vor dem Thron für Wetti. Die Stimme, die Wetti jetzt vernahm, verkündete, wenn er die, die er durch das Beispiel seiner Schlechtigkeit auf den Weg des Irrtums gebracht hatte, zum Weg der Wahrheit zurückführe, seien seine Sünden erlassen. Wetti, noch beunruhigter, wanderte weiter und begegnete einer Schar heiliger Jungfrauen. Selbst diese baten vor dem Thron für ihn, und wieder stellte die Stimme, die vom Thron erklang, neue Forderungen. Er solle die, denen er schlechte Beispiele bot, korrigieren[68]. Als Wetti nach dieser Vision zu sich kam, war er so furchtsam, daß er sofort dem Abt und den anderen Mönchen mitteilen wollte, was er gesehen hatte, und alle drängte, sie sollten doch dafür sorgen, daß die Forderungen erfüllt würden, so daß er dem, was die Stimme von ihm erwartete, zu entsprechen vermöchte. Die Mönche hielten nicht viel von dieser Hast und Unruhe, die ihr kranker Bruder ins Kloster brachte, und steigerten auf diese Weise dessen Ängste und Qualen[69].

Dieser Gott, ein strenger Richter, dem die Menschen mit Furcht begegneten, urteilte nicht nur über die Fehler, die die Menschen selber hatten. Er achtete vielmehr auf die Wirkung, die ein Mensch bei anderen hervorrief. So verdammte er diejenigen, die auf andere keinen guten Einfluß auszuüben vermochten. Genauer gesagt, er verurteilte diejenigen, die andere nicht daran hinderten, in einer falschen Richtung zu gehen, die zuließen, daß sie Schlechtes taten.

Wer sich richtig verhielt, der konnte dann Gott danken und loben. Das erwähnt auch Barontus: »Danach... kamen wir zur zweiten Pforte des Paradieses, wo sich eine nicht zählbare Menge von Kindern, mit weißen Kleidern geschmückt, befand, die einstimmig den Herrn lobten... Darauf kamen wir zur dritten Pforte des Paradieses, und diese Pforte hatte das Aussehen von Glas, und innerhalb war eine Menge gekrönter Heiliger mit leuchtenden Gesichtern, die in ihren Wohnungen und auf ihren Sitzen saßen und Gott immer dankten.«[70] Dieser Herr half zwar, so daß die von ihm Erwählten ihn priesen und dankten, so wie die Germanen ihren Herrn gelobt und gedankt hatten, nur genügte es nicht, diesen Herrn zu unterstützen, ihm zu raten und mit ihm zusammen in den Kampf zu ziehen und Feste zu feiern. Dieser Gott erwartete, daß seine Anhänger sich anderen zuwandten und diese am Unrechttun hinderten.

Soviel zu den Visionen. Wie lebten die Menschen wirklich miteinander?

Von einer Frau, Egburg, haben wir in den Jahren zwischen 716 und 718 einen Brief, den sie an Wynfried schickte, der sich später Bonifaz nannte. Sie bezieht sich auf eine Erinnerung an die Vergangenheit und sagt, daß sie ihn früher gesehen habe, und meint dann: »Wenn ich auch des leiblichen Anblicks..., dem Gesicht nach, verlustig geworden bin, werde ich doch deinen Hals immer mit den Armen einer Schwester umschlingen.« Egburg befindet sich in Not wie die anderen angelsächsischen Frauen, von denen wir sprachen. Sie hatte ihren Bruder verloren, ihre Schwester: »Gott ist mein Zeuge; überall ist Schmerz, überall Angst, überall das Bild des Todes.« In den Vorstellungen eines in Seesturm geratenen Schiffers formuliert sie ihre Sehnsucht nach Wynfried: »Darum glaube mir, kein

Seefahrer, den der Sturm dahinjagt, sehnt sich so sehr nach dem Hafen, kein Acker, der dürr ist, verlangt so sehr nach Regen, keine Mutter erwartet am krummen Gestade mit solcher Angst den Sohn, wie ich euren Anblick genießen möchte.«[71] Doch was erwartet sie von ihm? »Und um nicht länger in mannigfacher Weise meine Worte hinauszuschieben: Es vergeht kein Tag und entschwindet keine Nacht, ohne deiner Belehrung zu gedenken.«[72] Sie will von ihm belehrt werden. Eine andere Frau, Eangyth, schreibt Wynfried, sie suche dessen Rat: »Jeder Mensch, der in seiner Sache versagt und seinen Entschließungen mißtraut, sucht sich einen treuen Freund, auf dessen Rat er, dem eigenen mißtrauend, sich verläßt.« Dieser Rat soll allerdings durch den Mund von Bonifaz nur das mitteilen, was Gott für Eangyth für »zuträglich und nützlich« erachtet[73]. Wieder eine andere Frau, Berthgyd, bittet ihren Bruder Baldhart: »Und nun gestehe ich dir, daß ich mich danach sehne, unter der Hilfe Gottes alles zu erfüllen, was du mir befohlen hast.«[74]

Diesem Wunsch entsprachen die Angesprochenen. So schrieb Bonifaz einer Äbtissin: »Eingedenk unserer alten Freundschaft sende ich dir brüderlich ermahnende und tröstende Briefe.«[75] Auch die Männer ermahnen sich wechselseitig. Alkwin schrieb: »Die brüderliche Liebe muß in geistlicher Ermahnung und weltlichem Trost gezeigt werden.«[76] Bonifaz meint in einem Brief an Aethelbald, den König von Mercien: »Wir richten diese Ermahnung an den König aus reiner Freundschaft der Liebe.«[77] Die Ermahnenden wissen oft gar keinen Grund für eine solche Handlungsweise. So heißt es in einem Brief von Alkwin an Rado, den Abt von St. Vaast: »Ich habe diesen kleinen Brief treuer Ermahnung dir nicht geschickt, weil du unwissend wärest, sondern damit ich die Treue der wahren Liebe, die in meiner Brust ist, dir zeige.«[78]

Diese Liebe geht nun von Gott aus. »Ich höre nicht auf«, schreibt Alkwin an König Aethelred, »inspiriert vom göttlichen Geist mit Worten oder, abwesend, mit Schriften zu ermahnen.«[79]

Der Mensch gerät in einen Prozeß: Von Gott ermahnt, von Gott mit Liebe erfüllt, äußert sich die Liebe in Ermahnungen, die sich auf andere richten und von den anderen erwarten, daß sie ihrerseits ermahnen. An Richbod, den Erzbischof von Trier, wendet sich Alkwin mit den Worten: »Warum eilt nicht ein mahnender Brief von dir herbei?«[80]

So begegneten die Angelsachsen und Franken, wenn sie verlassen in die Einsamkeit geraten waren, im 8. Jahrhundert einem neuen

Herrn. Dieser trat ihnen als Gebietender und als Beschützender gegenüber. Seine Forderungen ließen erkennen, wie sehr er der Herr war. Wenn Menschen bereit waren, diesen sie ermahnenden Herrn zu akzeptieren, dann mußten sie es in ihren Handlungen zeigen. Sie hatten nicht nur vor ihm zu knien[81]. Seinen Forderungen entsprachen sie, wenn sie anderen Menschen ein Vorbild wurden, so daß diese anderen nicht unrecht handelten.

Was Gott forderte, mußten die Menschen allerdings erst einmal hören[82]. So ist es charakteristisch, daß Wetti in seiner Vision glaubte, Gottes Stimme zu vernehmen, und seine Reaktion war durchaus angemessen: Er teilte das Gehörte anderen mit. Und da er aufgefordert wurde, sie am schlechten Lebenswandel zu hindern, mußte er durch seine Reden andere ermahnen. Dabei verkörperten die Menschen, die wie er andere ermahnten, Jesus. Sie handelten wie er, und er wirkte durch sie.

Damit wandelten sich die Beziehungen zwischen den Menschen. Man sehnte sich nicht wie Cicero nach der Zuneigung eines Freundes, damit dieser die eigene Art bestätige[83]. Man verehrte auch nicht in den Freunden die Vollkommenheit Gottes, der man sich wie Augustin vorbehaltlos zuwenden möchte[84]. Die Freunde ließen einen auch nicht – etwa als Eideshelfer – zur vollen Person werden, die rechtsgültige Handlungen vornehmen konnte[85]. Zum Freunde wurde vielmehr derjenige, der einen ermahnt, so aufzutreten, daß man für andere zu einer Mahnung wird.

Diese Ermahnungen erfolgten erst einmal in Worten. In Biographien wird davon berichtet. So hatten die Ermahnungen von Geistlichen im jungen Wynfried den Wunsch erzeugt, seinen Vater zu verlassen, was dieser, leidend und erzürnt, erst von einer schweren Krankheit bedrängt, unwillig genug zugestand[86]. So haben die Ermahnungen Wynfrieds Gregor, den späteren Bischof von Utrecht, dazu gebracht, sich von seiner Familie zu trennen[87]. Diese Ermahnungen begegnen uns auch in den Briefen jener Zeit.

Die Angelsachsen und Franken, mit deren Zeugnissen wir uns beschäftigen, waren somit wirklich – bei Überwindung ihrer Verlassenheit und Einsamkeit – in einen Raum geraten, in dem Menschen über sich hinauswiesen. Sie taten es durch ihre Worte in Distanz zueinander. Sie mußten sich nur hören. Da sie bei ihren Ermahnungen wünschten, daß die Ermahnten auf andere wirkten, und da sie somit diese nicht in ihre Nähe holen wollten, konnte die Distanz gewahrt und beibehalten werden.

Gleichzeitig führte diese Art von Ermahnungen dazu, daß das Handeln jedes Menschen mindestens in zwei Richtungen erfolgte. Er achtete auf den, der ihn ermahnte, und auf die, denen er ermahnend zum Vorbild wurde. So wurde er gleichzeitig zu zwei sehr unterschiedlichen Verhaltensweisen gedrängt – zu hören und zu belehren[88].

Diese Männer und Frauen lebten somit in einem Raum, in dem sie in ihrer Umgebung Platz brauchten, um über sich hinaus zu wirken, zwischen anderen Personen, die ebenfalls über sich hinaus wirkten. Bei dieser Tätigkeit hatte für sie die Schwere ihres Körpers – und die Kraft, mit der sich eine solche Schwere überwinden ließ – keinerlei Bedeutung. Sie mußten bei ihrem Körper erreichen, daß dieser zu hören und das Erfahrene durch Worte weiterzugeben vermochte. So kam es auch auf die damit verbundenen Körperhaltungen an.

Die so entstehenden Kontakte waren sicher am leichtesten durch Worte aufrechtzuerhalten; sie ließen sich jedoch genauso durch Gebärden vermitteln. Denn auch Gebärden können aufnahmebereit machen, auch Gebärden können ermahnen. So lernten sie, an jedem Körper eine über diesen hinausweisende, fordernde Gebärde zu beachten, die eine Beziehung zwischen ihm und anderen Gestalten herstellte.

Darüber veränderte sich für diese Menschen ihre Umgebung. Einen ersten Hinweis geben die Künstler.

Die Gebärden folgen einem Strom

Ein Wandel in der Kunst ist oft nur mit Mühe zu erläutern. Ein Betrachter – unter vielen – mag sofort sehen, daß dargestellte Figuren eine neue Körperlichkeit gewinnen, sofern er diese mit früheren vergleicht. Ein anderer hingegen meint, es hänge nur vom Inhalt des Bildes ab, das ausschließlich bestimme, wie körperlich ein Künstler eine Gestalt wiedergebe. Wir werden uns daher an ein einziges Bildthema halten, um den Wandel im 8. Jahrhundert kennenzulernen: an die Darstellung der Evangelisten. Erst später – und nur zur Erläuterung – werden wir andere Personendarstellungen mit heranziehen.

Im 8. Jahrhundert folgten die europäischen Miniaturenmaler verschiedenen Traditionen. Eine ältere Richtung herrschte in Irland vor.

Abb. 54 Book of Kells, Der Evangelist Johannes

In dieser Überlieferung steht das Bild des Evangelisten Johannes aus dem *Book of Kells* (Abb. 54). Johannes sitzt, hält in der erhobenen linken Hand, die am Ellbogen angewinkelt ist, ein Buch, in der niedergestreckten rechten ein Schreibgerät. Ihn umgibt ein Rahmen, der mit Ornamenttafeln geschmückt ist. Zu diesen gehören vier Kreuze – oben und unten, rechts und links von Johannes –, mit Flechtbandmustern versehen. Jenseits des Rahmens – bei den Kreuzen – sind (gerade noch) Kopf, Hände und Füße von Jesus zu erkennen, zwischen denen sich Rahmen und Evangelist befinden.

Das Gewand des Evangelisten ist so ornamental gestaltet, daß der darunterliegende Körper nicht wahrzunehmen ist. Die Falten nähern sich einander von rechts und von links in immer neuen Bögen und Schwüngen, die sich symmetrisch entsprechen, und weichen dann wieder voreinander zurück. Zwischen ihnen bleibt auf der Mitte des Körpers – unter Nase und Bart, über dem Rumpf und zwischen den Beinen – eine einmal breitere, dann wieder schmalere Fläche frei[89].

Abb. 55 Irland, Ornamentale Verzierungen

Folgt der Betrachter mit seinem Blick der Ornamentik dieser Falten, so wird er in die Mitte des Bildes hineingeschwungen, ganz dicht an ein Ornament, das ihm von der Gegenseite her entgegenkommt. Ähnlich gestalten irische Künstler auch die Spiralen, bei denen meh-

Abb. 56 Book of Kells, Gefangennahme Christi

rere Linien in Kreisen ins Zentrum vordringen, bis sie sich in der Mitte fast berühren, ohne es jedoch zu tun (Abb. 55)[90]. Die menschliche Gestalt wird bei dieser Darstellungsweise Träger ornamentähnlicher Bewegungsabläufe. Ein Evangelist ist kaum von einer anderen Figur zu unterscheiden. Jesus etwa hat bei seiner Gefangennahme im Unterschied zu Johannes nur die beiden Unterarme nach außen gestreckt, so daß zwei Soldaten diese fassen können (Abb. 56). Sonst ist er genauso von Gewandfalten bedeckt, die sich unter seinem Gesicht von rechts und von links einander nähern oder voreinander zurückweichen. Der Betrachter kann sich, ihnen folgend, an einen Vorgang angleichen, der in der Mitte der Person zu einer Bewegung mit korrespondierenden Bewegungen eines anderen Ornamentes führt[91]. (Würde er sich mit der Person identifizieren, so hätte diese keinen dreidimensionalen Körper, und um sie läge kein Raum, in den hinein sie mit ihrem Körper auszugreifen vermöchte[92].)

Der Evangelist Matthäus wurde – vor dem Jahre 835 – im Evangeliar des Erzbischofs Ebo dargestellt (Abb. 57). Auch er sitzt, wird allerdings von der Seite gezeigt. Auf einem Pult liegt vor ihm ein Buch, in das er mit einem Schreibgerät Eintragungen vornimmt. So gleicht sich, äußerlich gesehen, das Thema[93].

Dieser Matthäus befindet sich allerdings in einer angedeuteten Landschaft. Diese hat helle, unausgeführte Flächen, und die Perspektive bleibt uneinheitlich: Die verschiedenen Gegenstände – Sitz, Pult, Bäume und Häuser im Hintergrund – werden jeder für sich gesehen. Manchmal werden sogar ihre verschiedenen Seiten unterschiedlich betrachtet. Und doch ist zu erkennen, daß es sich um verschiedene Körper – und nicht um Ornamente – handelt. Auch wird bei Matthäus durch die Falten des Gewandes hindurch der Körper sichtbar[94].

Die angedeuteten verschiedenen Orte lassen nun ein Geschehen beobachten: In der Ferne, rechts oben auf einem Hügel, schaut ein Engel hervor. Er hält ein Spruchband – vielleicht ein Zeichen dafür, daß er eine Schrift diktiert. Der Evangelist hat den Kopf, hörend, leicht zur Seite geneigt. Er schreibt das Gehörte auf. Somit macht der Künstler deutlich, daß dieser ein Vermittler ist, der ihm Mitgeteiltes weiterleitet.

Eigentümlich sind die Falten des Gewandes. Sie laufen in bewegten Schwüngen – beinahe parallel zueinander – quer zum Körper und folgen damit so gar nicht den Gesetzen der Schwerkraft. Auf diese Weise zeigen sie allerdings, daß eine Bewegung von rechts nach links durch

Abb. 57 Evangeliar des Ebo, Evangelist Matthäus

die Person hindurchzieht. Sie spiegeln einen durchfließenden Strom.

Hörend und schreibend werden bis in das hohe Mittelalter hinein fast alle Evangelisten dargestellt[95]. Besonders eindrucksvoll sind die vier Männer des Schatzkammerevangeliars von Aachen (Abb. 58). Es entstand um 810. Jeder von ihnen sitzt in einer angedeuteten Landschaft schräg unter seinem Symbol: unter Engel, Adler, Löwe und Stier. Zwei – rechts oben und links unten – haben den Kopf zur Seite gelegt, um zu hören, zwei beugen sich bereits schreibend nach vorn. Alle haben sie Buch und Pult vor sich. Bei allen sind auch die Gewänder so gestaltet, daß der Betrachter den Eindruck gewinnt, daß ein Strom sie durchziehe[96]. So wird der Mensch zu einem Wesen, das etwas wahrnimmt und weitervermittelt.

Sehr ähnlich tritt auch Gregor der Große auf einer Miniatur in Verona vom Ende des 8. Jahrhunderts auf. Er neigt den Kopf, um

Abb. 58 Schatzkammer-Evangeliar, Die vier Evangelisten

den als Taube erscheinenden Heiligen Geist zu hören, und schreibt (Abb. 59)[97]. Auf einer Pariser Miniatur aus dem Jahr 870 nähert die Taube sich bereits seinem Ohr, und er diktiert (Abb. 60)[98].

Selbst die Herrscher wenden auf den meisten Bildern ihren Kopf etwas zur Seite, als ob sie Stimmen hörten, oder richten sich auf, als ob sie etwas zur Kenntnis zu nehmen hätten, und weisen durch die Gestik ihres Armes dann auf etwas hin (Abb. 61)[99]. So wurde Karl der Große von seinen Freunden auch gern »praedicator«, Prediger, oder »doctor«, Lehrer, genannt[100], und er selbst ließ sich »David« anreden, verglich sich also mit dem König, der nach Überzeugung jener Zeit den Psalter verfaßt hatte, der somit Gottes Wort hörte und Gottes Lob singend verkündete[101].

Zu den Personen, die etwas – Ermahnungen und Forderungen – weitervermitteln, gehört ein Raum (allerdings ein sehr begrenzter

Abb. 59 Verona, Gregor der Große

Raum), gerade so groß, daß der Prozeß des Aufnehmens und Weitergebens erkennbar wird (Abb. 62)[102].

Soviel zur Kunst. Wie sieht es in der Umgebung der Herrscher aus?

Ein Herrscher hat die Untertanen zu beobachten und zu ermahnen

Angilbert, ein gelehrter Franke am Hof Karls des Großen, ruft in einem seiner Gedichte Gott den allmächtigen Herrn an. Dabei sagt er: »Du, Ruhm der Heiligen, blicke vom höchsten Thron herab... Es mögen Dir, Gott, auch diese leuchtenden Türme der Kirche, die ich, Angilbert, geschaffen habe, angenehm sein.«[103] Gott betrachtet, was Menschen tun.

Abb. 60 Hofschule Karls des Kahlen, Gregor der Große

Notker berichtet von Karl, auch dieser habe Wert darauf gelegt, möglichst genau zu sehen, was um ihn geschah. Diesem Wunsch entsprechend sei die Aachener Pfalz angelegt worden. »Die Unterkünfte seiner Leute waren auf Anordnung des erfahrenen Karl so um die Pfalz gebaut, daß er durch das Gitter seines Balkons unbemerkt alles sehen konnte, was die Hineingehenden und Herauskommenden taten. Und die Häuser der Großen waren alle so auf Säulen gestellt, daß sich Träger und Diener, aber auch andere vor Regen und Schnee, Kälte und Sonnenschein darunter schützen und doch nicht vor den Augen des scharfsichtigen Karl verbergen konnten.«[104] Diese genaue Beobachtungsgabe konnten auch Heilige haben: Noch Gregor VII. war davon überzeugt, daß Petrus die Herzen der Menschen durchschaue. Während der Papst, dem eine Botschaft gebracht wird, »die Buchstaben überfliegt oder den Stimmen der Sprechenden zuhört, erkennt Petrus mit seinem scharfen Blick, aus was für einem Herzen die Schreiben hervorgingen«[105].

Abb. 61 Reims, Karl der Kahle

Jede Beobachtung hat Folgen. Was immer Karl in der Natur sieht, wird ihm ein Anlaß, andere zu ermahnen. So fällt es ihm etwa auf, »daß derzeit allerorten der Boden ungewöhnlich unfruchtbar ist, ... daß außerdem Unwetter der Feldfrucht arg zusetzen und daß Seuchen umgehen«. Dies läßt ihn gleich anderen Ratschläge erteilen: »Deshalb scheint es uns durchaus gut, daß jeder von uns sein Herz aufrichtig zu demütigen trachte und sich durch Buße reinige.«[106] Er will alles genau wahrnehmen, um so durch Ermahnungen zu zeigen, daß er als Herrscher Gott folgt[107].

Im Jahr 789 erließ Karl eine »Allgemeine Ermahnung«[108]. Seine Gesetze nannte er immer wieder »Ermahnungen«, und in seine Erlasse fügte er ermahnende Worte ein[109]. An einigen Stellen entschuldigte er sich sogar deswegen: »Wir bitten, keiner soll diese liebevolle Ermahnung anmaßend finden, durch die wir Irrtümer korrigieren, Unmaß verhindern, Richtiges betonen wollen. Sie möge im Geist freundlicher Liebe angenommen werden.«[110] Karl beruft sich dabei auf Vorbilder im Alten Testament: »Wir lesen nämlich im ›Buch der Könige‹, wie der heilige Josia sich bemühte, das von Gott gegebene Reich zur Verehrung des wahren Gottes zurückzurufen, indem er umherreiste, in Ordnung brachte und ermahnte. Nicht, daß ich mich mit diesem Heiligen vergleichen wollte, aber wir müssen doch in allem dem Beispiel der Heiligen folgen.«[111] Auch von seinem Stellvertreter erwartet er, daß dieser mahnen soll. »Darum haben wir, wie erwähnt, einige Kapitel aufschreiben lassen, daß Ihr Euch ebenfalls bemüht, zu mahnen, und daß Ihr, wenn Euch sonst noch etwas Notwendiges einfällt, dieses und jenes sogleich verkündet.«[112]

Wenn Karl somit von seinen Mitarbeitern und Freunden der Belehrende oder der Prediger genannt wurde, hatten diese Titel nicht den ironischen Klang, den wir spüren, wenn wir einen Politiker einen Prediger oder Lehrer nennen würden. Diese Ermahnungen waren gebärdenhafte Handlungen[113]. Ermahnend wies ein Herr-

Abb. 62 Reichenau, Verkündigung an die Hirten

scher auf andere und »zeigte« gleichzeitig, daß er unter dem Einfluß Gottes stand[114].

Ähnlich reagiert am Ende dieser Epoche Papst Gregor VII. Dieser Papst meinte, daß jeder Gläubige, von Gott gelenkt, seine Mitmenschen ermahnen solle. Er rechnete mit verschiedenen Stufen der Gläubigkeit. Denn diese war für ihn steigerungsfähig. Gläubiger als die übrigen war derjenige, der die Seele eines anderen beim Schiffbruch rettete, und mochte es auch gegen dessen Willen sein, als derjenige, der zuläßt, daß »ein Sünder im verderbenbringenden Wirbel« unterging[115]. Dieser Papst glaubte fest daran, daß er und alle Christen beim Jüngsten Gericht für die Menschen angeklagt werden, deren Wege sie durch Ermahnungen vom Absturz hätten zurückführen können. Dazu berief er sich auf eine Stelle des Propheten Hesekiel: »Wenn du dem Gottlosen nicht seine Gottlosigkeit sagst, so wird der Gottlose um seiner Sünde willen sterben, aber dessen Blut will ich von deiner Hand fordern.«[116] Da nach seiner Überzeugung die leidenschaftlichsten Ermahnungen vom Papst ausgingen, sollte dieser der Herr der Christenheit sein.

Was immer er sah, war ihm Anlaß, andere zur Aktivität zugunsten ihrer Mitmenschen anzuspornen: »Wenn meine Ermahnung bei dir nicht auf fruchtbaren Boden fällt und der Befehl des apostolischen Stuhles bei dir nicht Gehorsam findet, warum erschrecken dich nicht wenigstens die Klagen der Armen, die Tränen der Witwen, die Verwüstungen der Kirchen, das Jammern der Waisen, der Schmerz und das Murren von Priestern und Mönchen?«[117]

Man darf natürlich keine modernen Vorstellungen in diese Sätze hineininterpretieren. Es war nicht daran gedacht, eine große Hilfsorganisation zu schaffen. Diese Herren wollten vielmehr, daß der einzelne seine Beziehung zu Gott erkannte und sich getrieben fühlte, andere zu ermahnen. Es ging um Veränderung der Menschen und nicht um Erfolg einer durch Institutionen geförderten Sozialarbeit[118].

Auch diese Herrscher sahen somit sich und andere Menschen in einem Raum, der Platz bot, daß einer über andere auf Dritte wirken konnte. Da jede Aktivität dieser Art bedingungslos gutgeheißen, ja ständig gefordert wurde, konnten die Herrscher sich nicht damit begnügen, an die Angehörigen ihres Stammes oder Reiches zu denken. Es war ja nicht einzusehen, warum die Menschen jenseits der Grenzen nicht auch zurechtgewiesen werden sollten. Welche Formen wurden dafür gewählt?

Das Reich hat er auf vornehme Art erweitert

Die Inschrift, die Karl dem Großen auf das Grab gesetzt wurde, ist uns erhalten. Karl wird gerühmt, weil er das Reich auf vornehme Weise erweitert habe [119]. Einhard, der sie überliefert und wohl auch verfaßt hatte, baute die von ihm geschriebene Biographie Karls des Großen auf diesen Gedanken auf. Ausführlich berichtet Einhard von den verschiedenen Feldzügen, die der Erweiterung wegen nötig waren [120].

Die Erweiterung des Reiches war kein Ziel spätantiker Kaiserpolitik. Im Gegenteil, Julian betonte vor seinen Soldaten, daß er den Krieg, der sie in das Gebiet der Perser führte, nur begonnen habe, um das Reich zu verteidigen [121]. Justinian legte Wert darauf, die Wiederherstellung des alten Reiches zu ermöglichen. Selbst seine Baumaßnahmen waren durch und durch defensiv [122].

Anders war es bereits bei den Angelsachsen gewesen. Beda erzählt die Geschichte von König Oswald. Beda erwähnt zuerst den Platz, der noch immer verehrt würde, da Oswald vor einem Kampf dort ein heiliges Kreuz errichtet hatte. Der König selbst hatte es in die Grube gesetzt, und als die Soldaten es mit lockerer Erde befestigten, hielt er es mit beiden Händen aufrecht. Danach kniete er vor diesem Kreuz und forderte von seinen Kriegern, die bei ihm standen, auch sie sollten ihre Knie beugen, um den allmächtigen, lebendigen und wahren Gott zu bitten, daß er sie alle vor dem hochmütigen und wilden Feind schütze. So geschah es. Danach zog der König mit seinen Leuten in den Kampf [123]. Das war im 8. Jahrhundert gewesen. Das Kreuz, das Zeichen Gottes, verlieh also denen, die sich kniend zu ihm wandten, eine Stärke, die Feinde zu überwinden vermochte.

Wir haben aus jener Zeit einen Elfenbeindeckel aus Lorsch, der ein solches Kreuz darstellt (Abb. 63). Der Künstler hatte ein antikes Vorbild; bei diesem tragen zwei Engel das Kreuz. In seiner Darstellung jedoch geht von dem Kreuz eine Kraft aus, die durch die Engel hindurchwirkt, so daß sie ihre Köpfe zur Seite wenden und ihre Gewänder rechts und links vom Kreuz weggeweht werden [124]. Gott und sein Zeichen, das Kreuz, wirken somit nicht nur ermahnend, indem sie die Menschen zu Ermahnern werden lassen, sondern sie verleihen auch siegend eine Kraft, die die Menschen als Sieger kämpfen lassen.

Von dieser Wirkung sprechen bereits die Päpste in ihren Briefen an

Abb. 63 Lorsch, Elfenbeindeckel und Kindersarkophag

Pippin und an dessen Söhne Karl und Karlmann. Sie forderten die Franken auf, gegen die Langobarden, die das Gebiet des heiligen Petrus bedrängten, kriegerisch vorzugehen. Dabei schrieben sie, Gott werde sie auf Bitten des Apostelfürsten Petrus siegen lassen. Sie versprachen weiter, daß der Apostelfürst sie, seine Getreuen, in den Himmel führen und ihnen dort Sitze zuweisen werde. Doch sie erwähnten auch, daß er sich am Kampf beteiligen und das Reich erweitern werde [125].

Vielleicht legten ihnen die Karolinger eine solche Formulierung nahe. (Deren Briefe sind uns nicht erhalten.) Jedenfalls trafen diese sich in jedem Jahr mit ihren Kriegern und berieten, wo in dem bevorstehenden Sommer und Herbst gekämpft werden solle. Sie führten Kriege bei den Sachsen, bei den Ungarn, in Süditalien, jenseits der Pyrenäen, und alle diese Feldzüge dienten dazu, das Reich zu erweitern [126].

Mit dieser Expansionspolitik verband sich der Wunsch, die Unterworfenen, soweit sie noch nicht zu den Christen gehörten, zu bekehren. Karl der Große hat diese Mission mit außerordentlicher Beharrlichkeit und mit Strenge durchgeführt. Wenn ein Bekehrter vom Glauben wieder abfiel, wurde er bestraft. Für die Sachsen erließ Karl Gesetze, die für die Abweichung von christlichen Geboten, etwa für Fleischgenuß in der Fastenzeit, die Todesstrafe vorsahen [127]. Die

Härte der Maßnahme war umstritten. Karls Mitarbeiter nahmen gelegentlich dagegen Stellung[128]. Die Mission hingegen förderten sie. Sie wünschten, unter einem König tätig zu sein, der als »Prediger« die Heiden dazu brachte, Gott anzuerkennen und so die Mitmenschen dazu anzuhalten, auf andere Menschen ermahnend einzuwirken[129].

Diese Verbindung zwischen Eroberungspolitik und Mission blieb auch in den folgenden Jahrhunderten erhalten. Sie führte zu den zahlreichen Kirchengründungen im Gebiet der Slaven[130] und griff sogar in den Bereich des Islam über. Als ein mohammedanischer Herrscher christliche Kriegsgefangene entließ, hat Gregor VII. versucht, ihm nahezulegen, zum Christentum überzutreten[131].

Die Begründungen, die die Karolinger und die Päpste in karolingischer Zeit und mit etwas anderen Argumenten die Reformpäpste, wie Gregor, gaben, waren ähnlich, doch insgesamt neu und recht ungewöhnlich. Augustin hatte nur diejenigen Kriege gut geheißen, bei denen der Mensch, der etwas zu verteidigen hatte, nicht an seine Person dachte und nicht von seinen Leidenschaften gelenkt wurde. Wandte er sich von seiner Person ab oder, was ihm noch mehr galt, Gott zu, dann konnte er sich auch an einem Krieg beteiligen[132]. Seit dem 8. Jahrhundert hingegen ging es nicht mehr um die Stellung zur eigenen Person und zu deren Leidenschaften. Vielmehr waren die Menschen der Überzeugung, daß vom Kreuz eine kriegerisch siegbringende Kraft ausströme auf die, die das Kreuz verehrten. Oder sie meinten, daß Petrus bei Gott erreichen konnte, daß diejenigen, die ihn unterstützten, den Sieg erhielten. Mit anderen Worten: Gott, das Kreuz (ein Zeichen Gottes) und Heilige versetzten den Menschen in einen Zustand, der sie auf andere – diesmal nicht ermahnend, sondern siegend – einwirken ließ. Unter diesem Aspekt war eine Erweiterung des Reiches eine lobenswert christliche Handlung. Sie war gleichzeitig eine Tat, die im Auftrag Gottes ausgeführt wurde und daher bei Heiden zur Mission dienen mußte.

Auch die Feinde wurden jetzt neu gesehen.

Wenn die Menschen, die sich Gott zuwandten, unter dessen Einfluß ihre Mitmenschen bekehrten, mußten sie annehmen, daß diejenigen, die nicht die Mitmenschen ermahnten, von einem Feind Gottes abhängig waren. So glaubten viele in der damaligen Zeit, daß ein Teufel ebenfalls über die Menschen Gewalt gewinnen könne: Wer nur seinen persönlichen Antrieben nachgab, der war für diese Menschen von einem Teufel besessen[133].

Einzelne Personen, zu diesen gehörte Gregor VII., waren der Überzeugung, daß sich den alltäglichen Maßnahmen der Menschen entnehmen ließ, wenn sie nicht mehr von Gott, sondern vom Teufel angetrieben wurden. Gregor rechnete dabei damit, daß sich die Situation ständig und schnell ändern konnte[134]. Immer wiesen die Handlungen auf den Urheber einer Tat. Denn jede Handlung war in dieser Hinsicht eine über sich hinausweisende Gebärde.

Wie standen die Architekten zu diesem Raum, der dazu diente, einen von einer Person über andere Personen auf wieder andere Personen wirkenden Prozeß darzustellen? Karl der Große nahm sich als Baumeister spätantike Werke zum Vorbild. Diese trennten einen unirdisch schwebenden, schwerelosen Bereich von dem Teil, der die irdische Schönheit spiegelte. Was wurde aus diesen Bauformen in fränkischer Zeit?

Bauten ermöglichen Begegnungen mit einem Herrn

Wir erwähnten bereits, daß Karl die Gebäude seiner Pfalz so anordnen ließ, daß er durch die Gitter seines Balkons unbemerkt alles beobachten konnte, was die Kommenden und Gehenden taten. Auch fremde Gesandte ließ er alles betrachten. »Sie stiegen auf den Balkon, der um die Königshalle führt, und schauten von dort auf die Geistlichkeit und die weltlichen Herrscher.«[135] In einem Gebäude halten sich diese Männer auf, um andere Personen zu sehen. Karls Mitarbeiter nannten dessen Bauten – etwa die Aachener Pfalz – gelegentlich ein »hiesiges Jerusalem« oder ein »zweites« oder »erneuertes Rom«. Sie dachten offensichtlich nicht daran, daß diese – wie die Hagia Sophia für Prokop – Abbild der Welt oder des Himmels seien. Diese historischen Städte erinnerten sie vielmehr an Personen, die in ihnen wirkten, an David in Jerusalem oder an die römischen Gesetzgeber.

Ein unbekannter Dichter preist Karl in einem Epos als »Gebieter einer Stadt«: »Wo sich ein zweites Rom zu neuer Blüte gewaltig und groß zum Himmel hebt, da steht der huldreiche Karl und bestimmt die Plätze, an denen sich die Mauern des künftigen Roms erheben sollen. Hier wird das Forum sein und dort der ehrwürdige Senat, wo die Völker Rechte und Gesetze und heilige Befehle empfangen sollen.«[136]

Auch wenn Bewegungen in Gebäuden geschildert werden, ist fast nur von den Menschen die Rede, die dabei miteinander Kontakt aufnahmen. Zu diesen gehörten auch historische, bereits verstorbene Personen.

Uns wird ein Kirchenbesuch Karls in Rom beschrieben. Nachdem er in die Stadt eingezogen war, begab er sich am frühen Morgen des nächsten Tages zur Peterskirche. Vor dieser erwartete ihn Papst Hadrian mit dem Klerus auf den Stufen unter dem Gebäude. Im Bericht heißt es: »Es traf der erhabene und gütige König Karl ein und er küßte einzeln alle Stufen der hochheiligen Peterskirche und kam so zu dem vorhergenannten Priester, wo er in dem Hof oberhalb der Stufen neben den Eingängen der Kirche stand. Als dieser ihn empfangen hatte, umarmten sie sich wechselseitig, und derselbe allerchristlichste König Karl hielt die rechte Hand des vorhergenannten Priesters. So beschritten sie denselben verehrenswerten Hof des heiligen Apostelfürsten... Dann näherten sich der König der Franken und alle Bischöfe und Äbte und Richter und alle, die mit ihm gekommen waren, mit demselben Priester dem Grab des heiligen Petrus und warfen sich dort nieder und sprachen ihre Gelübde dem allmächtigen Gott und demselben Fürsten der Apostel und rühmten die göttliche Macht, weil diese befohlen hatte, ihnen durch Unterstützung der Fürsprache des Apostelfürsten einen so großen Sieg zu geben.«[137]

In dieser Geschichte führt der Weg in das Gebäude zu einer Begegnung mit Petrus. Diesem, der nach dieser Darstellung Karl und seinen Truppen den militärischen Sieg verliehen hatte, huldigte der Franke in einem Bau.

Die Kirchen selber können Begegnungen mit Situationen der Heilsgeschichte ermöglichen. Die Vorschriften Angilberts aus den Jahren zwischen 800 und 811 betreffen die Klosterkirche von St. Requier in Centula. Angilbert schildert eine Prozession. Sie hat, sehr verkürzt wiedergegeben, folgenden Ablauf:

Aus den Kirchen sieben benachbarter Orte kommen Kreuze und Prozessionen in Centula zusammen. Die Kreuze bleiben hier vor dem Mitteleingang der Kirche stehen; Männer und Frauen trennen sich, so daß die Männer auf der nördlichen und die Frauen auf der südlichen Seite warten. Nun treten aus der Kirche zuerst die Mönche hervor. Ihnen werden drei Gefäße mit Weihwasser, Weihrauchgefäße mit Thymian, sieben Kreuze – in der Mitte das Salvator-Kreuz – und die großen Reliquienbehälter vom Salvator-Altar vorangetragen.

Hier begegnen die Gläubigen dem Kreuz Jesu, der Erlösung. Danach folgen Diakone, Subdiakone und die Kleriker der niederen Weihen. Ihnen schließen sich die übrigen Angehörigen des Konvents an, alle in Siebener-Reihen geordnet. Auf die Schule der Laien-Knaben folgt eine Gruppe adeliger Herren, die der Propst oder Klosterdekan ausgewählt hat – auch sie in Siebener-Reihen zusammen mit ihren Familien. Sie beschreiten also – es mögen etwa 500 Personen gewesen sein – das Atrium, um sich mit den wartenden Gruppen zu vereinen. Diese reihen sich nun hinter ihren Kreuzen in den Zug ein. Wieder gehen die Kinder den Eltern voraus, Jungen und Mädchen, dann folgen Klosterritter mit ihren Frauen, und am Ende kommt das übrige Volk auch in Siebener-Reihen, darunter die Bauern und Handwerker von Centula und von den Orten der Umgebung. Insgesamt könnten es durchaus tausend Personen gewesen sein. Diese Prozession zieht nun durch die Klosterstadt in die Umgebung hinaus, kehrt am Ende ins Atrium zurück, die Kreuze werden in die Kirche gebracht, dann begeben sich alle in die Kirche. Dabei sind in der Kirche die Geburt und das Leiden Jesu an verschiedenen Orten des Gebäudes dargestellt, so daß sie diesen sich nähern. Am Ende gehen sie zum Salvator-Altar. Dort wird die Messe gelesen, und danach kehrt das Volk nach Hause zurück [138].

Die Kirche ermöglicht so den Gläubigen, auf einer Prozession den verschiedenen Stationen der Heilsgeschichte nahezukommen. Bei der anschließenden Messe, bei der die Verwandlung von Brot und Wein stattfindet, begegnet die Bevölkerung am Altar dem Herrn. Dieser – wie an allen Stationen der Heilsgeschichte – wirkt dort auf die Menschen.

Auch wenn die Mönche unter sich den Gottesdienst feierten, zogen sie ständig im Klostergebiet und Kirchengebäude umher. »Angilberts Centulaer Anweisungen beschreiben... die Benützung der Gangbahn der Seitenschiffe, das Heraustreten des Konvents aus dem Altarhaus in das Mittelschiff, die kunstvollen Aufteilungen und Vereinigungen in den Querhausflügeln und vor den Andachtsstätten auf der Mittelachse des Gotteshauses. In raumausmessenden Bewegungsbahnen erfuhr sich auch die von der Außenwelt abgeschlossene Mönchsgemeinschaft als grundsätzlich auf der Wanderung befindlich.« [139] Jeder dieser Wege endete freilich in einem Gottesdienst und somit in einer Begegnung mit dem Herrn. Entsprechendes ist uns aus dem Kloster Cluny bezeugt [140].

Von Begegnungen mit Damen und Herren des Hofes wird auch bei Erwähnung der weltlichen Gebäude gesprochen.

Von einer Jagd zur Zeit Karls des Großen heißt es: Zuerst verläßt »Vater Karl die heiligen Schwellen der hohen Kirche«. Dann werden die Tore der Burg geöffnet, und Herzöge und Adlige erscheinen. Danach tritt die lang zögernde Königin aus ihrem hohen Gemach hervor. Nun kommt Pippin, der Sohn. Es folgt eine Schar von Begleitern aus den offenen Pforten. Im Anschluß daran schreiten die Töchter aus dem Haus heraus. Der unbekannte Autor zählt sie alle auf, wie eine nach der anderen, wie Theodrada, »die geheiligte Pfalz verlassen«. Draußen warten bereits Männer und Frauen auf sie [141].

Angilbert schrieb ein Gedicht, in dem er seine Verse, eben die, die er formulierte, aufforderte, zu Karl, seinen Mitarbeitern und Kindern zu gehen. Dann schildert er, wie sein Lied in das Haus eintritt, durch die verschiedenen Räume läuft und einen nach dem andern begrüßt, einige zum Gruß küßt, sich vor anderen huldigend niederwirft. Auf diese Weise durcheilt das Lied die Gemächer der Mädchen, kommt zur Kapelle und begibt sich schließlich in den Garten. Dort findet es Karl, den Vater, mit seinen Söhnen und sagt auch diesen zur Begrüßung Freundlichkeiten [142].

Im Utrechter Psalter sind uns viele Zeichnungen von Bauwerken erhalten. Die Kirchen sehen dort antiken Tempeln sehr ähnlich. Doch am Eingang steht der Altar [143]. Oft hängt darüber eine Leuchterkrone (Abb. 64) [144]. So erscheint die Stelle, an der Gott gegenwärtig ist. Werden Personen mit abgebildet, so sind sie auf diesen Altar hingeordnet [145]. Auch Menschen werden in den Gebäuden dargestellt. Meist treten sie aus ihnen hervor, andere warten vor dem Gebäude auf diese [146], oder sie verlassen wie David das Haus, um vor Gott Gottes Lob, begleitet vom Spiel der Harfe, zu singen (Abb. 65) [147].

Sitzt eine Person am Tor, nähern sich andere dieser oder wenden sich ihr zu [148]. Sie huldigen ihr oder empfangen sie freudig (Abb. 66) [149].

Eigentümlicherweise werden die Gebäude nie in ein Straßennetz der Landschaft einbezogen. Sie sind oft von Mauern umgeben. Mauern können mehrere Häuser umschließen. In solchen Bildern drängen Menschen zum Tor der Mauer, doch Straßen, die dorthin laufen, oder Wege, die hinaufgehen, werden nicht angedeutet (Abb. 67) [150].

Manchmal erscheint neben diesen Bauwerken auch ein Turm. Auf diesem steht dann ein Mensch, doch es ist keine Person, die in die Landschaft hinaussieht oder Künftiges beobachten möchte. Sie deu-

QUISAPIENSETCUSTODIET

Abb. 64–68 Utrechter Psalter

tet weit über sich hinauf auf Gott, den Herrn, der irgendwo in der Ferne erscheint (Abb. 68)[151].

Die Gebäude dienen somit dazu, Bewegungen und Begegnungen zu ermöglichen. Die älteren Gliederungen der Bauwerke werden beibehalten oder umgeformt, erhalten jedoch einen neuen Sinn. Gebäude gleichen nicht einem Menschen, der Lasten zu tragen hat. Sie geben keinen Blick in die Landschaft frei. Sie repräsentieren weder die bunt geschmückte, fruchtbare Erde noch den schwebenden Himmel. Statt dessen sind es nach allen Berichten Orte, in denen sich Menschen (oder Lieder) so lange bewegen konnten, bis sie mit dem Wesen zusammentrafen, vor das sie zu treten wünschten.

Es fällt allerdings auf, daß bei allen diesen Begegnungen eine Person – Gott oder ein Mensch – der Herr ist. Die Gebäude bringen die Menschen mit einem Herrn zusammen. Das gilt für das wartende

Volk, das vor der Pfalz steht und das Heraustreten der Jagdgesellschaft beobachtet; das gilt für das Lied Angilberts, das durch die königlichen Gemächer eilt; für Karl den Großen, der den Apostel-Fürsten besucht; für das Volk, das Otto als König begrüßt – für jede Prozession und für jeden Gottesdienst.

Die Bauten selber zeichnen sich in den Innenräumen dadurch aus, daß die Seitenwände unten durch aufeinander folgende Bögen und oben durch nebeneinander liegende Fenster waagrecht gegliedert werden. Keine vertikale Konstruktion – kein Dienst, keine Säule, kein Pfeiler – durchschneidet diese horizontale Einteilung. So hat der Besucher der Kirchen, die uns aus dem 8., 9. und 10. Jahrhundert erhalten sind, den Eindruck, durch die Aufteilung der Wände auf einen Weg geführt zu werden. Dieser läuft auf den Altar zu, auf dem in der Messe Jesus gegenwärtig ist und unter dem oft Reliquien, die Gebeine der Heiligen, liegen, die somit ebenfalls anwesend sind. Auf diesem Weg können die Besucher der Kirche noch einzelne Szenen der Bibel betrachten, die auf quergespannten Bögen und auf den Wänden als Bilder angebracht sind. Gläubige begegnen so Jesus, den Heiligen, Personen oder Situationen der Heilsgeschichte, die auf sie Wirkungen ausüben [152].

Erst in der Mitte des 11. Jahrhunderts ändert sich die Bauweise. Nun werden die Wände vertikal gegliedert (Abb. 77f.). So können wir die Zeit zwischen dem 8. und dem frühen 11. Jahrhundert als eine Einheit ansehen. Allerdings gab es auch in ihr einige Veränderungen.

Die herrscherlichen Aufgaben wandeln sich

Die Leistungen Karls des Großen waren überwältigend. Schon die Zeitgenossen hoben dies hervor. Er hatte den Umfang des Reiches fast verdoppelt; er wirkte als Gesetzgeber. Wissenschaftler kamen aus allen Ländern an seinen Hof; Künstler erfuhren mannigfache Anregung. Eigentümlich ist nur, daß aus seinen späteren Schreiben eine zunehmende Unsicherheit spricht. Schon im Jahre 807 ließ er auf einer Versammlung geistlicher und weltlicher Herrn ein Fasten für das Reich beschließen und begründete es mit folgenden Worten: »Wir haben von unseren Getreuen in den einzelnen Reichsteilen erfahren, daß derzeit allerorten der Boden außergewöhnlich unfruchtbar ist, Hungersnot droht, daß außerdem Unwetter der Feldfrucht arg zusetzten, daß Seuchen umgehen und an unseren Grenzen fortwährend Krieg mit heidnischen Stämmen herrscht. Aus diesen äußeren Anzeichen können wir sicher schließen, daß wir dem Herrn innerlich in keiner Weise wohlgefällig sind, da wir gezwungen werden, äußerlich solche Übel zu ertragen.«[153] 810 verordnet Karl noch einmal ein Fasten, »um Gott zu bitten, daß er uns zeigen möge, in welcher Weise unser Verhalten ihm gegenüber gebessert werden müsse«. Schließlich ließ er verkünden: »Wir müssen uns in vielen Dingen anders als bisher verhalten, wir müssen viele unserer Gebräuche und Gewohnheiten aufgeben und das tun, was wir bisher nicht getan haben.«[154]

Diese Selbstvorwürfe waren gewiß, wie die Texte erkennen lassen, durch äußere Schwierigkeiten bedingt. Sie mögen dadurch verstärkt worden sein, daß der alternde Kaiser spürte, wie seine Kräfte nachließen. Doch lag auch in den von ihm vertretenen Verhaltensweisen bereits ein Element der Unsicherheit.

Er war ja, wie seine Mitarbeiter und die Oberschicht der Franken überhaupt, darauf bedacht, sich Gott zuzuwenden, um zu erfahren, was dieser von den Menschen fordert. Dieses sollte in Ermahnungen an andere weitergegeben werden. Wenn Karl nun Mißerfolge hatte oder wenn das Reich aus klimatischen Gründen in Schwierigkeiten geriet, dann mußte er sich fragen, ob möglicherweise die Wünsche Gottes von ihm nicht wahrgenommen oder falsch verstanden worden waren. Diese Orientierung am Wort, an dem, was zu hören war, brachte die erste Ungewißheit.

Mit ihr setzte auch der Wandel ein. Freilich mußte noch Zeit vergehen, doch bald folgte Unglück auf Unglück. Das Reich Karls zerfiel unter seinen Nachfolgern. Sarazenen, Normannen oder Ungarn verwüsteten das Land. Kirchen und Klöster wurden ausgeraubt, Frauen und Männer erschlagen und verschleppt. Am Ende des 9. Jahrhunderts waren die Menschen nur noch darauf bedacht, Herrscher zu finden, die das drohende äußere Unheil zu mindern oder abzuwehren verstanden. Sie brauchten Herren, die den Normannen, Ungarn und Sarazenen standhielten. Nicht das gesagte und weitervermittelte Wort, sondern die Tat allein zählte.

Männer, die in dieser Situation der Bevölkerung halfen, schienen nicht mehr nur Gottes Ermahnungen zu hören und weiterzugeben. Sie erweckten vielmehr den Eindruck, Gott im Handeln zu verkörpern. Auch Gott selber wurde – fast allzu einseitig – unter diesem Aspekt gesehen, als Herr, der am Kreuz über Sünde und Tod triumphierte und siegend die Welt umgestaltete. Dieser Wandel ist am deutlichsten in der Liturgie zu beobachten, die von nun an den Königskrönungen zugrunde gelegt wurde.

Diese Krönungsliturgie wurde im letzten Drittel des 9. Jahrhunderts neu formuliert. Im älteren Text waren Priester das große Vorbild gewesen. Jetzt dominierten Gestalten, denen ein kriegerischer Erfolg nachgesagt werden konnte. Von Abraham, der ein Vorbild darstellte, heißt es, daß »Gott ihn über die Feinde triumphieren ließ«. Von Mose und Josua wird gesagt, daß Gott ihnen »vielfältigen Sieg zuerteilte«. Jesus war der Mann, der »mit der Stärke des Kreuzes die überirdischen Gewalten niederwarf, der die Hölle zerstörte, das Reich des Teufels überwand und zu den Himmeln als Sieger aufstieg«. Ihn preist der Text als »unbesiegten Triumphator«. Selbst der Heilige Geist wird in diesen Zusammenhang gebracht. Seine Kraft solle dazu dienen, Feinden Widerstand zu leisten und sie aus den Landen hinauszutreiben. So wird dann in diesen Krönungstexten für den König gewünscht, daß Gott ihn »mit Tapferkeit kröne«[155].

Von den Herrschern selber haben wir keine unmittelbaren Aussagen. Die meisten von ihnen konnten kein Latein und waren nicht gewohnt zu schreiben. Doch deren Ratgeber und Familienmitglieder schilderten die Könige häufig genug. So schrieb Thietmar, der Bischof von Merseburg, über Heinrich II.: »Unser König, wenn er auch ein Mensch gewesen ist, hatte doch den Eifer Gottes.«[156] Wenn er half, fügte er hinzu: »Diese Güte hätte er nicht gehabt, wenn sie ihm nicht vom Himmel verliehen worden wäre.«[157] Und als er den Polen Boleslav besiegte, kommentiert Thietmar diesen Erfolg mit den Worten: »Dies ist die Wahrheit, wenn nicht die göttliche Huld den König inspiriert und den Gegner nicht die Anmaßung seines Hochmuts aufgebläht hätte, dann wäre nicht die Gunst des Siegens uns so plötzlich zugefallen.«[158] Die Erfolge des Königs gingen für Thietmar auf dessen Eigenschaften und gleichzeitig auf Gottes Einfluß zurück. »Durch göttliche Huld und durch seine Stärke demütigte Heinrich II. alle Menschen, die sich jemals gegen ihn wandten.«[159] Dieser Gott ist selbstverständlich für ihn der Herr. »Gott ist das höchste Gut, ohne den keiner herrscht.«[160] Dementsprechend wird der Herrscher für ihn zu Gottes Stellvertreter, zu dem Menschen, »der an Gottes Statt hier auf Erden regiert«[161]. Ähnliche Aussagen finden sich fast bei allen Chronisten des 10. und frühen 11. Jahrhunderts[162].

Da die Herrscher sich nicht selber über ihre Stellung äußerten, sind wir darauf angewiesen, Schlüsse aus dem von ihnen gestalteten

Zeremoniell zu ziehen. Zu den Herrschaftszeichen gehörte im 10. Jahrhundert die heilige Lanze. Heinrich I. hatte ein Stück Land, das Gebiet um Basel, an Rudolf von Burgund abgetreten, um diese Reliquie zu erhalten[163]. Sie wurde von den sächsischen Herrschern mit in die Schlacht genommen. Otto der Große betete während der Schlacht vor ihr um den Sieg[164]. Liudprand, der Bischof von Cremona, der als Berater und Gesandter Ottos des Großen tätig war, sagte von dieser Lanze, daß sie »Himmlisches mit Irdischem« vereinige. Dadurch war ihr von Gott eine »siegbringende« Stärke verliehen, sie wurde zur Waffe gegen »sichtbare und unsichtbare Feinde«[165]. Die Bindung an diese Reliquie zeigt somit, daß der Herrscher einen Gegenstand bei sich haben wollte, der es ihm ermöglichte, mit göttlicher Unterstützung seine Gegner zu besiegen.

Am Zeremoniell der Krönung wirkten Bischöfe und Geistliche mit. Im Verlauf der verschiedenen Handlungen kam es zu einer Situation, in der der neue Herrscher sich auf den Boden legte und seine Arme nach beiden Seiten ausstreckte, Geistliche lagen um ihn. Er handelte, wie die Liturgie betonte, als »Gesalbter« dank seines Namens als Typus von »Christus«[166].

Neben dem Zeremoniell zeigt auch die Gesetzgebung den Willen eines Herrschers. Otto der Große wurde einmal vor die Frage gestellt, welche von zwei Rechtstraditionen zutreffend sei. Dabei bat man ihn, was nach damaligem Gewohnheitsrecht eigentlich selbstverständlich war, einer Gruppe von ehrwürdigen alten Männern die Entscheidung zu übertragen. Otto hingegen ordnete einen Zweikampf an. In diesem sollte festgestellt werden, welche der beiden Überlieferungen gültig sei[167]. Ähnlich ging er vor, als bezweifelt wurde, ob eine Dame der königlichen Familie ihre Ehre gewahrt habe. Auch diese Streitfrage wurde auf Befehl Ottos durch einen Zweikampf entschieden[168]. Zu den wenigen Gesetzen, die Otto der Große erließ, gehörte eine Bestimmung, die das Prozeßverfahren betraf. Bei sich widersprechenden Zeugenaussagen waren in Italien bisher beide Parteien aufgefordert worden, die Wahrheit ihrer Behauptungen durch einen Eid zu bekräftigen. Otto verlangte nach Beratung mit den Großen des Reiches, daß von nun an ein Zweikampf entscheide. Dabei wurde von ihm genau geregelt, welche Zeugen sich durch eine andere Person im Zweikampf vertreten lassen könnten.

Diese Bestimmungen waren nur sinnvoll, wenn Otto und seine Umgebung annahmen, daß Gott Stärke verlieh und so jeder militärische Sieg auf das unmittelbare Eingreifen Gottes zurückging. Da

Gott den Gerechten unterstützte, war durch einen Kampf zu erkennen, wer in einem konkreten Streitfall recht hatte [169].

Alle diese Beispiele zeigen: Die Menschen orientierten sich weiterhin nach zwei Seiten. Sie stellten sich auf Gott und auf ihre Umgebung ein. Doch wird nicht mehr davon gesprochen, daß sie Gottes Gebote hören und entsprechend ihre Mitmenschen ermahnen sollten. Statt dessen meinten sie, von Gott mit Eigenschaften erfüllt zu sein, die sie ihren Mitmenschen gegenüber handeln lassen. Diese Eigenschaften wollten sie auch immer wieder ausdrücklich »zeigen« [170].

Da sie im Handeln, etwa als Sieger im Zweikampf, von Gott gelenkt wurden, repräsentierten sie etwas von seiner Art. Dies verlieh ihnen eine viel größere Sicherheit im Auftreten, vorausgesetzt, ihre Taten waren wirklich Zeugnisse göttlichen Tuns.

Für die anderen Personen hatte sich somit die Situation gewandelt. Gottes Kraft, die bei Angelsachsen und Karolingern im 8. und 9. Jahrhundert noch von Gott selber, vom Kreuz als Zeichen Gottes oder von den Heiligen ausging und die von den Menschen ermahnend und gebietend weitervermittelt wurde, kam nun von Jesus oder dessen königlichem Stellvertreter, und die Menschen hatten sich diesen in ihren Gebärden zuzuwenden.

Auch an den Bildern ist dieser Wandel zu erkennen. Oft zeigen sie eine Person mit Gebärden, auf die eine andere oder mehrere andere mit korrespondierenden Gebärden reagieren. Bei der Fußwaschung Petri etwa hat Jesus seinen rechten Arm in einer bogenähnlichen Bewegung nach vorn geschoben. Diesem Bogen zuliebe werden weder die Ecken der Schultern noch die Ecken des Ellbogengelenkes sichtbar. So scheint durch den Arm vom Kopf her ein Strom zu fließen, und dieser Strom verlängert die gestreckten Finger, Daumen, Zeige- und Mittelfinger, die unmittelbar auf Petrus gerichtet sind. Dieser Gebärde antwortet Petrus, dessen Arme nun zu Jesus hinstreben. Wieder verschwinden die Gelenke, so daß ein Strom diese Arme durchfließen könnte, der sich Jesu Leib zuwendet (Abb. 69) [171].

Im Unterschied zu den karolingischen Bildern geht nicht mehr von Gott, dem Kreuz oder einem Evangelistensymbol eine Bewegung aus, die durch eine Person hindurchläuft und diese zu einer Bewegung in einer anderen Richtung veranlaßt (Abb. 63) [172], sondern Gebende und Empfangende sind korrespondierend aufeinander bezogen. Derjenige, der etwas entgegennimmt, wendet sich ganz dem zu, der es ihm zuteil werden läßt (Abb. 70) [173].

In einzelnen Bildern wird auch der Raum in einer neuen Weise

Abb. 69 Evangeliar, Reichenau, Fußwaschung Petri

Abb. 70 Bamberger Apokalypse, Reichenau, Der himmlische Strom

dargestellt. Die Menschen stehen nun oft innerhalb einer Architektur. Die Flächen und Linien dieser Bauten – etwa die Linien der Gesimse, Wände und Dächer – führen dabei auf die Personen hin, so daß die weisende, gebietende, helfende Kraft des auf dem Bilde dargestellten Gottesherrschers von diesen Flächen und Linien des Baues herzurühren scheint (Abb. 69)[174]. So kann der Eindruck entstehen, der Bau habe der herrschenden Gestalt ihre Kraft, die auf die anderen, empfangenden Menschen zuströmt, verliehen.

Soviel zu den Bildern. Nun zurück zu Kaisern, Königen, Päpsten und Bischöfen dieser Welt. Im Verlauf des frühen 11. Jahrhunderts begannen sie untereinander zu streiten, welche der göttlichen Eigenschaften für einen Herrscher die zentrale Bedeutung besitze. Immer häufiger zweifelten Menschen daran, ob die Stärke, zumal die kriegerische Stärke, Ausdruck göttlichen Tuns sein könne. Eher schien die Nächstenliebe eine zentrale Eigenschaft Gottes zu sein. Es sind die Reformer, unter ihnen Gregor VII., die sich mit zunehmender Radikalität zu den Menschen bekannten, die aus Liebe heraus handelten. Diese war für sie keine Eigenschaft, über die der Mensch aufgrund einer glücklichen Anlage verfügte oder die er im Laufe seines Lebens bei einer christlichen Erziehung gewinnen konnte. Vielmehr ging sie, die mit der Natur oder dem guten Willen eines Menschen nur wenig zu tun hatte, auf den Einfluß Gottes zurück[175]. Gott verlieh einem Menschen diese Liebe, und er tat es oft nur für kurze Zeit, für einen Tag oder für ein paar Stunden[176]. Allein Handlungen ließen erkennen, ob er auf diese Weise in einem Menschen »tätig« war.

Um die Liebe konnten Menschen nur beten. Gregor tat es immer wieder. »Der allmächtige Gott, der sein ganzes Gesetz im Befehl der Liebe zusammenfaßte, gebe euch die Fähigkeit, von ganzem Herzen und von ganzer Seele und mit aller Kraft zu lieben, so daß ihr eure Nächsten wie euch selbst liebt und es verdient, wenn es nottut, für sie euer Leben hinzugeben.«[177] Nicht einmal gute Gedanken oder Vorsätze stammten vom Menschen. So schrieb Gregor einem Muslim, als dieser Christen geholfen hatte: »Diese Güte sandte Gott, der Schöpfer aller Dinge, ohne den wir nichts Gutes tun, nicht einmal Gutes denken können, in Dein Herz.«[178]

Wer freilich aus Nächstenliebe handelte, konnte sicher sein, daß Gott in ihm wirkte. Ohne ihn vermochte er nicht zu existieren. »Wenn ich nur mich betrachte, dann sterbe ich immer, aber in Jesus vermag ich manchmal zu leben.«[179] In solchen Situationen bildete ein Mensch mit Gott oder mit Petrus, dem Gott die Sorge für die Kirche anvertraut hatte, eine Einheit und wollte entsprechend geachtet werden. Gregor hat nie daran gezweifelt, daß er dies verlangen konnte. »Wir wollen und wir befehlen es, daß Deine Erhabenheit häufig unsere Mandate und Mahnungen vor ihre Augen legt und sie oft beim Lesen und Anhören überdenkt. Du kannst zwar sicher eleganter Geschriebenes auf den Seiten der Bücher finden, die Heilige verfaßt haben, aber diese unsere Briefe sind an Dich gerichtet von uns, oder vielmehr: vom heiligen Petrus.«[180]

Da nun der Papst von Amts wegen dazu verpflichtet war, für die anderen Christen zu sorgen, stand er für Gregor höher als ein König oder Kaiser, der in seinem Handeln die Nächstenliebe nicht so verkörpern konnte. So meinte dieser Mann, sich der Gegenwart Gottes ganz sicher zu sein. Er, dessen Glaube bei seiner Einheit mit Petrus nie falsch sein konnte, schrieb allen Päpsten Unfehlbarkeit zu. »Die römische Kirche ist allein von Gott gegründet, sie wird niemals irren.«[181] Diese Sicherheit änderte auch das Zeremoniell. In karolingischer Zeit ähnelten sich die Menschen. Alle hatten in den Dienst Gottes zu treten und alle in diesem Dienst auf ihre Mitmenschen ermahnend einzuwirken. In ottonischer Zeit wurde der Herrscher bereits stärker herausgehoben. Er konnte vor anderen der Stellvertreter Gottes sein und suchte dies im Zeremoniell sichtbar werden zu lassen. Otto III. aß, von anderen getrennt, an einem gesonderten Tisch[182]. Gregor VII. meinte, daß der Papst ganz sicher an Stelle Gottes entscheide und handele. Er forderte daher: »Alle Fürsten haben seine Füße zu küssen.«[183]

So lassen sich innerhalb des Zeitraums zwischen dem 8. und 11. Jahrhundert folgende Veränderungen beobachten: Zuerst stand der Herrscher unter dem Einfluß Gottes und hatte dessen Ermahnungen weiterzuvermitteln, mußte dabei dafür sorgen, daß andere, von ihm ermahnt, ebenfalls ermahnten. Er konnte an Gottes siegender Kraft teilhaben, den Gegner überwinden und diesen belehrend, ermahnend zum Christentum bekehren. Seine Position ließ sich mit derjenigen eines Königs im Alten Testament vergleichen. Im Verlauf des späten 9. und 10. Jahrhunderts verstanden sich Könige und Kaiser dann selber als Vertreter Jesu und damit als Stellvertreter Gottes. Im frühen 11. Jahrhundert forderten die Geistlichen für den Papst, daß er auf Erden als Repräsentant Gottes anzuerkennen sei.

Immer jedoch sahen sich die Menschen in Abhängigkeit von Personen, von Jesus oder von einem Heiligen, die ihnen gegenübertraten und durch sie hindurch auf andere Menschen wirkten. Diese neue Körpererfahrung prägte auch ihre Sicht der Umwelt.

Alle Dinge haben an einem durch sie fließenden Prozeß teil

Die Männer und Frauen zur Zeit der Karolinger, die wir kennenlernten – es waren nur einige Personen aus der Oberschicht –, erfuhren Ähnliches: Sie wurden so ermahnt, daß sie diese Ermahnung an andere richteten. Ein Huldvoller ließ sie zu Schenkenden, ein Triumphierender zu Siegern werden. Sie wurden immer in ein Geschehen hineingezogen, das von einigen Personen in ihrer Umgebung ausging und durch sie hindurch auf andere wirkte. Diesen Erfahrungen entsprechend sahen sie ihre Umwelt.

Unfruchtbarkeit des Bodens war für Karl den Großen kein Zustand, sondern eine Wirkung, die Gott hervorrief und die die Menschen verändern sollte. Ein Hund in der Kirche war für Notker in St. Gallen kein Tier, das sich verirrt hatte, sondern ein Wesen, hinter dem jemand – nach seiner Überzeugung: der Teufel – stand und gegen den er sofort anging, indem er auf den Hund einschlug[184]. Alle Dinge waren in einen Prozeß eingefügt.

Für Intellektuelle gab es noch eine weitere Möglichkeit, bei der Wahrnehmung von Lebewesen und anderen Dingen sich den Prozeß zu vergegenwärtigen, für den diese zeugten.

Die Wissenschaftler hoben gern den Lichtcharakter alles Erschaffenen hervor. Von ihm her deuteten sie die einzelnen Wesen. Johannes Scotus hat sogar eine eigene Lichttheologie entwickelt. Nach dieser wird jede Erscheinung der Welt auf das göttliche Licht zurückgeführt. Für ihn wird der gesamte Weltenbau so zu einem gewaltigen Licht, das aus vielen Teilen »wie aus vielen Lampen zusammengefügt ist«. Er sah sich damit jedoch vor die Frage gestellt, wie denn ein einzelnes Ding als Licht erkannt werden könne. Seine Reaktion war folgende: »Du fragst mich, wie dies zu verstehen sei, daß dieser Stein oder jener Holzklotz mir ein Licht sind. Da mahnt mich die Vernunft, Dir zu antworten, daß mir beim Betrachten dieses oder jenes Steines vieles einfällt, was meine Seele erleuchtet. Ich bemerke nämlich, daß er wesenhaft und gut ist und seine Eigenart schön –, daß er durch seine Verschiedenheit in Gattung und Art von den übrigen Gattungen und Arten abweicht –, daß er durch seine Zahl, durch die jedes Ding als Einheit bestimmt wird, zusammengehalten wird –, daß er nicht aus seiner Ordnung heraustritt und nach der Beschaffenheit der Schwere seinem natürlichen Platz zustrebt. Wenn ich nur im Anblick eines Steines diese und ähnliche Betrachtungen anstelle, dann werden sie mir zum Licht, d. h. sie erleuchten mich.«[185] So hat jedes Ding teil an einem Prozeß, der auf den Betrachtenden einwirkt, diesen »erleuchtet«.

Einen »erleuchtenden« Charakter in diesem Sinne hatte auch das Erkennen von Zahlen. Karl der Große diskutierte mit seinen Mitarbeitern, welche Naturerscheinungen durch Zahlenkombinationen miteinander verbunden sind. Die 365 Tage des Jahres, die durch Stellung von Erde und Sonne bedingt sind, verweisen auf Sechser-Reihen – sechs mal sechzig plus dreißig durch sechs –, und diese lassen sich kombinieren mit dem Sechs-Tage-Werk der Schöpfung, mit den sechs Weltzeitaltern. Auch der Vierteltag, den das Jahr länger dauert und der zur Einführung der Schaltjahre Anlaß gibt, ist wieder mit sechs in einen Zusammenhang zu bringen, denn ein Viertel der 24 Stunden sind sechs Stunden. Solche Erkenntnisse erleuchten nicht nur, sie verweisen auch auf den dahinterstehenden Schöpfer[186]. So gerät der die Natur betrachtende Mensch in die Zusammenhänge, die Johannes Scotus am Beispiel des Steines erläutert hatte. Wer diese erhellenden Erkenntnisse suchte, dem konnte die Wissenschaft der Antike, die die gegeneinander wirkenden Kräfte beschrieb, die möglicherweise zu lenken waren, wenig bieten.

Diese Wahrnehmungsweise mußte nicht mit so grundsätzlichen intellektuellen Überlegungen verbunden werden. Für sie war immer charakteristisch, daß jedes Wesen auf einen Prozeß hindeutete, in dem es – daran teilhabend – über sich hinauswies. Selbst ein Land deutete auf ein künftiges. So erzählt Thietmar über Heinrich II.: »Dann reiste er durch Ostfranken und besuchte Sachsen, das er gern in seiner Sicherheit und in seinem Reichtum einen paradiesischen Blumengarten nannte.«[187]

Man konnte sich diese Eigentümlichkeit der Dinge auch zunutze machen. Bischof Meinwerk von Paderborn, ein schlechter Lateiner, der sich darüber ärgerte, daß sein gebildeter Herr, Kaiser Heinrich II., ihn ständig – und oft recht erbarmungslos – hänselte, rächte sich einmal mit folgender Tat: Er nahm beim Essen am Hof einen kostbaren Kelch Heinrichs, den er mit Wein füllen ließ, schnell mit in die Kirche, verwandelte dort den Wein in das Blut Christi und teilte dann seinem Herrn mit, da der Kelch inzwischen seinen Charakter verändert habe – nämlich in unmittelbare Berührung mit Gott gekommen sei –, müsse er im Besitz der Kirche bleiben[188]. Heinrich zahlte diese Unverschämtheit seinem Bischof später wieder heim.

Wohin die Menschen sahen, beobachteten sie Wesen, die unter den Einfluß einer Gestalt geraten waren, die sie so veränderte, daß sie deren Eigenart annahmen und nun ihrerseits andere in gleicher Weise beeinflußten.

Mit dieser Wahrnehmungsweise gewann der Mensch eine Distanz zu sich, die den Griechen und Römern in der Antike fremd geblieben war. Die Griechen und Römer, deren Texte und Kunstwerke wir kennenlernten, gingen von Selbsterfahrungen aus. Sie suchten ihre Person aufgrund dieser Erfahrungen in einen Zustand zu bringen, in dem die verschiedenen innerhalb ihres Leibes wirkenden Kräfte so ausgewogen waren, daß sie ihre Beweglichkeit und damit ihre Schaffenskraft behielten. Sie achteten auf die Einflüsse der Umwelt nur, insofern sie diesem Ziel schadeten oder nützten.

Zwischen dem 8. und 11. Jahrhundert nahmen die Menschen sich und ihre Umgebung völlig anders wahr. Sie spürten an sich selbst, daß Personen in ihrer Umgebung, die lange vor ihrer Zeit gelebt haben konnten, auf sie zu wirken vermochten, so daß sie selbst sich veranlaßt fühlten, mit Gebärden auf diese zu reagieren, mit Gesten, die gleichzeitig auf andere wirkten. Das Wirken dieser Gestalten, das sie an sich spürten, glich dem Wirken des Lichtes. Sie verglichen es daher auch immer wieder mit dem Licht. Wie das Licht alle, die es erreicht, leuchten läßt, so daß diese ihrerseits andere zum Leuchten bringen, so verwiesen sie in Gebärden so auf ihren Herrn, daß sie andere dazu brachten, gleiches zu tun.

Damit wurde der Mensch ein mediales Wesen. Er vermittelte, was ihm zuteil wurde, an andere. Diese Körpererfahrung trennt die Oberschicht der Angelsachsen und Franken, mit deren Zeugnissen wir uns beschäftigen, von den Griechen und Römern. Sie trat bei Frauen und Männern gleichzeitig auf. Besonders lebendig wurde sie von Frauen bezeugt. Diese achteten nicht mehr – wie die Griechen und Römer in der Antike – auf Kräfte, die innerhalb ihres Körpers einander entgegengesetzt waren. Statt dessen beobachteten sie an ihrem Körper, daß dieser, begegnete ihnen eine Gestalt in ihrer Umgebung, die wie ein Licht wirkte, verändert wurde, so daß er seinerseits verändernd auf seine Umgebung einwirkte. Sie beschrieben diese Erfahrung auch noch in einer anderen Weise und berichteten, daß sie eine Stimme – und somit einen Klang – hörten und das Gehörte dann weiterzugeben hatten. Sie waren gewissermaßen eine Saite, die in Schwingung versetzt wurde und dann ihrerseits andere Saiten oder einen Resonanzboden zum Schwingen bringen konnte. Die so gewonnene Erfahrung bezog die Umwelt von vornherein mit ein. Die Wechselwirkungen, die ihnen zugänglich wurden, liefen nicht nur innerhalb ihres Körpers ab, wobei die Umgebung diese höchstens fördern oder hindern konnte, sondern sie gingen von einer Gestalt in ihrer Umgebung aus und mußten sich auf eine andere Gestalt in der Umgebung übertragen.

Dabei war das Licht oder – um die andere Beschreibung zu verwenden – der Klang immer gefährdet. Das Licht konnte möglicherweise gegen die Dunkelheit nicht vordringen, der Klang nicht zum Tönen gebracht werden. Sie mußten somit gegen eine feindliche Umgebung angehen, die sie in ihrem Leben als Not und Angst überaus gegenwärtig bedrängte. Mit diesen Schwierigkeiten wurden sie allerdings fertig, sobald sie unter den Einfluß des Lichts oder Klanges gerieten, die sie dann wie ein Strom durchzogen.

Diese Erfahrung erschloß den Menschen eine neue Seite der Realität. Sie lernten in ihrer Umgebung eine Erscheinungsform der Energie erkennen – im Licht, das sie beschien und strahlen ließ; im Klang, der sie in Schwingung versetzte und tönen ließ. Die Wirkung von Licht und Klang wird dabei zwar recht bildhaft, aber durchaus zutreffend beschrieben, so daß auch ein moderner Physiker diesen Vorgang noch wahrnehmen kann. (Er wird nur, da er von dieser Erfahrung nicht mehr geprägt wurde, nicht bereit sein, von diesem einen Aspekt her alle wahrzunehmenden Vorgänge zu interpretieren.) Somit wird wieder ein Ausschnitt der Realität aufgrund einer Körpererfahrung gesehen, bei der die Menschen bei bestimmten Haltungen, Gesten und Bewegungen in eine Wechselwirkung mit ihrer Umgebung gerieten. Das so Erschlossene wird dann allerdings – unerlaubterweise – verallgemeinert.

Auch innerhalb dieser Wahrnehmungsweise begegnen uns Varianten. So besteht bei einigen die Tendenz, einer Person immer dieselbe Kraft zuzuschreiben. Gregor VII. etwa läßt den Papst als Papst immer im Sinne Gottes handeln.

Andere – so die Miniaturenmaler des späten 10. und frühen 11. Jahrhunderts – lassen die Menschen sehr radikal in allen Gesten von Gestalten ihrer Umgebung abhängig sein.

Wieder andere beobachten, daß auch Orte – so die in Prozessionen durchwanderten Kirchenräume – von den Wirkungen zeugen, die von Reliquien auf dem Altar oder vom Licht ausgehen.

Die Menschen formulierten dabei das, was sie erkannten, in einer religiösen Sprache. Dies darf uns nicht irritieren. Die Männer und Frauen waren damals sicher nicht frömmer oder uneigennütziger als zu anderen Zeiten. Die ungewohnte Neuartigkeit einer Wirkung, die von der Umgebung her den Menschen so verwandelte, daß er seinerseits seine Umgebung veränderte, können wir uns in ihrer Intensität und Wucht überhaupt nicht mehr vergegenwärtigen. Gerade diese Fremdartigkeit mag der Grund gewesen sein, daß sie das, was sie spürten, nur mit Worten aus der religiösen Sphäre zu bezeichnen vermochten.

Wie wir sahen, traten die Herrscher jener Gesellschaft, die mit ihren Gebärden so über sich hinauswiesen, daß andere auf sie unterwürfig reagierten, seit dem Ende des 10. Jahrhunderts immer selbstsicherer auf. So konnten sie eines Tages zu der Überzeugung kommen, daß nicht eine Gestalt ihrer Umgebung durch sie auf andere wirkte, sondern ihre eigenen Gebärden Reaktionen bei den Mitmenschen hervorriefen.

V

DIE ÜBER SICH HINAUSWEISENDEN GESTEN DER STÄNDE

Warme und feuchte Körper erzeugen Lebendigkeit

Chaucer beginnt folgendermaßen: »Wenn der April mit seinen milden Regen die Dürre des März bis zur Wurzel getränkt und jede Ader mit Saft gebadet hat, aus dessen Kraft die Blume hervorgebracht wird, wenn auch Zephyr mit seinem milden Atem in Wald und Feld die zarten Spitzen aufgeweckt hat und die junge Sonne ihren Lauf im Widder halb vollendet hat...«, um dann die Handlungen einsetzen zu lassen, die ihm die Möglichkeit boten, seine Canterbury-Geschichten zu erzählen [1]. Uns interessiert gerade dieser Beginn.

Die Kraft der Blume, die es ihr ermöglicht, mit zarten Spitzen das Erdreich zu durchbrechen, ist ein Geschenk des Regens und des Westwinds, die mild und somit warm sind. Chaucer steht hier in einer alten Tradition. Bereits im 12. Jahrhundert vertraten Naturwissenschaftler die These, daß bei der Weltentstehung Feuchtigkeit und Wärme in der Erde Leben erzeugten: »Die Erde bringt, durchtränkt vom Regen und erwärmt von der Sonne, Kräuter und Gräser hervor«, schreibt Hildegard von Bingen [2]. Bei Thierry heißt es: Nach der Schöpfung der vier Elemente durch Gott habe die Wärme der höhergelegenen Luft, die mit der Feuchtigkeit der Erde gemischt gewesen sei, der Erde die Kraft verliehen, »Gräser und Bäume hervorzubringen« [3]. Auch nach Wilhelm von Conches liegt am äußersten Rand des Universums die Sphäre des Feuers, darunter die Luft, dann folgt Wasser, und im Zentrum befindet sich die Erde. »Durch die vermittelnde Luft wurde das Wasser warm. Aus dem erwärmten Wasser wurden die verschiedenen Geschlechter der Lebewesen geschaffen. Von diesen sind diejenigen, die mehr von dem höheren – dem feurigen oder dem luftigen – Element haben, die Vögel. Daher sind die Vögel jetzt in der Luft – aufgrund der Leichtigkeit der höheren Elemente –, jetzt jedoch steigen sie auf die Erde hinab – aufgrund der Schwere der unteren, der wasser- und erdhaltigen Elemente.« [4]

Zu den Elementen Feuer und Luft gehört somit eine gewisse Leichtigkeit. Diese erlaubt es auch, den Wachstumsvorgang der Pflanzen genau zu erklären: »Die Ursache des Wachsens ist ein Luftzug, der von der Erde durch die Wurzeln und den Stamm kommt, der, indem er die Wurzeln durchbohrt und etwas von der Substanz der Erde und des Wassers an sich zieht, die Ursache des Lebens, des Vermehrens, des Fruchtbringens mit sich führt. Dieser steigt durch den Stamm auf.« [5]

Was Chaucer dichterisch umschrieb, war für Wissenschaftler seit dem 12. Jahrhundert ein klar zu definierender Vorgang. Mit der Wärme verbunden ist eine Leichtigkeit. Wer erwärmt wird, etwa durch warme Luft, gewinnt diese Leichtigkeit. Die Leichtigkeit jedoch läßt jeden Körper sich aufrichten, aufsteigen und wachsen. Feste Körper müssen, ehe sie an diesem Vorgang teilhaben können, auch noch befeuchtet werden. Sind sie feucht, können sie sich ebenfalls – erwärmt – in die Höhe erheben. Thierry von Chartres stellt sich so die Schöpfung regelrecht als eine Aufeinanderfolge von zunehmender Erwärmung vor: »Nachdem die Sterne geschaffen worden waren und ihren Lauf am Himmel ausführten, wurde aus deren Bewegung die Wärme (des an sich schon feurigen Himmels) vermehrt, und indem sie sich zur lebendigen Wärme entwickelte, wurde sie zuerst dem Wasser verbunden, dem Element, das über der Erde liegt. Und daher wurden die Tiere des Wassers und die Vögel geschaffen... Durch Vermittlung der Feuchtigkeit aber gelangte jene lebendige Wärme natürlicherweise bis zu dem irdischen Bereich, und von daher wurden die Tiere der Erde geschaffen. Unter deren Zahl wurde auch der Mensch – nach dem Bilde Gottes und zur Ähnlichkeit mit Gott – gemacht.«[6]

Es bleiben für diese Wissenschaftler durchaus noch theologische Bezüge, doch den Schöpfungsvorgang erklären sie völlig rational. Sie leiten ihn allein aus Ursachen ab, die in den Dingen, nämlich in den Elementen, liegen. Gott wird dabei gewissermaßen nicht mehr benötigt[7].

Wer so auf die Leichtigkeit – oder auf die ihr entgegengesetzte Schwere – achtet, die nach einer Erwärmung – oder als Schwere nach einer Abkühlung – die Körper zu einer Bewegung veranlaßt, der kann einem Körper von vornherein eine Bewegungstendenz zuschreiben, die ihm allerdings von seiner Umwelt vermittelt wird. Er drängt, ist er von der eine Leichtigkeit erzeugenden Wärme ergriffen, nach oben; er strebt jedoch, erfüllt ihn die von der Kälte hervorgerufene Schwere, nach unten. In welchen Situationen konnte der Mensch diese Leichtigkeit oder die ihr entgegengesetzte Schwere an sich erfahren?

Sitzende sind den Stehenden überlegen

Der Franziskaner Salimbene berichtet einmal, daß sein Generalmeister, Bruder Elias, den Potestà von Parma recht ungehörig empfangen habe. »Elias saß im Haus, in dem Gäste und Fremde speisten, auf seinem Polstersofa und hatte ein tüchtiges Feuer vor sich und auf seinem Kopf eine armenische Mütze. Als der Potestà aber eintrat und ihn begrüßte, da stand er – wie ich mit eigenen Augen gesehen habe – nicht auf und rührte sich nicht vom Fleck, was als eine recht bäuerliche Grobheit gilt. Da jener ein hochangesehener Mann und in erhabener Stellung war – er war nämlich Potestà von Parma – und da er mit seinen Rittern gekommen war, um Elias ehrenvoll zu besuchen, so hätte dieser vor ihm aufstehen müssen.«[8] Wer, wenn andere sich ihm nähern, sitzenbleibt, erhebt den Anspruch, diesen überlegen zu sein, und dazu hatte, nach Salimbene, der Generalmeister der Franziskaner im 13. Jahrhundert kein Recht.

Die Frage, wer zu sitzen und wer zu stehen hätte, war im Umgang zwischen Frauen und Männern nur nach sorgfältiger Überlegung zu entscheiden. Andreas Capellanus hat diesem Problem einen eigenen Abschnitt gewidmet: »Wünscht aber ein Adliger für sich die Liebe einer Bürgerlichen zu gewinnen, dann muß er diese mit solcher Rede ansprechen. Zuerst begrüßt er sie nach seiner Sitte, dann kann er – wenn er will, auch ohne deren Erlaubnis – sich einen Platz neben ihr wählen und dies wegen des größeren Vorrechts seines Standes. Als Regel merk' dir, Walter«, so spricht er seinen Leser an, »daß, wo immer ein Mann die höheren Rechte als eine Frau aufgrund seines Standes hat, dieser sich ohne Erlaubnis an die Seite derselben setzen kann, wenn er will. Wenn er aber desselben Standes gilt, kann er eine Erlaubnis erbitten, daß ihm die Möglichkeit gegeben werde, sich neben sie zu setzen. Und wenn diese gegeben ist, kann er sich bei ihr niederlassen, anderenfalls aber nicht. Sobald aber der Mann geringeren Standes als die Frau ist, darf er die Erlaubnis, sich neben sie zu setzen, gar nicht erbitten. Sondern es steht ihm frei, die Erlaubnis, sich an einem niedrigeren Platz niederzulassen, zu fordern. Wenn sie ihm aber trotzdem einräumt, sich an ihre Seite zu setzen, kann er ohne Furcht deren Willen zustimmen.«[9] »Diese regel merck!« fügte der deutsche Übersetzer des Textes hinzu[10].

Wer sitzt, gilt als der Überlegene. Ist die Dame gleichen Standes wie der Herr, dann muß der Herr diese Überlegenheit dadurch anerkennen, daß er erst um Erlaubnis bittet, ehe er sich neben ihr niederläßt. Gleichzeitig spielt die Höhe des Sitzes eine Rolle. Ein Mann, der niedrigeren Standes ist, darf von sich aus nicht darum bitten, sich neben der Frau niederzulassen. Er muß einen Sitz wünschen, der tiefer als der Sitz der Frau ist.

Diese unterschiedliche Beurteilung der Höhe konnten sich die Menschen auch zunutze machen, um ihre eigene demütige Haltung zu zeigen. Auf diese Weise ehrte der französische König Ludwig IX. einmal die Franziskaner. Er hatte seinen Besuch im Kloster angekündigt. »Sein ganzes Gefolge aber ließ er im Schloß zurück, von dem das Mönchskloster nur wenige Schritte entfernt lag. Nur seine drei Brüder und einige Knechte als Pferdehüter nahm er mit sich. Und nachdem er das Knie gebeugt und vor dem Altar sich geneigt hatte, sahen sich die Brüder nach hölzernen Sitzen um, auf die sie sich setzen konnten. Der König aber setzte sich, wie ich mit eigenen Augen sah, auf die Erde in den Staub; denn jene Kirche hatte keinen Fußboden. Und er rief uns zu sich und sprach: ›Kommt zu mir, meine geliebten Brüder, und hört meine Worte.‹ Und wir setzten uns im Kreis um ihn auf den Boden, desgleichen seine leiblichen Brüder, und er befahl sich den Brüdern an und bat um ihre Gebete und Fürsprache.«[11]

Es geht in diesen Geschichten um das Sitzen und nicht um den Sitz. Gerade in germanischer Zeit hatte dieser eine Bedeutung. Der Sitz des Bauern wurde von diesem eingenommen, wenn er, etwa nach dem Tod seines Vaters, das Recht über den Hof erhielt. Wer sich auf den Sitz des Königs setzte, begründete damit seine Herrschaft[12].

Für das Sitzen jedoch, von dem jetzt im 13. Jahrhundert die Rede ist, gilt folgende Beobachtung: Jeder Sitzende hat nicht die volle Last seines Körpers zu spüren. Im Sitzen kann er sich erholen. Dies ist den Menschen damals durchaus bewußt gewesen. Sie haben sich entsprechende Sitze angelegt. Wie dies geschehen könnte, schreibt Albertus Magnus in seinem Buch über die Pflanzen: »Es gibt Plätze, die weniger dem Nutzen und dem reichen Fruchtertrag bestimmt sind, mehr dem Vergnügen. Diese werden Grüngärten genannt.«

Albert gibt an, wie ein Mann im einzelnen vorgehen muß, um einen solchen Garten zu erhalten: »Das Auge wird durch nichts so sehr erquickt wie durch ein nicht zu hohes Gras.« Er führt im einzelnen aus, wie der Boden zu festigen ist, wenn man erreichen will, daß die Gräser »allmählich haarfein hervorbrechen und die Oberfläche wie ein grünes Tuch bedecken«. »Der Rasen soll in solchem Umfang angelegt werden, daß dahinter in einem quadratischen Ausschnitt alle Arten aromatischer Kräuter wie Raute, Salbei, Basilikum – und desgleichen alle Arten von Blumen wie Veilchen, Akelei, Lilie, Schwertlilie u. ä. gepflanzt werden.« Von den Bäumen erwartet er Schatten und keine Früchte. »Daher kümmere man sich nicht um Bodenbearbeitung und Düngung, welche dem Rasen nur Schaden zufügen würden. Man muß sich jedoch in Acht nehmen, daß die Bäume nicht allzu dicht stehen, weil es die Gesundheit beeinträchtigen könnte, wenn die frische Luft ferngehalten würde... Dann muß man sich davor hüten, daß die Bäume bitteren Duft ausströmen.

...Die Bäume sollen vielmehr süßer Natur sein mit wohlriechenden Blüten und angenehmen Schatten, wie das bei den Weinstöcken, den Birn- und Apfelbäumen, den Granatäpfeln, den Lorbeeren und den Zypressen der Fall ist.« Seine besondere Zuneigung gilt jedoch dem Wiesenstück. »In der Mitte des Rasens aber sei kein Baum, sondern eine glatte Fläche, so daß man sich an gesunder und freier Luft erfreuen kann...«

Er erörtert noch, wozu den Menschen dieser Garten dient: »Zwischen den Kräuterrabatten und dem Rasen soll ein erhöhtes Rasenstück angelegt werden voll lieblicher Blumen, ungefähr in der Mitte, zum Sitzen geeignet. Dort erholen sich die Sinne und man kann sich ergötzlich ausruhen.« Dort wird der Besucher auch »den ergötzlichen und erfrischenden Schatten genießen«[13].

Der Sitz dient somit zum Ausruhen und zur Erholung. Er liegt in einer angemessenen Temperatur, in einem Schatten, der zu große Hitze abhält und doch nicht zu »Schwächezuständen« führt. Vor allem jedoch wird dafür gesorgt, daß immer frische Luft oder, wie es an anderer Stelle heißt, »gesunde und freie Luft« den Sitzenden erfreut. Der Mensch erfährt somit, wenn er so sitzt, daß angenehme Luft an ihn herantritt und er dabei von allen Mühen befreit wird und somit eine besondere Leichtigkeit erwirbt. In der erwärmten Luft, die ihm diese Erfahrung vermittelt, richtet er sich auf und kann so diese Bewegung des Aufrichtens den Wirkungen der Luft zuschreiben. Deren Leichtigkeit hat von ihm alle Schwere genommen. So ist der Mensch, der sitzend diese Leichtigkeit in sich spürt, den Stehenden überlegen.

Wer einmal diese Leichtigkeit erfahren hat, lernt noch eine weitere Eigentümlichkeit von ihr kennen.

Die von der Erde entfernten, hochgelegenen Orte vermehren die Beweglichkeit

Bereits den Naturwissenschaftlern war aufgefallen, daß die leichten Elemente Luft und Feuer sich aufgrund ihrer Leichtigkeit durch eine besondere Beweglichkeit auszeichnen. So schreibt Thierry von Chartres: »Die Behendigkeit der leichteren Elemente, nämlich des Feuers und der Luft, kann nicht ohne Bewegung sein.«[14] Diese Elemente sind weit von der Erde entfernt.

Es gilt außerdem noch: Wer sich in diesen Elementen bewegt, zeichnet sich ebenfalls durch ungewöhnliche Beweglichkeit aus. Der Staufer Friedrich II. stellt so in seinem Buch über die Falkenjagd fest: »Die Vierfüßler können eher der Gewalt der Menschen unterworfen werden als die Vögel; denn sie können durch Kraft oder auf irgendeine andere Weise gefangen werden, während sie über die Erde laufen. Die Vögel aber können nicht mit Kraft genommen werden, da sie durch die Luft fliegen.«[15]

Diese Beobachtung taucht sogar in Visionen wieder auf. Den sich oben befindenden Menschen wird mehr Leichtigkeit und daher mehr Beweglichkeit zugschrieben.

Im Jahre 1190 saß ein Geistlicher aus Neumünster am Krankenbett des Bauern Gottschalk und ließ sich dessen Visionen erzählen. Auch der Pfarrer bat den Bauern um einen Bericht. Beide haben »Interviews« durchgeführt und das, was sie erfuhren, niedergeschrieben – unabhängig voneinander[16].

Gottschalk war einfacher Bauer mit einer derben Ausdrucksweise. Er sprach plattdeutsch, einige seiner Sätze sind von uns sogar zu erschließen. Nach seiner Vision hatte er fünf Wochen wie ein Toter gelegen, dann kam er zu sich, litt aber noch monatelang – während der Niederschrift des Geistlichen – unter hartnäckigen Schmerzen. Dessen Arbeit wurde in dieser Zeit, noch vor dem Tod Gottschalks im November 1190, abgeschlossen[17].

Es handelt sich um eine sehr eigentümliche Vision. In ihr werden die Streitigkeiten und Rechtshändel des Dorfes ausführlich geschildert. Manches Detail erinnert an heidnische Vorstellungen, die in christlichen Visionen sonst nicht auftreten[18]. Vieles, was eigentlich zu erwarten wäre, fehlt. »Die Gestalt Gottes kommt in der Vision nicht vor, ... vom Heiligen Geist ist nie die Rede, die Gottesmutter Maria wird nicht mit einem Wort erwähnt (obwohl doch die Kirche von Neumünster ihrem Gedächtnis geweiht war).«[19] Durch den Vergleich der beiden Fassungen ist leicht zu erkennen, was von dem einen, was von dem anderen Autor, um benachbarte Familien zu schonen, verschwiegen wurde und was die geistlichen Herren aufgrund eigener Kenntnisse hinzugefügt haben[20]. (Das war bei beiden Texten sehr wenig.) Somit lernen wir – über diese Vision – einen norddeutschen Bauern kennen, den Angehörigen eines Standes, von dem aus jener Zeit sonst fast keine Selbstzeugnisse vorliegen.

Gottschalk erzählt nun, daß er erst ein Dornenland, dann einen mit scharfen Klingen versehenen Fluß durchqueren mußte und so an eine Weggabel kam. Dort gruppierte ein Engel die Eintreffenden, wies sie einem der drei Wege zu oder ließ sie zwischen diesen weiterlaufen. Der linke Weg führte abwärts in bodenlosen, stinkenden Morast, der rechte strebte nach oben, »lieblich, freundlich, wie ein Brand leuchtend«, der mittlere war breit und wenigstens hell. Wer dem rechten Weg zugeteilt war – es waren zwei, und ihnen folgten unmittelbar drei – wurde, als er ihn betrat, »plötzlich verwandelt«. Sein Gesicht strahlte Heiterkeit und seine Kleidung Sonnenglanz aus. Sogar die Schuhe dieser Männer leuchteten. Ihre Gebärden waren voller Zucht, ihr Schritt gemessen, und der steile Anstieg gelang ihnen »mit einer unglaublichen Leichtigkeit«[21].

Nach diesen Berichten erfuhr der Bauer Gottschalk, daß Orte die Menschen verändern können. Von ihren Kräften hingegen ist nicht die Rede. Es wird nur gesagt, daß sie einen beschwerlichen Aufstieg mit Leichtigkeit vollbrachten. Etwas Ähnliches wird in einer anderen Vision, die zur selben Zeit niedergeschrieben wurde, von Mönchen und Nonnen im Himmel berichtet: Sie sangen, ohne daß es ihnen Mühe bereitete, ihre Stimmen zu erheben. »Es schienen sich nicht einmal ihre Lippen zu bewegen, und die Hände hoben die Musikinstrumente ohne Anstrengung.«[22]

Die Höhe vermittelt demnach eine Leichtigkeit, die eine mühelose Beweglichkeit gestattet.

Dies vermochten die Menschen auf der Erde auch an ihrem eigenen Körper zu erfahren.

Mit dem 11. Jahrhundert werden uns Tänze genauer beschrieben. Tanzend begegnen sich ein verliebtes Mädchen und ihr Freund; sie tanzen keinen Reigen, sondern nähern sich und entfernen sich voneinander – ein frühes Zeugnis für einen Paartanz. Der Tänzer wird mit einem »Falken«, sie mit einer »Schwalbe« verglichen. An ihr wird gerühmt, daß sie bei ihren Bewegungen zu »schwimmen« scheine. Beide müssen mit Händen oder Fingern Gesten ausgeführt haben, denn es wird gesagt, daß sie die Melodie mit den Händen begleiteten. Sobald sie die Hände sinken ließen, hörte der Musikant zu spielen auf, und der Tanz war beendet[23].

Eine ähnliche Tanzform wird später im Rosenroman beschrieben. Nun sind es zwei Frauen, die innerhalb eines Kreises von Tanzenden sich nahekommen und sich voneinander trennen; man hatte den Eindruck, wird gesagt, daß sie sich bei der Begegnung zu umarmen und zu küssen schienen[24]. Die Aufmerksamkeit der Tänzer richtet sich wieder auf Arme, Schultern und Kopf.

Auch auf Bildern bleibt ein küssendes Paar in Distanz, nur die Gesichter nähern sich (Abb. 71)[25]. Zwei einzeln dargestellte Tänzer

Abb. 71 Manesse-Handschrift, Der von Johansdorf

Abb. 72 Manesse-Handschrift, Heinrich von Stretlingen

haben die Arme erhoben und vollführen mit den Fingern Bewegungen. Ihre Körper sind dabei aufgerichtet (Abb. 72)[26].

Andere Tänze liebten die Bauern. Da springen Tänzerinnen und Tänzer in die Höhe oder werfen sich in die Luft. So hatten die Germanen in ihren Kulttänzen Jahrhunderte zuvor auch bereits getanzt[27]. Der alte beschwörende Charakter mag freilich verlorengegangen sein. Wenn Ritter, die Männer aus der Oberschicht, an diesen Tänzen teilnahmen, ergötzten sie sich nur an den wilden und ausgelassenen Sprüngen, die sie als »bäuerlich«[28] und die moderne Tanzwissenschaftler als »natürlich« empfanden[29].

Wie immer man zu diesen Tänzen stehen mag, sicher ist nur, daß auch die Bauern bemüht waren, beim Tanzen eine Höhe zu erreichen, freilich nicht durch aufrechte Haltung, sondern durch Sprünge in die Luft. Kehren wir zu den Tänzen der höheren Stände zurück.

Der aufrechte, schreitende Gang, die Konzentration auf Schultern und Gesicht ließ die Tänzer auch beim Reigen leicht und locker werden (Abb. 73). Sie beachteten die Schwere nicht, warfen jedoch auch nicht wie einige antike Tänzerinnen ekstatisch ihre Köpfe nach hinten[30]. Einzeln oder im Paartanz gestikulierten sie mit den Händen bei erhobenen Armen und gerieten so in einen Zustand, in dem sie einem

Abb. 73 Ambrogio Lorenzetti, Mädchenreigen

Fisch oder einem Vogel zu gleichen schienen, mit deren Bewegungen ihr Tanz ausdrücklich verglichen wurde.

Wir können diese Körperhaltung auch heute noch einnehmen. Wir spüren dabei sofort, daß, gilt unsere Aufmerksamkeit Armen und Schultern, die Bewegungen des Rumpfes und der Beine ohne Anstrengung von oben her zu lenken sind. Es bereitet dann wenig Mühe, den Leib zu biegen oder die Füße anmutig zu setzen, was den Tänzern damals, wie uns gerühmt wird[31], vorzüglich gelang. Dem Körper eines Tänzers wird dabei die Leichtigkeit verliehen, die ihn mit Freude erfüllt. So schwebend erschienen einigen Frauen und Männern auch die Personen, denen sie zugetan waren. Für eine Frau wurde der Geliebte zu einem Falken, und sie beschrieb, wie sie ihn abgerichtet habe und wie vorzüglich er – und viel weiter, als sie es wünschte – zu fliegen verstand[32].

Der Tanz ließ somit am eigenen Körper erfahren, daß jeder, bei einer Konzentration auf Kopf, Arme und Schultern, eine Leichtigkeit erwarb, die Beweglichkeit verlieh und die den übrigen Körper zu lenken vermochte. Frauen wie Männer lernten dabei höhere von tieferen Bereichen zu scheiden und jenen mehr, diesen weniger Schwere zuzuschreiben.

Auch bisher unbekannte Kampfweisen und Kampfspiele sind seit dem 11. und 12. Jahrhundert zu beobachten. Der Wandel fiel den Byzantinern früh auf. Sie haben ihn auch am besten beschrieben. Die neuen Formen galten den byzantinischen Truppen als eine abendländische Besonderheit. Bald übten die Byzantiner sie jedoch zusammen mit den Rittern, die aus dem Westen bei ihnen Dienst taten, in Kampfspielen[33].

Bei diesen setzte sich ein Ritter auf sein Pferd, nahm die Lanze unter den Arm – der Spiele wegen war sie vorne umgebogen und somit abgestumpft –, beugte sich leicht nach vorn und stützte sich mit dem Rückgrat an einen Wulst, der hinten an seinem Sattel angebracht war (Abb. 74)[34].

Die Pferde waren für diese Kampfesweise dressiert; sie hatten gelernt, die Gegner frontal anzugreifen. So bestand das Kampfspiel aus einem geraden Lauf, der seinen Ausgang an einem Punkt nahm und der sich dann direkt auf den Gegner richtete. Die beiden Ritter zielten mit ihren Lanzen auf den Helm ihres Widersachers und suchten diesen so aus dem Sattel zu heben. Die Wucht des Stoßes war durch die beiden galoppierenden Pferde so mächtig, daß, wenn die Ritter im Sattel blieben, die Lanzen zersplitterten, weil die Holzschäfte der

Abb. 74 Manesse-Handschrift, Heinrich von Frauenberg

Lanzen barsten. Dieses Spiel nannte man deswegen gelegentlich ein Lanzensplittern[35]. Bei diesen Spielen wurde es im Abendland bald üblich, daß die Damen den Rittern zusahen. Sie freuten sich an diesen Kampfformen[36]. Sie baten sogar gelegentlich ihnen befreundete oder von ihnen geliebte Ritter, ein Turnier, wie es oft in Anlehnung an die französischen Bezeichnungen genannt wurde, zu beginnen, damit sie sich daran ergötzen konnten[37].

Da diese Lanzenspiele nicht ungefährlich waren, verbot der Papst sie, doch vermochte er sich gegen die begeisterte Jugend nicht durchzusetzen[38]. Die jungen Männer zogen in die Länder, in denen es möglich war, zu »turnieren«, von der Leidenschaft ergriffen, der sich kaum einer der Ritter entziehen konnte[39].

Die Bewegungen, zu denen die Ritter bei diesen Wettkämpfen angehalten wurden, glichen denen eines Spiels, das etwa gleichzeitig in London bezeugt ist. Da stellte sich ein junger Mann an die Spitze eines Bootes. Dieses wurde von seinen Freunden gerudert, und er hatte eine Lanze gegen einen Pfahl zu richten, auf den das Boot in voller Geschwindigkeit zufuhr. Dabei kam es darauf an, daß die Lanze splitterte. Blieb sie heil, so wurde der junge Mann durch den Rückprall ins Wasser geworfen, was den Zuschauern, den Frauen und Männern am Ufer, viel Vergnügen bereitete[40]. Bei diesem Spiel durfte der Lanzenträger, aufrecht stehend, leicht nach vorn geneigt, sich nicht bewegen.

Entsprechend verhielten sich die Ritter beim Turnier. Vornübergebeugt drückten sie die Lanze mit dem Oberarm an den Körper. Mit Schulter und Kopf wandten sie sich dem Widersacher zu, wobei der Kopf so gebückt sein mußte, daß er den Stoß der gegnerischen Lanze ertrug. Die Konzentration eines Reiters galt somit Kopf und Nacken. (Der Körper insgesamt fing den Stoß unten, am Wulst des Sattels, mit dem Rückgrat ab.) Da die Ritter dieses Spiel ja des Angriffs wegen begannen, mußte jeder Kämpfer, sobald er mit seiner Lanze den Gegner berührte, die Schultern noch weiter nach vorne schieben; auf sie – und auf Kopf und Nacken – richtete sich daher die volle Aufmerksamkeit.

So erfuhr der Ritter am eigenen Körper, daß seine Haltung die Tendenz hatte, ihn in die Richtung weiterzuführen, die er auf seinem Roß eingenommen hatte.

Während ein Ritter sich auf Kopf, Schultern und Oberkörper konzentrierte, hatte er gleichzeitig mit den Beinen das Pferd zu lenken. Die Knie waren angewinkelt nach vorne geschoben und dirigierten das Tier, daß es nicht zur Seite ausbrach[41]. Auf diese Weise trennten sich für den Ritter am Körper zwei Bereiche: Mit Hüften und Beinen mußte er beharrlich lenken; mit dem Oberkörper hingegen konnte er sich, möglichst unbewegt, bei gleichbleibender Haltung auf ein vor ihm liegendes Ziel richten. Er wird schnell bewegt – vom Pferd, das ihn wie im Fluge voranjagen läßt, ähnlich wie der junge Londoner, vom Schiff befördert, sich ohne eigene Mühe dem Pfahl nähert. Das Kampfspiel und das Ruderspiel vermittelten somit den Eindruck, man könne mit Leichtigkeit durch die Lüfte voranstürmen. Der Oberkörper jedenfalls, dem sich die Aufmerksamkeit zuwandte, flog mühelos dahin. Im Voranstürmen wird bei diesen Spielen die Erfahrung gewonnen, mit welcher Leichtigkeit Schulter und Kopf eines Menschen vorankommen können, während unten die Knie oder Füße mit Kraft einen Druck ausüben müssen.

Diese neue Kampfform war auch in einer Schlacht recht wirkungsvoll, wenn die Ritter über genug Raum für ihre Pferde verfügten, so daß diese ihre Gegner im Galopp angreifen konnten[42]. Dann verstärkte die Geschwindigkeit der Tiere die Wucht ihres Stoßes, so daß sie, drangen sie auf die Feinde ein, diese niederstachen oder überrannten. Je vertrauter die Ritter mit dieser neuen aufrechten Haltung wurden, um so häufiger erkannten sie, daß sie mit dem Schwert ebenfalls besser von oben her als von der Seite auf die Gegner einschlagen konnten. Sie gewannen, sich in die Höhe streckend, auch mehr Beweglichkeit.

Dafür gibt es viele Zeugnisse: Der Führer von Almogavaren, Ramon Muntaner, erzählt in seinen Memoiren ausführlich, wie sein König durch diese Art des Kämpfens Gegner überwand (Abb. 75)[43].

Abb. 75 Manesse-Handschrift, Albrecht von Heigerloch

Die Fechter verbreiteten diese Haltung in ihren Schulen. Sie ließen diese Stellung als Bilder nachzeichnen, auf denen die Personen ein Hohlkreuz zu haben scheinen, so sehr werden sie dazu angehalten, eine nach oben gestraffte Haltung einzunehmen (Abb. 76)[44]. Am Ende des Mittelalters wurde sogar den bürgerlichen Truppen klar, daß sie mit dieser nach vorn gerichteten, aufrechten Haltung selbst zu Fuß, wenn sie nur mit langen Spießen in Formationen gemeinsam

Abb. 76 Talhoffer, Fechtszene

gegen Feinde anstürmten, außerordentlich wirkungsvoll werden konnten. Die Schweizer vor allem machten sich diese Kampftechniken zu eigen[45].

Alle diese Varianten vermittelten eine ähnliche Erfahrung: Wer sich aufrichtete, geriet mit Schultern und Kopf in eine Höhe, in der er sich leicht bewegen und effizient gegen Widersacher wenden konnte. Er mußte nur die eingenommene Körperstellung beibehalten. So lernte er an seinem Körper einen höheren und einen tieferen Bereich zu unterscheiden.

Wir können nun unsere verschiedenen Beobachtungen zusammenfassen: Die Menschen suchten im späten 11. Jahrhundert mit ihrem Körper Leichtigkeit zu gewinnen. Diese erfuhren sie beim Sitzen und Reiten. Die Leichtigkeit wurde noch deutlicher spürbar, wenn sie in angenehme Wärme gerieten, die von der Sonne her kam, oder wenn ihnen in der Höhe frische Luft zuwehte. So entstand der Eindruck, daß ihre Umgebung ihnen von oben her ihre Leichtigkeit vermehrte.

Wenn sie sich hoch aufrichteten, waren ihre von oben kommenden Bewegungen besonders wirkungsvoll. Auch Vögel, die oben durch die Lüfte flogen, waren beweglicher als die Tiere auf der Erde. So meinten die Menschen, daß alles, was sich in der Höhe befand – etwa Wärme oder Luft –, die Leichtigkeit und Beweglichkeit vermehrte.

Gleichzeitig erfuhren sie: Die Wirkungen, die von oben ausgingen – von der Wärme –, mußten sich gegen die Wirkungen wenden, die von unten – von der Kälte her – kamen.

So stand der Mensch inmitten zweier Kräfte, die, einander entgegengesetzt, aufeinander Einfluß zu nehmen suchten, wobei jede von diesen ihn in einen Zustand der Wärme und Leichtigkeit oder der Schwere und Kälte versetzte. So lernte er aufgrund seiner Körpererfahrung auf den Stand, in den er hineingeriet, zu achten. Gleichzeitig wurde ihm bewußt, daß er etwas von der Eigenart, die ihm zuteil wurde – von der Wärme oder von der Kälte – seinerseits an seine Umgebung weitervermittelte.

So gingen von seinem Körper, wenn dieser die entsprechende Haltung einnahm, Bewegungen nach unten und nach oben aus. Dies war die neue, zentrale Körpererfahrung, die ihm ermöglichte, sich und seine Umgebung zu deuten.

Was er an seinem Körper spürte, verband ihn außerdem in einer eigentümlichen Weise mit seiner Umwelt. Die Leichtigkeit gewann er ja, wenn er mit seinem Körper eine gewisse Höhe erreichte, so daß freie, gesunde, frische Luft ihn erfüllte und gleichzeitig Wärme ihn belebte. Fehlten diese, so fühlte er die Schwere, die ihn nach unten sinken ließ.

Dieser Erfahrung gemäß veränderte er in neuen Bauformen seine Umgebung.

Die Architekten lassen die Bauten in die Höhe aufsteigen

Bei allen Innenräumen des 10. Jahrhunderts, die erhalten sind, erfolgte die Zusammenfassung der architektonischen Elemente primär horizontal; es wurde also das Stockwerk betont.«[46] Solcher Art waren die Bauten der unmittelbar vorangegangenen Zeit. So war es in der Pfalzkapelle in Aachen gewesen, so blieb es im Westbau des Münsters von Essen, das in der Mitte des 11. Jahrhunderts entstand[47]. Dieselbe Aufteilung der Wände ist in ganz Europa zu beobachten – etwa in San Giorgio in Rom (um 840)[48], in San Miguel de la Escalada (um 913)[49], in Sankt Georg auf der Reichenau (um 890)[50], im Obergeschoß des Westwerks von Corvey (um 880)[51], in Gernrode (Ende des 10. Jahrhunderts) (Abb. 77)[52], in Sankt Pantaleon in

Köln (um 1000)[53], in Sankt Michael von Hildesheim (um 1030)[54]. Die Bögen unten stehen für sich, manchmal wechseln Säulen und Pilaster, darüber folgt eine Wand, die höher oder niedriger sein kann; in der Reichenau ist sie mit Bildern bemalt[55]. Wohl können kurz unterhalb des flachen Daches Fenster in die Wand eingebrochen sein[56], oder es können Säulenbögen, ein oder zwei, übereinandergestellt werden, und hinter diesen Säulen sind dann Gänge[57]. (Auf solch einem Gang saß Otto der Große, als das Volk in der Kirche ihm huldigte[58].) Doch der Betrachter hat, vor allem bei den Bauten, die ein Längsschiff enthalten, den Eindruck, daß er, dieser horizontalen Richtung folgend, Bogen für Bogen betrachtend, in eine wellenförmige Vorwärtsbewegung hineinsieht, die zum Altar führt, auf dem bei der Wandlung Gott gegenwärtig erscheint. Schaut er auf die Bögen, so kann er zwischen diesen jemandem begegnen. Es ist eine Architektur, in der in verschiedener Weise Begegnungen möglich sind[59].

Abb. 77 Gernrode, Ehemalige Frauenstiftskirche

Abb. 78 Mont-Saint-Michel, Abteikirche

In der Mitte des 11. Jahrhunderts setzte in der Normandie ein Wandel ein. Er ist zuerst in den Abteikirchen von Jumiéges[60] und Mont-Saint-Michel (Abb. 78)[61], dann in den Abteikirchen von Caen[62], in Saint-Trinité[63] und in Saint-Étienne zu beobachten[64], bei Bauwerken, die in der Zeit zwischen 1040 und 1080 entstanden sind. Für sie alle gilt die Feststellung von Fillitz: »Nun wurden die Arkaden des Erdgeschosses, die Emporen, die Fenster des Lichtgadens stärker aufeinander abgestimmt und durch die den Pfeilern vorgelagerten Dienste wie durch einen Rahmen zusammengeschlossen.« Diese neue Gliederung zerstört den horizontalen Charakter der Wände. »Die Einheit liegt im einzelnen Element der Wand, die sich ihrerseits in ihrer Gesamtheit als eine Summe dieser einzelnen Teile manifestiert.«[65]

Auf diese Weise wird die bisherige horizontale Gliederung der Wand durch eine »Akzentuierung des senkrechten Elements« aufgelöst[66].

Dieselbe Veränderung ist in Deutschland im Dom von Speyer zu beobachten. Zwar liegen hier über den unteren Rundbögen keine eigenen Emporen, sondern es folgt über diesen eine Wand und dann ein allerdings etwas höheres Fenster. Doch sind Bögen und Fenster durch Pfeilerarkaden miteinander so verbunden, daß wieder die horizontale Gliederung der älteren Wände gestört wird[67]. Fillitz schreibt dazu: »Nirgendwo wurde die Gliederung des Pfeilers, vor dem Dienste gesetzt sind, künstlerisch so ausgewertet wie in Speyer. Die Wand trat als bestimmendes Element für den Eindruck des Raumes zurück und wurde zur ›Füllung‹, während die Pfeilerarkaden dem Raum das besondere Gepräge verliehen. Die ganze Höhe des Kircheninnern wird von ihnen durchmessen und jedes Element der Wandstruktur zur Einheit straff zusammengeschlossen.«[68] Der Bau entstand in derselben Zeit.

Mit dieser neuen vertikalen Gliederung hängt auch eine Veränderung der Decke zusammen: War sie bisher flach, so wird jetzt ein Kreuzgratgewölbe für das Mittelschiff entwickelt und dann »das für die Zukunft so wichtige sechsteilige Kreuzrippengewölbe«[69]. Das älteste erhaltene Werk dieser Art wurde in Durham gefunden; es entstand in der Zeit, in der der Normanne Wilhelm nach 1066 bereits als König in England herrschte, durch den die normannische Bauweise auf diese Insel übertragen worden war[70]. Da die Rippen über den Pfeilern aufsteigen, wird die nach oben führende Gliederung durch sie noch intensiver betont.

In derselben Zeit gehen die Adligen dazu über, neue Wohnsitze zu wählen. Sie verlassen den Hof unten im fruchtbaren Tal, der von den meist abhängigen Dorfbewohnern umgeben war, die den Herren Lebensmittel und Brennmaterial brachten und die ihnen für persönliche Dienste zur Verfügung standen. Sie ließen sich nun, soweit die Landschaft es erlaubte, auf abseits gelegenen Hügeln, Felsen oder kargen

Bergspitzen Burgen errichten, meist zuerst Türme, die alles hoch überragten[71]. Die Bauern, die diese Burgen bauen mußten, klagten über die neuen Frondienste; die Chronisten betonten, daß der Sinn dieses Burgenbaus nicht zu erkennen sei, da die neuen Befestigungen mitten in friedlichen Stammesgebieten lägen, also nicht zur Abwehr von Feinden dienten[72].

Das Leben auf diesen Burgen muß am Anfang sehr ungemütlich gewesen sein: Oft war kein Brunnen in der Nähe, so daß das Wasser, wenn es Zisternenwasser war, schlechter schmeckte als unten im Dorf oder recht mühsam herbeigebracht werden mußte; lagebedingt waren die Burgen den Winden ausgesetzt und somit zugig und kalt. Auch Nahrungsmittel und Brennholz waren nicht mehr so selbstverständlich zur Hand, so daß dieser Burgenbau, der die Landschaft Europas innerhalb weniger Jahrzehnte veränderte, keineswegs ohne weiteres einsichtig ist[73].

Eines jedoch ist sofort zu erkennen: Auch diese Burgen betonen die vertikale Richtung; Menschen, die sie wünschen, müssen daran interessiert gewesen sein, einen Bau zu errichten, der sie in die Höhe oder von oben hinabblicken läßt. In dieser Hinsicht ähneln sie den neuen Kirchen.

Aus gleichzeitigen Zeugnissen wissen wir nun, daß die Menschen wirklich aus diesen Häusern hinaussahen. Im 12. Jahrhundert benutzten die Menschen die Obergeschosse, um von oben etwas zu betrachten. Gottschalk begegnete bei seiner Wanderung im Himmel solchen Neugierigen: »Am Weg lag ein Haus mit zwei Geschossen – es sah aus wie das Domizil eines steinreichen Mannes. Und wenn auch von bescheidener Geräumigkeit, übertraf es doch in Gestaltung und Schönheit alle Gebäude der irdischen Welt. Auf der Seite, die zur Straße blickte, hatte es im Obergeschoß eine Flucht von Fenstern, die durch zierliche Säulen gegeneinander abgegrenzt waren, wie es auf den meisten Söllern und in den Kreuzgängen von Klöstern der Aussicht wegen zu sein pflegt. An den einzelnen Fenstern standen Menschen: aufgestützt schauten sie sich alle an, die des Weges kamen.«[74]

Diese Tendenz, ein Land von oben zu betrachten, führt dazu, daß auch eine Stadt in ihrer Anlage neu gesehen wird. In den karolingisch-ottonischen Städten und in den Darstellungen von Städten aus jener Zeit waren die Gebäude innerhalb von Mauern verstreut, es führten Wege zu ihnen; wie wir den Schilderungen entnahmen, traten dann aus den Gebäuden Personen hervor, oder es gingen Personen in die Häuser hinein, um die dort Wohnenden zu begrüßen. Es waren Begegnungen verschiedenster Art möglich, doch alle sahen die Stadt gewissermaßen von einer horizontalen Ebene aus und achteten dementsprechend nicht weiter darauf, ob die Städte nach einem geometrischen Grundriß errichtet worden waren[75].

Gottschalk, der bei seiner Wanderung an einer Stelle von oben hinabblickt, sieht unter sich eine Stadt. Er beschreibt die Anordnung der Häuser. Diese ist streng geometrisch. Sein Bericht lautet: »Alle Häuser hatten die gleiche Größe; weder waren sie sehr hoch, noch gingen sie sehr in die Breite; sie waren vielmehr eher niedrig als hoch, eher eng als geräumig zu nennen, doch ihre Länge machte sie auffällig. Sie waren aber über die Weite der Stadt hin in der Ordnung angelegt, daß schnurgerade Wohnhaus hinter Wohnhaus zu stehen schien, so daß die Vorderseite des hinteren zum Ende des vorderen Hauses schaute, wobei nur ein kleiner Zwischenraum Haus von Haus trennte. Denn die Häuser kehrten sich nicht mit der Stirnseite, wie es in der Ordnung unserer Städte zu sehen ist, sondern mit der Breitseite zur Straße, so daß jede Häuserflucht zu beiden Seiten Straßen und jede Straße von einem Ende der Stadt bis zum anderen zur Rechten und Linken Wohnhäuser hatte.«[76]

Auch in der Realität wurden die Städte seit Mitte des 11. Jahrhunderts so übersichtlich angelegt. Die Zähringer Städte sind für das Straßenkreuz, um das herum sie gebaut wurden, bekannt[77], doch finden sich ähnliche geometrische Stadtplanungen überall in Europa[78]. Sie alle setzten voraus, daß ein Betrachter da war, der Freude daran hatte, die Stadt von oben zu sehen, denn nur von diesem Blickwinkel aus wird die Eigentümlichkeit dieser Stadtanlagen erkennbar.

Zur selben Zeit wird bei der Schilderung einzelner Bauten auf ihre vertikale Gliederung geachtet, und dementsprechend werden höhere und tiefere Stockwerke voneinander unterschieden.

Im Jahre 1194 schrieb Lambert aus Ardres, das in der Nähe von Calais liegt, eine Geschichte der Grafen von Ghisnes. Darin erzählt er von Bauarbeiten. Sie beginnen damit, daß Erdvermesser beauftragt werden, einen Ort mit ihren Geräten aufzunehmen, um dann die Maße eines Walles in richtigen Proportionen anzulegen. Gern charakterisiert er Bauten. Meist erwähnt er Türme und Wallanlagen. Solch ein Turm ist für ihn »waffentragend und dem Himmel nah«[79]. Mit dem Himmel ist der obere Bereich der Luft gemeint. So sagt er auch: »Der glorreiche Turm erhebt sich von dem Abgrund der Erde in die Luft hinein.«[80]

Alle unteren Bereiche werden dabei mit negativen Charakterisierungen versehen. Schon die tiefer gelegene Umgebung der neuen Bauten ist verachtenswert: »In der Mitte eines schlammigen Morastes und in der Tiefe des daneben fließenden Sumpfes sicherte er eine sehr hohe Burg oder hervorragenden Turm zum Zeichen der Befestigung.«[81] Auch im Gebäude sind die Kellerräume »der Hölle gleich«. Sie sollen »Schuldige erschrecken«. Dort werden daher Kerker eingerichtet[82]. Oben hingegen werden Feste gefeiert, bringen Mahlzeiten Freude[83], und die Höhe des Gebäudes vermittelt Ruhm. Dementsprechend spricht er vom »ruhmreichen Turm«[84] oder von dem »in die Luft erhobenen, ruhmreichen Turm«[85]. Wer ein solches Bauwerk errichtet, der verlacht und verspottet seine Widersacher, denen es »eine schmähliche Schande«[86] bringt.

Wie Lambert sich die Verteilung der Räume vorstellt, zeigt folgende Schilderung eines Turmbaus: »Ein Künstler und Zimmermann aus Bourbourg mit dem Namen Ludwig, der in seiner Kunst beinahe Daedalos glich, entwarf und zimmerte den Bau und bildete ein fast unentwirrbares Labyrinth. Vorratsraum fügte er an Vorratsraum, Kammer an Kammer, Wohnzimmer an Wohnzimmer, und es fehlten Kornkammer und Keller nicht. An einer passenden Stelle an der Ostseite des Gebäudes hoch oben wurde eine Kapelle gebaut. Drei Geschosse richtete er ein, indem er den Söller hoch oben, gewissermaßen in der Luft, weit vom Fußboden entfernt baute. Der erste Stock lag zu ebener Erde; da waren die Keller, Kornkammern, auch die großen Kasten, die Fässer, Kufen und anderes Hausgerät; im zweiten Geschoß aber waren die Wohnzimmer, der den Bewohnern gemeinsame Gesellschaftssaal, die Vorratskammern – hier der Bäcker, hier der Schenk und dort des Herrn und seiner Gemahlin Schlafkammer, an die sich die Kammer der Mädchen und die der Knaben und der Schlafsaal anschloß. Hier war, an einer Geheimstelle der großen Kammer, ein verborgenes Gemach, in dem man des Morgens früh oder am Abend oder bei Krankheiten oder um zur Ader zu lassen oder um die dienenden Mädchen oder die entwöhnten Kinder zu erwärmen, Feuer anzumachen pflegte. Mit diesen Geschossen, sich an das Haus anschließend, stand die Küche in Verbindung. Auch sie hatte zwei Etagen. In der unteren wurden die Schweine fett gemacht und gemästet, da waren Gänse, da Kapaunen und anderes Geflügel zum Schlachten und Verspeisen stets zur Hand; in dem anderen (oberen) Geschoß der Küche verkehrten nur die Köche und Küchenbediensteten, und in ihm wurden die delikaten, mit mannigfaltiger Kunst dank der Arbeit der Köche bereiteten Gerichte für den Tisch des Herrn hergerichtet. Hier wurden auch die Speisen für die Hausgenossen und die Dienerschaft täglich zubereitet. Im oberen Geschoß (des Haupthauses) waren Söllerzimmer, in welchen die Söhne des Hausherrn, wenn sie wollten, die Töchter des Hauses, weil es erforderlich war, schliefen. Da waren die Wächter, welche das Haus bewachten, untergebracht und die stets bereiten Wachen, sobald sie sich zur Ruhe begeben konnten.«[87]

Nach dieser Beschreibung dienten die verschiedenen Geschosse dieses Hauses dazu, jedem seinen Platz zuzuweisen: Unten befinden sich Geräte und Tiere sowie Lebensmittel; alle Personen, selbst die Köche beanspruchen die Plätze im zweiten Stock. Die Töchter und Söhne des Hauses werden noch darüber, im dritten Geschoß, untergebracht. Die oberen Räume gelten somit mehr als die unteren, und man benötigt verschiedene Höhen, da die Menschen unterschiedlich eingeschätzt werden. Die Menschen erfuhren durch diese Bauten konkret, gewissermaßen beim Treppensteigen, daß die Umgebung, in der sie lebten, höher oder tiefer sein konnte, und gleichzeitig wurde ihnen dabei bewußt, daß die Höhe und Tiefe jeweils mit einem Rang in der Gesellschaft verbunden war. Hoch oben befand sich außerdem die Kapelle, der Ort, in dem die Menschen den dort gegenwärtigen Gott verehrten.

Was Lambert beschreibt, ist uns durch viele Bauten bezeugt – für Adlige und für Bürger. Auf ebener Erde waren – zumindest in Süddeutschland – deren Kontore und Vorratsräume; die Familie hielt sich im höheren Geschoß auf[88].

Für diese Art der Raumeinteilung lassen sich gewisse sachliche Argumente bringen; es ist ja sinnvoll, Tiere und Vorratsräume unten zu haben. Doch zu anderen Zeiten zogen die Menschen deswegen nicht nach oben. Die Römer hatten sich in ihren Gutshöfen und Villen auf ebener Erde durchaus wohl gefühlt, und auch die Villen der Renaissance rechnen – wie die Schlösser der frühen Neuzeit – wieder damit, daß ein Herr auf der Höhe seiner Gärten lebt und unmittelbar von den Wohnräumen in sie hinausschreiten kann. Vorratskammern und Tiere ließen sich auch in benachbarten Gebäuden unterbringen, wie diese Beispiele zeigen[89]. Es war doch offensichtlich der Wunsch von Adligen und Bürgern des hohen und späten Mittelalters, eine in der Höhe gelegene Umgebung aufzusuchen, »gewissermaßen in der Luft, weit weg vom Fußboden«, wie Lambert es formulierte.

Freilich, im 11. und 12. Jahrhundert gab es eine weitere zusätzliche Besonderheit. Lambert schätzt an Bauten, die so in die Höhe aufragen, außerdem die Mannigfaltigkeit der Raumanordnung. So lobt er die Architekten, die den Innenräumen die Gestalt eines Labyrinths gaben. Sie setzten ein Zimmer immer neben das andere, sie gestalteten den Grundriß »mäanderähnlich«. Er rühmt an einem Bau, daß Treppen und Gänge von Stockwerk zu Stockwerk, vom Haus in die Küche, von Zimmer zu Zimmer, vom Haus in die Loggia aufeinander folgten. Und selbst Hausbewohner, die von Kindheit an bis in die Zeit, in der sie erwachsen wurden, dort lebten, konnten sich – das findet er sehr bewundernswert – die Zahl der Türen, der Öffnungen, der Zugänge, der Fenster nicht merken und diese nicht behalten; denn das Haus sah einem unentwirrbaren Labyrinth gleich[90].

Da alle diese Räume jeweils bestimmten Personen, die ja ihrerseits Ständen angehörten, zugeordnet wurden, scheint es so, als ob er Freude daran hatte, daß die Mannigfaltigkeit der Gesellschaft in diesen Häusern sich spiegelte, die freilich der Höhe nach hierarchisch geordnet war.

Diese Mannigfaltigkeit und die damit verbundene Unübersichtlichkeit sind freilich in den nächsten Jahrzehnten nicht das Ideal geblieben[91]. Bereits die Naturwissenschaftler drängten auf Vereinheitlichung.

Die Sehnsucht nach Vervollkommnung verursacht Bewegung

Im Verlauf des 13. Jahrhunderts begannen die Naturwissenschaftler, Modelle aufzustellen, mit deren Hilfe sie alle vielfältigen Bewegungen einer Grundbewegung unterordnen konnten. Diese war – der Betrachtungsweise jener Zeit entsprechend – die von der Leichtigkeit herbeigeführte Bewegung nach oben. Sie wurde jetzt allerdings etwas anders interpretiert.

Albertus Magnus beschäftigte sich etwa mit den Veränderungen, die ein Lebewesen im Lauf der Zeit durchmachte. Eine Pflanze kann nicht gleich eine Frucht bilden, ein Tier hat nicht gleich seine volle Beweglichkeit, stellte er fest. Pflanzen etwa keimten, wenn sie das Samenkorn gesprengt hatten, wuchsen aus der Erde auf, trieben Blätter, blühten, und aus der Blüte entstand eine Frucht[92].

Er nahm nun eine Lehre des Aristoteles auf, die von arabischen Wissenschaftlern schon oft erörtert und variiert worden war, um eine neue Kette von Ursache und Wirkung herzustellen. So erklärte er den Drang einiger erwärmter Körper – etwa erwärmter Luft –, nach oben aufzusteigen, aus einer »Sehnsucht« und behauptete, daß jedes Wesen durch eine solche Sehnsucht charakterisiert sei. Diese führte er darauf zurück, daß jeder Körper, soweit er Materie sei, mit einem Mangel verbunden worden wäre[93]. Er habe daher den Wunsch, diesen Mangelzustand zu überwinden, und diese Vervollkommnung gelang ihm, wenn er an den ihm gemäßen Ort kam – als Vogel etwa in die Luft aufstieg – oder die ihm gemäße Gestalt gewann – als Pflanze Triebe, Blätter, Blüten und Frucht bildete[94]. Beide streben somit nach oben.

Bei dieser Hypothese ließ sich einiges miteinander verbinden, was bisher auch schon beobachtet worden war. Eine Pflanze, die aus Sehnsucht nach eigener Vollkommenheit eine Frucht bildete, sorgte für Erhaltung der Art[95]. Blüte und Frucht entstehen nun bei den meisten Pflanzen an Stellen, die von der Erde, aus der die Pflanze emporwuchs, weit entfernt sind – in einem »höheren« Bereich. Das Streben nach der eigenen Gestalt führt somit zur Erzeugung von Samen, die die besondere Beweglichkeit einer Pflanzenart erhalten, und läßt die Pflanze außerdem eine Umgebung aufsuchen, die ihr, hoch gelegen, mehr Beweglichkeit ermöglicht.

Gleichzeitig wird jedes Wesen bei dieser Interpretation in einen Veränderungsvorgang hineingenommen, der nie ein Ende findet. Da der »Mangel« zu seiner Eigenart gehört, wird es immer von der Sehnsucht erfüllt sein, diesen zu überwinden und sich entsprechend zu »vervollkommnen«.

Was die Römer einst so beunruhigte – daß ihre Kräfte im Laufe des Lebens schwanden – und was sie dann veranlaßte, in der Umgebung nach unterstützenden Kräften zu suchen, bereitet Albert und den Personen, die wie er die Welt sahen, keine Sorge. Manches mochte für sie vergehen, doch das Streben, den eigenen Mangel zu beseitigen, konnte unverändert bestehen bleiben. Mit diesem Streben hatte der Mensch, hatten alle Wesen an einer Dauer teil.

Allerdings setzt diese These voraus, daß allen Wesen eine Energie zugeführt wird. Dies forderte Albert, und so ging er davon aus, daß Gott jenseits des Firmaments seinerseits aus der Höhe allen Wesen Energie zuströmen ließ[96].

Nach diesem Erklärungsmodell, das sehr rasch von allen Wissenschaftlern des Abendlandes übernommen wurde, gab es somit neben den Ursachen, die später etwas Neues entstehen ließen – wie die Wärme des Himmels die fruchtbringende Wärme der Erde hervorbrachte –, auch noch Ursachen, bei denen etwas Späteres das Gegenwärtige beeinflußte – etwa wenn der Wunsch nach einer Frucht das Wachstum eines Lebewesens bewirkte[97].

Diese Tendenz, durch das Streben nach oben eine neue Einheitlichkeit herbeizuführen, prägte auch die Architektur.

Den neuen Baustil, den wir meist Gotik nennen, schildert uns am Ende des 12. Jahrhunderts Gervasius. Er beschrieb, wie eine Kathedrale in Canterbury entstand, und geht von dem Architekten aus, der das Werk schuf. »Im folgenden Jahr, d. h. beginnend mit dem Fest des heiligen Wertin (5.9.1175), richtete er vor dem Winter vier Pfeiler auf, und zwar auf beiden Seiten zwei. Nach dem Ende des Winters fügte er noch zwei hinzu, so daß hüben und drüben drei in der Reihe standen. Auf sie und die Außenwand des Seitenschiffes setzte er fachmännisch Bögen und Gewölbe, und zwar beiderseits drei Schlüsselsteine. Ich sage für das ganze Gewölbe Joch-Schlüsselstein, weil der Schlüsselstein in der Mitte die von überall herkommenden Teile abzuschließen und zusammenzuhalten scheint. Mit diesen Arbeiten verging das zweite Jahr. Im dritten fügte er beiderseitig je zwei Pfeiler hinzu, deren letzte zwei er im Umgang mit Marmorsäulen verkleidete und als Hauptpfeiler ausbildete, weil sich in ihnen Chor und Querhäuser treffen mußten. Nachdem er hier Schlüsselsteine und Gewölbe angebracht hatte, gestaltete er vom Hauptturm zu den besagten Pfeilern, d. h. bis zum Querhaus, das untere Triforium mit vier Marmorsäulen aus. Darüber setzte er ein zweites Triforium aus anderem Material und die Fenster des Obergaden. Dann wölbte er das Mittelschiff ein, und zwar drei Schlüsselsteine zwischen Turm und Querhäusern. Das alles erschien uns und anderen, die es sahen, unvergleichlich und höchst lobenswert. Dieser prächtige Anfang stimmte uns heiter. Wir faßten gute Hoffnung auf künftige Vollendung und sorgten im eifrigen Verlangen unseres Herzens für Beschleunigung der Arbeit.«[98]

Bei dieser Bauweise, die hier so anschaulich geschildert wird, gingen die Architekten nicht mehr von den Wänden aus. Sie suchten auch nicht Säulen zu schaffen, die dazu imstande waren, Lasten zu tragen. (Dies wurde nach Vitruv von den antiken Architekten gefordert[99].) Es interessierte sie nicht einmal die Frage, ob ihre Gewölbekonstruktion die Schwere und Last überwand. (Das war das Problem gewesen, mit dem sich die Ingenieure Justinians beschäftigt hatten, die einem Raum Schwerelosigkeit verliehen[100].) Sie achteten statt dessen auf Pfeiler, die nach oben zu führen sind; alles andere wird später – wie die Säulen oder die Wände und die Decke – zugefügt. Dieses Streben nach oben zielt auf einen Abschluß, auf den Stein, den Gervasius Schlüsselstein nennt oder Joch-Schlüsselstein. Von diesen Schlüsselsteinen sagt er, daß sie in der Mitte die von überall herkommenden Teile schließend zu sichern und zusammenzuhalten scheinen. Dieser Stein, der nach verschiedenen Richtungen – auf die auf ihn zulaufenden Rippen – wirkt, ermöglicht von der Höhe her dieses Streben. Somit wird auch an den Kirchen des sogenannten gotischen Stiles sichtbar, daß eine Bewegung einheitlich in die Höhe aufsteigt und daß vom höchsten erreichbaren Punkt her für Dauer und Erhaltung dieser Bewegung gesorgt wird.

Als Albert der Große Körper beschrieb, sagte er, diese hätten eine Tendenz, einen Mangel zu überwinden. Sie – die Pflanzen etwa – strebten dabei nach oben; dort im Bereich der leichten Luft wurden sie beweglich, und von dort her gewannen sie bei Bildung von Blüte und Frucht, die die Arterhaltung ermöglichten, eine Dauer. Dies war eine wissenschaftliche Theorie gewesen. Der Bericht des Gervasius zeigt, daß die Menschen in der Architektur einen durchaus ähnlichen Vorgang wahrzunehmen gewohnt waren: Sie sahen in diesen gotischen Bauten die Pfeiler als etwas nach oben Strebendes, das durch die Schlüsselsteine an der Spitze zusammengehalten wurde.

Auch diese im 13. Jahrhundert erkennbare neue Tendenz der Körper, die ihnen eine gewisse Einheitlichkeit verleiht, läßt ihre Grundeigentümlichkeit, in eine Richtung zu drängen, bestehen.

Seit der Mitte des 11. Jahrhunderts beobachteten wir, daß die Körper durch ihre Haltung in der Richtung, die sie mit dieser Haltung einnahmen, über sich hinauswiesen. Es war die Wärme oder die von der Wärme vermittelte Leichtigkeit, die ihnen diese Eigentümlichkeit verlieh, oder die Schwere und die dazugehörige Kälte. Am Anfang führten ihre Haltungen sie in verschiedene Richtungen. Wenn jetzt seit dem 13. Jahrhundert eine einheitliche Richtung zu dominieren beginnt, dann hat diese in den Körpern eine ähnliche Wirkung. Sie erzeugt in den Körpern ein Streben, sich so zu verändern, daß sie durch ihre Haltung auf eine Bewegung hindrängen, die über sie hinausführt.

Freiheiten werden durch einen Herrn begründet

Seit der Mitte des 11. Jahrhunderts sprechen Menschen davon, daß in der Höhe gelegene Orte dank ihrer natürlichen Lage den Menschen Leichtigkeit und somit Freiheit vermitteln. Wenn es ihnen gelang, an den Orten, die sie besaßen, Burgen oder Türme zu errichten und mit diesen eine gewisse Höhe zu erreichen, wuchs ihr Ansehen. Sie gerieten in einen höheren Bereich, waren der Luft näher, wie Lambert es beschrieb, und wurden von ihren Nachbarn dementsprechend bewundert oder beneidet. Sie konnten selbstverständlich solche Besitzungen nur erwerben, wenn sie Titel nachwiesen oder sich solche beschafften. Außerdem mußten sie meistens über entsprechende Machtmittel verfügen, zumindest über genug Vermögen, um Bauten dieser Art ausführen zu lassen.

Ein Herr konnte dabei als einzelner vorgehen, er konnte sich mit Standesgenossen als Ritter mit Rittern, als Bauer mit Bauern, als Bürger mit Bürgern zusammenschließen und mit ihnen gemeinsam handeln[101]. Alle diese Handlungen fügten sich in ein Muster ein.

Bürger, Adlige und Fürsten suchten sich immer einen Bezirk zu schaffen, den sie ummauern ließen, innerhalb dessen sie Türme errichteten, die dann ihr Ansehen begründeten. Doch auf etwas blieben sie angewiesen, auf eine Person, die von oben her ihre Herrschaft sicherte. Dafür ein Beispiel.

Einmal kamen die dänischen Fürsten Knut und Peter zum deutschen König Friedrich Barbarossa, um sich sagen zu lassen, wer von ihnen beiden König sein sollte und über welches Gebiet der andere zu herrschen habe. »Ihre Sache wurde schließlich, wie berichtet wird, durch Urteil und Beschluß der Fürsten folgendermaßen entschieden: Knut behielt einige Provinzen, entsagte aber dem königlichen Namen, indem er sein Schwert übergab – es ist nämlich am Hofe Sitte, daß Königreiche durch das Schwert, Provinzen aber durch das Banner vom Herrscher übergeben oder entzogen werden. Peter dagegen empfing aus der Hand des Herrschers die Königsherrschaft und verpflichtete sich ihm durch Treueversprechen und Mannschaftsleistung. Nachdem ihm der König eigenhändig die Königskrone aufgesetzt hatte, wurde er am heiligen Pfingstfest gekrönt und trug das Schwert des Königs (Friedrich), der, die Krone auf dem Haupt, einherschritt.« Dies berichtet uns der Onkel Friedrich Barbarossas, Otto, der Bischof von Freising[102].

So konnten die Menschen ihre jeweilige Freiheit gewinnen. Doch da immer etwas Höheres diese Freiheit begründen mußte, benötigten sie über sich eine Person, die ihren Stand und im Stand ihre Würde festsetzte und erhielt, wie der Schlüsselstein des Gervasius von Canterbury. Diese Tendenz nahm im 12. und 13. Jahrhundert sogar wieder zu. Dafür zeugt in Deutschland die »Heerschildordnung«, in der jeder seine Rechte aus der Beziehung zur Spitze des Reiches ableitete, und zeugen die verschiedenen ständischen Verfassungen, wie die Magna Charta in England, in denen Adlige und Bürger sich ihre Rechte vom König bestätigen ließen. So blieb es bis ins späte Mittelalter. Politische Erfolge allein halfen niemandem. Noch Karl der Kühne von Burgund, der als Herr über die zahlreichen von ihm eroberten Länder gern König geworden wäre, um seine Untertanen in einem Königreich zusammenzufassen, kam überhaupt nicht auf den Gedanken, sich diese Würde einfach zuzusprechen. Er verhandelte jahrelang – am Ende vergeblich – mit dem damaligen Kaiser Friedrich III., der viel ohnmächtiger war als der reiche Herr von Burgund[103].

Für Kaiser und König hatte diese Situation noch einen anderen Aspekt. Sie glichen den »oberen Elementen«, die Naturwissenschaftler wie Thierry von Chartres »ein Gefährt« nannten[104]. Diese – etwa die Luft – vermittelten den unteren Elementen – so der Erde – eine »lebendige Wärme«, die deren Beweglichkeit erzeugte[105]. Thierrys Sicht, derzufolge Wärme Lebendigkeit hervorrief und diese Wärme von der Sonne ausging und durch die von ihr erwärmte Luft weitergegeben wurde, entsprach einer Körpererfahrung, die unmittelbar überzeugte.

So prägte diese neue Sehweise auch die Formen des politischen Handelns. Wir werden sie noch einmal zusammenfassend charakterisieren.

Die Künstler stellen Haltungen dar

Die Menschen achteten seit dem 11. Jahrhundert darauf, ob Schwere die unteren Teile eines Körpers nach unten führte oder ob Leichtigkeit obere Partien des Körpers in die Höhe streben ließ[106]. Seit dem 13. Jahrhundert beobachteten sie zusätzlich noch, ob eine einheitliche Tendenz den ganzen Körper ergriff, die ihm, nach oben aufsteigend, Vollkommenheit und Dauer zu verleihen suchte [107]. Die Künstler stellten die Menschen so dar.

So fällt auf, daß die Körper nicht insgesamt wie eine Last auf den Boden drücken, die Menschen auch nicht ihre Muskeln dazu benutzen müssen, um sich gegen diese Schwere erhebend zu wehren. Die Körper scheinen statt dessen zu schweben und nur von sich aus die Tendenz zu haben, mit den Beinen nach unten, mit den Armen, Schultern und Kopf nach oben zu weisen.

Da diese Körper nur in immer wieder anderen Varianten erscheinen, sind sich Menschen, Tiere, Blumen und Pflanzen untereinander recht ähnlich.

Individuelle Besonderheiten werden kaum beachtet, jedenfalls in den Beschreibungen tauchen sie so gut wie nie auf. Kleine Vögel singen Melodien, und nicht die Amsel ein Lied und der Spatz ein anderes. Die Gräser sind grün, und nicht eines heller, das andere dunkler und das dritte – leider – am Rand etwas vertrocknet [108].

Sieht man sich die Bilder an, in denen Künstler die Eigenart von Pflanzen und Tieren wiedergeben, so ist dasselbe zu beobachten: Ritter, Bauern und Könige treten auf, doch keine individuellen Charaktere. Mit den Dingen werden nur die Orte gezeigt, die über und unter ihnen liegen: mit den Bäumen die Erde oder die Wiese und der Himmel, in den sie wachsen; mit den Tieren der Platz, von dem sie ausgehen oder in den sie – als Vögel – aufgestiegen sind. Der allmähliche Übergang in eine Tiefe – der dreidimensionale Raum – wird nicht

Abb. 79 Zillis, Einer der Drei Könige

Abb. 80 Zillis, Joseph auf der Flucht

vergegenwärtigt (Abb. 79)[109]. So wird ein Oben und ein Unten angedeutet, die auch für die Körpererfahrung wichtig waren, nicht jedoch der dreidimensionale Raum.

Noch auf eine andere Eigentümlichkeit sei hingewiesen. Wenn ein Wanderer abgebildet wird, etwa Josef auf der Flucht nach Ägypten, kann dieser einen Mantel tragen und eine Peitsche in der Hand haben, so auf dem Tempera-Gemälde von der Holzdecke der Pfarrkirche St. Martin in Zillis, die etwa in den Jahren zwischen 1130 und 1140 ausgemalt wurde (Abb. 80). Allerdings wird auf diesem Bild jeder Gegenstand in der ihm möglichen Bewegungsweise gezeigt. So dehnt sich unten der Rock zu einer Seite aus.

Am überraschendsten sind die Stricke am Ende der Rute, die sich vom Stock entfernen, jeder für sich und in einer Wellenform[110]. Bilden Maler einen Fischfang ab, so erscheint das Netz im Wasser in seiner vollen Breite. Es wird durch den Zugriff der Männer, die es herausziehen, und durch die Bewegungen der um sich schlagenden Fische nicht verändert (Abb. 81)[111]. Die merkwürdigsten Zusammenhänge entstehen: Wenn ein Pferd an einem Zügel gehalten wird, so sind die Maler darauf bedacht, die Eigenart des Zügels darzustellen. Dieser vermag durchzuhängen. So wird er abgebildet, obgleich das Pferd mit Hilfe des Zügels gelenkt wird[112]. Diese Künstler stellen

Abb. 81 Zillis, Fischfang

somit keinen Bewegungsvorgang dar, sondern zeigen, zu welchen Bewegungen Dinge – die Peitsche, das Netz, die Leine – dank ihrer Eigenart fähig sind. Deren Zustand ist dabei durch die Leichtigkeit, die ihnen verliehen wurde, oder durch ihr Streben nach Dauer charakterisiert.

So malen die Künstler und beschreiben die Dichter, was ihnen von ihrer Körpererfahrung her vertraut wurde. Sie hatten erfahren, daß ihnen der Sitz oben auf dem Pferd Leichtigkeit, daß ihnen die Höhe gesteigerte Beweglichkeit verlieh[113]. Die Maler und Schriftsteller deuteten daraufhin von ihrer Umgebung so viel an, daß bei jedem der von ihnen dargestellten Wesen erkennbar wurde, in welchem Zustand es sich befand. Dessen individuelle Eigentümlichkeit mußten sie dabei nicht berücksichtigen.

Wir wollen jetzt diese Körpererfahrungen noch einmal charakterisieren.

Der Körper erfährt eine Eigentümlichkeit seiner Umgebung

Viele einzelne Schilderungen bezeugten eine spezifische Körpererfahrung der oberen Schichten der Gesellschaft des ausgehenden 11., 12. und 13. Jahrhunderts.

Vorweg ein Vergleich: Nach den Zeugnissen der Griechen, die wir besprachen, spürten diese innerhalb ihres Körpers eine Schwere einzelner Körperteile und eine Tendenz derselben, eigenen Bewegungen zu folgen und so die Einheit des Körpers aufzulösen. Gegen die Schwere wirkte eine Kraft, die dem Menschen gestattete, die Last des Körpers zu heben, ihn aufzurichten und gegen die Auflösungstendenzen eine zusammenhaltende, eine Kohäsionskraft. Alle diese Kräfte waren Erscheinungsformen der Energie, die innerhalb des Körpers wahrgenommen wurden[114].

Im 8. nachchristlichen Jahrhundert bereits berichteten die Menschen von einer Eigentümlichkeit ihrer Umgebung – etwa vom Strahlen eines Lichtes –, auf die sie mit Gebärden reagierten[115]. Etwas Ähnliches läßt sich nun seit dem 11. und 12. Jahrhundert beobachten.

Die Menschen wandten sich nicht gegen die Schwere, die innerhalb ihres Körpers wahrzunehmen war, sondern sie sprachen auf dessen Umgebung an. Dabei spürten sie, daß die sie umgebende Luft ihnen mehr Bewegungsmöglichkeiten gab als das sie umgebende Wasser oder die sie umgebende Erde. Da die Luft oberhalb von Wasser und Erde liegt, sprachen sie den höheren Bereichen die Eigenart zu, mehr Bewegungen zu gestatten.

In der Sprache der modernen Physik unterscheiden wir drei Aggregatszustände, den gasförmigen von dem flüssigen und von dem festen. Physiker des 12. Jahrhunderts stellten fest, daß der Aufenthalt eines Körpers in einem der drei Aggregatszustände über dessen Möglichkeit, sich zu bewegen, entscheidet – eine Feststellung, der die modernen Physiker zustimmen können.

Die Luft brachten sie im 12. Jahrhundert in einen Zusammenhang mit der Wärme. So meinten sie, daß nicht nur die umgebende Luft, sondern auch die umgebende Wärme die Beweglichkeit eines Menschen erhöht. Dementsprechend wiesen sie das Wasser dem kühleren und die Erde dem kalten Bereich zu.

Moderne Physiker würden sagen, daß für jeden Aggregatszustand eine bestimmte Wärme charakteristisch sei und daß eine Zufuhr von Wärme feste Körper in flüssige und schließlich in gasförmige verwandle. Die Menschen im 12. Jahrhundert erschlossen sich somit durch eine Körpererfahrung eine Seite der Realität, die ein Physiker heute genauso sehen würde.

Diese Erfahrung, die die Menschen im hohen Mittelalter, etwa im 12. Jahrhundert, mit ihrem Körper gewinnen konnten, ließ sie darüber hinaus eine Erscheinungsform der Energie kennenlernen. Sie achteten nicht auf die Energie, die benötigt wird, um eine Last zu heben oder um auseinanderstrebende Teile zusammenzufügen. Diese Erscheinungsformen der Energie waren den Griechen wichtig gewesen[116]. Sie nahmen statt dessen wahr, daß eine aus der Umgebung kommende Wärmezufuhr einen Körper aufrichtet. Sie sagten, der Körper sei erwärmt oder er sei von Leichtigkeit erfüllt. Die erste Beschreibung würden wir akzeptieren.

So sahen sich die Menschen, wie schon in karolingischer Zeit, als mediale Wesen. Sie vermittelten etwas an andere. In karolingischer Zeit wurde ein Medium beschienen und erleuchtete dann, hörte ein Medium einen Klang und gab ihn dann – resonanzartig – weiter. Seit dem späten 11. Jahrhundert wurde das »Medium« erwärmt und drängte so in eine Richtung – nach oben. Die Wissenschaftler jener Zeit formulierten es meist anders: Es wurde zusammen mit der Wärme von »Leichtigkeit« in die Höhe getrieben. Dabei gewann es –

etwa in die Luft aufsteigend – an Beweglichkeit. Das Medium konnte die erworbene Wärme auch – wie ein »Gefährt«, sagte Thierry von Chartres – anderen zukommen lassen, die dann ähnliche Bewegungstendenzen erhielten.

So erkannten die Menschen jener Zeit aufgrund ihrer Körpererfahrung zweierlei:

- Eine Erscheinungsform der Energie, die Wärme, veranlaßt den menschlichen Körper, eine Haltung einzunehmen, so daß er in eine Richtung – etwa nach oben oder nach unten – drängt;
- Die unterschiedlichen Aggregatszustände beeinflussen die Bewegungsmöglichkeiten jedes Körpers.

Später hatten Wissenschaftler die Tendenz, die Bewegungsweisen, mit denen sie vertraut geworden waren, so zu vereinheitlichen, daß sie an einer nicht zu unterbrechenden Veränderung und damit an einer Dauer teilhaben konnten. Sie – etwa Albertus Magnus – schrieben sich und allen anderen Wesen die »Sehnsucht« zu, ständig in eine Richtung zu streben, und erklärten diesen Wunsch aus dem Mangel, der in ihnen und in jedem anderen Wesen lag und den jedes zu überwinden suchte[117].

Dieser Versuch der Wissenschaftler, eine Erfahrung zu verallgemeinern, tat der Wirklichkeit Gewalt an. Er wird selbstverständlich von den Physikern heute nicht akzeptiert, wenn auch gerade Physiker in den Jahrhunderten nach dem Mittelalter mehrfach einem ähnlichen Wunsch nachgaben. Davon wird noch zu sprechen sein[118].

VI

DIE IN BEWEGUNG GERATENE GESELLSCHAFT DER HÖFE

Jede Bewegung führt in eine andere Umgebung

Im Jahre 1416 starb der Herzog von Berry. Vor und nach seinem Tode schufen drei Brüder aus Limburg, dem heutigen Lymbricht in Geldern – Pol, Hermant und Jehannequin –, »eines der herrlichsten Werke der Miniaturmalerei«, ein Stundenbuch. In diesem werden zu jedem Monat des Jahres charakteristische Tätigkeiten dargestellt[1]. Uns vermittelt dieses kostbare Werk einen Einblick in das höfische und bäuerliche Leben der damaligen Zeit.

Dieses Stundenbuch hatte ein eigentümliches Geschick, das die polnische Wissenschaftlerin Maria Lanckorońska erst vor wenigen Jahren rekonstruierte. Nach dem Tode des Herzogs von Berry kam das Buch nämlich an seine Tochter Bonne de Berry. Diese heiratete den Herzog von Savoyen und nahm die Handschrift dorthin mit. Als im Jahre 1501 Margarethe von Österreich, die Tochter Kaiser Maximilians I., in zweiter Ehe den Savoyer Herzog Philibert II. zum Mann nahm, geriet das Buch in ihren Besitz. Sie erhielt nach dem Tode Philiberts von Maximilian den Auftrag, die Regentschaft der Niederlande zu übernehmen und sich um die Erziehung ihres Neffen, des späteren Kaisers Karl V., zu kümmern. Dort wurde eine Gruppe niederländischer Maler, Simon Bening, Gerhard Hoerenbout und Jan Gossaert – wohl von Margarethe – beauftragt, in einem neuen Gebetbuch die Bilder abzumalen, so daß ihr verstorbener Mann und sie selber in dem neuen Werk auftraten. 1520 muß die Arbeit abgeschlossen gewesen sein, denn damals befand sich das Buch bereits in Venedig im Besitz von Grimani[2]. Ob sich die Geschichte dieses Buches so abgespielt hat, wie die polnische Wissenschaftlerin vermutet, wird nie mit letzter Gewißheit zu entscheiden sein. Sicher allerdings ist etwas anderes, daran kann nicht gezweifelt werden. Jedes Bild des späteren Werkes, das vor 1520 entstand, malt getreu das ältere Werk ab[3]. Und doch handelt es sich um eine völlig andere Art, die Menschen und ihre Bewegungen darzustellen.

Im »Juni« schneiden Bauern mit der Sense das Gras, während die Frauen mit Rechen und Forken es auf Haufen zusammentragen. Im Stundenbuch des Herzogs von Berry stellen Männer wie Frauen bei der Arbeit eine Gebärde dar. Die gespreizten Beine schweben in der Luft, der Körper ist so gebogen, daß er eine Linie bildet, die zum Kopf hinführt. Dieser mag leicht oder stärker nach vorne geneigt sein. Auf diese Linie weisen auch die im leichten Rund gegebenen

Arme, die geschwungen sind, daß weder der Ellbogen noch die Schultern in ihrer Kantigkeit hervortreten. Die Arbeitsgeräte werden so gehalten, daß die Gebärde voll zur Wirkung kommt (Abb. 82)[4].

Abb. 82 Stundenbuch des Herzogs von Berry, Monat Juni

Abb. 83 Stundenbuch des Grimani, Monat Juni

Anders treten die Frauen auf dem Juni-Bild des Grimani-Breviers auf. Bei jeder Figur sieht man, daß sie auf dem Boden steht. Jede befindet sich in einer Bewegung, die die Beine einen Schritt tun oder die Arme schiebend oder schwingend ihren Ort verlassen läßt. Ein Bauer schleift die Sense, zwei holen mit der Sense weit aus, um das vor ihnen liegende Gras zu mähen. Die Bäuerinnen, die hoch aufgerichtet einherschreiten, eine mit scharf angewinkeltem Ellbogen, schieben oder heben mit der Forke das Gras, um es an einen anderen Ort zu befördern. Alle Menschen sind in einem Zustand wiedergegeben, den sie durch ihre Bewegung im nächsten Augenblick verändern werden, wobei diese Bewegung sie in eine neue Umgebung bringt und auch diese mit verändert, die Sichel schärfer werden läßt, das Gras schneidet oder es an einen anderen Ort transportiert (Abb. 83)[5].

Im »Oktober« wird geeggt und gesät (Abb. 84). Die säende Frau im Stundenbuch des Herzogs von Berry bildet mit ihrem Körper eine S-ähnliche Form; die Knie sind nach vorn geschoben, der Oberkörper ist zurückgelehnt, der Kopf wieder nach vorne gestreckt, alle

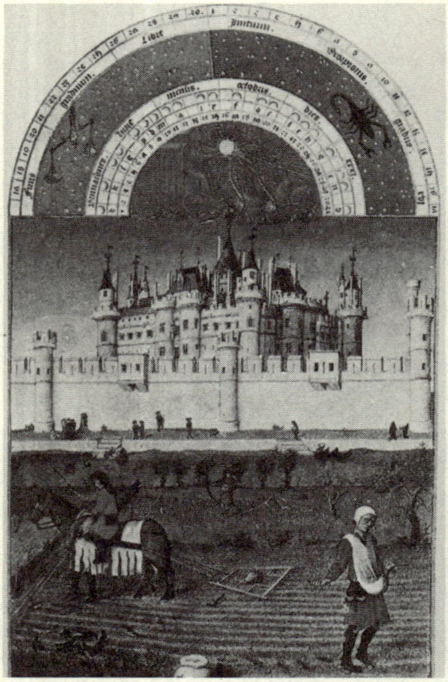

Abb. 84 Stundenbuch des Herzogs von Berry, Oktober

Abb. 85 Stundenbuch des Grimani, Oktober

Teile ihres Körpers, sogar das Tuch, in dem sie den Samen trägt, fügen sich in diesen Schwung ein. In dem späteren Werk hat ein Bauer das Säen übernommen (Abb. 85). Er wirft den Samen, er schreitet voran; es ist sofort zu sehen, daß er durch seine Bewegungen in eine andere Umgebung kommt. Hinter den Figuren steht beim Bild aus dem früheren Stundenbuch eine Vogelscheuche mit Pfeil und Bogen; im späteren Werk wird daraus ein Mann, der den Bogen gerade angespannt hat und nach Vögeln zielt, die das Korn auf dem Felde aufpicken wollen.

Im Hintergrund, vor den Mauern und Gebäuden einer Stadt, zieht ein Fluß vorüber. An ihm treten im älteren Werk Bootsleute und Spaziergänger auf, die nur in der Haltung ihrer Tätigkeit gezeigt werden. In dem Brevier von Grimani hingegen stemmen sich die Ruderer mit der ganzen Kraft ihres Körpers nach vorn, um auf diese Weise mit Hilfe der Ruder ihr Boot voranzubewegen, während andere an einem Strick ein Boot ziehen. Auch sie verwenden alle ihnen zur Verfügung stehenden Kräfte, um das straff gespannte Seil und das daran gebundene Boot voranzubringen. Die Menschen bewegen sich nicht nur selber, sie suchen auch anderes in Bewegung zu versetzen[6].

Im Bild des Monats August zieht eine adlige Gesellschaft zur Falkenjagd. Im älteren Werk trägt vor den Berittenen ein Falkner den Vogel auf seiner Hand (Abb. 86). Ganz vornübergebeugt, stellt er in seinen Bewegungen dar, daß er bereit ist, voranzuschreiten und gleichzeitig respektvoll zu seiner Herrschaft aufzusehen. Dabei wählt er eine Haltung, die wohl diese Gesinnung erkennen läßt, aber niemals länger eingenommen werden könnte. Sein Körper ist viel zu weit nach vorne geneigt, als daß er so zu gehen vermöchte[7]. Im späteren Stundenbuch hingegen reitet oder bewegt sich jeder so, daß zu erkennen ist, er wird im nächsten Augenblick ein Stück vorankommen (Abb. 87). Der Vorgang der Bewegung, in der sich Menschen wie Tiere, Adlige wie Diener gleichermaßen befinden, ist überzeugend abgebildet. Selbst eine Frau, die im Hintergrund unbekleidet von der Brücke springt, wird dabei genau in der Situation einer Springenden gezeigt, während ein Pferd mit Reiter in das Wasser des Flusses schreitet[8].

Abb. 86 Stundenbuch des Herzogs von Berry, August

Abb. 87 Stundenbuch des Grimani, August

Dieses neue Verhältnis zum eigenen Körper ist seit den dreißiger Jahren des 15. Jahrhunderts zu beobachten. Die Brüder Hubert und Jan van Eyck lassen neben vielen Gestalten, die noch eine Gebärde wiedergeben, die ersten Pferde und Menschen richtig gehen[9]. Etwas früher noch, am Ende der zwanziger Jahre des 15. Jahrhunderts, hat in Italien Masaccio die von ihm abgebildeten Menschen so in Bewegung gezeigt. Oft gestikulieren sie nur heftig, wie im Bilde des Zinsgroschens, so daß sie noch überwiegend Gebärden ausführen (Abb. 88). Doch sieht man auf die Beinhaltung, so wird deutlich, wie ein Fuß sich bereits auf den Boden gesetzt hat, während der andere, der hinten stehende, gerade gelockert wird, so daß er fähig ist, den nächsten Schritt zu tun[10]. Besonders lebendig wirkt dies in einer Szene, in der Adam und Eva, vom Engel vertrieben, das Paradies verlassen müssen (Abb. 89). Beide drücken mit der Körperhaltung, den angewinkelten Armen, ihren Schmerz und ihre Schuldgefühle aus. Gleichzeitig jedoch läßt Masaccio sie so voranschreiten, daß wohl zu erkennen ist, daß sie sich in einer Bewegung befinden, die aus dem Paradies herausführt[11].

Abb. 88 Masaccio, Der Zinsgroschen

Gerade an diesem Bild ist der Unterschied zu den bewegten Figuren in der Antike recht deutlich. Wohl werden Adam und Eva plastisch wiedergegeben. Es ist leicht möglich, sich in ihre Bewegung hineinzuversetzen, und insofern gleichen sie den griechischen Statuen. Doch wer die Bewegung übernimmt, der wird sofort spüren: Er hat nicht eine Last durch leichte oder stärkere Anspannung zu überwinden und nicht in der Bewegung eine Ausgeglichenheit zu wahren. Statt dessen scheiden sich am Körper zwei Bereiche voneinander: Mit Kopf, Schultern, Armen drücken diese Menschen und auch jeder, der ihre Stellung übernimmt, ein Gefühl aus. Dieser Teil des Körpers gibt eine Gefühlsgebärde wieder. Die Beine jedoch, die in ihrer Schlankheit bei diesem Bilde besonders lebendig hervortreten, befinden sich unabhängig von dieser Gebärde in einer Bewegung. Sie verlassen einen Ort und wenden sich einem anderen zu. Nicht nur dies: Die Ausdrucksgebärden des Oberkörpers schieben diesen gleichzeitig. Die Bewegung dominiert trotz allen Schmerzes: Die Menschen drängen mit ihrem ganzen Körper nach vorn [12].

Abb. 89 Masaccio, Adam und Eva

Diese Technik benutzt auch Botticelli, um schwebende Figuren so darzustellen, daß der Betrachter den Eindruck erhält, sie flögen durch den Raum, einem Ziele zu – etwa wenn sie in seiner Darstellung von der Geburt der Venus dieser von rechts und links die Kleidung bringen (Abb. 90) [13]. Auch in der verhalteneren Szene des Frühlings berühren tanzende Damen den Boden so, daß aus ihren Schritten zu erkennen ist, wie sie sich anmutig und leicht weiterbewegen werden [14].

Dieser Übergang von der Gebärde zur Bewegung wird im Theater noch unmittelbarer erfahren. Zu dem Kreis um Bramante gehörte Baldassare Peruzzi. Vasari schrieb ihm zu, eine neue Bühnendekora-

Abb. 90 Botticelli, Die Geburt der Venus

tion erfunden zu haben. Diese gestattete es, durch Plastiken, Reliefarbeiten und angemalte Dekorationen einen perspektivischen Eindruck hervorzurufen[15]. Doch das war nur ein Aspekt des großen Wandels, der sich im Theaterwesen vollzog.

Im Mittelalter liefen die meisten Theaterstücke so ab, daß die Zuschauer von Ort zu Ort wandern mußten, um die Ereignisse zu verfolgen. Es konnten Teile der Handlung am Altar, andere im Hauptschiff der Kirche, wieder andere vor der Kirche stattfinden. Auch außerhalb der Kirche waren verschiedene Orte zum Theaterspiel geeignet. Und wer das Geschehen verfolgen wollte, etwa bei Passions- oder bei Osterspielen, aber auch bei politischen Stücken wie beim Spiel vom Antichristen, in dem die verschiedenen europäischen Herrscher gegeneinander kämpften und am Ende der Kaiser nach Jerusalem zog, mußte mit den Schauspielern von Ort zu Ort gehen[16]. Seit der zweiten Hälfte des 15. Jahrhunderts wird nun eine eigene Bühne geschaffen. Gleichzeitig bekommen auch die Zuschauer einen Platz zugewiesen. Sie sitzen nicht mehr, wie in der Antike, auf einem Halbkreis vor der Bühne, sondern auf einer Ellipse, und diese ermöglicht, die perspektivischen Darstellungen der Kulissen so zu sehen, daß diese einen weiten Raum zu spiegeln scheinen[17].

In diesen neuen Theatern werden nun nicht nur, wie in den Bildern, Menschen in Bewegung gemalt; sie bewegen sich vielmehr wirklich. Da sie durch die Relief- und Bildkulissen in eine Welt versetzt sind, in der Tiefe mit allen Mitteln der perspektivischen Kunst vorgetäuscht wird, ist es ihre Bewegung, die nun den Reiz der Darstellung ausmacht[18].

Damit verändert sich selbstverständlich auch der Inhalt der Stücke. Die Menschen verkünden in den Dramen nicht mehr, wer sie sind, welche Gefühle sie ergreifen, welche Gesinnung sie haben – sie handeln, sie treten auf, sie verspotten einander, sie greifen einander an, sie vertreiben ihre Gegner[19]. Doch bedeutsamer noch als diese Ereignisse ist die Wirkung, die von dieser neuen Art des Schauspiels auf den Zuschauer ausgeht, der an seinen Ort gebannt ist. Er nimmt nun wahr, daß die Menschen an Bewegungen teilhaben, die sie immer wieder in andere Umgebungen bringen.

Doch wie bewegen sich diese Menschen?

Tänzer und Fechter berühren den Boden

Eine der ersten Tanzschulen, die uns erhalten sind, wurde im 15. Jahrhundert geschrieben. Sie stammt von einem Mann, der in Italien lebte. Er nannte sich Wilhelm der Hebräer[20] und gab den Damen genaue Anweisungen, wie jede beim Tanz sich verhalten solle. Auf den ersten Blick mag es scheinen, als ob er ihr vor allem Gebärden nahelege: »Die Bewegungen ihres Leibes möchten demütig und bescheiden sein bei einem persönlich würdevollen und herrschaftlichen Auftreten. Auf dem Fuße stehe sie locker, und ihre Gesten seien gut geformt. Mit ihren Augen gehe sie nicht fremd, und die Blicke lasse sie nicht schweifen. Sie bestaune nicht das oder jenes, wie es viele machen, sondern voller Würde sehe sie die meiste Zeit auf den Boden, wobei sie jedoch nicht, wie einige es tun, den Kopf zum Schoß oder nach unten senken möge, sondern gerade halte.«[21] Ähnliches hätte auch im Mittelalter gefordert werden können. Eine Frau stellt ihre Würde dar. Die Bewegungen scheinen einen Gebärdencharakter zu haben. Allerdings ist dies nur der eine Aspekt. Gleichzeitig sagt ihr nämlich Wilhelm, sie solle die Maßeinheit gut kennen und den Klang der Musik beachten, und sie möge wissen, wie sie den Boden mit ihren Füßen zu verlassen habe und welcher Art ihr Gang sei. Ihre Bewegung solle locker und zurückhaltend bleiben, weil es bei einem doppelten oder einem einfachen Schritt notwendig sei, sich gut einzufügen[22]. Die Anmut, die von ihr erwartet wird, ist also mit der richtigen Art der Bewegung zu verbinden.

In allen seinen weiteren Ausführungen kommt Wilhelm der Hebräer nun fast nur noch auf die Bewegungen der Füße zu sprechen. Er erläutert, welche Schritte nach vorn oder zur Seite, welche im Kreis und welche zurück zu machen seien. Seine Tanzschule ist eine Bewegungsschule, in der Tänzerinnen und Tänzer die Schritte zu üben haben[23].

Damit verschiebt sich die Aufmersamkeit der Tanzenden auf einen Teil ihres Körpers, von dem bisher beim Tanz nicht die Rede war. In den Paartänzen des Mittelalters war es wichtig gewesen, durch Konzentration auf Kopf, Schultern und Arme den Körper in einen Zustand der Leichtigkeit zu versetzen. Der Tanz wurde ja mit dem Fliegen eines Vogels oder mit den leichten Bewegungen eines Fisches verglichen. Mit den Händen wurden die Bewegungen der Melodie wiederholt und variiert, und mit Schultern und Kopf näherten sich die Tanzenden einander, so daß sie sich manchmal fast zu berühren schienen[24].

In der Schule des 15. Jahrhunderts gilt die Aufmerksamkeit erst einmal den Füßen. Es muß genau darauf geachtet werden, wie sie zu setzen sind.

Dies war den Männern und Frauen jener Zeit außerordentlich wichtig. Führende Geschäftsleute und Politiker wie Lorenzo Medici komponierten Tänze und versahen ihre Kompositionen mit Erläuterungen, die die Tanzschritte festlegten. Ein Tanz von Lorenzo de Pietro Cosimo de Medici: »Zuerst machen sie einen Schritt zur Seite und dann zwei einfache Schritte und einen doppelten, indem sie mit dem linken Fuß beginnen. Und dann machen sie eine Verbeugung auf dem linken Fuß, und dann machen sie zwei Schritte zurück, den einen auf dem linken, den anderen auf dem rechten Fuß, und dann machen sie zwei einfache und einen doppelten Schritt, beginnend mit dem linken Fuß, und dann machen sie einen Schritt zurück auf dem rechten Fuß, und dann machen sie einen Schritt zur Seite, und dann fassen sie sich bei der rechten Hand und gehen einen Kreis mit zwei einfachen und einem doppelten Schritt, beginnend mit dem linken Fuß, und dann fassen sie sich bei der linken Hand und gehen ebenso einen Kreis mit zwei einfachen und einem doppelten Schritt, beginnend mit dem rechten Fuß, so daß der Mann an seinem Ort von vorhin bleibt. Und dann machen sie zwei Schritte zurück, den einen auf dem linken, den anderen auf dem rechten Fuß, und dann gehen sie gemeinsam zwei Einzel- und drei Doppelschritte und beginnen mit dem linken Fuß, und dann machen sie eine Wendung der Freude, das heißt mit zwei einfachen Schritten, beginnend mit dem rechten Fuß, und dann machen sie einen Schritt zurück auf dem rechten Fuß, und dann machen sie eine Verbeugung auf dem linken, und das Ende ist, sie wiederholen eine andere Wendung, und die Dame geht weg.«[25]

Wir können aus diesen Anweisungen den Tanz kaum rekonstruieren. Nur das eine ist sofort zu erkennen: Bei diesen Tänzen mußten Tänzer und Tänzerin lernen, die Füße richtig zu setzen. Ob sie nun nach vorne oder hinten oder zur Seite gingen, ob sie sich im Kreis drehten, voneinander trennten oder wieder zusammenfanden, die Tänze liefen nur dann gut ab, wenn jeder Schritt sicher beherrscht wurde – der allerdings mit der Anmut und der Grazie, mit der Bescheidenheit und gleichzeitig mit der Würde ausgeführt werden konnte, die Wilhelm von seinen Tänzerinnen erwartete.

So ist aus dem hochmittelalterlichen Gebärdentanz ein auf Schritte konzentrierter Bewegungstanz geworden. Diese an Bewegungen orientierten Tänze waren unterschiedlicher Art. Wir kennen sie bereits im 16. Jahrhundert recht genau.

Die Tänze können den Stand der Tanzenden erkennen lassen. Manche Tänze sind gerade für Fürsten und Adlige geeignet; von der Pavane etwa sagt Praetorius: »Der Tanz aber kömpt ursprünglich aus Hispanien. Inmaßen man sihet, daß er mit sonderlichen langsamen, zierlichen Tritten und Spanischer gravitet formiret werden muß.«[26] Und der große französische Tanzmeister des 16. Jahrhunderts, Arbeau, meint zu seinen Schülern: »Der Edelmann kann sie (die Pavane) mit Degen und Barett tanzen, Ihr Anderen in Euren langen Roben. Den Königen dient die Pavane dazu, sich prunkend zu zeigen in ihren großen Mänteln und Staatskleidern, begleitet von der Königin, den Prinzessinnen und Hofdamen, welche die langen, herabgelassenen Schleppen ihrer Roben auf dem Boden nachschleifen und zuweilen von ihren Damen tragen lassen.«[27]

Die Tänze werden auch den unterschiedlichen Temperamenten der Tänzer und den unterschiedlichen Funktionen gerecht, die die Menschen ihnen zuschreiben. Von der Galliarde etwa galt: Sprang der Herr kraftvoll und hoch, so machte die Tänzerin »leichtfüßige Sprünge, kunstvolle Fleurets und blitzartige Drehungen«[28]. Dieser Tanz war bei der Königin Elisabeth von England sehr beliebt. Sie, eine der gewandtesten Tänzerinnen ihres Hofes, pflegte noch im Alter von 56 Jahren jeden Morgen sechs bis sieben Galliarden als körperliche Übung zu tanzen[29].

Arbeau empfahl den Tanz, denn er sei besonders für den Winter gut geeignet, da schon nach wenigen Takten das Blut walle[30].

Doch kommt es bei allen diesen Tänzen darauf an – sie mögen für den Langsamen oder Hitzigen, im Frühling oder im Herbst gesund sein –, daß die Tänzer lernen, immer die Füße richtig zu setzen. Auch wenn der Körper ganz leicht und die Bewegung fast schwebend werden soll, gilt es doch, die Aufmerksamkeit auf seine Umgebung zu richten. Sehr schön erläutert das noch am Anfang des 18. Jahrhunderts Johann Pasch. So fordert er erst, daß die Schritte der Tanzenden geometrischen Linien folgen sollen: »Diese Schritte werden nun alle mathematice und regulariter durch Linien, Winkel und Zirkel, welche in der Geometrie enthalten sind, formiert, und solche geradeaus, zurück, auf die Seiten und hinter sich wie auch im Herumdrehen.« Dann erwartet er eine schwebende Bewegung: »Dieses alles aber heißt noch nicht Tanzen, sondern gehört noch einesteils mit unter das Marschieren oder Gehen. Tanzen heißt eigentlich schweben oder aufs allerleichteste gehen, welches allhier, wenn es durch Fortsetzung der Füße geschieht, ohne Biegen und Strecken nicht geschehen kann.« Dies führt Pasch dann im einzelnen aus: »Durch dieses Biegen und Heben nun, welches solche mit den Schritten akkompaniert wird, können wiederum auf vielerlei Art die Schritte vervielfältigt werden, wenn der eine Fuß schon in der Luft ist und der andere indessen durch Biegen und noch stärkeres Strecken den Leib in die Luft wirft und der springende Fuß eher als der andere wiederum auf die Erde fällt, und endlich wenn man sich durch Biegen und Heben mit beiden Füßen stark in die Luft schwinget oder selbst einige Schritte formieret, ehe man wieder auf die Erde fällt.«[31] Er brachte seinen Schülern in einer eigenen Sprunggymnastik bei, welche Bewegungen sie während eines Sprunges ausführen konnten. Gerade diese Gymnastik war sehr beliebt[32].

So lernte der Tänzer in den Schulen zwar vielfältige Formen der Bewegung, doch seine Aufmerksamkeit hatte sich auf die Beine zu richten. Es konnte der Körper insgesamt eine Wendigkeit erwerben, die ihm immer elegantere und zierlichere Bewegungen im Sprung und schreitend gestattete. Er jedoch hatte darauf zu achten, wohin er bei seiner Bewegung gelangte.

Derselbe Wandel läßt sich im Fechten beobachten. Seit dem 15. Jahrhundert sind uns ausführliche Fechtschulen erhalten. Da die

Jugendlichen, die das Fechten zu lernen haben, meist über Bilder informiert werden, können wir die Eigenart dieser Übungen recht gut erkennen.

Im späten Mittelalter traten die Fechter dicht aneinander. Sie waren in so enge Trikots gekleidet, daß sie sich schon aus diesem Grunde aufrecht halten mußten. Den Bildern nach scheinen sie fast immer eine Haltung gewählt zu haben, die so aussah, als ob sie ein Hohlkreuz hätten. Es kam dann darauf an, mit einem Schlag den Gegner niederzuwerfen. Dieser hatte zu parieren. Danach hatte er zu schlagen, und der erste mußte den Angriff abwehren[33]. Alles ging somit darum, wer von den beiden Widersachern während des Kampfes aufrecht nach oben – in die vollkommenere Höhe – wies.

Diese Art des Fechtens änderte sich im späten 15. und 16. Jahrhundert. Fechter treten nun nicht mehr voreinander und bleiben auch nicht in ihrer aufrechten Haltung stehen. Ihre Kleidung gestattet ihnen bereits, sich nach allen Richtungen zu bewegen. »Festen Fußes stoßen heißt, bei jedem Stoße, der ausgeführt wird, den rechten bzw. vorstehenden Fuß gegen den Gegner vorbringen und nach vollzogenem Stoß sofort wieder zurückziehen oder nur mittels Vorbeugen des Körpers den Stoß ausführen, wobei beide Füße fest am Boden gehalten werden.« Das wird dann noch ergänzt: »Wenn jemand weit reichen will, so muß er durch Vorbeugen des Körpers der Armbewegung nachhelfen, jedoch darauf bedacht sein, sich nach erfolgtem Stoß so rasch als möglich zurückzuziehen, um aus der Gefahr zu kommen...; es macht den Körper geschmeidig, die Füße gelenkig. Ja, es ist gewiß, daß man durch fortgesetzte Übung es dahin bringen wird, weiter stoßen zu können, als es von Natur aus möglich ist.«[34] Dabei wird auch ein Umkreisen vorgesehen. In den deutschen Texten heißt dies das »Caminiren in der Rundte«. »Liget dein Widerpart mit langer Kling für dir, so gehe ihm in die Rundt herumb nach seiner rechten seiten zu.« Dabei werden auch immer Anweisungen für die Bewegungen der Füße gegeben: »Tritt alsdann geradt mit dem linken Fuß auff ihn hinein.« Bei diesen Anweisungen wird auf den Bildern eine geometrische Figur auf dem Fußboden eingetragen, so daß genau zu erkennen ist, ob der Fechter an die Spitze eines Dreiecks oder an die Ecke eines Vierecks zu treten hat[35]. Entsprechend sind auch die Armbewegungen geometrischen Mustern anzupassen, die der Fechtende sich in der Luft vorzustellen hat[36].

Wie beim Tanz gab es viele Varianten, und es ließen sich deutsche, italienische, französische und spanische Fechtschulen voneinander unterscheiden[37]. Doch alle lehrten ihre Schüler seit dem 16. Jahrhundert, bei den Bewegungen auf vorher festgesetzte Orte, die vor, neben oder hinter dem Körper lagen, zu achten und auf diese die Bewegung der Füße oder Arme zu richten. Es kam nun nicht mehr nur darauf an, eine aufrechte Haltung zu wahren, die spüren ließ, daß man in einer höheren Umgebung beweglicher wurde, sondern es war zu lernen, wie man sich angemessen auf einen Ort hin bewegte.

Wie sehr sich der Bewegungsvorgang verändert hatte, zeigt ein Vergleich. Die Griechen setzten sich bei jeder Bewegung mit der Schwere in ihrem Körper und mit den auseinanderstrebenden Kräften in ihrem Körper, die sie zu lenken hatten, auseinander[38]. Auch in der Spätantike nahmen Griechen und Römer innerhalb des eigenen Körpers die Beweglichkeit des »Geistes« wahr, der sie zu folgen suchten[39].

Seit dem 8. Jahrhundert rief eine Gestalt ihrer Umgebung, die den Menschen etwas gebot oder von der ein Strahlen ausging, in diesen Gebärden hervor[40]. Im 11. Jahrhundert wurde ihnen bewußt, daß die Wärme in ihrer Umgebung oder daß höher gelegene Orte ihrer Umgebung ihnen Leichtigkeit vermittelten, die sie beweglicher werden ließ[41]. Nun im späten 15. und 16. Jahrhundert folgten sie einer Bewegung, die sie veranlaßte, einen Ort in ihrer Umgebung aufzusuchen. Woher nahmen sie dafür die Kräfte?

Die Umgebung erzeugt die bewegenden Kräfte

Auf einem Holzschnitt von Hans Holbein ist ein Bauer zu sehen, der hinter seinem Pflug in das Land hineinschreitet. Die Furchen, die er bereits gepflügt hat, liegen auf der einen Seite vor ihm und führen in die Weite. Die Pferde vor seinem Pflug ziehen kräftig an. So läuft der Bauer hinter dem Tod her, der als ein Gerippe wild gestikulierend vor ihm die Pferde antreibt[42].

Dieses Bild zeigt, wie es um den Menschen steht. Die Weite des Landes und die Kräfte der Pferde wecken in ihm den Antrieb, sich zu bewegen und in der Bewegung die Erde umzugestalten, und je weiter er voranschreitet, um so sicherer nähert er sich seinem Ende, dem Tod, mit dem jede Bewegung aufhört. Wir wollen erst einmal fragen, ob Wissenschaftler – aufgrund ihrer persönlichen Erfahrungen und in ihren Arbeiten – die Eigenart einer Bewegung ähnlich sahen.

Leonardo da Vinci setzt sich in seinen naturwissenschaftlichen Schriften einmal mit der Lehre des Mittelalters auseinander. Nach dieser hatte jeder Körper die ihm eigene Leichtigkeit oder Schwere, und diese führten ihn an den Platz, der ihm gemäß war, an dem auch alle Mühe, die mit jeder Bewegung verbunden ist, aufhörte und die Körper so ihre Ruhe fanden[43].

Leonardo bestreitet, daß Körper solche Eigenschaften haben. Er erklärt sich Bewegungen anders: »Kein Element hat an sich Schwere oder Leichtigkeit, wenn es sich nicht bewegt... Die Leichtigkeit wird nur zusammen mit der Schwere erzeugt, die Schwere nicht ohne Leichtigkeit. Das läßt sich beweisen, wenn man Luft unter das Wasser treibt, indem man in eine Röhre hineinbläst. Dann wird diese Luft Leichtigkeit gewinnen, sobald sie unter dem Wasser ist, und das Wasser wird Schwere gewinnen, weil es unter sich die Luft hat. Die Leichtigkeit entsteht also aus der Schwere und die Schwere aus der Leichtigkeit, und diese erzeugen einander, verdanken einander gleichzeitig das Geschenk ihrer Entstehung und vernichten einander in demselben Augenblick, als wollten sie sich ihren Tod bringen.«[44]

Die Umgebung »erzeugt« somit den Antrieb, der eine Bewegung hervorruft. Dieser Antrieb wird für eine begrenzte Zeit einem Körper zuteil; er hat, indem er sich auswirkt, die Tendenz, sich selbst zu vernichten. Er gleicht somit dem Antrieb, der in einem Lebewesen zu wirken scheint.

Leonardo nennt diesen eigentümlichen Bewegungsantrieb, der gewissermaßen unabhängig von den Körpern besteht und nur für eine Zeit von ihnen Besitz ergreift, eine Kraft. »Was ist Kraft? Ich erkläre die Kraft für ein geistiges, unkörperliches, unsichtbares Wirkungsvermögen, das in den Körpern zu kurzem Leben erweckt wird, wenn sie durch einen zufälligen Zwang – etwa wenn ein Stein durch eine Hand hochgehoben und in die Luft geschleudert wird – aus ihrer natürlichen Lage und Ruhe gebracht werden. Ich habe sie geistig genannt, weil in dieser Kraft ein reges unkörperliches Leben ist; und ich nenne sie unsichtbar, weil der Körper, in dem sie entsteht, weder an Gewicht noch an Umfang zunimmt – und von kurzem Leben, weil sie ihre Ursache (die schleudernde Hand) immer zu verlassen sucht und sich dann, wenn sie diese verlassen hat, selbst vernichtet.«[45]

So wird Bewegung in zwei verschiedenen Weisen von der Umgebung eines Körpers hervorgerufen. Der Ort, an dem sich ein Körper befindet, etwa das Wasser, das die Luftblase umgibt, kann einen Bewegungsantrieb, die Leichtigkeit in der Luftblase, erzeugen, oder ein

Körper, für sich genommen, kann, wenn er einen anderen Körper aus seiner natürlichen Lage herausholt, in diesen die bewegende Kraft einflößen. In beiden Fällen ist es die Umgebung, die die Kraft hervorbringt; und in beiden Fällen hat diese Kraft Ähnlichkeit mit der Kraft, die wir bei Lebewesen beobachten: Sie dauert nur eine begrenzte Zeit und erlischt am Ende.

Diese Theorie Leonardos geht nun auf eine Beobachtung zurück, bei der er spürte, wie seine Umgebung auf ihn wirkte. Erst hörte er ein beunruhigendes Geräusch. »Solches Brausen macht nicht das stürmische Meer, wenn es der Nordwind mit schäumenden Wogen zwischen Scylla und Charybdis hin und her wirft, noch der Stromboli oder Ätna, wenn die eingeschlossenen, schwefligen Flammen den großen Berg mit Gewalt aufbrechen und öffnen und Steine und Erde durch die Luft schleudern, wobei die Flammen hinausgespien werden, noch wenn die feurigen Höhlen des Ätna das mühsam gezähmte Element wieder hervorspeien, indem sie es in ihre Region drängen, mit Wut jegliches Hindernis verjagen, das sich ihrer ungestümen Wut entgegengesetzt.«[46]

Er geht nun diesen Tönen nach: »Gezogen von einem brennenden Willen, die große Wirrnis der verschiedenen und fremdartigen Formen zu sehen, welche die kunstreiche Natur hervorgebracht hat, gelangte ich zu dem Eingang einer großen Höhle, nachdem ich eine Zeit lang zwischen den düsteren Felsen umhergeirrt war. Vor der Höhle blieb ich erstaunend stehend, und unerfahren in einer solchen Sache, den Rücken im Bogen gekrümmt und die müde Hand auf das Knie gestützt, beschattete ich mir mit der Rechten die gesenkten, geschlossenen Lider, und ich beugte mich oft hierhin und dorthin, ob man drinnen etwas unterscheiden könnte. Als mir dies wegen der großen Dunkelheit, die dort herrschte, verwehrt war und ich einige Zeit so dagestanden hatte, erwachten in mir plötzlich zwei Dinge, Furcht und Verlangen: Furcht vor der drohenden und dunklen Höhle und Verlangen zu sehen, ob sich nicht da drinnen irgendeine wunderbare Sache befände.«[47]

In seiner Umgebung traf somit Leonardo Klänge und Orte, die ihn in Bewegung versetzten und antrieben, weiter vorzudringen; und diese ließen gleichzeitig, so beunruhigend und unheimlich waren sie, spüren, daß die Bewegung, die mit ihnen vertraut machen könnte, zu seiner Vernichtung, zu seinem Tode führen möchte. So ist der Bewegungsantrieb, der von der Umgebung ausgeht, schon im Ansatz mit Angst vor dem Ende verbunden.

Leonardo rechnet damit, daß die Umgebung im Menschen einen Bewegungsantrieb hervorruft. Diese Annahme basiert auf der Erfahrung, die wir gerade kennenlernten. Auch seine Bilder sollten solche Erfahrungen vermitteln. Der Künstler kann seiner Meinung nach immer den Wunsch erwecken, zu dem Abgebildeten hinzugehen oder davor zurückzuweichen, jedenfalls sich zu bewegen: »Wenn er Wüsten schaffen will oder zur Zeit der Hitze schattige und dunkle Wälder, so stellt er sie dar, und ebenso zur kalten Jahreszeit warme Orte. Wenn er Täler will, wenn er von den hohen Gipfeln der Berge die große Ebene entdecken und hinter dieser den Horizont des Meeres sehen will, ist er Herr darüber.« So schafft er Landschaften, »zu denen er Liebe gefaßt hat«, und andere, »die ihn erschreckt haben«[48]. Und diese Affekte, die die Umgebung auslösen kann, erzeugt er – durch Abbildung von Ländern und Meeren – so unmittelbar im Menschen, daß dieser sich zu Bewegungen veranlaßt sieht, die ihn zu den ersehnten Orten bringen könnten.

So steht hinter Leonardos naturwissenschaftlichem Erklärungsmodell, das dazu dienen soll, die Bewegung einer aufsteigenden Luftblase oder eines geschleuderten Steines verständlich zu machen, eine unmittelbare persönliche Erfahrung: Seine Umgebung weckte in seinem Körper einen Bewegungsantrieb. Leonardo wußte allerdings, daß die Bewegungen zu einem Ziel führten, bei dem der Antrieb vernichtet wurde. – Grundsätzliches hatte sich verändert:

Im hohen Mittelalter vermochte die Umgebung – ihre Wärme und Höhe – einen Menschen in einen Zustand zu versetzen, für den eine spezifische Beweglichkeit charakteristisch war. Im 16. Jahrhundert geht von der Umgebung – von Wäldern und Wüsten, vom fernen Horizont des Meeres, von der schreckenerregenden Tiefe einer Höhle – ein Antrieb aus, der einen Bewegungsvorgang verursacht, der somit zu einer Ortsveränderung führt.

Was Leonardo unter »Kraft« versteht, läßt sich – gerade durch einen Vergleich mit dem hohen Mittelalter – auch physikalisch beschreiben: Durch Zufuhr von Wärme – davon war im Mittelalter die Rede – läßt sich der Aggregatszustand eines festen Körpers verändern, und dieser gewinnt, wenn er flüssig oder gasförmig wird, an Beweglichkeit. Leonardo spricht von etwas anderem. Er berichtet, daß ein Körper aus einer ruhenden Position durch Druck oder Zug in Bewegung versetzt wird. So ließe sich sagen: Ihn interessiert eine andere Erscheinungsform der Energie, die kinetische, die Körper von einem Ort zu einem anderen Ort gelangen läßt. Seine Körpererfahrung eröffnet ihm somit einen neuen – ebenfalls physikalischen – Aspekt der Natur. Allerdings läßt seine persönliche Erfahrung ihn dieser Kraft ein »Leben« zuschreiben, das sie nicht hat.

Die Körper nähern sich in der Bewegung dem Tode

Wenn die Menschen ihre Aufmerksamkeit auf sich selber richteten, merkten sie, daß die Kraft, von der sie zu Bewegungen angetrieben wurden, veränderlich war. Der englische Humanist Thomas Morus meinte, daß Menschen nach einer Krankheit, wenn sie wieder genasen, spürten, wie diese Kraft ihren Körper allmählich erfüllte[49]. Ulrich Hutten wies darauf hin, daß sie vor einem Widerstand wuchs: »Unterdessen wollen wir es dem Holz der Palme gleichtun, d. h. uns um so hartnäckiger aufwärts stemmen, je mehr uns jene (die Widersacher) zu unterdrücken suchen, und uns gegen die lästigen Bedränger mit unbeugsamem Trotz erheben.«[50] Auch für ihn hing diese Kraft mit dem Leben zusammen und war in der Jugend mächtiger als in den späteren Jahren. So konnte Hutten schreiben: »Noch vermag mein Geist keine Ruhe oder gar schlaffe Trägkeit zu ertragen, noch hab ich mich nicht gebändigt und die Glut meines Alters besänftigt.«[51]

Leonardo achtete besonders auf den Wandel der Kraft – etwa bei der Erde, die er zu einem Lebewesen erklärte. »Wir können also sagen, die Erde hat eine vegetative Seele, und ihr Fleisch ist das Erdreich, ihre Knochen sind die zusammenhängenden Schichten der Gesteine... Der Sitz des triebhaften Lebens ist in der Glut, die an verschiedenen Stellen der Erde ausströmt.« Auf diese vegetative Seele der Erde schloß Leonardo aufgrund der Tatsache, daß nach seinen Beobachtungen die Erde wuchs; und wachsen können nur Lebewesen. Er meinte das Wachstum der Erde sogar durch ein Experiment nachweisen zu können: »Beispiele und Beweise für die Vermehrung der Erde: Nimm ein Gefäß, fülle es mit reiner Erde und stelle es auf ein Dach. Du wirst sehen, daß sofort grüne Pflanzen zu keimen beginnen und daß sie, nachdem sie herangewachsen sind, verschiedene Samen bilden. Nachdem diese Sprößlinge vor die Füße der gealterten Mutter gefallen sind, wirst du sehen, wie die Pflanzen nach der Bildung ihrer Samen verwelken und auf die Erde sinken, sich dann in kurzer Zeit in die Erde verwandeln und diese dadurch vermehren.«[52] Da die Erde für ihn ein Lebewesen war, mußte sie dem Prozeß des Alterns und des Todes unterworfen sein. Dieses Gesetz galt ja für Menschen und für alle Körper, die eine solche Lebenskraft in sich hatten. Der Tod der Erde ging nach Leonardos Meinung darauf zurück, daß beim Wachsen der Erde die Ufer an den Flüssen immer höher wurden, die Bäche, Flüsse und alles Gewässer immer tiefer zu liegen kamen, so daß die Lebewesen schließlich nichts mehr zu trinken fanden, weder die Pflanzen noch die Tiere. »Das fruchtbare Erdreich wird nicht mehr schwellende Triebe hervorbringen, die Felder werden nicht mehr prangen im Schmuck des wogenden Getreides, alle Tiere werden sterben, da sie nicht mehr frisches Gras zum Äsen finden werden... Auch den Menschen wird schließlich nach vielen Vorkehrungen nichts anderes übrigbleiben, als das Leben aufzugeben, und das Menschengeschlecht wird aussterben. Auf solche Weise wird die fruchtbare und fruchtbringende Erde nun ganz verlassen, alsbald Wüste und Öde werden... Da wird ihre Oberfläche zu Asche verbrennen, und das ist wahrscheinlich das Ende der ganzen Erdennatur.«[53]

Machiavelli meint, eine solche Lebenskraft bei einzelnen Fürsten zu beobachten, die dank dieser Kraft dann dazu fähig sind, das Gebiet ihres Staates zu vergrößern und die Untertanen zu beherrschen und zu lenken. Doch auch diese Kraft erlischt im Laufe der Zeit, so daß die eroberten Reiche erneut verfallen, wenn sie nicht durch besondere Maßnahmen »verjüngt« werden[54].

Mit diesen lebendigen Kräften haben Naturwissenschaftler noch lange gerechnet. Selbst Kepler, der die Ellipsenbahnen der Planeten mit Hilfe von mechanischen Kräften zu erklären versuchte, nahm für die Sonne und für die Planeten auch immer noch eine Lebenskraft an, auf die er einige Besonderheiten, die er bei den Bewegungen dieser Gestirne beobachtete, zurückführte[55].

Äußerlich hat diese Lebenskraft vielleicht einige Ähnlichkeit mit dem Streben nach Selbstvervollkommnung, das Albertus und viele andere Naturwissenschaftler des hohen und späten Mittelalters beschrieben. Die Lebenskraft des 16. Jahrhunderts und das Streben, von dem im 13. Jahrhundert die Rede war, lassen ja Lebewesen wachsen, Blüten treiben und Früchte bringen. Nur die Art, wie sie dieses Wachstum bewirken, ist fundamental unterschieden.

Bei Albert dem Großen haben wir es mit einem Prozeß zu tun, der sich an einem Ziel orientiert; und das Ziel, auf das Pflanzen und Tiere zustreben, ist, Dauer zu gewinnen und so sich als Art zu erhalten. Die Bewegung hat somit einen finalen Charakter. Sie ist auf die Zukunft gerichtet, und sie hat einen statischen Abschluß.

Wer Dauer erreicht, was dem Menschen bei seiner Auferstehung möglich wird, will in diesem Zustand verharren. Und da die Formen der Dauer sich unterscheiden und Steine, Pflanzen, Tiere und Menschen jeweils eine andere Form der Dauer gewinnen können, zeichnet diese Wesen eine unterschiedliche Qualität aus. Höher steht die individuelle Dauer, die ein Mensch zu gewinnen vermag, als die Dauer einer Pflanze, die nur als Art bestehen kann. Das Streben führt somit zu unterschiedlichen Zuständen, die hierarchisch über- und untereinander angeordnet sind[56].

Die Lebenskraft hingegen, von der Leonardo, Machiavelli und viele andere im späten 15. und 16. Jahrhundert sprechen, wirkt innerhalb der Wesen, die von ihr ergriffen sind. Sie streben nicht einem Ziel zu, sondern spüren in sich einen Antrieb, der sie verändern möchte. Diese Kraft zur Veränderung wirkt am Anfang des Prozesses in der Jugendzeit am stärksten. Sie wird dann immer schwächer und erlischt am Ende.

So führt diese Lebenskraft die einzelnen von ihr ergriffenen Wesen auch nicht in einen Zustand, der einen dauernden Charakter hat. Infolgedessen lassen sich dann auch nicht die verschiedenen Formen der Dauer miteinander vergleichen. Aus ihr ist somit keine hierarchische Struktur ableitbar, die es erlauben würde, anorganische Wesen, Pflanzen, Tiere und Menschen über- und untereinander anzuordnen. Diese Lebenskraft bewirkt nur einen Bewegungsvorgang.

Damit ist der Raum neu zu definieren. Im hohen Mittelalter hatten einzelne Bereiche des Raumes eine unterschiedliche Qualität. Was höher lag, war vollkommener.

Bei der neuen Erfahrung, die den Menschen bewußtmachte, daß sie dank einer Kraft an einem Bewegungsvorgang teilzuhaben vermochten, bestand keinerlei Grund mehr, höhere und tiefere Bereiche nach ihrer Qualität voneinander zu unterscheiden. Der Raum diente nur dazu, Bewegungen von einem Ort zum anderen zu ermöglichen.

Naturwissenschaftler bemühten sich bald darum, diese Situation zu definieren. Telesius nannte den Raum die Größe, die dazu fähig ist, gleichermaßen Körper und Zwischenräume zwischen den Körpern aufzunehmen. Der Raum war für ihn somit nicht mehr wie für die Griechen im 5. vorchristlichen Jahrhundert der Raum innerhalb eines Körpers, in dem entgegengesetzte Kräfte aufeinander wirken.

Er war auch nicht wie für Cicero und Plinius das Segment, das ein Mensch mit seinen Augen wahrnimmt und das ihn zu aktivieren vermag. Es wurde auch nicht mehr wie zur Zeit Justinians ein schwereloser Raum – der Raum der Kuppel – von dem Raum, in dem Körper ihre Schwere behalten, unterschieden. Der höhergelegene Raum versetzte auch nicht wie im 12. und 13. Jahrhundert die Menschen in einen Zustand besonderer Leichtigkeit und Beweglichkeit. Telesius sah den Raum vielmehr als eine Größe, die den Körpern, die ihn ohnehin ausfüllten, Bewegungsmöglichkeiten bot. Dieser Raum war für ihn homogen.

Solche dreidimensionalen Räume schufen auch die Maler jener Zeit. Botticelli, Leonardo, Michelangelo gestalteten die Körper der Menschen so plastisch, daß sie sich fast mit den Händen abtasten lassen. Sie täuschten mit Hilfe der Perspektive eine Tiefe der von ihnen gemalten Räume vor, so daß der Betrachter und manchmal neben ihm noch eine nur imaginäre Person vor sich Orte sieht, in die sie hineinschreiten kann. Im Genter Altar des Jan van Eyck sind Adam und Eva dank der perspektivischen Dartellungsweise vom Betrachter her zu sehen; Gott jedoch ist »auf einen Augenpunkt hin konstruiert, den nur jemand innehaben kann, der sich genau gegenüber in einer gleichberechtigten Position befindet« – und das kann nur »Gott selbst« sein. Ähnlich orientierte Piero della Francesca ein Bild zusätzlich auf den dargestellten Auftraggeber, Michelangelo einige Bilder in der Sixtinischen Kapelle zusätzlich auf den Thronsessel des Papstes hin[57]. Der Betrachter konnte so sehen, zu welchen Bewegungen er selber, Gott, der Auftraggebende oder der Papst durch die vor ihm liegende Tiefe des Raumes aufgefordert wurde.

Auch bei dieser Wahrnehmungsweise tendierten einige Menschen dazu zu überlegen, ob nicht die neu erfahrene Kraft einheitlich alles lenken könne.

Die Bewegung gewinnt Dauer

Im Verlauf des 16. Jahrhunderts wurde diskutiert, ob die Kraft, die eine Bewegung hervorrief, wirklich wie das Leben sterblich sei.

Dagegen wandte sich aus religiösen Gründen bereits Giordano Bruno. Die Seelen aller Lebewesen, sagte er, seien im Prinzip gleicher Art. Die Seele »des Menschen ist in ihrer spezifischen und in ihrer allgemeinen Art dieselbe wie diejenige der Fliegen, der Austern, der Pflanzen und überhaupt aller Dinge, die beseelt sind oder die eine Seele haben; denn es gibt keinen Körper, der nicht mehr oder weniger lebendig und vollkommen einen Teil des Geistes in sich selber hat.«[58] Daraus leitete Bruno die Möglichkeit einer Seelenwanderung ab, womit sich dieser Mönch freilich von der christlichen Lehre trennte. Allerdings wäre, wenn er recht haben sollte, die Lebenskraft unvergänglich.

Einen zweiten Vorschlag – mit einer anderen religiösen Begründung – legte Galilei vor. Er wurde im Lauf seines Lebens wie Giordano Bruno ein Anhänger des Kopernikus und nahm an, daß die Erde und andere Planeten sich auf einer Kreisbahn um die Sonne bewegten. Diese Annahme brachte mancherlei Schwierigkeiten mit sich. Ging man von ihr aus, konnte man die beobachteten Orte der Planeten nicht genau vorhersagen. Das ältere System des Ptolemäus hatte dieses erlaubt. (Die Ungenauigkeit, das wußten weder Kopernikus noch Galilei, entstand dadurch, daß sich die Erde und die anderen Planeten nicht auf einer Kreisbahn, sondern auf einer Ellipsenbahn um die Sonne bewegten[59].) Das war nur die eine Schwierigkeit. Eine andere war größer.

Die frühen Naturwissenschaftler konnten nicht nur nach den Tafeln des Ptolemäus die Stellung von Sonne und Planeten verhältnismäßig gut vorausberechnen, sie hatten auch eine Theorie, die den Fall von Körpern erklärte. Für sie befand sich die Erde im Zentrum des Universums. Dort konnte sie sich nur halten, weil alle erdhaltigen und somit alle schweren Stoffe die Tendenz hatten, sich diesem Zentrum zu nähern. Damit war nicht nur die Stellung des Gestirns Erde, sondern auch der Fall eines Steines oder einer Metallkugel beschrieben, denn Stein und Metallkugel als erdhaltige Stoffe wollten möglichst dicht an dieses Zentrum herankommen[60].

Für Kopernikus und seine Anhänger war es nun außerordentlich schwierig zu erklären, warum die Erde eine Kreisbahn um die Sonne einschlug. Diesen Nachweis suchte Galilei durch folgende Überlegung zu erbringen. Er ging davon aus, daß die Welt »von höchster Vollkommenheit ist«. Das bedeutete für ihn, sie bestand aus Teilen, »die nach höchsten und vollkommensten Gesetzen angeordnet sind«[61]. Hielte man es für möglich, so fuhr er in seiner Argumentation fort, daß Körper in dieser Welt eine gradlinige Bewegung hätten, so verstieße dies gegen die eingeführte Grundannahme: »Käme einem Körper solche Bewegung von Natur aus zu, so wäre er von Anfang an nicht an seiner natürlichen Stelle, mithin die Anordnung der Teile der Welt keine vollkommene. Wir setzen aber voraus, daß ihre Ordnung vollkommen sei; demgemäß können sie nicht von Natur dazu bestimmt sein, ihre Stelle zu wechseln, und folglich auch nicht, sich gradlinig zu bewegen.« Gradlinige Bewegung könnte es allerhöchstens am Anfang bei der Ordnung des Chaos gegeben haben. »Ist aber die beste Verteilung und Stellung (der Körper) herbeigeführt, so kann unmöglich in ihnen die natürliche Neigung bestehenbleiben, sich auch fernerhin in gerader Linie zu bewegen, was nunmehr bloß die Wiederentfernung vom gehörigen und natürlichen Orte, also die Unordnung im Gefolge haben würde.«

So nimmt er bei seiner ersten Überlegung an, daß eine vollkommene Bewegung nur entstehen kann, wenn »die gerade Bewegung in die kreisförmige verwandelt« wird, »deren Geschwindigkeit dann natürlich auch einförmig sein muß«[62]. Zwei Bewegungen scheinen ihm somit der Vollkommenheit zu entsprechen: die rotierende und die kreisförmige. »Denn die Bewegung des Körpers um sich selbst hält ihn ja stets an derselben Stelle fest, und die Bewegung auf dem Umfang eines Kreises um dessen unverrückt festes Zentrum hat keine Aufhebung der Ordnung weder für ihn selber noch für benachbarte Körper im Gefolge. Eine solche Bewegung ist nämlich endlich und begrenzt, und nicht bloß das: Es gibt auch keinen Punkt auf dem Umfang des Kreises, der nicht zugleich Anfangs- und Endpunkt der Kreisbewegung wäre; beim Fortgang seiner Bewegung auf dem ihm zugewiesenen Kreise läßt der Körper allen übrigen Raum innerhalb und außerhalb desselben frei für die Bedürfnisse anderer Körper, ohne ihnen jemals hinderlich oder störend zu werden.«[63]

Da diese Bewegung nun auch noch gleichförmig ist, ergibt sich »die Möglichkeit einer ewigen Fortdauer«. Daraus zieht Galilei die für ihn entscheidende Folgerung: »Demgemäß schließe ich, daß nur die Kreisbewegung von Natur aus den das Weltall zusammensetzenden Naturkörpern zukommen kann, sobald diese sich in vollkommener Ordnung befinden.«[64] Damit hat Galilei zwei Forderungen aufgestellt, die die Bewegungen der Körper völlig neuartig deuten. Er hat behauptet, entweder würde ein Körper »in seiner Ruhe verharren« oder in einer »gleichförmigen Bewegung« bleiben[65]. Gleichförmig war dabei die Bewegung, die weder ihre Geschwindigkeit noch ihre Richtung änderte.

Diese beiden Zustände ließen sich dann noch auf eine Kraft zurückführen. Dafür brauchten die Wissenschaftler nun nicht mehr die Lebenskraft, die erzeugt wird und ein Ende hat, sondern eine Kraft, die den Bewegungs- oder den Ruhezustand unverändert bestehen läßt. Sie wurde die Kraft der Trägheit, *vis inertiae*, genannt.

Diese Trägheitskraft ist von unserem Körper durchaus auch zu »erfahren«. Bei Richtungsänderung möchte er die bisherige Richtung beibehalten, bei Geschwindigkeitsänderung möchte er sich so schnell wie bisher bewegen. Daher setzt er dem jeweiligen Veränderungsversuch einen Widerstand entgegen. Dieser ist bei jeder Beschleunigung eines Fahrzeugs, auf dem wir uns befinden, und bei jedem Bremsvorgang desselben Fahrzeugs durchaus wahrzunehmen. Doch nicht von solchen Beobachtungen ging Galilei aus. Ihn interessierte theoretisch das Problem, wie er die Kreisbewegungen von Erde und anderen Planeten verständlich machen könne, und er begründete seine Thesen mit dem Hinweis, daß die Welt vollkommen sein müsse. Die Richtigkeit seiner Annahme war nur nachzuweisen, wenn es gelang, alle Bewegungen, die wir beobachten können, aus ihr abzuleiten.

Dieser Versuch führte dazu, daß das von Galilei formulierte Trägheitsgesetz noch etwas modifiziert werden mußte. Dabei stellte sich heraus, daß eine Variante dieses Gesetzes, die Descartes aus theologischen Gründen entworfen hatte, den beobachteten Bewegungen besser gerecht wurde. Descartes war der Meinung gewesen, daß Gott »die Bewegung in der Materie erhält«. Da während eines sehr kurzen Augenblicks eine Bewegung gradlinig ist, mußte – so meinte Descartes – die Bewegung gradlinig bleiben, »wie sie in demjenigen Moment ist, in dem Gott sie erhält«[66]. Mit Hilfe dieses neu formulierten Trägheitsgesetzes gelang es dann Newton, der inzwischen durch Kepler wußte, daß die Planeten sich auf Ellipsenbahnen bewegten, deren Bewegungen so zu erklären, daß eine exakte Vorausberechnung ihrer künftigen Standorte möglich wurde[67].

So führten auch innerhalb dieser Wahrnehmungsweise einige Männer alles auf eine einzige Kraft zurück. Sie bestritten, daß die Kraft, wie Leonardo angenommen hatte, sterblich sei. Sie definierten diese Kraft neu – als Trägheitskraft. Die von der Trägheitskraft bewirkte Bewegung sollte ständig erhalten bleiben. An ihr hatten alle Körper gleichermaßen teil.

Wenn es fortlaufende Bewegungen gab, mußte auch ein für alle gleicher Raum vorhanden sein. So begeisterten sich Männer wie Giordano Bruno auch deshalb an der Theorie des Kopernikus, weil sie – ihm folgend – nicht mehr annehmen mußten, daß die Gestirne an Kristallschalen befestigt waren und mit diesen Schalen die Bewegungen der Menschen begrenzten. Bruno hat sich an diesen Raum sogar mit einem Gedicht gewandt:

> »Die Schwingen darf ich selbstgewiß entfalten,
> Nicht fürcht ich ein Gewölbe von Kristall,
> Wenn ich der Äther blauen Duft zerteile
> Und nun empor zu Sternenwelten eile.«[68]

Wer sich so ständig bewegen wollte, lernte darauf zu achten, wie denn der homogene, dreidimensionale Raum gestaltet sein konnte.

Am Ende des 15. Jahrhunderts hatten die Menschen nur darauf gesehen – wir beobachten es an den Bildern –, daß ein dreidimensionaler Raum vorhanden war. Er – in Gestalt einer verlockenden Höhle – weckte manchmal die Lebenskraft; er gestattete den mit Le-

Abb. 91 Tizian, Himmelfahrt Marias

benskraft erfüllten Körpern zu wachsen und von Ort zu Ort voranzuschreiten. Der Raum – beobachteten wir – blieb sonst neutral.

Seitdem die Menschen sich wie Galilei an ständigen Bewegungen orientierten, die auf einer Kreisbahn – oder auf einer Ellipse – immer wieder zu dem Ausgangspunkt zurückführten, mußte ein dreidimensionaler Raum, der dank geometrischer Strukturen so geordnet war, daß er dieses gestattete, ein höheres Ansehen genießen als ein dreidimensionaler Raum, der den Fortgang einer Bewegung dadurch unterbrach, daß Mauern oder andere Hindernisse dieser Einhalt geboten.

Dieser einheitlich hervorgehobene dreidimensionale Raum begegnet uns auch auf den Bildern der Maler. Sie zeigten nun nicht mehr wie noch Michelangelo den Raum, der vor dem Betrachter und vor anderen Personen lag, die sie sich vorstellten (S. 251). Sie suchten vielmehr den Raum selber in seiner Einheitlichkeit abzubilden. Tizian und Rubens konnten Menschen auf ihren Gemälden so gruppieren, daß diese einen Kreis oder einen kugelförmigen Raum umgaben (Abb. 91).

Sie veränderten darüber sogar ihre Darstellungsweise. Die Menschen mußten nicht mehr so plastisch, nicht mehr so anfaßbar vor den Betrachter treten. So trugen die Künstler die Farben in einer neuen »malerischen« Weise auf, die die Übergänge zwischen Körper und Umgebung verwischte, jedoch die geometrischen Gebilde der Räume sichtbar werden ließ.

Für diese neue geometrische Raumgliederung interessierten sich auch die Architekten.

Die Bauten fordern Menschen zu Bewegungen auf

Der angesehene Architekt Andrea Palladio kannte als gebildeter Humanist die antiken Autoren. Er wußte, daß die Römer neben ihren Stadthäusern Villen auf dem Lande schätzten; ihm war auch bekannt, daß sie diese liebten, da dort »die von den Geschäften der Stadt ermüdete Seele Erfrischung und Trost findet und sich ruhig dem Studium der Wissenschaft und der Betrachtung widmen kann«. Er rühmte sie deswegen: »Zu diesem Zweck begaben sich die antiken Denker sehr häufig an solche Orte, wo sie von tugendhaften Freunden oder Verwandten besucht wurden.«[69] Er freilich sah die Villen unter einem etwas anderen Aspekt.

Von dem Bauplatz sagte er: In möglichst günstiger Lage zu den Besitzungen oder gar mitten in ihnen suche man zunächst den Wohnplatz aus, damit die Herrschaft ohne Mühe die ihr gehörenden umliegenden Felder überwacht, sowie Verbesserungen einleiten kann, und damit ihre Feldfrüchte, wie es sich gebührt, von den Arbeitern in das Herrschaftshaus getragen werden können.« Wenn ein Edelmann nicht in seinem Stadthaus sein muß, soll er in diesen Villen leben, und zwar der Arbeit wegen. Er hat dort »seine Besitzungen im Auge zu haben und sie zu vervollkommnen, sowie mit Fleiß und mit Hilfe der Kunst der Landwirtschaft sein Vermögen wachsen zu lassen«. Von der Stille und der geistigen Produktivität, die Plinius so schätzte, ist nicht mehr die Rede. Schließlich dienen die Landhäuser auch dazu, sich körperlich zu trainieren: »Hier ist auch der Ort, wo der Körper durch die Ertüchtigung zu Fuß oder zu Pferd leichter seine Gesundheit und Widerstandsfähigkeit erhält.«[70]

Palladio ist nun nicht nur generell an Bewegung seiner Bauherren interessiert; er beurteilt auch einen Bau von diesem Aspekt her. So interessieren ihn die Treppen, da sie, wenn sie geschickt angelegt sind, die Schönheit des Baues erschließen: »Ich wollte die Haupttreppen unter den Portikus legen, so daß sie in der Mitte des Hofes zu liegen kämen, damit jene, die sie ersteigen wollen, gleichsam genötigt sind, die schönsten Teile des Gebäudes zu sehen.«[71] Für diese Treppen gibt er nun genaue Vorschriften: »Jene Treppen sind zu loben, die so hell, weit und bequem für den Benutzer sind, daß sie die Leute gewissermaßen zum Hinaufsteigen einladen.« Das wird im einzelnen ausgeführt: »Sie sollten aber nie weniger als vier Fuß breit sein, damit zwei Personen genug Platz haben, wenn sie sich begegnen.« Auf keinen Fall dürfen sie anstrengend werden. »Wenn man gezwungen ist, die Treppe noch höher zu führen, dann sollte man ein ebenes Podest anlegen, das man auch Ruheplatz nennt, da hier die schwachen, müden Menschen Ruhe finden.«[72] Das Gehen soll Freude machen, und der Bau soll zu einer Bewegung einladen.

Unter einem ähnlichen Aspekt sieht er die Plätze. Die Menschen können sich dort versammeln, »um spazierenzugehen, sich zu unterhalten oder zu verhandeln«[73].

Dann schildert Palladio, daß er wie jeder Architekt dafür sorgen kann, daß die Menschen möglichst viel zu sehen vermögen. Landhäuser etwa darf man nicht in den von Bergen begrenzten Tälern bauen, da die Bauten, die zwischen den Tälern versteckt liegen – abgesehen davon, daß sie keinen Blick in die Ferne freigeben –, selbst nicht gesehen werden können und somit »ohne Würde und ohne jede Majestät dastehen«. Er rühmt die Villa, die nach jeder Seite »herrliche Ausblicke« bietet. Diese Ausblicke gelten »der Ferne«, die so gestaffelt gesehen wird, daß die Bewohner eines Hauses sich bewußt werden, wie sie diese erreichen können. »Da man von jeder Seite wunderschöne Ausblicke genießt, worunter einige die nahe Umgebung erfassen, andere wiederum weiter reichen und wieder andere erst am Horizont enden, so hat man an allen vier Seiten Loggien errichtet.«[74] Auf diese tritt der Mensch aus seiner Wohnung heraus.

Bei Palladio ist nicht mehr die Rede davon, daß der Hausbewohner, wie die Bürger von Pompeji, die Umgebung zusammen mit einem Teil des Hauses sehen will. Es wird auch nicht, wie bei den Pompejianern, bei Cicero und bei Plinius, ein besonderes Segment aus der Umgebung herausgeschnitten, das jeweils für sich betrachtet sein möchte. Statt dessen legt dieser Architekt seine Häuser an einen Platz, von dem aus die Bewohner über verschiedene Etappen bis zum Horizont hin blicken können.

Aus dem 17. und frühen 18. Jahrhundert haben wir Zeugnisse von Park- und Gartenanlagen. Deren Eigenart erschloß sich nur dem, der sie durchwandelte. Im Jahre 1611 zeichnete Philipp Hainhofer, ein Bürger aus Augsburg, eine »kurze, vertrauliche Relation« über seine Reise nach Eichstätt und München auf. Darin beschrieb er, wie man ihn durch verschiedene Gärten führte. »Da wir dann wohl in acht Gärten um das Schloß herum, welches auf dem Felsen liegt..., gangen, welche alle unterschiedlich von Ländern, von Partimenti (Teilen), von Blumenwerk, sonderlich von schönen Rosen, Lilien, Tulpen, von alle Blumen sicher.« Diese werden ausführlich geschildert, die Partimenti jedoch, die Teile, tauchen in seinen Beschreibungen immer wieder auf. »Hernach sind wir in Fasanengärten gegangen, deren vier unterschiedene. In dem einen weiße, in dem andern gesprengte, in dem dritten und vierten rote Fasanen sind, item, Kraniche und andere Vögel. Wie nun die Gärten unterschiedlich, so haben sie auch unterschiedliche Gärtner, da keiner dem anderen in seinem Eintrag tut.«[75]

In München findet Hainhofer erneut Gärten. »Dieses Sälin geht in einen schönen großen, gevierten Garten, in vier Partimenti ausgeteilt, die Länder mit weißem Marmelstein aufgesetzt, in jedem Partiment ist ein steiniger Trog mit springendem Wasser, die Länder daraus zu begießen. Zwischen den vier Partimenten mitten in der Kreuzgasse des Gartens ein schöner großer metalliner Trog auf einem schönen Fuß, auf welchem antikische Bilder liegen. Rund umhero zwischen den Fenstern stehen in der Mauer ganze steinerne Bilder. Auf einer Seiten des Gartens ist in der Höhe eine schöne große Altanen mit vergüldten Gettern und Stangen, welche hübsche Bilder tragen... Zwischen den Ländern werden die Gäng mit weißem Sand beschüttet, damit das Un- und Jätkraut nit über sich könnte. Ist auch an etlichen Orten, sonderlich um die Grotten her, mit kleinen blauen und weißen Steinlein gepflastert, welche man aus Italia bringen machen.«[76]

Später berichtet er noch von einer weiteren Anlage: »Der Garten ist überlängt, hat acht Partimenti, deren sechs mit Hecken umzäunt und zwo mit aufgesetzten weißen Steinen. An den Ecken und in der Mitte vor den Hecken stehen junge Toschette (buschige Bäumlin). In den Partimenti ist allerlei schön Blumenwerk. Gegen den erstgedachten Sälin zu End des Gartens ist ein schöner großer Fischweiher mit Blei gefüttert.«[77]

Auch in diesen Berichten ist somit nicht die Rede davon, daß die Menschen sich in der Mitte des Gartens auf einem Rasenstück, im Schatten der Bäume, vor einem Brunnen niederlassen sollen, um den Zustand einer mühelosen Entspannung zu genießen und sich an der Heiterkeit eines Gartens zu erfreuen. Das war im 12. und 13. Jahrhundert so gewesen. Das war nun lange vorbei. Wer die neuen Gärten kennenlernen möchte, muß sie durchwandern. Erst dann sieht er, wie sie angelegt sind, wie sich die einzelnen Teile voneinander unterscheiden, welche Wege, Brunnen, Blumen, Fasanenarten sich da und dort befinden, welche Übereinstimmung zwischen den einzelnen Teilen und ihren Gärtnern besteht – all dies erschließt sich nur demjenigen, der zwischen diesen Parkanlagen spazierengeht.

In diesen Gartenbeschreibungen fällt bereits auf, daß die Architekten sie nach strengen geometrischen Mustern angelegt haben. Es ist davon die Rede, daß die Wege sich kreuzweise schneiden, und die Partimenti haben offensichtlich einen rechteckigen Charakter.

Als der Architekt Matthäus Daniel Pöppelmann für den Kurfürsten von Sachsen und König von Polen Dresden durch neue Werke schmückte, schrieb er selber im Jahr 1729 über den Zweck seines Bauens folgendes: »Die sämtlichen Gebäude sind durch eine rings herum geführte Gallerie miteinander vereiniget, darauf findet man nicht nur die schönsten Spaziergänge, nach der Ordnung gesetzte

Lindenreihen, grüne Wälle, anmuthige Gebüsche, Wasserfälle, Springbrunnen, Bildsäulen, Blumentöpffe, Graßbäncke und dergleichen, sondern es pflegen auch in diesem mitten in der Staadt und ganz nahe am Schlosse liegenden Garten bey angenehmer Jahreszeit biß in den späten Abend die vornehmsten Dames und Cavaliers vom Hofe und viele Einwohner der Stadt spazieren zu gehen, welche sich an den lustigen Aussichten nach allen vier Himmelsgegenden daselbst ergötzen.«

Die Bauten des Zwingers – um diese handelt es sich – dienen den Menschen zum Spazierengehen. Sie liegen wieder an einem Ort, von dem aus sich die verschiedensten Ausblicke eröffnen. Da diese so reizvoll sind, bringen auch sie die Menschen dazu, sich gehend an ihnen zu erfreuen. »Dann auf der einen Seite erblicket das Auge einen anmuthigen Theil der Vestung und des mit Stücken überall besetzten Walles nebst dem mit Schwanen angefüllten Stadtgraben; Auf der andern Seite das Königliche Schloß, Küchengarten und Schießhauß. Wieder auf einer andern Seite entdeckt man die Elbe mit einer Menge Schiffen und dem gegenüberliegenden Holländischen Hause. Anderswo zeiget sich die Stadt Alt-Dreßden mit der immer Volckreichen Brücke und einer breiten, in der Ferne durch den Wald gehauenen Aussicht. Kurz, man bemercket überall eine vortreffliche Gegend in dem schönsten und angenehmsten Prospecte von Wäldern, Weinbergen, Lusthäusern, Gärten, Wassern, Feldern und Wiesen, woselbst man ebenso leicht das wilde als das zahme Vieh herdenweise weiden siehet.«[78] Durch solche Bauten sollen Adel und Bürger gleichermaßen dazu gebracht werden, eine Umgebung kennenzulernen, die sich nur demjenigen erschließt, der sich seinerseits – und sei es nur spazierengehend – bewegt.

Wir beobachten somit wieder die Tendenz, die uns bereits oft aufgefallen ist. Da die Kraft, die der Mensch an seinem Körper erfährt, von der Umgebung des Menschen hervorgerufen wird, muß der Raum in der Umgebung so beschaffen sein, daß diese Kraft wirken kann. So errichten Architekten im 16. und 17. Jahrhundert, wenn sie deren bewegende Wirkung spüren, Gebäude, die sie zur Bewegung veranlassen oder die ihnen Blicke auf eine Landschaft freigeben, die eine ähnliche Wirkung haben. Zu den Körpererfahrungen gehört somit ein ihnen entsprechender Raum (Abb. 94).

Allerdings muß die Geometrie dieser Bauten, von der so oft die Rede ist[79], eine eigene Bedeutung haben.

Bauten verweisen auch auf den geometrisch gestalteten Raum

Um die Ordnungen der Architekten kennenzulernen, müssen wir uns auf die Bilder jener Zeit einlassen, die Bauten oder Architekturteile mit darstellen.

Masaccio liebte es als einer der ersten Maler in Italien, die Menschen in dem Augenblick zu malen, in dem sie beim Gehen einen Fuß auf die Erde setzten (Abb. 89). Davon sprachen wir[80]. Auf einigen seiner Bilder stellt er auch Bauten dar. Die Menschen können sich in ihnen aufhalten oder vor ihnen miteinander verhandeln. Diese Ar-

Abb. 92 Masaccio, Die Heilige Dreifaltigkeit

chitektur hat immer einen ähnlichen Charakter: In seinem Werk »Die heilige Dreifaltigkeit« aus dem Jahre 1425 erscheint Gottvater unter einem Tonnengewölbe (Abb. 92). Dieses führt unmittelbar auf den Betrachter zu, wird mit einem Bogen abgeschlossen, der von zwei Säulen gehalten wird, wobei rechts und links noch Pilaster gemalt sind, die die darüberliegenden Querbalken mit ihren Gesimsen tragen. Wer das Bild genau ansieht, bemerkt allerdings: Sie »tragen« die Balken nicht, genausowenig wie sie die Last des Bogens stützen. Eher wurde jeder Bauteil, wie eine Geometrie es forderte, so sorgfältig eingezeichnet, daß weder eine Schwere noch eine dagegenwirkende Kraft zu spüren ist. Es ist auch nicht zu erkennen, wodurch das Tonnengewölbe eigentlich gehalten wird; hingegen ist es außerordentlich korrekt mit seinen kleinen quadratischen Platten in einer perspektivischen Darstellungsweise wiedergegeben. So sieht der Betrachter, daß der Raum nach hinten führt, doch er nimmt vor allem die Regelmäßigkeit und damit die exakte Wiederholung der einzelnen Teile wahr[81].

Dieser Eindruck wird im unteren Teil des Bildes noch betont; hier wird auf vier dünne Säulen eine Platte gelegt, auf der zwei höhere Treppenstufen mit ähnlichen Absätzen ruhen. Jedes dieser Stücke ist scharf begrenzt und genau gezeichnet; doch die langen Säulen sollen nichts tragen. So sind die sehr ausdrucksvoll wiedergegebenen menschlichen Figuren von einer Welt mathematischer Klarheit umgeben, die die Tiefe eines Raumes erkennen läßt, die jedoch keinerlei Kontakt zu den Empfindungen und Bewegungen der Menschen zu haben scheint.

Wenige Jahre später, kurz nach 1430, schuf Lorenzo Ghiberti die sogenannte »Paradieses-Tür« am Baptisterium San Giovanni in Florenz. Eines der Bilder zeigt Szenen mit Jakob und Esau (Abb. 93).

Auf einem breiten Band unten sieht man links Frauen, die sich einander zuwenden, in der Mitte einen jungen Mann, der schreitend einer älteren Person gegenübertritt, rechts davon, kleiner im Hintergrund, zwei Figuren, die sich im Gehen begegnen, auf der rechten Seite dann sitzende, kniende und stehende Personen und in der Ferne einen Mann, der über einen Hügel aufs Feld hinauswandert. Alle reagieren unmittelbar beteiligt, selbst Tiere, die vorne zu sehen sind, werden in die mannigfachen Handlungen mit einbezogen.

Die Architektur hingegen ragt auf Pilastern und angedeuteten Wänden in die Höhe hinauf. Ein flaches Gesims schließt das Gebäude streng horizontal ab. Darunter sind flache Bögen zu sehen,

Abb. 93 Ghiberti, Jakob und Esau

hintereinandergestaffelt. Wieder scheint es fast so, als ob die breiten Querbalken oben von den schlanken Pfeilern kaum zu tragen seien, doch sie haben, so wie sie dargestellt sind, keinerlei Gewicht, und entsprechend sind die Pfeiler nur herausgearbeitet. Auch diese scheinen nichts zu halten. Dadurch, daß die hintereinanderstehenden Bögen kleiner werden und sich seitlich etwas verengen, entsteht der Eindruck einer Räumlichkeit. Diese geometrische Welt hat wieder mit der leidenschaftlichen Bewegtheit der Menschen nichts gemeinsam[82].

Diese Trennung zwischen persönlich beteiligt miteinander umgehenden Personen, die durch Räume schreiten, und einer geometrisch regelmäßigen Architektur, die in den Raum hineinkonstruiert scheint, ist für viele Bilder der italienischen Maler des 15. Jahrhunderts charakteristisch.

Die Bauten selber haben einen ähnlichen Charakter. Ein frühes Werk dieser Art ist das Grabmal des polnischen Königs Wladyslaw II. Jagiel, das in der Kathedrale von Krakau steht. Ein eigener Bau umgibt den Sarkophag. Er hat ungewöhnlich schlanke Säulen, die durch streng herausgearbeitete Bögen miteinander verbunden sind, über denen – mit Betonung der horizontalen Linien – ein breites

Gebälk liegt. Auf den Seitenwänden des Sarkophags trauern Menschen. Allerdings sind diese unglücklichen, am Geschick des anderen beteiligten Menschen entschieden von der geometrischen Welt getrennt, die ihren eigenen mathematischen Regeln folgt[83].

Innerhalb dieser geometrisch konstruierten Räume wird im 16. Jahrhundert der Kreis zunehmend wichtiger. Raffael schon stellte Verlobte sowie deren Familie auf einen mit geometrischen Mustern versehenen Boden, der sich endlos bis in den Hintergrund ausdehnt. Dort steht dann im Zentrum ein geometrisch gestaltetes, rundes Heiligtum[84]. Auf diesem Platz – und um den Tempel herum – wäre bereits eine dauernde Bewegung möglich.

Zur selben Zeit beginnen auch die Architekten, die Gartenanlagen so geometrisch herzurichten, daß ein Benutzer bei seinen Gängen in ihnen über Kreise oder kreisähnliche Wege zum Ausgangspunkt zurückkehren kann. Im Verlauf des 16. und 17. Jahrhunderts gehen die Baumeister dazu über, Hecken und Bäume nach geometrischen Mustern zu beschneiden, wodurch sie diese Tendenz noch verstärken. Gleichzeitig legen sie Festungen geometrisch an. Die ganze Welt, die sie schaffen – und sie bauen in jenen Jahrhunderten oft und viel –, eröffnet den Menschen Bewegungsmöglichkeiten, die den Vollkommenheitsvorstellungen Galileis entsprechen. Die Geometrie dieser Bauten dient dazu, den Raum so zu gliedern, daß Menschen sich in ihm fortlaufend zu bewegen vermögen, wobei der so gestaltete Raum ein höheres Ansehen als der von Unregelmäßigkeiten unterbrochene Raum gewinnt.

Der Theoretiker dieser Raumgestaltung wurde Palladio. Im späten 16. Jahrhundert betont Andrea Palladio erst einmal den Gegensatz zwischen geometrisch schönen und nicht der Geometrie zu unterwerfenden häßlichen Bauteilen. Er war sich sogar darüber klar, daß Architekten auch diese nicht so angenehmen Aspekte der Welt in ihre Bauten aufnehmen mußten. Die ihm nicht gefallenden Teile schienen ihm notwendig, weil sie Nutzen brachten. So hatte ein Architekt sie zu respektieren: »Denn wie auch im menschlichen Körper einige edle und schöne Teile und einige eher unedle und häßliche anzutreffen sind, die für jene offensichtlich außerordentlich notwendig sind und ohne die die ersteren nicht sein könnten, so müssen auch in den Bauwerken neben einigen ansehnlichen und ehrenvollen auch einige weniger elegante Gebäudeteile vorhanden sein, von denen die erst genannten jedoch nicht unbeeinflußt bleiben können und die so einen Teil ihrer Würde und Schönheit einbüßen. Aber Gott der Herr hat die Teile, die am schönsten sind, an jene Stellen gesetzt, auf die der Blick zuerst fällt, die weniger ehrenvollen Teile aber an versteckte Orte. Und so ordnen wir auch beim Bauen die hauptsächlichen und ansehnlichsten Gebäude offen und die weniger schönen an den unseren Augen am verborgensten liegenden Stellen an, damit so alle Häßlichkeit des Hauses und alle jene Dinge, die einen in Verlegenheit bringen und die die schönen Teile häßlich machen würden, untergebracht werden können.«

Dies bedeutete konkret, daß er die Räume des Verwalters und Meiers an einem dem Tor nahegelegenen Ort und die Ställe der Arbeitstiere abseits vom Herrenhaus anlegte, »damit der Dung ferngehalten werde«[85].

Die schönen, geometrisch regelmäßigen Bauten haben ihrerseits mehrere Funktionen. »In den Städten verleihen die schönen Bauten der Straße Schönheit.« Straßen und Plätze dienen dazu, wenn sie breit sind und weiträumig, die Stadt »schmuckvoller« zu machen, ein Hauptplatz »verleiht der Stadt ehrenwerte Größe«[86]. So ist die geometrisch ansprechende, gelungene Form nach Palladios Vorstellung nicht um der Menschen willen da, sondern sie erhöht das Ansehen des Staates. Die Architektur bezieht sich auf einen Bereich, der nicht unmittelbar, sondern nur indirekt mit den Menschen etwas zu tun hat.

In diesen Zusammenhang gehört der Kirchenbau. Palladio nennt die Kirchen in Anlehnung an die für ihn vorbildhaften antiken Texte »Tempel«. Er referiert, was Vitruv über die Beziehung zwischen den Formen der Tempel und den Gottheiten, denen sie geweiht sind, ausgeführt hat, wendet sich dann aber als Christ gegen diese Anweisungen und schlägt einen anderen Bau der Heiligtümer vor. »So lesen wir, daß die Alten (die Griechen und Römer in der Antike) bei der Erbauung der Tempel bemüht waren, den passenden Schmuck zu beachten, in dem der schönste Teil der Architektur besteht. Und so suchen auch wir, die wir keine solchen falschen Götter besitzen, das Vollkommenste und Hervorragendste aus, um dem schicklichen Schmuck hinsichtlich der Tempelform zu genügen.«[87]

Nun erläutert er, warum ihm die runde Form für einen Kirchenbau der schicklichste Schmuck zu sein scheint, »weil dies die Kreisform ist«. »Da sie von allen Formen einfach, gleichförmig, gleichmäßig, kräftig und umfassend ist, so machen wir unsere Tempel rund. Zu ihnen paßt diese Gestalt vor allem deshalb, weil sie nur von einer einzigen Linie begrenzt wird, bei der man weder Anfang noch Ende feststellen kann – das eine läßt sich hier von dem anderen nicht unterscheiden –, und da diese Gestalt aus Teilen besteht, die unter sich gleich sind, und alle diese Teile an der Figur als ganzer teilhaben.« Für diese Bauform gibt er praktische Gründe an.

»Unter allen Formen, die von gleichem Umfang bestimmt sind, ist keine so geräumig wie der Kreis.« Noch wichtiger ist ihm, daß die Gleichheit, die durch die strenge Geometrie bei allen Teilen des Kreises entsteht, auf etwas hinweist. »Schließlich findet man in allen ihren Teilen die äußersten Punkte gleichweit von der Mitte entfernt. Die Kreisform ist bestens dazu geeignet, die Einheit, das unendliche Sein, die regelhafte Gleichförmigkeit und die Gerechtigkeit Gottes darzustellen.«[88]

Der Begriff der Unendlichkeit, den Palladio hierbei einführt, wird aus der Linie, die den Umfang des Kreises bildet, abgeleitet. Von ihr kann er sagen, sie habe weder Anfang noch Ende. Diese Unendlichkeit wird somit von dem erfahren, der sich auf dieser Linie bewegt. Die Gerechtigkeit ergibt sich aus der Gleichförmigkeit, die alle Punkte auf dieser Linie vom Zentrum gleichweit entfernt sein läßt.

Die »schönen« Häuser lassen durch ihre geometrische Form eine Regelmäßigkeit erkennen, die auf die Gerechtigkeit deutet, zu der auch wieder der Staat verpflichtet ist.

Die Geometrie der Bauten ließ die Benutzer außerdem noch spüren, daß es in dem Universum eine ständige Bewegung gab. An dieser konnten die Sterne wohl immer, jedoch ein Mensch nur begrenzt teilhaben. So lehrte sie die Menschen wieder auf die Umgebung achten.

Mochte ihre eigene Bewegung aufgrund ihrer begrenzten Lebenszeit eines Tages ein Ende haben, in ihrer Umgebung bestand eine – geometrische – Ordnung, die nicht verging, und liefen die Sterne ständig auf ihrer Bahn. – Wieder blieb, auch wenn die eigene Kraft erlosch, diese in der Umgebung erhalten.

Die Vorstellung von einer »Lebenskraft«, die nur eine zeitlich befristete Bewegung, und von einer »Trägheitskraft«, die eine ständige Bewegung hervorrief, begegnet uns auch in der Politik dieser Zeit.

Staaten wollen Besitz erhalten und Freiheit wahren

Für Niccolo Machiavelli waren Staaten Körper. Sie konnten krank werden und gesunden wie Körper. Sie konnten auch »in wunderbarer Weise wachsen«[89].

Dies galt freilich nicht für alle Staaten. Am schnellsten wuchsen Staaten, deren Bürger frei waren. Die Bürger dieser Staaten hatten zwei Ziele. Sie wollten etwas erwerben und ihre Freiheit wahren[90]. So nahm dort die Bevölkerung zu; denn jeder, sagte Machiavelli, erzeugt gern so viele Kinder, wie er ernähren kann, und in einem freien Staat hat jeder die Möglichkeit, seinen Besitz zu vermehren und daher sehr viele Kinder großzuziehen[91].

Für Machiavelli war, wie aus diesen Sätzen hervorgeht, der entscheidende Antrieb die Lebenskraft, und diese veranlaßte den einzelnen Menschen, mehr zu erwerben, brachte ihm Reichtum und dem Staat eine Vergrößerung seines Gebietes[92]. Es fragte sich allerdings, wie Menschen, die in diesem Staat wohnten, behandelt werden mußten, damit sie möglichst lange diese Kraft in sich erhielten. Ein Mittel war – nach Machiavelli –, ihnen Freiheit zu geben. Es gab auch andere.

Machiavelli nahm an, daß, auf die Dauer gesehen, die Bewohner eines Staates, auch eines freien Staates, dazu neigten, nur noch ihren persönlichen Interessen zu folgen. Dieser Egoismus veranlaßte sie dazu, sich nicht mehr in den Staat einzuordnen. Dieser, den er als einen Organismus verstand, löste sich dann auf[93].

Machiavelli untersuchte, wie es möglich sei, den Staat wieder zu »verjüngen«. Dies kann nur geschehen, wenn die Lebenskraft in den einzelnen Menschen, die in diesem Staat leben, erneut einen jugendlichen Charakter erhält. Das, meint Machiavelli, sei am ehesten zu erreichen, wenn der Egoismus der einzelnen radikal bekämpft werde, und das ging nur, wenn die Menschen durch die Regierung in Furcht versetzt wurden.

Machiavelli überlegte verschiedene Mittel, die Bürger eines Staates das Fürchten zu lehren. Er dachte daran, daß die Bürger sich selbst Gesetze geben sollten, die sie dazu zwangen, sich in regelmäßigen Abständen – etwa alle fünf oder zehn Jahre – so scharf kontrollieren zu lassen, daß sie von Furcht ergriffen wurden. Er bezog auch die Religion in seine Überlegungen ein, vorausgesetzt, diese versetzte die Gläubigen in Schrecken. Aus diesem Grund achtete er die römische Religion hoch. Von der christlichen hingegen, die ihm zu milde war, hielt er nicht so viel[94].

Schließlich konnte seiner Beobachtung nach ein Fürst auch persönlich über so viel Kraft verfügen, daß er seine Untertanen als Vorbild beeinflußte oder sie das Fürchten lehrte. Die Untertanen, die unter einem solchen Fürsten bisher nur darauf bedacht waren, ihren Besitz zu mehren und ihre persönliche Freiheit zu schützen, handelten nun – erschrocken – in seinem Interesse. Er nahm auf deren Handlung Einfluß und verstärkte dabei die Aktivität der Untertanen, deren Lebenskraft er so verjüngte[95].

Bei dieser politischen Konzeption kommt es somit darauf an, den jeweiligen Antrieb zum Handeln zu beeinflussen. Er läßt sich in diese oder jene Richtung lenken, er kann gelegentlich eingeengt oder gehemmt werden, er kann jedoch auch gesteigert und intensiviert werden. Hingegen wird von den bisherigen Aufgaben der Herrscher, Rechte zu wahren, nicht mehr gesprochen.

Im Verlauf der nächsten Jahrzehnte wurde diese Lehre des Machiavelli modifiziert. Die Lebenskraft galt bald nicht mehr so viel. Nun wurde damit gerechnet, daß es eine Kraft gebe, die, ohne zu wachsen oder zu schwinden, die Menschen zu jeder Zeit gleichmäßig prägte: die Kraft der Selbsterhaltung[96]. Wer die Selbsterhaltung zur Grundlage seiner Überlegungen machte, derzufolge die Menschen einen bestehenden Zustand wahren wollten, konnte verschiedene Wege wählen.

Johannes Kepler knüpfte an konkrete biologische, ständische oder berufliche Gegebenheiten an; Thomas Hobbes legte philosophische Überlegungen über das Wesen des Menschen seinem Staatsbild zugrunde.

Kepler ging von den Personen aus, die er vor sich sah, von jungen und alten Menschen, von Männern und Frauen, von Gelehrten und Handwerkern, von Adligen und Bauern. Für jede dieser Gruppen waren Einseitigkeiten charakteristisch; jede hatte auch anerkennenswerte Züge. Sie alle wollten jeweils ihre Art erhalten. Diese einzelnen Interessen ließen sich allerdings durchaus zusammen mit den Interessen des Staates wahren, wenn »das Allgemeinwohl in gewisser Weise dem Wohllaut des harmonischen Zusammenklangs« entsprach[97]. Konkret schlug Kepler Ehegesetze vor, die es gestatten sollten, daß gelegentlich ein armer Adliger eine reiche Plebejerin oder ein reicher Plebejer eine arme Adlige heiratete. »Denn das wäre ein Vorteil für beide Stände, für die Adligen, damit sie durch Zuwachs an

Reichtum den Platz behaupten, den sie einnehmen, ... für das Volk, damit es durch die Möglichkeit aufzurücken angetrieben werde, sich besonderer Tüchtigkeit zu befleißigen; schließlich auch für den Staat selber, damit die Stände in gegenseitiger Achtung und Liebe zusammenhalten.«[98] Zur Selbsterhaltung gehört somit für Kepler, daß man im eigenen Interesse auch Verbesserungen seiner Lage anstrebt. So will er selbst auf Gastmählern die Geladenen mischen; »denn wenn sich Gelehrte nur mit Gelehrten zusammensetzen, was nützen sie dann den Unerfahrenen – wenn Frauen nur mit Frauen, wo ist da der Reiz – wenn Schreier nur mit Schreiern, wer wird sie Bescheidenheit lehren?« Bei seinem Vorschlag sähe es ganz anders aus: »Die Folge wird sein, daß sich die Alten am Anblick der Jungen, die Männer am Anblick der Frauen ergötzen und daß die Jungen durch die Klugheit der Alten und die Frauen durch die Autorität der Männer gelenkt werden.«[99] Diese Vorschläge setzen freilich eine Instanz im Staate voraus, die überall zugunsten der Gesamtheit eingreifen darf: die Regierung. Am deutlichsten wird deren Aufgabe am Recht. Kepler erörtert verschiedene Rechtsformen und sagt dann: »Was soll dies, auf das Staatsleben angewandt, anderes bedeuten, als daß die Urteile der Richter durchaus gerecht und durch allseitige Erörterungen der Rechtskundigen nach den Normen der Gesetze und der Billigkeit aufs genaueste abgewogen sein müssen, daß dagegen die ausgleichende Entscheidung des Staates frei von solchen Bindungen nach den jeweiligen Erfordernissen der Zeitverhältnisse ohne viel Lärm zum Wohle der Gesamtheit nach dem Ermessen des Herrschenden vorzunehmen ist.«[100] Die dabei gemachte Voraussetzung ist allerdings, daß die Leitung, das heißt bei Kepler die Monarchen, wirklich am Wohl der Gesamtheit und damit an der Selbsterhaltung des Staates interessiert sind – an dem, was von anderen die Räson eines Staates genannt wurde.

Hobbes schreibt jedem Menschen, gleich ob er alt oder jung, ob er ein Gelehrter, Adliger oder Handwerker ist, eine für alle Menschen charakteristische Grundtendenz zu, die Tendenz, sich selbst zu erhalten. Diese Tendenz nennt Hobbes einen speziellen Appetit wie Hunger oder Durst. Dies Begehren wird seiner Meinung nach von den Objekten ausgelöst, die auf den Menschen entweder anziehend oder abstoßend wirken[101]. Die Menschen würden rücksichtslos dieser Tendenz folgen und gerieten, wären sie nur an dieses »Gesetz der Beharrung« gebunden, in einen Kriegszustand aller gegen alle, wenn sie sich nicht bewußtmachten, daß sie damit letztlich ihrer Selbsterhaltung nicht dienten. Aus diesem Grunde fordert Hobbes eine Regierung, die Macht hat, den einzelnen dazu zu zwingen, so weit von seinen eigenen Interessen abzusehen, daß ein Zusammenleben der Menschen möglich wird, wodurch schließlich jeder auch sein eigenes Leben sichert[102].

Auch bei dieser Konzeption wird der Staatsgewalt, also den Fürsten, eine entscheidende Stellung zugesichert, doch wird der Untertanenverband bei Hobbes längst nicht so differenziert und mannigfaltig wie bei Kepler gesehen.

Was die Theoretiker erörterten, ist in der praktischen Politik seit Ende des 15. Jahrhunderts oft genug Grundlage des Handelns gewesen. Auch dabei sind zwei Vorgehensweisen zu unterscheiden. Die in der Politik tätigen Männer und Frauen – keineswegs nur die Fürsten – setzten sich im 15. und frühen 16. Jahrhundert für den Staat ein, von dem sie annahmen, er sei nur lebendig, wenn er sich auszudehnen verstünde. Das führte zu den Eroberungskriegen in Italien und zu der Expansionspolitik der europäischen Mächte in Nord-, Mittel- und Südamerika. Später, im 16. und 17. Jahrhundert, orientierten sie sich häufiger an Personen, die dem Staat eine eigene Räson, den Wunsch nach Selbsterhaltung zugestanden, die zu einer Verbesserung von dessen materieller Situation führen sollte. Danach strebten Ludwig XIV. in Frankreich, die Kürfürsten und Könige in Preußen, Karl XII. in Schweden und Peter der Große in Rußland.

So beeinflußte die Wahrnehmungsweise die Philosophen, Staatsrechtler und Politiker.

Viele große Wasser vom Himmel fielen

Albrecht Dürer schrieb folgenden seiner Träume auf: »Im Jahre 1525 nach dem Pfingsttag, zwischen Mittwoch und Donnerstag, habe ich im Schlaf diese Erscheinung gesehen, wie viele große Wasser vom Himmel fielen; und das erste traf das Erdreich ungefähr vier Meilen von mir mit einer solchen Furchtbarkeit und einem übergroßen Geräusch und zerspritzte und tränkte das ganze Land.«[103] Dürer sieht das Wasser fallen, er kann genau den Abstand angeben, der ihn von dem herabstürzenden Wasser trennt, und er bemerkt dann, daß dieses beim Aufprall auf die Erde zerspritzt. Nachher erwähnt er sogar noch, daß er sich daran erinnert, wie das »große Wasser« »nahezu« herabgekommen war. Ihm ist also der gesamte Bewegungsablauf voll gegenwärtig.

Seit dem späten 15. Jahrhundert erinnern sich die Menschen an die Bewegungen längst vergangener Zeiten. Leonardo da Vinci erwähnt einen Geier, der zu ihm in die Wiege herabflog und mit dem Schwanz seine Lippen berührte[104]. Felix Platter sah, schon längst erwachsen, seine kleine Schwester noch vor sich, die im Hemd um den Tisch lief, und dachte an Tischgänger seines Vaters, die ihn, auf die Schulter gesetzt, hin- und hergetragen und dabei geneckt hatten[105]. Kluge Kinder wie der junge Giacomo Casanova werden sich sogar der Relativität von Bewegungsvorgängen bewußt. Der Neunjährige blickte bei seiner Schiffsreise aus dem Fenster hinaus und bemerkte, wie die Bäume an dem Schiff vorbeizuziehen schienen. So fragte er seine Mutter und ihre Freunde: »›Wie kommt es, daß die Bäume wandern?‹ Sie lachten. Meine Mutter aber seufzte mitleidig zu mir: ›Das Schiff bewegt sich und nicht die Bäume. Zieh' dich jetzt an.‹ Ich begriff augenblicklich, wie diese Erscheinung zustande kam, und mit meinem erwachenden und ganz unvoreingenommenen Verstand dachte ich folgerichtig weiter: ›Dann ist es also möglich‹, sagte ich zu ihr, ›daß sich auch die Sonne nicht bewegt, sondern daß wir es sind, die von Westen nach Osten wandern.‹ Meine gute Mutter jammerte über so viel Dummheit.«[106]

Mit der Neigung, in der Umgebung erst einmal Bewegungsvorgänge wahrzunehmen, wuchs auch der Blick für gehinderte oder abgelenkte Bewegungen. Der junge Bartholomäus Sastrow beobachtete, daß immer, wenn sein Vater ihn einer Missetat wegen schlug, die Mutter hinzutrat, den Arm des Vaters ergriff und ihn aufforderte, kräftig zuzuschlagen, während sie gleichzeitig den von ihr festgehaltenen Arm so hemmte, daß der Vater nicht allzu heftig werden konnte[107]. Dieses Interesse wirkte sich bis in die Rechtsprechung aus. In Anlehnung und in Umformung antiker Strafrechtsbestimmungen wird etwa darauf gesehen, ob ein Barbier seinem Kunden »die Gurgel wider seinen Willen abschneidet«, weil er von einem anderen »gestossen oder geworffen« wurde, seine Bewegung somit abgelenkt war[108].

Weiter fällt den Menschen auf, daß Bewegungen auf Veranlagungen hinweisen. Der Architekt Alberti rät seinen Freunden, sie möchten bei ihren Kindern bereits im Säuglingsalter beobachten, ob schnelle Bewegungen oder langsame, gelassene Handlungen bei diesen Freude hervorriefen. Er glaubte, daß Kinder, die freudig auf ungestüme Bewegungen reagieren, später zu Kriegsleuten tauglich seien, während die ruhigen eher Gelehrte und Künstler werden würden [109].

Was diese Frauen und Männer in ihrer Umgebung wahrnahmen, bemerkten sie an sich selber. Sie beobachteten sich gern, und seit dem 15. Jahrhundert schrieben sie es auch nieder. Dem Kölner Kaufmann Hermann von Weinsberg fiel nachträglich noch sein nicht zu zähmender Bewegungsdrang auf. »Wie alle Jungen mußte ich immer etwas unternehmen. Ich konnte nicht stillsitzen. Dem einen gab ich dies im Haus, dem andern das. Da klagten meine jungen Schwestern, ich hätte ihnen etwas weggenommen oder versteckt oder sie geschlagen. Dann hatte ich das Kind aufgeweckt und dem Gesinde etwas angetan. Es war immer etwas im Gang.« [110] Auch Erwachsene wie der gebildete Thomas Morus betonten diese Eigentümlichkeit der Kinder. Er läßt die Kindheit selbst sprechen: »Dem Spiel gilt mein ganzes Trachten, einen Wurfring fangen und einen Ball werfen. Einen Kreisel kann ich in Bewegung setzen und tanzen lassen.« [111]

Im hohen und späten Mittelalter noch hatten die auf Bewegung bedachten Kinder sich eine standesgemäße Art zu handeln angeeignet. Sie waren wie etwa der junge Staufer Friedrich II. leidenschaftlich Ritterspielen hingegeben, oder sie führten Taten wie ihr Vater aus, was bei einem Metzgerkind einmal schlimme Folgen hatte [112]. Sie drängten damals in berufliche oder ständische Tätigkeiten hinein, die ihnen ja, wie wir sahen, Würde verliehen. Jetzt hingegen beobachten sie an sich nur noch ihre Freude an Bewegungen, die dazu führen konnte, daß sie gegen den Willen ihres Vaters eisliefen oder schwammen (davon berichtet uns Bartholomäus Sastrow recht ausführlich [113]) oder daß sie Dumme-Jungen-Streiche unternahmen, nachts in benachbarten Häusern die Fenster einschlugen wie Hermann von Weinsberg [114] oder die Haustiere über den Hof hetzten wie der junge Maximilian [115]. Die Erwachsenen waren dementsprechend darauf bedacht, ihnen das Stillsitzen beizubringen, und in den Selbstbiographien erwähnen Kinder, daß sie das Stillsitzen in der Schule gelernt hätten [116].

Diese Berichte mögen genügen. Sie alle bezeugen, wie spontan die Menschen – und bereits Kinder – auf Bewegungen, die von Ort zu Ort führten, achteten. Sie hatten an ihrem Körper erfahren, daß Orte – eine Höhle, ein Wald, eine ferne Ebene – sie anzogen oder abstießen und so in ihnen einen Antrieb weckten, sich zu bewegen. Sie nannten diesen Antrieb eine Kraft, meist eine »lebendige Kraft« [117].

Es ist zu betonen, daß es wieder Wesen aus der Umgebung waren, die diese Kraft hervorriefen. Und wieder ist es so, daß, wer ihr folgte und dabei etwa seine Hand bewegte, dank dieser Kraft seinerseits etwas in der Umgebung in Bewegung setzen konnte. Diese Erfahrung wies dem Menschen somit, wie schon in der Karolingerzeit und wie im hohen Mittelalter, eine vermittelnde Position zu. Als »Medium« erwarb er freilich nicht mehr wie im hohen Mittelalter – bei Erwärmung – eine mit »Leichtigkeit« verbundene erhöhte Beweglichkeit. Statt dessen erfüllte ihn eine »Kraft«, die ihn – wie Leonardo es beschreibt – einen einmaligen Bewegungsvorgang von einem Punkt zu einem anderen Punkt ausführen ließ.

Wenn ein Mensch dieser Kraft folgte und sich in eine Höhle oder in einen Wald begab, konnte er gelegentlich beobachten, daß andere Wesen ihn an dieser Bewegung hinderten. Sie konnten sich als Menschen oder Tiere entgegengesetzt bewegen oder ihm als Bäume oder Steine im Weg stehen. Der Mensch erfuhr somit an seinem Körper, daß zwei entgegengesetzte Kräfte auf ihn wirken konnten.

Beide waren nicht innerhalb seines Körpers entstanden. Vielmehr waren es Wesen seiner Umgebung, die veranlaßten, daß er sich bewegte, und die ihn daran hinderten, diese Bewegung fortzuführen. Diese Erfahrung setzte somit einen Raum voraus, in dem Wesen so weit entfernt waren, daß er zu ihnen hingelangen wollte, und in dem andere sich aus einem Abstand ihm so nähern konnten, daß sie seiner eigenen Bewegung Widerstand leisteten. So gehörte zu der Erfahrung dieser Wirkungen ein Raum, der die Umgebung mit einschloß und in dem sich Körper einander zu nähern und voneinander zu entfernen vermochten. Dazu hatte der Körperraum der Antike keine Möglichkeit geboten. Doch auch die Räume, die die Umgebung des Menschen mit einbezogen – da von dort ein Licht kam, das die Menschen erstrahlen ließ, oder von dort sich eine Wärme ausbreitete, die seinen Zustand veränderte –, mußten diese für eine Ortsbewegung nötige Tiefe nicht besitzen. So gehörte zu dieser Körpererfahrung eine neue Wahrnehmungsweise, die den Raum anders als bisher sehen ließ. Die Maler – mit ihren mannigfaltigen Perspektiven – gaben sie am anschaulichsten wieder. Die Naturwissenschaftler wie Kopernikus und Galilei setzten sie allerdings genauso voraus.

Innerhalb dieser Wahrnehmungsweise verschoben sich wieder gelegentlich etwas die Akzente. Einige Männer und Frauen neigten zum Beispiel dazu, alles von einer einzigen Kraft her zu erklären. Hatten die Menschen zuvor angenommen, daß die Kraft, die Bewegungen hervorrief, nur bei einigen Wesen anzutreffen und außerdem begrenzt sei und daher »sterbe«, so gingen jene davon aus, daß diese Kraft als »Kraft der Trägheit« alle Wesen – und zwar ständig – im Zustand gleichmäßiger Bewegung halte. Nur von außen her konnte diese Bewegung gebremst, beschleunigt oder abgelenkt werden.

Für eine zweite Variante setzten sich diejenigen Menschen ein, die unmittelbarer als andere spürten, daß auch diese Kraft, die Bewegungen ermöglichte, in ihnen schwächer werden und erlöschen konnte. Ein Arzt und ein Theologe wurden zuerst darauf aufmerksam, Paracelsus und Luther. Sie reagierten darauf unterschiedlich, doch beide waren der Überzeugung, daß nur Wesen in der Umgebung des Menschen die fehlende Kraft in ihm erzeugen konnten.

Für Paracelsus war es die »Gewalt der Gestirne« und war es das Firmament, das alles hervortrieb: das Handeln der Menschen, die »blüt und die bletter und die rosen« und sogar die Bewegungen der Geisteskranken: »Sie singen, sie springen, sie laufen, sie tanzen... aus dem firmamentischen most.«[118] Luther hingegen sah in Gott »ein wirkende macht und stetige tettlichkeit, die ohn unterlass geht ym schwang und wirkt«. Dieser trieb auch die Menschen zu ihren Bewegungen an, »ein unruhiger Treiber in allen seinen Geschöpfen, der keines feiern läßt«[119].

Von vornherein gehörte ein dreidimensionaler Raum zu dieser Körpererfahrung; denn Orte in der Umgebung weckten ja die Kraft, die den Menschen ermöglichte, sich zu ihnen zu begeben. Diese Räume mit ihrer Tiefe waren allerdings jeweils auf eine Person bezogen. So konnten Maler wie van Eyck und Michelangelo die Perspektive auf ihren Bildern so konstruieren, daß ein Betrachter erkannte, daß der dargestellte Raum vor verschiedenen Personen lag, von denen sich jede an einem anderen Ort befand.

Später entdeckten dann einige, daß der dreidimensionale Raum, in dem sich Kräfte – etwa die Kräfte der Gestirne – über eine Distanz hinweg übertrugen, auch unabhängig vom Menschen da war. Maler wie Tizian konnten Ausschnitte von ihm anderen sichtbar machen, indem sie die Figuren an der Peripherie eines Kreises oder einer Kugel anordneten. Ähnliches erreichten Architekten durch ihre Gestaltung von Innenräumen oder von Parkanlagen. Selbst innerhalb eines Zeremoniells konnten sich die Menschen so aufstellen, daß der zwischen ihnen liegende Raum für andere erkennbar wurde[120]. Allerdings blieb die Erfahrung, die die Menschen zuerst an ihrem Körper machten, bei allen diesen Varianten erhalten: Eine Kraft veranlaßte einen Menschen, von einem Ort zum anderen zu gehen.

Was Leonardo und andere Wissenschaftler jener Zeit dabei »Kraft« nannten, wäre den heutigen Physikern eine Erscheinungsform der Energie, die als kinetische Energie bei Bewegungen zu beobachten ist. Diese Erscheinungsform der Energie lernten somit die Menschen in ihren Körpererfahrungen im späten 15. und 16. Jahrhundert kennen. Von ihr her erschlossen sie sich wieder einen Aspekt der Realität.

Auch diese Wahrnehmungsweise wandelte sich. Als einzelne Männer und Frauen im 18. Jahrhundert lernten, den Widerstand, der sie bei ihren Bewegungen gelegentlich hinderte, eine Zeit zu ertragen, gerieten sie in einen Zustand der Spannung hinein, der sie die Welt mit anderen Augen sehen lehrte.

VII

DIE GESTEIGERTE SPANNUNG VON BÜRGERN UND ARBEITERN

Kinder lieben schauerliche Anwandlungen

Im Jahre 1785 brachte Karl Philipp Moritz einen psychologischen Roman heraus, den er »Anton Reiser« nannte. Dieser Anton ist niemand anders als er selbst. In leichter Distanz zu seiner eigenen Person konnte Moritz so Taten schildern, deren er sich sonst wohl geschämt hätte.

Ein Feuer erlebte Anton in folgender Weise: »Ja, als in der Stadt, wo seine Eltern wohnten, einmal wirklich in der Nacht ein Haus abbrannte, so empfand er bei allem Schreck eine Art von geheimem Wunsch, daß das Feuer nicht so bald gelöscht werden möge.

Dieser Wunsch hatte nichts weniger als Schadenfreude zum Grunde, sondern entstand aus einer dunklen Ahndung von großen Veränderungen, Auswanderungen und Revolutionen, wo alle Dinge eine ganz andere Gestalt bekommen und die bisherige Einförmigkeit aufhören würde.«[1]

Anton liebte sehr eigentümliche Spiele: »Wenn er auf der Wiese ging, so machte er eine Scheidung und ließ in seinen Gedanken zwei Heere gelber und weißer Blumen gegeneinander anrücken. Den größten unter ihnen gab er Namen von seinen Helden, und eine benannte er auch wohl von sich selber. Dann stellte er eine Art von blindem Fatum vor, und mit zugemachten Augen hieb er mit seinem Stabe, wohin er traf. Wenn er dann seine Augen wieder öffnete, so sah er die schreckliche Zerstörung. Hier lag ein Held und dort einer auf dem Boden hingestreckt, und oft erblickte er mit einer sonderbar wehmütigen und doch angenehmen Empfindung sich selbst unter den Gefallenen... Das allergrößte Vergnügen machte es ihm, wenn er eine aus kleinen papierenen Häusern erbauete Stadt verbrennen und dann nachher mit feierlichem Ernst und Wehmut den zurückgebliebenen Aschenhaufen betrachten konnte.«[2] Es waren Gefühle des Erschauerns, die diese Jugendlichen schätzten. Sie werden uns in vielen Varianten berichtet. Christian Friedrich Daniel Schubart schreibt, daß er oft »schauerliche Anwandlungen« hatte. »Daher besuchte ich oft heimlich die Gräber meiner toten Freunde und Bekannten, um dem schwülen, dumpfen Gefühl meines Herzens unter schwarzen Kreuzen Luft zu machen.«[3]

In Berlin wuchs Rellstab auf. In seinen Erinnerungen hing er am Tiergarten. Dabei blieben ihm vor allem der würzige Waldduft und der nächtliche Anblick der schwarzen Fichten lebendig, aber auch andere Bäume: »Ein bloßer Kiefernwald in der Mark birgt mir Geheimnisse des Schönen, weckt ahnungsvolle Anregungen des heimlich Vertrauten wie des düster Schauerlichen, die meine Seele tief erfüllen und bewegen können.«[4] Johann Wilhelm Schirmer, der in Jülich geboren war, war seiner Mutter dankbar, denn »wenn Wind und Wetter draußen tobten, ich mich vor Schauergefühl auf die dunkle Treppe hinaussetzte, dann hatte sie immer einen Blick für mich«[5].

Gefühle des Schauerlichen entstehen oft, wenn die Umgebung sich änderte und der Übergang von einer Ordnung zur anderen erfahren wurde. Ulrich Bräker, ein Bauernsohn aus der Schweiz, berichtet von seiner Zeit als Hirtenjunge folgendes: »Da verließ ich den ganzen Tag die Berge nicht, und mein Aug konnt' sich nicht satt schauen, wie die Sonnenstrahlen auf diesem Ozean spielten und Wogen von Dünsten in den seltsamsten Figuren sich darauf herumtaumelten, bis sie gegen Abend mich wieder zu übersteigen drohten. Dann wünschte ich mir Jakobs Leiter, aber umsonst, ich mußte fort. Ich war traurig, und alles stimmte in meine Trauer. Einsame Vögel flatterten matt und mißmutig über mir her, und die großen Herbstfliegen summten mir so melancholisch um die Ohren, daß ich weinen mußte.«[6]

Um in die Erfahrung solcher schauerlichen Gefühle zu geraten, erfand der junge Theodor Fontane mit seinen Freunden ein eigenes Spiel. Als Anführer einer Räuberbande zog es ihn an eine Waldstelle mit einem tiefen Loch: »Drin der Seeräuber Störtebeker, der zu Anfang des 15. Jahrhunderts die Nord- und Ostsee beherrschte, mit seinen Leuten gelagert haben sollte.« Ihm war dabei zwar etwas unangenehm, daß dieser Störtebeker schließlich in Hamburg hingerichtet worden war, doch schob er diesen Gedanken beiseite. »Weil es mir aber alles in allem doch auch wieder wenig wahrscheinlich war, daß ich der Hamburger Gerichtsbarkeit ausgeliefert werden würde, so sog ich mir aus dem Vergleich mit Störtebeker unentwegt allerhand süße Schauer.«[7]

Alle diese schauerlichen Anwandlungen entstehen, wie Karl Philipp Moritz ausdrücklich sagt, in der Erwartung, daß sich bald etwas Grundsätzliches wandeln würde. Sie hingen nicht nur mit der eigenen Person zusammen. Gesellschafts- und Naturordnungen schienen sich aufzulösen und neu zu formieren. So kam es zu der »dunklen Ahndung von großen Veränderungen, Auswanderungen und Revolutionen«. Oft war der Schauer mit einer Sehnsucht verbunden[8].

Die Natur erweckt eine Sehnsucht

Der erste Abend in einem fremden Hause gehört für ein junges Gemüt zu den geheimnisreichsten Erlebnissen. Was mag alles in diesem Dunkel liegen, das zuerst aus Büschen und Baumkronen herüberschaut, dann ins Haus kommt, immer dichter durch Gänge und Türen zieht und durch die offenen Fenster in breiten Massen aus dem frühen Herbstabend hereinfließt.«[9] So berichtet Friedrich Ratze. Ähnliche Eindrücke werden immer wieder bezeugt. Sie stimmen neugierig, sie wecken das Verlangen, in eine völlig andere Umgebung zu geraten. Bogumil Goltz erzählt folgendes: »So war's mir als Kind, wenn wir in der Scheuer Verstecken spielten oder sonst da herumhantierten, allemal so, als müßte oder könnte da hinter jedem Bund Stroh, besonders gegen einen Winkel hin, irgendetwas, und zwar etwas Unerhörtes, verborgen sein. Und gleichwohl hatte ich keine profane Neugier, kein Gelüst, mit einem Umkehren des Strohbundes zu experimentieren.«[10] Was er in sich spürt, ist ein viel tieferes, drängenderes Streben, als daß es sich simpel aus einer nur profanen Neugier, die durch ein Experiment zu stillen wäre, befriedigen ließ. Der Zustand selber erregte ihn bereits: »So umschloß ein dunkler Laubwald einen großen Teil des Horizonts und beschäftigte vom ersten Augenblick, da ich ihn erblickte, meine Phantasie fast unausgesetzt Jahr und Tag mit der Sehnsucht, wie die Welt wohl hinter jenen Waldbäumen beschaffen sei und was für ein Geheimnis oder Wunder so recht inmitten der Waldgründe im finstersten Dickicht zu entdekken sein möchte, falls man sich dorthin eines Tages auf den Weg machen könnte.«[11]

Es ist recht charakteristisch, daß Eindrücke keine Bewegung auslösten, jedenfalls nicht im Augenblick. Diese Jugendlichen erwarteten etwas so grundsätzlich anderes, daß es sich durch einen Spaziergang oder eine Expedition nicht erreichen ließ.

Rudolf von Gottschall berichtet über seine Wanderung bei Koblenz: »Oft stand ich dort oben und erfreute mich an dem entzükkenden Blick auf die Rhein- und Mosellandschaft, auf die beiden sich hier vermählenden Flüsse, auf die Häuser und Thürme der zwischenhineingebauten Stadt, auf die jenseitigen Höhen mit ihren Forts und die in Luft verschwimmende Ferne. Die Schildwache auf den Wällen, das militärische Treiben auf den Festungshöfen lenkte bisweilen den Blick in die Nähe. Doch am liebsten schweifte er ins Weite und weckte in der Brust des Knaben jene unbestimmte Sehnsucht, welche hinausmöchte in die Welt zu den duftumschleierten Hügeln, die irgend etwas geheimnisvoll Schönes ahnen ließen.«[12]

In jedem dieser Berichte wurde die Sehnsucht ausgelöst von einer Umgebung, meist von einer nichtstädtischen Umgebung, die die Menschen damals »Natur« nannten. Diese Sehnsucht galt einer Welt, die völlig anders sein sollte als diejenige, in der die Menschen bisher lebten.

Unter diesen Erfahrungen verloren die Orte, mit denen die Menschen vertraut waren, allmählich jeglichen Reiz. Sie glichen nicht wie in der Antike Einseitigkeiten aus, sie erfüllten nicht mit der Leichtigkeit der Freude, sie forderten auch nicht wie in der Renaissance zu Bewegungen auf, die Vergnügen bereiten konnten. Diese Orte weckten nur das Verlangen, sie möglichst bald zu verlassen. Karl Philipp Moritz weiß es gut zu formulieren: »Welche Reize hat die Veränderung des Orts für ihn. Der Aufenthalt in H. und der ewig einförmige Anblick eben derselben Straßen und Häuser ward ihm nun unerträglich. Neue Türme, Tore, Wälle und Schlösser stiegen beständig in seiner Seele auf, und ein Bild verdrängte das andere.«[13]

Die Tätigkeit der Phantasie ließ die Sehnsucht, die vertraute Umgebung zu verlassen, immer mächtiger werden. Die Spannung, in die sich diese Menschen steigerten, konnte – das spürten sie – vielleicht einmal in eine Handlung umgesetzt werden. Doch erst einmal suchten die meisten den Zustand der Spannung. Dies zeigen die Veränderungen in der Architektur.

Die Architekten stellen Natur und Ruinen her

In England hat in der ersten Hälfte des 18. Jahrhunderts Alexander Pope einen Garten entworfen, den er selber mit herrichtete. Dort befanden sich Grotten, vor die er eine Ruine stellte. Zu seinem Werk schuf er auch eine Theorie. Danach sollten drei Regeln in der Gartenkunst gelten. Ein Garten sollte so angelegt sein, daß er immer einen Kontrast betonte – dafür waren die Effekte von Licht und Schatten zu benutzen. Weiter sollte er Überraschungen schaffen, und schließlich sollte die Umzäunung verborgen sein[14].

Die verborgene Umzäunung verwischte den Unterschied zwischen dem Garten und der »wilden Natur«, was bisher vermieden worden war. Auch die beiden anderen Regeln widersprachen allen Forderungen, die an Parkanlagen seit der Renaissance gestellt wurden. Denn im 16. und 17. Jahrhundert und in den meisten Anlagen des 18. Jahrhunderts wollten die Gartenarchitekten Anlagen schaffen, die den Gesetzen der Geometrie folgten; entsprechend wurden die Plätze und Wege geführt und die Hecken und Bäume beschnitten. Der Mensch sollte die Möglichkeit haben, in diesen mathematisch geordneten Welten in eine gleichmäßige, beständige Bewegung hineinzugeraten, die ihn Ordnungen erkennen ließ, in die er sich einfügen konnte, wenn er Dauer gewinnen wollte (Abb. 94).

Abb. 94 Favorite zu Mainz

Im Anschluß an Pope haben Hogarth und Brown weitere Gartenanlagen entworfen, gestaltet und theoretisch begründet. Gerade geometrische Linien waren bei ihnen verpönt, die Bäume und Büsche wurden nicht mehr zu Kuben zurechtgestutzt. Statt dessen setzten sie kleine Gehölzgruppen auf weite Rasenflächen, legten in Wellenlinien verlaufende Wege an und schufen kunstvoll geschlängelte Wasserläufe, die zu ausgebuchteten Seeufern führten[15].

In Frankreich unterstützte Rousseau diese neue Mode: »Ich verlange Gießbäche, Felsen und Tannen, dunkle Berge, rauhe, auf und ab führende Pfade und recht fürchterliche Abgründe.«[16] Nun wurden auch die ersten Ruinen gebaut. In Monceau bei Paris steht heute noch eine Mischung zwischen den, wie man nun sagt, älteren französischen Parkformen und den neuen, die »englisch« genannt wurden. »Neben ländlichen Wiesen, Weinbergen und Bächen, Kiosken und Schneckenhügeln, neben gotischen Ruinen steht das Prachtstück im Nordwesten: die Naumachie. Ein großer ellipsenförmiger Teich war von griechischen Ruinen in malerischer Anordnung umgeben, überragt von einem hohen Obelisken.«[17] Die Gärten sollten nicht nur natürlich sein, sie sollten auch Ruinen enthalten, also Bauten, die den Verfall anzeigen.

Viele kamen mit diesem Wandel des Geschmacks nicht zurecht. Diese neuen, angeblich so natürlichen Anlagen waren für sie zuerst einmal unzweckmäßig. Vorher gab es den geometrisch geordneten Park und daneben die praktischen Obst- und Gemüsegärten, auf denen sich alles anpflanzen ließ, was eine Familie benötigte. Beide wurden nun dem englischen Park geopfert. Justus Möser veröffentlichte einen fiktiven Brief, in dem eine junge Frau ihrer Großmutter schilderte, was ihr Mann aus dem alten, so nützlichen Hausgarten gemacht hatte. »Was das für eine Veränderung ist, meine liebe Großmama! Sollten Sie jetzt Ihre kleine Bleiche, worauf Sie in Ihrer Jugend so manches schöne Stück Garn und Linnen bleichten, sollten Sie den Obstgarten, worin Sie, wie Sie mir so oft erzählt haben, so manche Henne mit Küchlein aufzogen, sollten Sie das Kohlstück, worauf der große Baum mit den schönen rotgestreiften Äpfeln stand, suchen: nichts von dem allen werden Sie mehr finden. Ihr ganzer Krautgarten ist in Hügel und Täler, wodurch sich unzählig krumme Wege schlängeln, verwandelt. Die Hügelgen sind mit allen Sorten des schönsten wilden Gesträuchs bedeckt, und auf unseren Wiesen sind keine Blumen, die sich nicht auch in jenen kleinen Tälergen finden. Es hat dies meinen Mann zwar viel gekostet, indem er einige tausend Fuder Sandsteine und Lehmen auf das Grundstück hat bringen lassen, um so etwas Schönes daraus zu machen... Jenseits der Brücken, gerade da, wo der Großmama ihre Bleichhütte war, kommt ein allerliebster kleiner gotischer Turm zu stehen, welchen mein Mann ›gotikisch Dom‹ heißt. Kurz – Ihr gutes Gärtchen, liebe Großmama, gleicht jetzt einer bezaubernden Insel, worauf man alles findet, was man nicht darauf suchet, und von dem, was man darauf suchet, nichts findet. Wenn Sie aber kommen, so bringen Sie uns doch etwas weißen Kohl aus der Stadt mit, denn wir haben hier keinen Platz mehr dafür.«[18] So wird die geometrische Vollkommenheit und der praktische Nutzen gleichermaßen diesem neuen Stil geopfert.

In Deutschland entstand 1774 eine solche Parkanlage in Hohenheim. Die Absicht war, eine ländliche Kolonie in einem natürlich angelegten Park voller künstlicher Ruinen zu schaffen. Im Jahre 1795 hat Hirschfeld im Gartenkalender das Resultat beschrieben: »Man sieht hier die schönsten Reste von alten Gebäuden nachgeahmt, und diese sind unmittelbar mit Sälen und Kabinetten, in neuem Geschmack angelegt und fein und prächtig ausgeziert verbunden. Fast in allen Gebäuden herrscht ein starker Contrast der Übergänge; man erstaunt, aus täuschenden Ruinen, aus zerbröckelnden Felsstücken und hängendem Gemäuer sich auf einmal in glänzende Prachtzimmer versetzt zu sehen. Nirgends sind wohl Ruinen schöner gezeichnet und ausgeführt als hier. Man glaubt in der That auf italiänischem Boden zu stehen. Alles ist wahr und überraschend.«

Am meisten gefallen diesem Berichterstatter die künstlich geschaffenen unvollkommenen Werke: »Die Ruinen sind das Herrlichste, das man sich in dieser Art von Nachahmung denken kann.«[19]

Abb. 95 Weimar, Die drei Säulen

Die unregelmäßig geführten Wege, die geplant-planlos angepflanzten Büsche und Bäume, die kunstvoll geschaffenen, zerbröckelnden Ruinen beschwören die Gegensätze zwischen Leben und Vergehen in immer wieder anderen Varianten. Da Bäume und Büsche nicht beschnitten sind, zeigen sie im Laufe des Jahres junge Triebe, Blüten und welke, herabfallende Blätter. Da die Wege unregelmäßig geführt sind, schaffen sie Kontraste zwischen Licht und Schatten. Da die Bauten Ruinen sind, zeigen sie den Wunsch, etwas

Unvergängliches zu errichten, um gerade an diesen Werken die Vergänglichkeit zu demonstrieren. So lassen sich sogar die Affekte, die eine Gartenanlage erzeugt, in dieses Kontrastprogramm mit einbeziehen. Der Gartenarchitekt muß darauf achten, entgegengesetzte Eindrücke hervorzurufen (Abb. 95). Hirschfeld erwartet daher von ihm: »Man kann ein Stück Landes zu großen, lieblichen, muntern, zierlichen, wilden, melancholischen Szenen anlegen. Wenn diese verschiedenen Szenen in einem Fortgang gesehen werden, so muß man die großen mit den lieblichen, die regelmäßigen mit den wilden, die muntern mit den melancholischen kontrastieren, so daß immer eine Bewegung auf die entgegengesetzte folge. Ja, man erhöhet das Vergnügen noch, wenn man den Fortgang durch rauhe unangebaute Striche sowohl als durch weite unbegrenzte Prospecte unterbricht, die an sich selbst unangenehm sind, aber in dem Fortgang das Vergnügen für die angenehmen Gegenstände erhöhen.«[20]

Dabei wird nun die Erregung nicht allein durch die Gegensätze hervorgerufen, sondern auch dank der Erwartungen, die die Architekten ebenfalls erwecken können.

Architekten berücksichtigen die Lebensstufen, Epochen und Regionen

Die Architekten schufen nicht nur Parkanlagen, in denen das aufkeimende Leben und der beginnende Verfall an Pflanzen und Ruinen sichtbar wurde, sondern sie wiesen die Ruinen auch einzelnen Ländern oder einzelnen historischen Epochen zu (Abb. 96). So unterschieden sie zerfallende griechische Tempel von einstürzenden gotischen Kapellen. Wer ihre Werke durchwanderte, ging nun gewissermaßen durch Länder und Zeiten. Das war den Männern und Frauen, die sich in einer solchen Umgebung mit hohem Vergnügen aufhielten, durchaus bewußt.

Friedrich Schiller beschreibt einmal den Weg von Stuttgart nach Hohenheim: »Der Weg von Stuttgart nach Hohenheim ist gewissermaßen eine versinnlichte Geschichte der Gartenkunst, die dem aufmerksamen Betrachter interessante Bemerkungen darbietet. In den Fruchtfeldern, Weinbergen und wirtschaftlichen Gärten, an denen die Landstraße hinzieht, zeigt sich demselben der erste physische

Abb. 96 Wörlitz, Venus-Tempel

Anfang der Gartenkunst, entblößt von aller ästhetischen Verzierung. Nun aber empfängt ihn die französische Gartenkunst mit stolzer Gravität unter den langen und schroffen Pappelwänden, welche die freie Landschaft mit Hohenheim in Verbindung setzen und durch ihre kunstmäßige Gestalt schon Erwartung erregen. Dieser feierliche Einblick steigt bis zu einer peinlichen Spannung, wenn man die Gemächer des herzoglichen Schlosses durchwandert, das an Pracht und Eleganz wenig seinesgleichen hat und auf eine gewiß seltene Art Geschmack und Verschwendung vereint. Durch den Glanz, der von allen Seiten das Auge drückt, wird das Bedürfnis nach – Simplicität bis zu einem höchsten Grade getrieben und der ländlichen Natur, die den Reisenden auf einmal in dem sogenannten englischen Dorfe empfängt, der feierlichste Triumph bereitet... Aber die Natur, die wir in dieser englischen Anlage finden, ist diejenige nicht mehr, von der wir ausgegangen waren. Es ist eine mit Geist beseelte und durch Kunst exaltierte Natur, die nun nicht bloß den einfachen, sondern selbst den durch Kultur verwöhnten Menschen befriedigt und, indem sie den ersteren zum Denken reizt, den letzteren zur Empfindung zurückführt.«[21]

Schiller hat sich in seiner Beschreibung die Epochen der Geschichte gewählt, die ihm besonders nahestanden, eine ursprüngliche, eine gekünstelte und eine erneut geistig durchformte ursprüngliche. Selbstverständlich war es möglich, auch andere Eigentümlichkeiten der Epochen darzustellen. Doch für uns ist interessanter als die Schilderung der Eigenart dieser Lebensphasen die Reaktion, die Schiller, wenn er ihnen begegnet, erfüllt. Er sieht ja nicht den französischen Park oder das Rokokoschlößchen, um jedes für sich mit ähnlichen Bauwerken zu vergleichen. Für ihn enthält jede dieser Anlagen vielmehr Hinweise auf die darauffolgenden andersartigen. So betrachtet er die einzelne Architektur nicht um ihrer selbst willen, sondern als Zeugnis einer Epoche in »Erwartung« der nächsten Epoche. In dem hochgerühmten Schloß erfüllt ihn schließlich eine »peinliche Spannung«, die als »Bedürfnis nach Simplicität« bis zum höchsten Grad gesteigert wird.

Es lassen so entgegengesetzte Entwicklungen – verfallende Ruinen inmitten von aufblühendem Leben und jede historische Phase, die die nächste herbeisehnt – eine von Spannung erfüllte Erregung entstehen. Diese kann auch noch auf eine dritte Weise – durch Beschwörung eines Landes, das an ein anderes Land denken läßt – geweckt werden. Der Park in Hohenheim bot Möglichkeiten, auch diese Erfahrung zu gewinnen: Der Wasserfall erinnerte an Italien. Das Dorf war englisch eingerichtet. Hirschfeld schildert diese englische Enklave so: »Alle diese Gebäude sind in dem ächten Stil ausgeführt, und die ganze innere Einrichtung, die selbst auf Geräthschaft und andere Bedürfnisse geht, winket auf ihre Bestimmung hin.« Sogar eine Schule und ein englischer Kaufladen und ein Rathaus sind dazugestellt. In dem gleichen Park verwiesen andere Teile auf andere Regionen: »Bei den Gartenanlagen gibt es einen mit württembergischen Pflanzen, und zwar wildwachsenden.« Dann ist da auch »ein amerikanischer Garten«[22]. Wie wichtig dem Bauherrn die Authentizität war, geht aus folgendem hervor: Um die Pflanzen zu besorgen, besuchte er selber die verschiedenen Länder. Dafür war der Herzog, wetteifernd »mit der Frau Reichsgräfin«, selbst nach England gereist, »um die schönsten fremden Gewächse zu sehen und einzukaufen«[23].

Diese Gartenanlagen versetzten allerdings nur den historisch und geographisch Gebildeten in die von den Bauherren und Architekten gewünschte Erregung. Wer amerikanische von italienischen Pflanzen nicht unterscheiden konnte und wer nichts von dorischen Säulen und gotischen Spitzbögen wußte, der nahm nicht wahr, was sich in diesem Garten ereignete, was in diesem Park sichtbar wurde, auch wenn er Pflanzen und Architektur vor sich sah. Wer nur das Hohenheimer Schloß, einen Bau im Stil des Rokoko, für sich betrachtete, spürte nicht, was die Architekten hatten schaffen wollen. Er geriet nicht in die »peinliche Spannung«, die sich erst löste, wenn er aus dem Schloß in das englische Dorf kam, das zu diesem Rokoko-Bau gehörte.

In der Bewegung liebt er den Widerstand

Christoph Wilhelm Hufeland, der gern als »Leibarzt und Volkserzieher« vorgestellt wird, berichtet in seiner Selbstbiographie voller Dankbarkeit, wie er von einem streng christlichen Lehrer eine »stille, strenge, einförmige, pedantische Erziehung« erhielt. »Nicht einmal widersprechen oder diskutieren oder die Frage: ›warum?‹ wurde gestattet«, und diese Pädagogik fand Hufeland durchaus in Ordnung, und er lobte sie sehr. Um so überraschender ist, was er über das Jahr 1776 in Weimar erzählt. Goethe zog dort ein: »Dieser junge 27jährige feurige Herr Doktor – denn so hieß er damals – brachte eine wunderbare Revolution in diesem Orte hervor... In allen körperlichen Übungen: Reiten, Fechten, Voltigieren, Tanzen war er der erste... Zu dem allen kam noch seine Gunst bei dem jungen Fürsten, der eben die Regierung angetreten hatte, und den er ebenfalls plötzlich aus einer pedantischen, beschränkten, verzärtelnden Hofexistenz ins freie Leben hinausriß und damit anfing, daß er ihn im Winter eiskalte Bäder nehmen ließ, ihn beständig in freier Luft erhielt... Die erste natürliche Folge dieser heroischen Kur war freilich eine tödliche Krankheit des Herzogs, aber er überstand sie glücklich, und der Erfolg war ein abgehärteter Körper für das ganze folgende Leben, so daß er ungeheure Strapazen hat aushalten können. – Genug, es folgte eine vollständige Umwälzung.«[24]

Diese neue Erziehungsmethode wurde so populär, daß Ernst Moritz Arndt, der nun wirklich weder konventionell noch pedantisch vorging, schon wenige Jahre später davor warnte, Kinder gewaltsam der Kälte und der Hitze auszusetzen[25]. Doch gerade aus dieser Mahnung geht hervor, wie schnell die Eltern und Lehrer darauf verzichteten, die Jugendlichen eine möglichst zierliche, anmutige Weise des Schreitens, Fechtens und Tanzens zu lehren. Statt dessen ließen sie ihre Kinder die überlieferten Bewegungen dort üben, wo es auf Überwindung eines zusätzlichen Widerstandes ankam.

Dies freilich ist nur der eine Aspekt der neuen Erziehung. Wichtiger wurden die Bewegungen, die Kindern in neuen Übungen beigebracht wurden.

In den Kampfsportarten lernte ein junger Mensch bisher, wie er seine Füße so auf den Fußboden setzte, daß er geometrisch festgelegte Punkte erreichte, während er mit Händen und Armen Kreise oder andere geometrische Gebilde nachzeichnete. In GutsMuths Schule wurde ihm am Ende des 18. Jahrhunderts eine andere Art des Ringens beigebracht. Der Jugendliche stand einem Partner gegenüber, und beide legten die Hände jeweils auf die Schultern des anderen. Dann schoben sie sich vornübergeneigt gegeneinander, so lange, bis es dem einen gelang, den Gegner aufzurichten, und er dann ein leichtes Spiel hatte, diesen wegzudrücken[26]. Auf eine heftige Anstrengung folgte ein entspanntes Vorwärtsschreiten.

Auch Bewegungsformen wie der Eislauf, die seit Jahrhunderten üblich waren, werden in diesem neuen Sinn gedeutet. »Ich komme zu einer Bewegung, die alles übertrifft, was Bewegung heißt. Bald ist sie dem Schweben des Vogels ähnlich, der keinen Fittich rührt und die Richtung des Fluges bloß durch seinen Willen zu bestimmen scheint, ohne ein Glied zu gebrauchen; bald dem sanftesten Gewiege, bey dem der Körper, dem Scheine nach bloß von der Luft getragen, links und rechts abwechselnd hinüberschwankt; bald ist sie mit aller Anstrengung und mit muthvoller Geschicklichkeit des Körpers verbunden; bald ein sanftes Dahinschweben, bei dem man gleichsam der Last des Körpers ledig und der Anstrengung der Muskeln entbunden ist.« Dazu kommt der Widerstand der Umgebung: »Reine Luft, durchdringende, stärkende Kälte.« Doch nicht dies ist es, was die Faszination auslöst.

Was beim Eislauf geschätzt wird, ist der Wechsel zwischen der heftigen Anstrengung beim Abstoßen und der Lockerheit bei der darauf folgenden entspannten, dahinschwebenden Gleitbewegung. Beim Bogenfahren kann auch ein anderer Wechsel genossen werden. Hier geht es darum, mit einer gewissen »Dreistigkeit« den Körper aus seinem Schwerpunkt zu verlagern. Sobald der Eisläufer diesen Mut hat und er sich nach der einen oder anderen Seite neigt, wird aus der geraden Bahn ein Bogen, wobei die Bewegung wieder ähnlich enthusiastisch gerühmt wird, »denn sie ist weit freyer und ungehemmter, sie ähnelt mehr dem leichten Dahinschweben eines Vogels«[27].

So wird beim Eislauf ein Wechsel zwischen anstrengenden, anspannenden und gleitenden, entspannenden oder zwischen mutig dreisten und leicht dahinschwebenden Bewegungen empfunden; und dieser Wechsel ist es, der die große Begeisterung auslöst.

Somit haben wir drei Formen des Wechsels kennengelernt:

- Bekämpfung eines Widerstandes, nach dessen Überwindung eine entspannte, schnelle Bewegung möglich wird;
- eine zeitlich begrenzte anstrengende Tätigkeit, die Schwung für eine darauf folgende schnelle, entspannte Tätigkeit verleiht;
- eine Verlagerung des Gleichgewichts, die den Körper in Spannung versetzt und eine darauf folgende entspannte Bewegung herbeiführt.

Um diese Wechsel voll auszukosten, werden dann im neu aufkommenden Turnen Barren und Reckstange zu zentralen Geräten. An ihnen kann der Turner, etwa bei einem Felgaufschwung, wahrnehmen, daß er seine Beine mit Anstrengung über die Stange hinaufschieben muß, um dann jenseits der Stange mit dem Schwung, der durch sein eigenes Körpergewicht herbeigeführt wird, entspannt auf die andere Seite hinüberzugleiten. Kommt er bei der Riesenwelle gar in eine andauernde Bewegung, so wird er bei der Aufwärtsbewegung, zumal am Schluß, zunehmend mehr mit Spannung beobachten, ob es ihm gelingt, noch über die Stange hinwegzuschwingen, bis er dann befreit und erlöst sich jenseits der Stange wieder hinunterfallen lassen kann, um erneut einen Antrieb für den Aufstieg zu gewinnen[28].

Diese Bewegungen vermitteln somit eine Erwartung, sie prägen das Bild von der Zukunft. Immer steht eine Bewegung anderer Art unmittelbar bevor – eine anstrengende oder eine entspannte. Bei diesen Bewegungen wird somit nicht verlangt, daß man wie im hohen Mittelalter eine nach oben aufgerichtete, zielorientierte Haltung wahrt, es wird auch nicht wie in der Renaissance erhofft, daß die Bewegung uneingeschränkt weitergeht. Es wird vielmehr angenommen, daß eine Bewegung in einem anderen Spannungszustand fortgeführt werden kann.

Diese neue Bewegungsweise fand auch durch das Militär und durch die Tänze eine weite Verbreitung. So kamen im Paartanz damals Neuerungen auf: Der Walzer wurde gesellschaftsfähig. Die Revolutionäre in Paris, der Kongreß in Wien tanzten Walzer. Goethes Werther tanzt ihn bereits mit Lotte[29]. Er enthält in verkleinertem Maßstab alle Eigentümlichkeiten der veränderten Bewegungsweise:

- an die Stelle des Schreitens tritt eine Schwungbewegung;
- die geometrischen Muster im Raum werden nicht mehr beachtet;

– durch die Betonung des ersten Schrittes im Dreivierteltakt wird am Anfang jeweils eine kleine Anstrengung gefordert, auf die der lokkere Schwung folgt.

In den europäischen Armeen wurde im Verlauf des 18. Jahrhunderts immer häufiger die bisher übliche Ausbildung der Soldaten kritisiert, die diesen beibrachte, ihre Bewegungen so zu reglementieren, daß sie imstande waren, beim Umgang mit Waffen und während des Marschierens Linien zu folgen, die den Regelmäßigkeiten einer geometrischen Ordnung entsprachen. Dahinter hatte der Wunsch gestanden, möglichst eine ständige Bewegung herbeizuführen[30].

Bereits in den ersten Reformvorschlägen des 18. Jahrhunderts wurde gefordert, die Soldaten in eine, wie es hieß, »natürliche« Bewegungsweise zu bringen. Unter »natürlich« wurde dabei eine Bewegung verstanden, in der Soldaten zwischen Anspannung und Lokkerheit wechselten. Die Anspannung sollte die Erwartung erhöhen, in eine Entspannung zu geraten, und somit die Dynamik der exerzierenden Truppe steigern.

Diese neue Bewegungsweise setzte sich endgültig in den Reglements der französischen Revolutionsarmeen durch, die sofort von den anderen europäischen Armeen übernommen wurden. Die auffälligste Neuerung war die neue Grundhaltung. War in den älteren Armeen dem Soldaten befohlen worden, stehend eine Position einzunehmen, die – manchmal mit leicht auseinandergestellten Beinen – einen wirklichen Ruhezustand herbeiführte, während mit dem Marschieren die Bewegung einsetzte, wurde nun von dem Soldaten erwartet, daß er auf das Kommando »Stillgestanden!« die Hacken der Füße dicht nebeneinanderstellte und den aufrechten Körper leicht nach vorne neigte, so daß, wie beigegebene Zeichnungen erläuterten, der Schwerpunkt seines Körpergewichts etwas vor den Fußspitzen zu liegen kam[31]. So geriet er in eine angespannte, erwartungsvolle Haltung, die ihre Lösung im Kommando »Im Gleichschritt marsch!« fand, da das Marschieren nun eine Entspannung brachte[32].

Auf diese Weise weckten die neuen Reglements im Soldaten eine zukunftsorientierte Dynamik. Er lernte es, in sich selber eine Spannung zu spüren – gewissermaßen eine potentielle Energie –, die sich in Bewegung umsetzen ließ. Mit Einführung der allgemeinen Wehrpflicht wurde diese Erfahrung weiten Teilen der Bevölkerung vermittelt.

So lassen alle diese Bewegungen einen Wechsel von Spannungszuständen am eigenen Körper erfahren. Sie erwecken im Menschen die

Erwartung, daß sich die bestehende, mit Anstrengungen verbundene Spannung bald so ändert, daß eine lockere, leichte und auch schnelle Bewegung möglich wird. Dies hatte Folgen für das Handeln.

Die Erfahrung des Unrechts prägt das Handeln

Die Menschen müssen zu allen Zeiten zusehen, wie jemandem anderen Unrecht geschieht. Oft erfahren sie Unrecht auch an der eigenen Person. Dann mögen sie sich fügen oder Widerstand leisten. Dabei können sie ihnen wohlgesonnene mächtige Personen zu Hilfe rufen.

So ging der junge Giacomo Casanova vor. Er war der Schulausbildung wegen zu einer Slowenierin in Pension gegeben, erhielt dort nicht genug zu essen, hatte ein Bett voller Ungeziefer, bekam kein frisches Hemd, und als die Magd ihn noch verlachte, weil er drohte, sich bei der Herrin zu beschweren, war er außer sich: »Zum ersten Mal weinte ich aus Kummer und auch aus Wut, als ich die Sticheleien meiner Kameraden hörte. Sie waren in der gleichen Lage, aber sie waren daran gewöhnt.« Diese Situation veranlaßte ihn, Lebensmittel zu stehlen: »Ich habe binnen weniger Tage etwa 50 Räucherheringe aufgegessen... sämtliche noch ganz frischen Würste... alle frisch gelegten Eier« – und schließlich seiner Großmutter zu schreiben, die kam und den jungen Giacomo aus dieser Hölle befreite[33].

Damit war für den Jungen die Geschichte erledigt. Er dachte nicht daran, seinen Kameraden, die ja ebenfalls unter der Slowenierin zu leiden hatten, zu helfen. Er war auch nicht darauf bedacht, dafür zu sorgen, daß in Zukunft Jugendliche nicht mehr in solche Situationen hineingerieten. Er handelte aus seinem Selbsterhaltungstrieb und stand somit in der Tradition des 16. und 17. Jahrhunderts[34].

Ganz anders läßt Goethe seinen Werther reagieren. Das von Goethe geschilderte Ereignis war im Grunde nicht sonderlich belangvoll. Eine Pfarrersfrau läßt die Nußbäume vor ihrem Haus abschlagen. Werther schreibt dazu an seinen Freund Wilhelm: »Stelle dir vor: die abfallenden Blätter machen ihr den Hof unrein und dumpfig, die Bäume nehmen ihr das Tageslicht, und wenn die Nüsse reif sind, so werfen die Knaben mit Steinen danach, und das fällt ihr auf die Nerven, das stört sie in ihren tiefen Überlegungen.« Dies scheint ihm nun ein ungeheures Unrecht zu sein. »Ich möchte toll werden, ich könnte den Hund ermorden, der den ersten Hieb dran tat. Ich, der ich mich vertrauern könnte, wenn so ein paar Bäume in meinem Hof stünden und einer davon stürbe vor Alter ab, ich muß zusehen.« Werther reagiert darauf nicht nur mit Mordgedanken, er würde auch liebend gern von seiten der Regierung eingreifen. »O, wenn ich Fürst wäre! Ich wollte die Pfarrerin, den Schulzen und die Kammer – Fürst! – Ja, wenn ich Fürst wäre, was kümmerten mich die Bäume in meinem Lande.«[35]

Unrecht erzeugt in Werther eine Erregung, versetzt ihn in einen Spannungszustand[36]. Allerdings, er will sich nicht nur von Erwartungen erfüllen lassen[37]. Er drängt zum Handeln. Einerseits möchte er den Gegner ermorden, andererseits träumt er unbestimmt davon, die gesamte Ordnung so zu ändern, daß die Wiederholung eines solchen Baumfrevels nicht mehr möglich sein könnte.

Persönlich neigte Goethe freilich eher dazu, sich von den Personen, die Unrecht taten, zurückzuziehen. Mit seinem Vater freute er sich während des Siebenjährigen Krieges an den Siegen der Preußen. »Es war die Persönlichkeit des großen Königs, die auf alle Gemüther wirkte.« Die Großeltern hingegen hielten von diesem nicht viel. Bei dem sonntäglichen Essen im großelterlichen Haus erfuhr er es: »Nun wollte mir kein Bissen mehr schmecken; denn ich mußte meinen Helden aufs greulichste verleumden hören... Die größten und augenfälligsten Verdienste wurden geschmäht und angefeindet, die höchsten Taten wo nicht geleugnet, doch wenigstens entstellt und verkleinert, und ein so schnödes Unrecht geschah dem einzigen, offenbar über alle seine Zeitgenossen erhabenen Manne, der täglich bewies und dartat, was er vermöge.« Eine Folge davon war: »Die Neigung, ja die Verehrung für meine Großeltern nahm ab.« Er distanzierte sich von ihnen. »Genug, schon damals war das Gewahrwerden parteiischer Ungerechtigkeit dem Knaben sehr unangenehm, ja schädlich, indem es ihn gewöhnte, sich von geliebten und geschätzten Personen zu entfernen.«[38]

Doch dies mußte nicht sein. Die Reaktion, die Goethe seinem Werther zuschrieb, war auch in der Realität bereits anzutreffen, etwa beim jungen Rousseau. Jean-Jacques wurde vorgeworfen, er hätte die Zinken eines Kammes abgebrochen, der auf dem Ofen zum Trocknen lag. Da nach Ansicht Erwachsener dies niemand anderes als er getan haben konnte, hielt man sein Leugnen für Lügen, und dies wollte man ihm auf keinen Fall gestatten. So wurde er nach einer langen Prozedur und auf eine ziemlich feierliche und umständliche

Weise schließlich geschlagen. »Den körperlichen Schmerz, so lebhaft er war, fühlte ich wenig, ich fühlte nur Empörung, Wut, Verzweiflung.« Mit seinem Vetter zusammen steigerte er sich in einen Zustand hinein, der sie schließlich abends laut schreien ließ. Doch im Unterschied zu Goethe begnügte er sich nicht damit, den Personen, die ein Unrecht begingen, sein Vertrauen zu entziehen. Er dachte auch nicht daran, für sich selber einen Ausweg zu suchen, indem er mit Hilfe eines anderen Erwachsenen seinen Anspruch durchsetzte. Statt dessen ging Jean-Jacques Rousseau dazu über, sich von nun an mit allen ungerecht Behandelten zu identifizieren, so daß er in ähnlichen Situationen jedesmal in Erregung geriet und versuchte, gegen diejenigen, die Unrecht taten, aktiv vorzugehen, zumindest in seinen Phantasievorstellungen: »Indem ich dies schreibe, fühle ich, wie noch mein Puls höher klopft. Jene Augenblicke werden mir gegenwärtig bleiben, und wenn ich hunderttausend Jahre lebte. Dieses erste Gefühl der Gewalt und der Ungerechtigkeit ist in meiner Seele so tief eingegraben geblieben, daß alle Vorstellungen, die sich darauf beziehen, mich meine erste Erregung wieder fühlen lassen. Und dieses sich anfänglich auf mich persönlich beziehende Gefühl ist in sich selbst so stark geworden und hat sich von allem persönlichen Interesse so losgelöst, daß beim Anblick oder bei der Erzählung jeder ungerechten Handlung, wer auch ihr Opfer, wo auch ihr Schauplatz sei, mein Herz in Flammen gerät, als ob die Wirkung auf mich selber zurückfiele.« Und dies hat nun Folgen. »Wenn ich die Grausamkeit eines scheußlichen Tyrannen, die schwarzen Ränke eines schuftigen Priesters geschildert lese, so mache ich mich gern auf den Weg, um diesen Elenden zu erdolchen, und ginge ich hundertmal dabei zugrunde. Ich habe mich oft in Schweiß gesetzt, um im Lauf oder mit Steinwürfen einen Hahn, eine Kuh, einen Hund oder sonst ein Tier zu verfolgen, das ich ein anderes nur deshalb quälen sah, weil es sich als das Stärkere fühlte. Ich mag diese Anlage von Natur haben, und ich glaube, daß dem so ist, aber der tiefe Eindruck der ersten Ungerechtigkeit, die ich erlitt, war zu anhaltend und zu stark damit verbunden, um die ursprüngliche Anlage nicht zu vertiefen.«[39]

Bei Rousseau und ähnlich reagierenden Personen bleibt es somit nicht bei einer Erregung. In ihnen entsteht eine Bereitschaft zu handeln, die in zwei Richtungen verlaufen kann. Aufgrund dieser Erregung können sie eine soziale Tätigkeit aufnehmen und als Arzt oder als Jurist anderen zu helfen suchen. Sie können jedoch auch zu Politikern werden, um sich auf seiten der ungerecht Behandelten zu stellen und eine Ordnung zu schaffen, in der die Möglichkeit, Unrecht zu tun, verringert wird.

Rousseau hat in beide Richtungen gewirkt. Im sozialen Bereich hat er sich für Kinder und damit für neue Erziehungsformen eingesetzt. Im politischen Bereich warb er dafür, allen Menschen die gleichen Rechte zu geben. Er gehörte zu den Männern, deren Forderungen später in der Französischen Revolution von den Aufständischen aufgenommen und zum Teil verwirklicht wurden.

So vermag eine Umwelt, die die Menschen in eine erwartungsvolle Erregung versetzt, in diesen den Wunsch zu wecken, immer wieder diese Erregung zu spüren und sich eine Umgebung zu schaffen, etwa als Architekten, in der dies möglich ist. Geraten sie durch eine erduldete Ungerechtigkeit in diesen Zustand, so können sie jedoch auch diese Spannung in eine Handlung umsetzen, indem sie sich in sozialer oder politischer Tätigkeit für ungerecht Behandelte einsetzen oder indem sie eine Veränderung der Gesellschaft herbeizuführen suchen. So geht von dieser neuen Wahrnehmungsweise ein Impuls aus, der zu einer ungeheuren Steigerung der Produktivität führt. Diese sich wandelnden Spannungszustände ließen auch den Raum anders sehen.

Nach den Menschen werden auch Räume erwartungsvoll

Am Ende des 18. und Anfang des 19. Jahrhunderts folgen die Maler ganz unterschiedlichen Stilrichtungen. Klassizismus, Sturm und Drang, Symbolismus und Romantik sind die Begriffe, mit deren Hilfe die verschiedenen Malweisen charakterisiert werden. Viele dieser Bilder haben jedoch eine Gemeinsamkeit: Sie zeigen Menschen, die ungewöhnlichen Widerständen ausgesetzt sind.

In den Jahren 1796 und 1797 malte Josef Anton Koch »Fingal«, wie er mit dem »Geist von Loda« kämpft (Abb. 97). In einer wilden, jedoch weit sich hinziehenden Landschaft dringt der Ritter mit erhobenem Schwert und vorgestreckter linker Hand gegen den mit seinen Scharen heranstürmenden Geist vor, beide Kämpfer, unmittelbar vor dem Zusammenstoß mit dem Widersacher, in heftiger Erregung[40].

Im Jahr 1800 malte Heinrich Füssli ein Aquarell, das einen Reiter zeigt, der verzweifelt mit einer Riesenschlange ringt. Sie hat ihn mit

Abb. 97 Koch, Der Geist von Loda

ihrem Leib bereits umwunden und vom Pferd heruntergeschoben, während sie gleichzeitig mit ihrem Rachen die Nüstern des Rosses zusammendrückt. Tier und Mensch spannen alle Kräfte vergeblich an, um sich des Widersachers zu erwehren (Abb. 98).

Abb. 98 Füssli, Die Riesenschlange

Um 1800 stellt Jacques-Louis David Napoleon dar, der gerade den Großen St. Bernhard überschreitet (Abb. 99). Der General sitzt auf dem sich vorne aufbäumenden Roß, ein Sturm treibt von hinten sein Gewand und die Mähne des Tieres in die Lüfte. Er selber drängt mit einer gebietenden Geste gegen alle Widerstände nach oben. Im Hintergrund sind Berge und Wolken zu sehen[41].

Abb. 99 David, Napoleon am St. Bernhard

In allen diesen Bildern sind die Menschen so dargestellt, wie wir sie in den Berichten kennenlernten: erregt, in einer Spannung, voller Erwartung, meist erfüllt von der Hoffnung, in eine entspanntere Situation zu geraten. Die Landschaft läßt einen Raum erkennen; doch dieser ist nur der Bereich, vor dem die Szene sich abspielt.

Etwas später verändern die Räume der Maler ihren Charakter. Im Jahre 1807 beendete Philipp Otto Runge den »Morgen«, ein Bild voller Symbolik (Abb. 100). Ein kleiner Säugling liegt unten im Zentrum, puttenähnliche Gestalten nähern sich ihm von rechts oder links oder steigen beschwingt auf. In der Mitte erscheint eine weibliche Gestalt, einer antiken Göttin gleich, die, den Blick nach oben, in die Höhe schwebt. Darüber bilden Köpfe von engelähnlichen Gestalten eine kleine Krone. Der Rahmen ist in das Bild mit einbezo-

Abb. 100 Runge, Der Morgen

gen. In Wurzeln, in aufkeimenden Pflanzen, in Blüten spielen wieder Kinder.

Philipp Otto Runges Bild zeigt auch eine Landschaft: weite Wiesen und in der Ferne aufsteigende Wolken. Diese Landschaft befand sich im Übergang von der Nacht zum Tage. Rechts und links spiegeln die dunklen Farben die zurückweichende Finsternis, während in der Mitte der Glanz der aufsteigenden Sonne das grüne Gras erhellt. So gewinnt der Raum etwas Erwartungsvolles. Er erweckt den Eindruck, daß etwas Andersartiges unmittelbar bevorsteht.

Vier Jahre später malte Caspar David Friedrich »Vor Sonnenaufgang« (Abb. 101). Für den Betrachter scheinen in diesem Bilde keine symbolischen Anspielungen enthalten zu sein. Vorne führen abfallende Hügel in ein Tal hinunter. Dieses verläuft in der Mitte des Bildes nach rechts hinten. Jenseits des Tales, vom Dunst umgeben, liegen Bergeshöhen. Der Vordergrund ist in dunkle Farben getaucht. Auch links die Berge sind von den Schatten der Nacht bedeckt. Doch

Abb. 101 Friedrich, Vor Sonnenaufgang

in der Ferne glänzt, schon leicht von der Sonne beleuchtet, die weite, zart schimmernde Bergwelt[42]. Wieder erscheint der Raum in einer Übergangssituation. Der Betrachter nimmt an einem Prozeß teil. Er spürt das Zurückweichen der Dunkelheit und erwartet den lichten Tag. Caspar David Friedrich hat in vielen Zeichnungen und Bildern

Abb. 102 Friedrich, Klosterkirchhof im Schnee

den heraufkommenden Tag oder die hereinbrechende Nacht festzuhalten gesucht. Auch das Licht des aufsteigenden oder schwindenden Mondes verwandelt seine Räume. Gelegentlich benutzt Friedrich auch Ruinen, Trümmer von menschlichen Bauten, um die Übergangssituation darzustellen: eine schwindende Vergangenheit (Abb. 102) und eine heraufziehende Zukunft (Abb. 103)[43].

Abb. 103 Friedrich, Ruine

Diese Beobachtungen lassen sich nun überprüfen. Wie Friedrich selber seine Bilder sah, ist seinen Beschreibungen zu entnehmen. So sagt er etwa über das letzte von ihm geplante Bild, das »das Innere einer zerfallenden Kirche« wiedergeben sollte: »Aus dem hohen Schutt, der den inneren Raum erfüllt, ragen die mächtigen Pfeiler mit schlanken, zierlichen Säulen hervor und tragen zum Teil noch die hochgespannte Wölbung. Die Zeit der Herrlichkeit des Tempels und seiner Diener ist dahin und aus dem zertrümmerten Ganzen eine andere Zeit und ein anderes Verlangen nach Klarheit und Wahrheit hervorgegangen.« Ihm geht es somit einmal darum, an den Resten menschlicher Architektur das Zerfallen, das Schwinden eines Zustandes sichtbar werden zu lassen. Dies soll jedoch gleichzeitig bereits im Betrachter eine Erwartung wecken, die Vorstellung von einer anderen Zeit und die Erfahrung eines »Verlangens«, das auf Veränderung drängt. Auch dies beschreibt er: »Hohe, schlanke, immergrüne Fichten sind dem Schutt entwachsen, und auf den morschen Heiligenbildern, zerstörten Altären, zerbrochenen Weihkesseln steht, mit der Bibel in der linken Hand und die rechte aufs Herz gelegt, an die Überreste eines bischöflichen Denkmals gelehnt, ein evangelischer Geistlicher, die Augen zum blauen Himmel gerichtet, sinnend die lichten, leichten Wölkchen betrachtend.«[44]

Dieses Bild setzt somit historische Kenntnisse voraus. Der Betrachter muß wissen, daß ein Geistlicher mit der Bibel in der Hand ein evangelischer Geistlicher sein soll und daß die evangelische Lehre eine neue Zeit heraufführte, die sich von der vergangenen katholischen Lehre, welche durch das bischöfliche Denkmal repräsentiert wird, abhebt. Sollte er dieses nicht gelernt haben, könnten ihn immerhin die hohen, schlanken Fichten auf die Lebendigkeit verweisen, die wächst und sich so von dem Verfallenden absetzt.

Diese Bilder zeigen nicht mehr Menschen, erregt, erfüllt mit potentieller Energie. Sie lassen spüren, welche Spannung einen Raum durchdringen kann. Damit wird jedoch ein Aspekt des Raumes erfahren, auf den bisher nicht geachtet wurde, den Räume jedoch zu haben vermögen. Räume sind ja nicht nur nach höheren und tieferen Bereichen geschieden, sie bieten nicht nur Möglichkeiten, fortlaufende Bewegungen durchzuführen oder Bewegungen vor Hindernissen abzubrechen. Sie können auch mit einer Spannung angefüllt sein, die auf eine Lösung drängt. Vor jedem Gewitter entsteht in banger, bedrückender Schwüle eine solche Situation. Die neue Körpererfahrung hat somit nicht nur den Blick für besondere Handlungsweisen der Menschen, sondern auch für Eigentümlichkeiten des Raumes eröffnet, die bisher nicht wahrgenommen wurden. Die Gewitterschilderungen lassen freilich auch erkennen, daß die Menschen in den folgenden Jahrzehnten, statt auf Veränderungen zu hoffen, nur den Erregungszustand genossen, der ihnen das Gefühl wiedererwachter Lebendigkeit verlieh.

Spannungen in der Natur schaffen hochwillkommene Erregungszustände

Eduard Mörike hat in der Zeit, in der er als Vikar in Ochsenwang auf der Schwäbischen Alb lebte, gerne mitgeteilt, wie Land und Wetter auf ihn wirkten. So schreibt er einmal an einen Freund: »Es war abends vier Uhr. Ich hatte soeben im Verdruß der Langenweile zu meiner guten Mutter gesagt: Heut hab ich eigentlich den ersten peinlich müßigen Tag am hiesigen Ort. Der kranke Hals, weil er eben zwischen Kopf und Brust mitteninne liegt, sperrt beiden den gewohnten Handel ab... Ich hätte heulen können wie ein Mädchen.

Da sah ich am Fenster ein Gewitter von der Teckseite her ziehen, eine Minute drauf rollte der erste Donner, und alle meine Lebensgeister fingen an, heimlich vergnüglich aufzulauschen. In unglaublicher Schnelle stand uns das Wetter überm Kopf. Breite, gewaltige Blitze, wie ich sie nie bei Tage gesehen, fielen wie ein Rosenschauer in unsre weiße Stube, und Schlag auf Schlag.« Ihm schien es, als ob er eine Musik von Mozart hörte. »So unaufhaltsam, so prächtig, so durchdringend wie in jenem oft wiederholten ehernen Schrei der römischen Tuba, daß sich mir beide Fäuste vor Entzücken ballten.«[45]

Mörike hat das Gewitter unmittelbar angeredet: »Ach! Dumpfer, schöner Donner, wie erquickest du mich! Laß dichter deine großen Tropfen fallen! Rolle donnernder durch die Wölbung! Daß es mich aufregt aus dem unerquicklichen, matten Tod! Nur daß ich fühl: ich lebe!«[46]

Solche Erfahrungen veranlassen nun auch die Naturwissenschaftler zu neuen Fragestellungen.

Physiker suchen Polaritäten, Spannungen und Verwandlungen potentieller Energie

Im Verlauf des späten 18. Jahrhunderts verbreiteten sich unter immer mehr Männern und Frauen in Europa zwei Erfahrungen, die für sie zentrale Bedeutung bekamen.

- Sie beobachteten, daß eine Anspannung, die nötig ist, um einem Widersacher standzuhalten, ihre Kraft steigerte.
- Sie spürten, daß diese bei der Auseinandersetzung mit einem Widersacher gewonnene Kraft sich in Bewegungen umsetzen ließ.

Diese Erfahrungen regten Physiker zu neuen Beobachtungen und neuen Erklärungshypothesen an.

Zuvor muß jedoch von einer anderen Wandlung berichtet werden. Die Naturwissenschaftler gingen seit der Mitte des 18. Jahrhunderts dazu über, einander entgegengesetzte Kräfte als etwas Positives anzusehen; diese waren ihrer Überzeugung nach dazu imstande, eine bisher nicht bestehende Ordnung herzustellen. Damit kam ein historisches Moment in die naturwissenschaftliche Betrachtung. Die Natur – das wurde nun angenommen – blieb sich nicht immer gleich, sie kannte vielmehr Epochen größerer und geringerer Ordnung. Der Übergang zu einem geordneten Zustand wurde gerade von den einander entgegengesetzten Kräften ermöglicht.

Im Jahre 1755 veröffentlichte Kant seine Studie zum »Ursprung des planetischen Weltenbaues«. Er beschäftigte sich in dieser Arbeit mit dem von Newton beschriebenen Planetensystem. Ihn störte eine Voraussetzung, die Newton ganz selbstverständlich gemacht hatte. Newton »behauptete, die unmittelbare Hand Gottes habe diese Anordnung ohne die Anwendung der Kräfte der Natur ausgerichtet«[47]. Kant hingegen möchte nachweisen, daß auch das Planetensystem auf durchaus natürliche Weise entstanden ist, denn die Entstehung dieser Systeme läßt sich seiner Überzeugung nach naturwissenschaftlich erklären.

Newton rechnete bei der Beschreibung seines Planetensystems mit dem Gesetz der Trägheit und der Anziehung der Massen. Diese beiden »Gesetze« genügten ihm, um die Bewegungen der Planeten um die Sonne und die Bewegungen der Monde um die Planeten genau vorauszuberechnen. Kant, der nun die Entstehung dieser Systeme erklären möchte, benötigte dazu eine weitere Kraft. Diese war der Anziehungskraft genau entgegengesetzt. Er führte sie mit folgenden Überlegungen ein:

Gäbe es nur die Kraft der Anziehung – neben dem Trägheitsgesetz –, so müßte dieses Weltall zur »Zusammensetzung verschiedener Klumpen« führen. Diese würden »nach Verrichtung ihrer Bildungen durch die Gleichheit der Anziehung ruhig und auf immer unbewegt sein«.

Da das Weltall jedoch nicht als solches aus ruhigen Klumpen besteht, muß noch etwas anderes in ihm wirken. »Allein die Natur hat noch andere Kräfte im Vorrat, welche sich vornehmlich äußern, wenn die Materie in feine Teilchen aufgelöst ist, als wodurch selbige einander zurückstoßen.« Von diesen Kräften sagte Kant nun, sie würden »durch ihren Streit mit der Anziehung diejenige Bewegung hervorbringen, die gleichsam ein dauerhaftes Leben der Natur ist«. Er meinte »diese Zurückstoßungskraft« auch nachweisen zu können, und zwar »in der Elastizität der Dünste, dem Ausflusse stark riechender Körper und der Ausbreitung aller geistigen Materie«.

Diese beiden einander entgegengesetzten Kräfte lassen nun das Planetensystem entstehen. Die Anziehungskraft führt zur Bildung eines »Zentralkörpers«. »Die schwachen Grade der Zurückstoßung« werden andere Körper dazu veranlassen, »seitwärts gebeuget in Seitenbewegungen« eine eigene Bahn einzuschlagen. Auf dieser wird »eines des anderen Bewegung so lange einschränken, bis alle nach einer Richtung fortgehen«. Und diese wird durch die Zentralkraft des großen Körpers beeinflußt, so daß schließlich alle »in parallel laufenden Zirkeln um die Sonne als ihrem Mittelpunkt« ihre Bewegung – als Planeten – fortsetzen[48]. So schaffen die einander entgegengesetzten Grundkräfte die Ordnung, die wir im Planetensystem beobachten können.

Einander entgegengesetzte Kräfte waren schon in der Antike wahrgenommen worden. Die Schwere drückte auf die Kraft, die den Menschen aufzurichten suchte[49]. Jedoch bisher wurden sie nur beschrieben, oder es wurde gezeigt, wie eine Kraft die andere überwinden mußte, etwa die Kraft, die die Bewegungen hervorrief, alle Kräfte, die sich dem von ihr bewegten Körper entgegensetzten.

Kant hingegen erörtert, wie von entgegengesetzten Kräften hervorgerufene Bewegungen etwas Neues, eine bisher nicht bestehende Ordnung entstehen lassen. So wird der Gegensatz positiv bewertet.

Dies wird nun in einem anderen Zusammenhang viel bedeutungsvoller. Ein Engländer und ein Italiener, Henry Cavendish und Gianbattista Beccaria, untersuchten, ohne die Arbeiten des anderen zu kennen, das Phänomen der Elektrizität. Um 1772 wurden beide darauf aufmerksam, daß sie beim Erfassen elektrischer Phänomene die Stärke des Stromes oder der Ladungsmenge von der Spannung unterscheiden mußten. Elektrizität wurde von ihnen mit einem Strom verglichen. Wasser, also ein Strom, fließt nur, wenn es von einem höheren Ort zu einem tieferen Ort gelangen kann. Am höheren Ort hat es eine mögliche oder potentielle Energie. Diese ist durch die Höhendifferenz gegeben. Ein elektrischer Strom braucht nun, damit er fließt, ebenfalls einen möglichen Unterschied, eine Potentialdifferenz, die die Ursache bildet, daß er von einem Ort an einen anderen kommt. Diese Potentialdifferenz wird die »Spannung« genannt[50]. Gleichzeitig hat der elektrische Strom auch eine Ladungsmenge, die der Stärke eines Wasserstromes entspricht, wenn wir bei dem Vergleich mit dem Wasser bleiben.

Volta, dessen Säule die Elektrizität lieferte, wies die Spannung in einem Gefäß nach, das mit einem Deckel versehen war. Er nannte den »Drang der Ladung, aus dem Deckel zu entweichen«, die Spannung. Bei dieser Beschreibung gilt selbstverständlich, daß die Spannung größer oder geringer sein kann[51]. Es gelang dann Georg Simon Ohm in den zwanziger Jahren des 19. Jahrhunderts, die jeweilige Größe der Spannung so zu definieren, daß sie aus einem Gesetz abzuleiten und zu messen war. Er stellte aufgrund zahlreicher Experimente fest, daß die Spannung das Produkt von Stromstärke und Widerstand ist. Wurde der Widerstand erhöht, dann wuchs die Spannung.

Damit erhält der Widerstand eine weitere wichtige Bedeutung. Es geht nun nicht mehr darum, daß zwei Kräfte einander entgegengesetzt sind und so zu Bewegungen führen, bei denen die Körper sich Widerstand leisten und auf diese Weise in eine neue Ordnung hineinkommen. Der Widerstand ist jetzt eine Größe, die die Spannung verändern kann. Die Spannung beeinflußt ihrerseits die Energie des elektrischen Stroms. Auch dieses Gesetz wurde von Ohm formuliert. Die Energie eines elektrischen Stroms ist das Produkt von Spannung (Potentialdifferenz) und Ladung (Stromstärke)[52]. Wurde die Spannung erhöht, so wuchs auch die Energie.

Ohm fand diese Gesetze aufgrund von Berechnungen, die er dank seiner Experimente anstellen konnte. Doch was er suchte, das entsprach genau den Körpererfahrungen, die die Menschen jener Zeit in den Bewegungen am Reck und in den vielen anderen Leibesübungen, die damals beliebt wurden, machen konnten: Ein vermehrter Widerstand zwang die Menschen, die diesen überwinden wollten, dazu, sich mehr anzustrengen und so in einen angespannteren Zustand zu geraten. Die Vermehrung der Spannung verlieh ihnen eine gesteigerte Energie. Wer diese Erfahrungen einmal gewonnen hatte, der konnte dann nach der Bedeutung des Widerstandes für die Spannungssteigerung und nach der Bedeutung der Spannung für die Energiesteigerung fragen[53]. Genau dies war bei den Untersuchungen der Elektrizität geschehen.

In jenen Jahren, in denen Ohm seine Ergebnisse publizierte, sprachen die Menschen noch nicht von Energie. Sie nannten diese immer noch Kraft. Eines war ihnen jedoch bewußt geworden: Es gab neben den »Kräften«, die Bewegungen auslösten, potentielle »Kräfte«, etwa in einer Spannung, die irgendwann einmal benutzt werden konnten, um einen von der Energie gesteuerten Vorgang herbeizuführen. Von einer solchen potentiellen »Kraft« war auch ein Stein erfüllt, wenn der Mensch ihn hochhielt. Ließ er ihn los, dann – fallend – bewegte er sich.

Eng mit der Elektrizitätslehre verbunden war eine weitere Frage der

Physik jener Zeit: die Frage nach der Bedeutung der Kraft. Dabei verstanden, wie gerade gesagt, die Physiker unter Kraft das, was sie später die Energie nannten.

Seit der Mitte des 18. Jahrhunderts stritten zwei verschiedene Richtungen miteinander: die Atomisten und die Dynamisten. Die Atomisten gingen davon aus, daß die Natur aus Körpern bestand, etwa aus Atomen. Alle Veränderungen waren ihrer Überzeugung nach auf Bewegungen dieser Atome zurückzuführen. Sie konnten sich somit mit einer Kinetik, einer Bewegungslehre begnügen, die oft auch eine Mechanik genannt wurde.

Die Dynamisten hingegen meinten, es gebe unabhängig von der Materie noch eine eigene Kraft. Diese gelte es gesondert zu untersuchen. Diese Dynamisten regten die Spekulationen der Philosophen an. Sie erdachten in immer neuen Kombinationen immer weitere Varianten einer Kräftelehre. Schelling etwa gehörte zu der Gruppe. Er meinte sogar, zwischen beiden Richtungen vermitteln zu können, wenn er sich einen »dynamischen Atomisten« nannte[54]. Was von diesen »Naturphilosophen« publiziert wurde, klang recht verworren. Sie wechselten ihre Meinungen auch überraschend häufig. All das trug nicht dazu bei, das Ansehen dieser Gruppe zu heben. Im Jahre 1823 beschrieb Christoph Heinrich Pfaff das Wirken dieser dynamistisch orientierten Wissenschaftler mit folgenden Worten: »Der Dynamiker hat es überall nur mit Kräften und Thätigkeiten, ihrem Wechselkampfe, ihrer Entzweyung, ihrem Auseinandergehen und ihrer Ausgleichung zu thun und reducirt alles Empfindbare und Wahrnehmbare darauf, als das reinste Schema, das der Verstand dafür aufstellen kann.«[55] Nun, das klingt nicht nach einer physikalischen Fachsprache. Es ist übrigens auch nicht sehr präzise; was soll man sich unter einem Wechselkampf, einer Entzweiung, einem Auseinandergehen und einer Ausgleichung vorstellen?

Doch dieser erste Eindruck täuscht. Die Physiker, die dieser Gruppe angehörten, Johann Wilhelm Ritter, Christian Oersted, Michael Faraday, experimentierten. Und sie gewannen allmählich eine klare Vorstellung von dem, was sie suchten. Friedrich Mohr charakterisierte sie: »Außer den bekannten 54 Elementen gibt es in der Natur noch ein Agens, und dieses heißt Kraft; es kann unter passenden Verhältnissen als Bewegung, chemische Aktivität, Cohäsion, Electrizität, Licht, Wärme und Magnetismus hervortreten, und aus jeder dieser Erscheinungsarten können alle übrigen hervorgebracht werden.«[56] Julius Robert Mayer betonte den hypothetischen Charakter der Untersuchungen noch etwas deutlicher. Doch er stellte die gleiche These auf: »Meine Behauptung ist ja gerade: Fallkraft, Bewegung, Wärme, Licht, Elektrizität und chemische Differenz der Ponderabilien sind ein- und dasselbe Objekt in verschiedenen Erscheinungsformen.«[57]

Die Suche nach diesem Objekt, erst Kraft, später Energie genannt, begann bei der Beschäftigung mit der Elektrizität. Oersted nahm an, daß Elektrizität »eine der verschiedenen Tätigkeitsformen der allgemeinen Naturkräfte« sei. Das war ja die Grundthese der Dynamisten. So entdeckte er, daß die Magnetnadel abgelenkt wurde, wenn elektrischer Strom durch einen Draht floß[58].

Über die Beziehung zwischen Elektrizität und Magnetismus arbeitete später Faraday weiter, von der gleichen Überzeugung getragen: »Wir kennen viele Prozesse, durch welche die Form in der Kraft so verändert werden kann, daß anscheinend eine Umwandlung von der einen in die andere stattfindet.«[59] Ihm gelang nun der Nachweis, daß ein bewegter Magnet elektrischen Strom erzeugt.

Damit war im Grunde der Bann gebrochen. 1842 berechnete Julius Robert Mayer die Wärme, die bei mechanischer Bewegung entsteht, die sogenannte Reibungswärme, und wies nach, daß sie derjenigen Bewegungsenergie gleich war, die durch die Reibung verlorenging.

Damit war nicht nur klar, daß hinter den verschiedenen Prozessen, von denen diese Dynamisten sprachen, wirklich ein Objekt stand, die Energie. Es wurde auch noch gezeigt, daß dieses Objekt, die Energie, immer erhalten blieb. Die Ursache – die hineingegebene Energie – ist der Wirkung – der daraus hervorgehenden Energie – gleich. Nur, diese kann eine andere Erscheinungsform haben. Chemische Prozesse können zu elektrischen Prozessen werden, Bewegungen zu Wärme, Wärme (in der Dampfmaschine) kann in Bewegung umgewandelt werden. Alle Veränderungen gehen letztlich auf die dahinterstehende Energie zurück.

Der Erhaltungssatz der Energie, daß sie, die Energie, in all diesen Veränderungen immer gleich blieb, wurde dann der erste Satz der Thermodynamik. Damit wurde es auch möglich, die »potentielle Energie« zu definieren und zu berechnen.

Die Beharrlichkeit dieser Physiker hatte sich somit gelohnt. Trotz aller Angriffe der Atomisten blieben die Dynamisten der Überzeugung, daß hinter den verschiedenen Veränderungen ein Objekt stehen müsse. Und so gelang es ihnen nach jahrzehntelanger Mühe, in Experimenten nachzuweisen, daß ihre Hypothese richtig war. (Der

Satz von der Erhaltung der Energie freilich mußte später – nach den Erkenntnissen von Einstein – modifiziert werden. Dieses Schicksal teilt er mit den früheren Erhaltungssätzen, wie wir sahen[60].)

Daß sich Energie verwandeln ließ, deckte sich mit der neuen Körpererfahrung. Wer sich gegen einen Widerstand wandte, geriet bei dieser Anstrengung in eine Spannung hinein, die in ihm eine erhöhte »potentielle« Energie schuf. Sie ließ sich dann in Bewegungen oder Handlungen umsetzen und trat dann in einer neuen Erscheinungsform auf.

Diese Körpererfahrung erschloß somit ebenfalls einen Aspekt der Realität. Wieder handelt es sich dabei um eine Realität, die auch von Physikern anerkannt wird. In diesem Falle ist dies besonders offenkundig; denn es waren ja die Experimente von Physikern, die nachwiesen, daß es die »Energie« gab, die in verschiedenen Erscheinungsformen wirksam wird. Die Körpererfahrung öffnete somit den Blick für eine bisher nicht beachtete Seite der Wirklichkeit.

Nachdem nun die Energie als ein eigenes Objekt erkannt war und nachdem der Erhaltungssatz als der erste Satz der Thermodynamik formuliert war, stellte sich für die Physiker eine neue Frage: Ist damit zu rechnen, daß bei allen Umwandlungen, die von einer zu einer anderen Erscheinungsform der Energie führen, möglicherweise eine Grundtendenz sichtbar wird?

Die Physiker meinten die Frage zu lösen, wenn sie von einem geschlossenen System ausgingen, einem System, dem keine Energie zugefügt wurde. Innerhalb eines solchen geschlossenen Systems – so glaubten sie festzustellen – mußte bei jedem Veränderungsvorgang die Reibung Reibungswärme erzeugen. Diese Wärme ließ sich nicht wieder in eine andere Erscheinungsform der Energie zurückverwandeln. Demnach sah es so aus, als ob in einem geschlossenen System ständig die Wärme zunehme[61].

Diese Wärme ließ sich – wie die Physiker bald erkannten – auch anders beschreiben. Zunehmende Wärme war gleichzusetzen mit zunehmender Unordnung. So konnte dieses Gesetz auch so formuliert werden: In einem geschlossenen System mußte bei allen Energieumwandlungen ständig die Unordnung zunehmen[62]. Dieses Gesetz wurde als ein Gesetz der Entropie – eine Maßeinheit, nach der diese Umwandlung sich messen ließ – ebenfalls als ein Hauptsatz in die Thermodynamik aufgenommen[63].

Das sind Folgerungen, die sich aufgrund der neuen Erkenntnisse ziehen ließen. Für den Historiker ist bedeutungsvoller, daß das Objekt, dem diese Untersuchungen galten – die Energie –, sich über eine Körpererfahrung erschloß, die bei Bewegungen gewonnen wurde. Bei diesen waren die Menschen sich bewußt geworden, daß es Bewegungen gab, durch die der Mensch in einen Spannungszustand geraten konnte, der einen Zustand anderer Spannung erwarten ließ, so daß im Menschen eine potentielle Energie entstand, die etwa in gesteigerte Bewegung umzusetzen war.

Diese Grunderfahrung prägte auch eine neue Form politischen und wirtschaftlichen Handelns.

In Politik und Wirtschaft wird Konkurrenz für nützlich erachtet

Im 16. Jahrhundert verkündeten Wissenschaftler wie Machiavelli, daß Regierungen ihre Untertanen aktivieren und zum Handeln antreiben sollten, damit deren Taten dem Staate zugute kämen. Diese Tendenzen wurden in der absolutistischen Herrschaftsform bei einer merkantilistischen Wirtschaftsweise im 16., 17. und frühen 18. Jahrhundert weiterhin und noch entschiedener vertreten. Freilich gab es Varianten. Jedoch an der Aktivierung der Bewohner eines Staates waren die Herrschenden immer interessiert.

Seit der zweiten Hälfte des 18. Jahrhunderts meinten die Untertanen, sie selber hätten die Aktiven zu sein. Oft befanden sie sich in Spannung zu ihrer Regierung. Sie beanspruchten, die Regierungsform in ihrem Sinne abändern zu dürfen. Nach den Grundrechten von Virginia hatte »eine Mehrheit der Gemeinschaft ein unbezweifelbares, unveräußerliches und unverletzbares Recht«, die »Arten und Formen der Regierungen«, die nicht dazu fähig waren, »den höchsten Grad von Glück und Sicherheit zu erzielen«, und die nicht »am wirksamsten gegen die Gefahr einer Mißwirtschaft« sicherten, »zu reformieren, umzugestalten oder abzuschaffen«[64]. Die Regierung war somit nicht mehr dafür da, die Menschen mit neuen Antrieben zu versehen, sondern sie mußte wissen, daß sie sich in einem Spannungszustand mit den Regierten befand; und es wurde eine Institution geschaffen, mit deren Hilfe die Regierten, wenn sie es wünschten, die Regierungen absetzen oder die Verfassungen, nach denen regiert wurde, ändern konnten.

In den französischen Verfassungen wird den Menschen unter den

Grundrechten bereits ein Recht auf Widerstand garantiert. So heißt es im Artikel 2 von 1789, daß zu den natürlichen und unabdingbaren Menschenrechten auch der Widerstand gegen Unterdrückung gehört[65]. Und in der Verfassung vom 24. Juni 1793 steht: »Der Widerstand gegen Unterdrückung leitet sich aus den übrigen Menschenrechten her. Unterdrückung der Gesamtheit der Gesellschaft ist es, wenn auch nur eines ihrer Mitglieder unterdrückt wird. Unterdrükkung jedes einzelnen tritt ein, wenn die ganze Gesellschaft unterdrückt wird. Wenn die Regierung die Rechte des Volkes verletzt, so ist die Erhebung des Volkes und jedes einzelnen Teiles desselben das heiligste seiner Rechte und die höchste seiner Pflichten.«[66]

Bei der Regelung der Fragen, wie denn nun diese Rechte durchzusetzen seien, wurden die Parlamente geschaffen, und diese brachten eine weitere Institution: die Parteien, die sich in festen Abständen zur Wahl stellen mußten. Bereits in den Grundrechten von Virginia hatten die Bewohner dieses Staates festgelegt, daß die Mitglieder der gesetzgebenden und ausführenden Gewalt dadurch vom Geist der Bedrückung abgehalten werden sollten, »daß sie die Lasten des Volkes verspüren und an ihnen teilhaben. Sie sollen zu bestimmten Zeiten in den privaten Stand entlassen werden, in die Gemeinschaft zurückkehren, der sie ursprünglich entnommen wurden, und die freigewordenen Stellen sollen durch häufige, bestimmte und regelmäßige Wahlen wieder besetzt werden«[67]. Für diese Wahlen bildeten sich Parteien, die ein Programm besaßen und bei einer Wahl um die Unterstützung durch die Wähler kämpften[68]. Damit traten sie zueinander in Konkurrenz. Es entstand so eine weitere Spannung, der von nun an alle politisch Tätigen ausgesetzt wurden. Sie kämpften um die Gunst der Wähler, die entscheiden mußten, welche Partei die Mehrheit haben sollte.

Die neuen Institutionen werden erst verständlich, wenn wir den Wandel der Wirtschaft betrachten.

Seit dem 16. Jahrhundert bemühten sich Regierungen, die Aktivität einzelner Unternehmer zu fördern und zu stärken. Diese wurden dafür teilweise aus den Bindungen ihrer Zunft oder ihres Standes gelöst und speziell von der Regierung gefördert. Das konnte bis zu Vorformen der Industrialisierung führen.

Seit Ende des 18. Jahrhunderts setzte nun eine Veränderung ein, die die Wirtschaft anders sehen läßt. Da man überall mit einander entgegengesetzten Kräften rechnete, wurde die bestehende merkantilistische Wirtschaftsordnung angegriffen. Der Zunftzwang sollte aufgehoben und die Lenkung durch die Regierung abgeschafft werden. Es wurde in einem Staat früher, im anderen später eine Gewerbefreiheit eingeführt, nach der jeder mit jedem in Konkurrenz treten sollte. Mit dieser Einführung des Wettbewerbs erhöhte sich für den in der Wirtschaft Tätigen der Druck, der auf ihm lastete. Er mußte sich nun gegen die durchsetzen, die in seiner Branche mit demselben Angebot auf den Markt kamen. Diese neuen Verhältnisse steigerten seine Produktivität.

Damit wird das Prinzip erkennbar, dem zuliebe politische Institutionen und wirtschaftliche Strukturen verändert werden: Die Menschen brachten sich selber – in den großen Revolutionen und in den aus ihnen hervorgehenden Staaten und Wirtschaftsordnungen – in Situationen vermehrter Spannung, die sie dazu veranlaßten, produktiv zu werden. Was sie in den Bewegungen an ihrem Leib erfahren hatten, prägte ihre Wahrnehmungsweise so sehr, daß es zur Grundlage ihres wirtschaftlichen und politischen Handelns wurde.

Zu dieser neuen Form zu wirtschaften lieferte Adam Smith die Theorie. Danach sollte jeder das Recht haben, für sich so viel, wie er konnte, zu gewinnen. Smith war der Überzeugung, daß im Konkurrenzkampf eines jeden gegen alle anderen sich die besten Produkte durchsetzen und die Käufer die billigsten Waren erhalten würden. Da die Käufer nur das Beste nahmen und darauf achteten, es möglichst billig zu bekommen, mußte ein kluger Handwerker oder Kaufmann dafür sorgen, beide Ansprüche zu befriedigen, weil er dadurch die meisten materiellen Vorteile erlangte[69]. Übertrug man diese Wirtschaftsform auf den internationalen Bereich, dann mußte es das Ziel der Wirtschaftler sein, Freihandelszonen einzurichten. Diese Regelungen führten selbstverständlich dazu, daß sich die Spannungen zwischen den Handwerkern, zwischen den Kaufleuten und zwischen den neu dazukommenden Unternehmern erhöhten. Die Erhöhung der Spannung steigerte den Wettbewerb, und ein gesteigerter Wettbewerb führte zur Vermehrung der Produktivität. Daß darüber der nicht so Geschickte in Not geriet, daß allzu Geschickte eine Monopolstellung gewannen, die ihnen erlaubte, Preise zu diktieren – diese Gefahr wurde bald gesehen. Doch Staaten, die sich veranlaßt sahen, durch Eingriffe von seiten der Regierung den freien Wettbewerb und die Monopolbildung einzuschränken, blieben dem Gedanken des Wettbewerbs in einer anderen Weise treu. Sie boten ihre Lösungen als die besseren an und traten nun mit ihrer Volkswirtschaft in Konkurrenz zu anderen

Staaten, die keine entsprechenden steuernden und lenkenden Gesetze kannten.

Dies alles schien den Beteiligten so »natürlich« wie der englische Garten mit seinen unregelmäßig angepflanzten Bäumen und seinen künstlichen Ruinen. Dies veranlaßt uns noch einmal, die Wahrnehmungsweise dieser Menschen zu charakterisieren.

Es wandelt, was wir schauen

Im 18. Jahrhundert beobachteten sich die Menschen gern. Sie sprachen auch ohne Scheu von dem, was sie wahrnahmen. Je persönlicher sie wurden, um so unbekümmerter schilderten sie, wieviel Widersprüchliches von ihnen Besitz ergreifen konnte. So schreibt Humboldt an Caroline: »Mit einer sonderbar frohen und wehen Stimmung beginne ich das Jahr.« Dann heißt es: (Es) »macht mich so glücklich, aber der Schleier, der die Zukunft deckt, erfüllt mich mit Bangigkeit.«[70] Selbst so harmlos einfache Dinge wie das Wetter werden von diesen Menschen bevorzugt in ihrer Gegensätzlichkeit gesehen. Caroline teilt Schelling mit: »Die Sonne und der blaue Himmel lockten mich heute unwiderstehlich an und mahnten mich an meinen Freund; ich wünschte zuletzt nur, es möchte recht schlecht Wetter seyn und bleiben.«[71] Werden die Frauen von einer Glut überwältigt, dann fürchten sie sofort eine Kühle. Sophie etwa schreibt an August Wilhelm Schlegel: »Darum beschwör ich dich mit heißen Tränen, denk' nie mit Kälte daran, wie ich mich dir so ganz ohne Rückhalt hingegeben habe.«[72] Glück vergegenwärtigt gleich ein Unglück. »Wie ich in deinen Armen Schutz suchte gegen manches Leiden, was ich noch empfinde, wie ich an deiner Brust Trost fand für so manche bitter verlebte Stunde.«[73]

Diese Tendenz ließ ihnen Orte in ihrer Umgebung unter einem besonderen Aspekt erscheinen. Was vor ihnen liegt, scheint immer auch den Hinweis auf etwas Andersartiges zu enthalten. Eine realistisch nüchterne Welt wird so ins Geheimnisvolle umgeformt. Von einem Lehrjungen etwa heißt es: »Oft war ihm die geräumige Werkstatt mit ihren schwarzen Wänden und dem schauerlichen Dunkel, das des Abends und Morgens nur durch den Schimmer einiger Lampen erhellt wurde, ein Tempel, worin er diente. Des Morgens zündete er unter den großen Kesseln das heilige belebende Feuer an, ... er betrachtete dann dies Geschäft wie eine Art von Amt, dem er in seinen Augen eine gewisse Würde erteilte.« Anstelle des Wunderbaren kann die Zukunft treten, und sei es nur der kommende Sonntag, an dem man »aus der dunklen Werkstatt vors Tor hinaus in das freie Feld gehen und des Anblicks der freien offenen Natur genießen konnte«[74].

Auch für einen Leonardo konnten Orte – eine Höhle, ein Wald – anziehend sein. Sie weckten dann einen Antrieb, der ihn drängte, zu diesen Orten hinzugehen. Jetzt hingegen – im 18. und frühen 19. Jahrhundert – versetzen geheimnisvolle, ersehnte Orte den Menschen in einen Erregungszustand, von dem gar nicht gewiß ist, welche Wirkungen er auslöst. So kennzeichnet es diese Menschen, daß für sie die Umgebung zum Teil einen erregenden Charakter hat – so Mörikes Gewitter – und daß dieser ihr zum Teil fehlt. Dann kann derselbe Ort öde und langweilig sein. Rousseau schildert uns solche Verwandlungen[75].

Nachdem die Menschen in sich diesen Erregungszustand erfahren hatten, der wie eine potentielle Energie in eine Tätigkeit umzusetzen war, wobei dann die mit der Erregung verbundene Spannung nachließ, entdeckten sie, daß auch einige Dinge in ihrer Umgebung von einem Zustand in einen anderen wechseln konnten, und diese beobachteten sie nun immer erneut.

So wird von ihnen überall eine Unruhe und eine Spannung empfunden, die zunehmen oder abklingen kann. Von den Baumwipfeln am Abend kann Ruhe ausgehen, die den noch unsteten Menschen allmählich ergreift[76]. Der Trost der Welt, die Nacht, kann Stille bringen[77], doch der Tag, der »ins Abendrot sinkt«, kann auch Gefühle der Unheimlichkeit wecken – »die Lust hat eigenes Grauen, und alles hat den Tod«[78]. Der Morgen mag Freude und Munterkeit hervorrufen, aber auch Scheu vor der Helligkeit des Lichtes[79]. So ist fast jede Wahrnehmung mit Stimmungen und Gefühlen verbunden, die weit entfernt sind von dem Jubel, der Heiterkeit und der Süße, mit denen im Mittelalter ein schattiger Garten die Menschen beglückte, die auch wenig mit der Freude zu tun haben, die ein geordneter Park im 16. und 17. Jahrhundert im Menschen aufkommen ließ[80]. Die Menschen ergreift statt dessen etwas beunruhigend Spannungsreiches, da sie an Bäumen, Tieren, Bauten die Veränderungen wahrnahmen, denen diese unterliegen: »Es wandelt, was wir schauen.«

Selbstverständlich hat diese Art, sich und seine Umgebung zu sehen, unterschiedliche Folgen. Einige wurden so beunruhigt, daß sie wie Werther vor dem Selbstmord nicht zurückscheuten, andere versetzte das sich ständig Wandelnde in eine Spannung, die sich in künstlerische oder wirtschaftliche Produktivität umsetzen ließ, wieder andere wurden zu Zynikern, die alles Gefühlvolle ironisch verspotteten. Manch einer kehrte nach schweren Erschütterungen zum christlichen Glauben, oft zum katholischen christlichen Glauben zurück und bekannte sich erneut zu Gott: »Du bist's, der, was wir bauen, mild über uns zerbricht, daß wir den Himmel schauen, darum so klag ich nicht.«[81]

Später, im Verlauf des 19. Jahrhunderts, achteten freilich manche nur noch darauf, ob ein Wesen energievoll – mit potentieller Energie erfüllt – oder schwach und träge war. Dies wurde dann registriert. Es löste bei den jeweiligen Beobachtern keine erwartungsvolle Stimmung aus. Alle wußten jedoch, daß sie diese Energie aus ihrer Umgebung aufnahmen und handelnd an diese weitergaben. Sie hatten, so gesehen – wie es seit dem 8. Jahrhundert üblich geworden war –, an energetischen Prozessen teil. Sie waren mediale Wesen.

Innerhalb dieser Wahrnehmungsweise gab es von Anfang an politische Varianten. Politiker konnten annehmen, daß eine produktive Spannkraft in einem evolutionären Prozeß »wuchs«, dann nannten sie den Staat oder die Gesellschaft einen »Organismus«, auf dessen Wachstum sie »konservativ« vertrauten. Sie konnten auch darauf bedacht sein, Spannungen durch eine an Konkurrenz orientierte Wirtschaftsordnung zu schaffen und so als »Liberale« für eine Erhöhung der Produktivität sorgen. Sie vermochten auch übersteigerte Spannungen zu fürchten und als »Sozialisten« sich dafür einzusetzen, diese zu verringern. Dann lebten sie von der Erwartung eines künftigen Zustandes verringerter gesellschaftlicher Spannungen.

Diese verschiedenen Programme änderten die Wahrnehmungsweise nicht, sie bezeugen sie nur – jedes in seiner Weise. Sie basierte ja auch auf Erfahrungen, die die Menschen an sich selber gemacht hatten und die ihnen einen neuen Aspekt der Realität erschlossen. Diese Seite der Wirklichkeit, wurde sie einmal bemerkt, war nicht mehr zu leugnen. Jeder Sonnenuntergang weckte Zukunftsvorstellungen, die auf einen Wandel hinwiesen.

In diese Art wahrzunehmen wurden im Verlauf des 19. und frühen 20. Jahrhunderts ständig weitere Kreise hineingezogen. Den jungen Arbeitern wurde sie bald selbstverständlich. Selbst wer auf dem Lande tätig war, begann, sich und seine Umgebung ihr entsprechend zu sehen.

Zu dieser Wahrnehmungsweise gehören allerdings auch die Varianten, die uns bisher bei den früheren begegneten. Erfuhren die Menschen am Anfang, wie Zustände höherer und geringerer Spannung gleichzeitig auf sie einwirkten – sie selbst waren noch unruhig, der abendliche Wald hingegen strahlte bereits Ruhe aus –, so achteten einige bald nur darauf, ob ein Wesen über Spannkraft und Energie verfügte. So wurden alle nur noch unter dem einen einheitlichen Aspekt gesehen: Wieviel Energie besitzen sie?

Andere beobachteten an sich, daß sie, wenn ihre eigene Energie nachließ, aus der Umgebung neue Energie beziehen konnten. Goethe schildert diese »Energietransformation« locker und recht anschaulich in einigen Gedichten[82]. In der Ausbeutung der Natur durch Unternehmer wurde diese Form des Energiegewinns Grundlage der Industrialisierung.

Ein dreidimensionaler Raum gehörte von vornherein zu dieser Körpererfahrung; denn es waren ja Orte der Umgebung, die Spannungen weckten; die eigene Spannung war auf die Umgebung zu übertragen. Später sahen die Menschen, daß der Raum selber – vor einem Gewitter, beim Übergang vom Tag zur Nacht – von Spannungen erfüllt oder heiter und entspannt sein konnte. Friedrich malte diese Räume, Eichendorff beschwor sie in den Klängen und Bildern seiner Sprache.

Jede dieser Varianten verwies auf die dazugehörige Körpererfahrung: Ein Mensch, den ein Widerstand, der aus seiner Umgebung kam, in Spannung versetzte, erfuhr in diesem Zustand die Zunahme seiner potentiellen Energie. Diese ließ sich in Handlungen umwandeln und ihn gleichzeitig Spannungszustände anderer Art erwarten.

Eine kleine Gruppe von Europäern entzog sich in den letzten Jahren des 19. Jahrhunderts allerdings diesen zunehmenden Anforderungen. Sie geriet in andere Wirkungszusammenhänge. Deren Eigenart wurde den Betroffenen oft erst bewußt, als sie nichteuropäische Verhaltensweisen kennenlernten.

DIE RELATIONEN ZWISCHEN BEWEGUNGEN, FARBEN UND KLÄNGEN

Aus einem wünschenswerten Gegensatz wird eine tödliche Feindschaft

Ein Historiker scheut etwas, über seine Gegenwart zu sprechen. Er kann über frühere Epochen einfach deswegen sehr viel eher objektive Aussagen machen, weil er weiß, welche Tendenzen der damals lebenden Menschen sich durchsetzten.

Hingegen kennen wir unsere Zukunft nicht. So behält jede Aussage über die eigene Gesellschaft etwas Willkürliches; denn wir interpretieren die Ereignisse und Veränderungen, von denen wir annehmen, daß sie für die kommenden Zeiten bedeutungsvoll sein werden. Diese Annahme muß naturgegeben subjektiv bleiben.

Wenn wir trotzdem einen Versuch wagen, auch das 20. Jahrhundert darzustellen, so liegt es daran, daß unmittelbar vor dem Ersten Weltkrieg sich die Wahrnehmungsweise der Menschen auf unserer Erde so radikal änderte, daß dies in einem Buch, das dem Wandel der Wahrnehmungsweisen gilt, zumindest beschrieben werden sollte. Die Zukunft mag dann zeigen, ob die neue Art, sich und die Umwelt wahrzunehmen, die Bedeutung behalten wird, die sie nach den bisherigen Beobachtungen bekommen müßte.

Auch liegt diese Zeit fast drei Generationen zurück. Jeder Historiker des 19. Jahrhunderts hätte angenommen, daß bei diesem Abstand eine verantwortungsvolle Darstellung keine Schwierigkeiten bereiten könne. Das Besondere unserer Situation ist allerdings, daß der Wandel, der zu Beginn des 20. Jahrhunderts einsetzte, nur bei wenigen Anklang fand. Die neue Art wahrzunehmen blieb auf einen kleinen Kreis beschränkt. Trotzdem: Dieser zumindest hat sich so oft geäußert, daß es möglich sein muß, ihn zu schildern.

In welche verworrene Lage die europäische Gesellschaft am Anfang des 20. Jahrhunderts geriet, läßt sich zunächst einmal – gewissermaßen von der negativen Seite her – an einer grundsätzlichen Veränderung zeigen, die viele beunruhigende und verhängnisvolle Folgen hatte.

Für die Menschen des ausgehenden 18. und frühen 19. Jahrhunderts schienen nur die Ereignisse »natürlich« zu sein, bei denen zwei einander entgegengesetzte Tendenzen eine Spannung schufen – wie das Scheiden des Tages und das Heraufkommen der Nacht –, die nach einer Auflösung drängte.

Im 20. Jahrhundert ertrugen nun zunehmend mehr Menschen

diese Spannung nicht mehr. Sie hofften, eine der gegeneinander laufenden Tendenzen möge sich durchsetzen. Das war aber nur möglich, wenn sie bereit waren, die Anhänger anderer Tendenzen zu vernichten. Das Erschreckende am Geschehen des frühen 20. Jahrhunderts ist nun, daß einzelne Menschen wie Hitler sich diesen Zusammenhang klarmachten und zu handeln bereit waren. Er begründete sogar in dem, was er seine »Weltanschauung« nannte, welche Gruppen er zu beseitigen gedachte. Ähnliche Ereignisse wiederholten sich zuletzt wohl vor wenigen Jahren in Kambodscha.

Unabhängig von diesen Maßnahmen stellte ein deutscher Staatsrechtler, Carl Schmitt, bereits in den zwanziger Jahren die These auf, daß ein »Feind« derjenige Mensch sei, der einen existentiell bedrohe und den man daher zu töten habe. Auch er weist so auf den Wandel hin, der überall seit Beginn des 20. Jahrhunderts einsetzte. Gegensätze, die im 19. Jahrhundert als naturgegeben akzeptiert, geachtet, ja sogar herbeigeführt wurden, da sie nach Überzeugung der damals lebenden Menschen eine Spannung brachten, die die eigene Energie erhöhte, welche sich dann in gesteigerte Produktivität umsetzen ließ, diese Gegensätze schienen nun unerträglich zu sein. So forderten die Menschen die Eliminierung der Gegner und töteten diese, wenn sich eine Möglichkeit dazu bot [1].

Uns sollen im folgenden jedoch nicht diese Personen beschäftigen, die Hitler und den anderen Politikern folgten, die auf Vernichtung ihrer Mitmenschen bedacht waren. Diese standen in einer Hinsicht noch in der Tradition des 19. Jahrhunderts: Sie gingen davon aus, daß es in dieser Welt Gegensätze gebe, so daß für die Menschen die Notwendigkeit bestand, gegen Widersacher Partei zu ergreifen, um dadurch die Welt zu verändern. Wir wollen uns den Personen zuwenden, deren Wahrnehmungsweise sich völlig wandelte.

Vorweg soll jedoch noch einmal ausdrücklich betont werden: Die Personen, denen unser Interesse gilt, stellen nur eine kleine Gruppe von Frauen und Männern auf unserer Erde dar; neben ihnen stehen auch heute noch viele, die in der Tradition des 19. Jahrhunderts für freien Wettbewerb und Steigerung der Produktivität eintreten [2]. Diejenigen, die uns nun interessieren, haben mit allen diesen Gruppen nichts gemeinsam. Sie gerieten in eine Welt, in der andere Gegensätze auftauchten.

Die Farben bedürfen einer komplementären Ausgewogenheit

Die Maler des Impressionismus lassen sich unter mancherlei Gesichtspunkten charakterisieren. Der Impressionismus sei, so faßt Novotny zusammen, »in seinem Inhalt... auf das Nur-Sichtbare konzentriert«. Diese Maler entschieden sich für eine »als unerhört empfundene Einschränkung auf nur einen Erlebnisbereich«, »auf das Erlebnis des Optischen«. Dazu kam »ein weiteres Hauptmerkmal«, eine »ausdrückliche und virtuose Veranschaulichung des Augenblicks«. Es ging diesen Malern um »die Bedeutung des Momentanen«[3].

Die Eigentümlichkeiten, die bei Manet und Monet besonders auffielen, widersprechen nun allen Tendenzen, die wir bisher in der Darstellung der Wirklichkeit durch Künstler beobachtet haben. Diese früheren Künstler hatten ja in ihren Plastiken, Reliefs und Bildern Kräfte sichtbar gestaltet, die Veränderungen brachten: die Schwere in der Antike, gegen die sich eine aufrichtende Kraft wandte; die vorwärtsgeneigte Gebärde im hohen Mittelalter, die, von einer Leichtigkeit angetrieben, Kopf und Schultern nach oben drängen ließ; die Bewegung im dreidimensionalen Raum im 16. und 17. Jahrhundert, die jeden, der sie anhalten wollte, zu überwinden suchte; die Spannung der potentiellen Energie mit ihrer Tendenz zur Lockerung und Auflösung im frühen 19. Jahrhundert. Immer wurde auf einem Bild gezeigt, welche Veränderungen erwartet werden konnten, und es wurde gleichzeitig der Raum mit sichtbar, in dem diese ablaufen würden.

Wenn nun die impressionistischen Maler die Farben so aneinandersetzen, daß sie ein optisches Erlebnis vermitteln, und wenn dieses darüber hinaus nur den abgebildeten Augenblick selber darstellt, dann ist weder zu erkennen, aus welchen Voraussetzungen heraus der abgebildete Zustand entstand, noch welche Veränderungen er nach sich ziehen wird. Dies genau charakterisiert impressionistische Gemälde. Hatte Manet ein Landhaus in Rueil[4] oder Monet die Kathedrale von Rouen in der Mittagssonne gemalt[5], so zeigten die dargestellten Gebäudeteile, wie die Bäume, Gräser und Blüten der Blumen, keinerlei Schwere, die sie nach unten fallen ließ, auch keinerlei Ursache, nach oben aufzusteigen. Sie drängten auch nicht an einen Ort und wurden von niemandem geschoben oder gezogen, und eine Veränderung, die eine kommende oder vergangene Stunde brächte, wird so nicht sichtbar. Dasselbe gilt für die Menschen. Selbst wenn sie, wie Degas es liebte, in voller Bewegung erscheinen, nimmt der Betrachter ein Farbenspiel wahr, das auch im Sprung oder bei einer Drehung nur den momentanen Glanz einer Farbigkeit andeutet, so daß ein Maler nicht unbedingt den Raum mit abbilden muß, in dem die Bewegung abläuft (Abb. 104)[6]. Manchmal setzen Maler sogar nur noch Farbpunkte gegeneinander – so Pisarro[7], Sisley (Abb. 105)[8] und Seurat[9].

Abb. 104 Degas, Tänzerinnen

Da nichts mehr auf diesen Bildern nach Veränderung im überlieferten Sinne drängt, muß sich der Betrachter fragen, ob nicht Veränderungen anderer Art auf diesen Bildern erscheinen. Er muß diese neu wahrzunehmen lernen. Das fiel am Anfang schwer genug. Impressionistische Werke stießen erst einmal auf leidenschaftlichen Widerspruch. Die Künstler selber sahen sich veranlaßt, die Besonderheiten ihrer Bilder zu erläutern. Dabei konnten sie selbstverständlich nur von den Farben oder Formen sprechen, die sie auf die Leinwand gebracht hatten.

Alle Künstler wiesen nun darauf hin, daß ihre Bilder Gegensätze wiedergäben. Sie erläuterten ihrem Publikum freilich nicht, daß sie die älteren Gegensätze durch neue ersetzt hatten. Sie beschrieben einfach die neuen. So vertrat Seurat folgende These: »Kunst ist Har-

Abb. 105 Sisley, Regatta in Molesey

monie. Harmonie wiederum ist Einheit von Kontrasten und Einheit von Ähnlichem, im Ton, in der Farbe, in der Linie. Ton, d. h. Hell und Dunkel; Farbe, d. h. Rot und seine Komplementärfarbe Grün, Orange und seine Komplementärfarbe Blau, Gelb und seine Komplementärfarbe Violett. Linie, das ist die Richtung im Verhältnis zur Waagrechten. Alle diese Harmonien scheiden sich in solche der Ruhe, der Heiterkeit und der Trauer.«[10]

Diese Harmonien entstanden somit dadurch, daß Gegensätze aufeinander bezogen wurden. Doch diese Gegensätze riefen keine Bewegungen oder sonstige Veränderungen hervor. Sie charakterisierten nur einen Zustand.

Diese neu beachteten Gegensätze verändern zwar auch etwas beim Menschen. So meinen die Maler, daß sie – je nachdem, wie sie miteinander verbunden sind – Stimmungen hervorriefen. »Alle diese Harmonien scheiden sich in solche der Ruhe, der Heiterkeit und der Trauer.« Das wird im einzelnen ausgeführt. Heiterkeit etwa »entsteht im Ton bei Vorherrschaft des Hellen, in der Farbe bei Vorherrschaft des Warmen, in der Linie bei Bewegung, die über die Horizontale aufsteigt«. Wird Dunkel und Hell ins Gleichgewicht gebracht, werden die Farben Warm und Kalt im Gleichgewicht gehalten und wird die Linie aufs Horizontale ausgerichtet, dann stellt sich Ruhe ein, während Dunkelheit, Kälte und absteigende Bewegungen Trauer herbeiführen sollen. Wie immer der Betrachter zu diesen Behauptungen stehen mag, das eine wird sicher deutlich: Die Stimmungen, die hier genannt werden, haben nichts mehr mit den Gefühlen zu tun, die im ausgehenden 18. und 19. Jahrhundert die Menschen erfüllten. Damals ging es um Erregungen, die entstanden, wenn bei Auseinandersetzungen zwischen Gegnern einer den anderen zurückzudrängen oder zu überwinden schien, um Erregungen, die auf Auflösung drängten. Jetzt handelt es sich um einen Zustand, der mit keinerlei weiterer Veränderung rechnet.

Martin Heidegger hat einmal zwei Emotionsformen voneinander zu unterscheiden versucht. Er nannte Furcht ein »Gefühl«, da sie sich auf ein Objekt richtet, und Angst, die objektlos eintrat, eine »Stimmung«[11]. Was nach Seurats Meinung hervorgerufen werden soll, sind im Sinne von Heidegger Stimmungen. Die Gefühle des frühen 19. Jahrhunderts schufen eine Spannung, die sich in Tätigkeit verwandeln ließ. Die Stimmungen hingegen kommen im Menschen auf, ohne daß er deswegen tätig werden muß.

Wir wollen das, was diese impressionistischen Maler gestalten, »Relationen« nennen. Sie stellen Relationen her zwischen Hell und Dunkel, zwischen komplementären Farben, warmen und kalten Tönen, zwischen nach oben und nach unten führenden Linien. Dieses Geflecht der Relationen, das sie so schaffen, läßt auch eine Relation zum Betrachter entstehen, der darüber in die Stimmung der Heiterkeit, der Ruhe oder der Trauer gerät.

Von diesen Relationen sprechen die Maler gern, wenn sie ihre Werke schildern. Vincent van Gogh etwa schrieb einmal an seinen Bruder: »Hier muß es nur die Farbe machen. Indem ich durch Vereinfachung den Dingen einen größeren Stil gebe, soll der Gedanke an Ruhe oder ganz allgemein an Schlaf kommen. Kurz, der Anblick des Bildes soll den Kopf oder, richtiger, die Phantasie beruhigen.«[12]

Gauguin spürte vor dem Bild seines Freundes diese Wirkung nicht. Für ihn waren die Farben van Goghs noch zu kontrastreich. So konnte er die Ruhe, die dieser sich versprach, nicht finden: »Van Gogh... ging immer so vor, daß er starke Kontraste mit Komplementärfarben verwandte, und er gelangte nur zu unvollständigen Harmonien.« Gerade dagegen wandte sich Gauguin: »Wer sagt Euch, daß man den Kontrast der Farben suchen muß? Suchet die Harmonie und nicht den Gegensatz, den Zusammenklang und nicht das Aufeinanderprallen der Farben.«[13]

Solche allmähliche Reduzierung der Kontraste konnte Friedrich Nietzsche in anmutigen, zierlichen Sprachgebilden reizvoll formulieren:

»Rings nur Welle und Spiel.
Was je schwer war,
Sank in blaue Vergessenheit,
Müßig steht nun mein Kahn.
Sturm und Fahrt – wie verlernt er das!
Wunsch und Hoffen ertrank,
Glatt liegt Seele und Meer.«[14]

Die Beziehungen zwischen den komplementären Farben oder zwischen der warmen und kühlen Farbigkeit können auch eine »sachlichere« Aussage enthalten. Künstler wie Delaunay und Macke etwa waren darauf bedacht, ihre Bilder dadurch, daß möglichst alle Farben in ihnen auftraten, den Grundharmonien der Welt anzugleichen[15].

Diese sich ergänzenden Gegensätze, die alles in einen gegenwärtigen, leicht schwebenden Zustand versetzen, entwickelten sich damals auch bei einer neuen Bewegungsweise.

Bewegungen verbinden zwei Pole

In München kämpften einige Rhythmiklehrer außerordentlich heftig gegen Emile Jaques-Dalcroze, einen Schweizer aus Genf. Ein Führer dieser Münchner Rhythmusrebellen war Rudolf Bode. Er warf Jaques-Dalcroze – übrigens zu Unrecht – vor, dieser achte zu sehr auf den Takt. Der Mensch müsse sich, meinte Bode, mehr auf den Rhythmus einstellen. Dieser Rhythmus sei »natürlich«, er sei bei Einatmung und Ausatmung zu erfahren. So forderte Bode, diesen Rhythmus durch Senkung und Hebung des Rumpfes zu verstärken: »Die gleiche Bedeutung, welche für den Blutkreislauf Einatmung und Ausatmung haben, kommen im Bereich der körperlichen Bewegung der Senkung und Hebung des Rumpfes zu. Da die Gelenke der Beine (Fuß-, Knie- und Hüftgelenke) im Zusammenspiel die Wirkung einer Feder haben, so ist die Federung Ausgang jeglicher Bewegungslehre... Da jede Federung auf Anspannung und Entspannung beruht, so ist sie Grundlage für ökonomisches und rhythmisches Arbeiten.«

Die so von ihm geforderte Bewegung verband Gegensätze – durch Einatmung und Ausatmung und durch Hebung und Senkung des Rumpfes – in einem Schwung. Diese Schwungbewegung machte Bode zur Grundlage seiner Bewegungslehre. »Da ein schwingender Rumpf (und sei die Schwingung noch so klein!) infolge seines Gewichts eine Kraftquelle höchsten Ausmaßes ist, so ist auf die richtige Rumpfschwingung und deren Übertragung auf die Gliedmaßen das größte Gewicht zu legen.« Die von ihm propagierten Bewegungen sind dabei ganzheitlich, sie umfassen den Körper insgesamt: »Da allem rhythmischen Geschehen die Strebung nach Ausbreitung innewohnt, so ist auch der Körperrhythmus ein Übergreifender der zuerst bezeigten Bewegung auf den ganzen Körper.«[16]

Rudolf Bode wandte sich bereits vor dem Ersten Weltkrieg gegen die polyrhythmische Bewegungslehre von Jaques-Dalcroze, bei der, wie er meinte, statt auf naturgegebene Rhythmen auf den mechanischen Taktschlag geachtet würde. (Wir werden uns mit dieser Lehre später noch befassen müssen.) Für Bode gehörte der Rhythmus »zu den fundamentalen Eigenschaften der menschlichen Organisation«. Er trug »die Farben des Unbewußten« an sich und erfüllte die gesamte Welt. »Jeder echte große Rhythmus entstammt aus dem irrationalen Untergrund der Welt.«[17] So fand Bode im Schwingen zwischen zwei Polen eine Verbindung zum Kosmos.

Diese neue, am Komplementären orientierte Rhythmik bewegte auch Rudolf Steiner. Er begann im Jahre 1912 auf Bitten einer Mutter die Eurhythmie zu entwickeln[18]. Dabei brachte er erst einmal Vokale, dann Konsonanten mit Klängen in Beziehung und unterschied so Hell und Dunkel. »Ein A in Tag und Nacht, ein I in Licht und Finsternis, ein O in Sonne und Mond, ein E in Leben und Schmerz, ein U in Jubel und Freude.«[19] Seine Schülerin Ilse Klink wies auf die Beziehung zu den dazugehörigen menschlichen Reaktionen hin. »Unversehens ist man in die ›Seelenstimmungen‹ gekommen und wird gewahr, daß ein Farbempfinden hinzukommen muß.« Dies wird – etwas schwerer nachvollziehbar – so beschrieben: M wird zu Grün in Beziehung gebracht, D soll »mehr rote und gelbe Töne haben«, L wird »in grau und zarten lila-rötlichen Spannungen sein Erblühen und Verblühen, Entstehen und Vergehen gleich einer Welle in der Bewegung charakterisieren«[20]. Schattierungen von Hell und Dunkel, verschiedene Farbtöne werden in Bewegungen ausgedrückt. So entsteht eine Bewegungslehre, die differenziert Komplementäres sichtbar werden läßt.

Die Bewegungen der Eurhythmie bemühen sich nicht darum, in einer gesteigerten Anstrengung einen Widerstand zu überwinden, um dann in eine spannungsfreiere, beschleunigte Bewegung hineinzugeraten. Statt dessen stellen sie Unterschiedliches dar. Manchmal verbinden sie Polares: »Während der eine Arm in die helle Höhe zielt, hält der andere den unteren dunkleren Pol – gleich den Füßen, die auf der Erde halten, während sich der Körper in die Höhe aufrichtet.«[21]

Auf diese Weise werden die Bewegungen wie die Farben der Maler ein Mittel, etwas, was komplementär aufeinander bezogen ist, in Verbindung zu bringen. Da dieses nicht gegeneinander wirkt, sondern nebeneinander erscheint, kann der Mensch vor den Bildern wie bei diesen Bewegungen in einen Zustand eigentümlicher Entspannung geraten. Sie hat nichts mit der Entspannung gemeinsam, die in der Körpererfahrung des ausgehenden 18. und frühen 19. Jahrhunderts so wichtig war. Damals ging es darum, in Bewegungen – etwa beim Aufschwung am Reck – erst einmal die Spannung zu erhöhen, um dann – jenseits der Reckstange – in eine spannungsfreie und gleichzeitig schnellere Bewegung zu geraten. Die Entspannung war somit eine Konsequenz einer vermehrten Anstrengung und blieb Teil eines Bewegungsvorgangs, bei dem übrigens oft auf eine entspannte Bewegung erneut eine angespannte folgte. Dafür war das bekannteste und beliebteste Beispiel die Riesenwelle am Reck. Ähnliches empfanden und schilderten die Gymnastiklehrer beim Eislauf oder beim Skifahren[22]. Immer ging es um den Wechsel von einer Bewegung mit zunehmender und einer Bewegung mit abnehmender Spannung. Bei der sich steigernden Spannung erhöhte sich außerdem die potentielle Energie, die dann in Bewegung umgesetzt wurde. Jetzt hingegen sucht man keineswegs einen Widerstand, der zu einer vermehrten Anspannung führt. Statt dessen beobachtet man an sich selber Zustände der Spannung, die beseitigt werden sollen. Es handelt sich strenggenommen gar nicht um *An*spannungen, sondern um *Ver*spannungen. Diese Verspannungen möchte man durch einen Bewegungsablauf, der sich gleich bleibt, lösen. Die Entspannung ist somit ein angestrebter Dauerzustand. Er kann bei schwingenden Bewegungen, die sich den Körperrhythmen angepaßt haben, eintreten.

In jenen Jahren wurden auch die ersten Versuche unternommen, andauernde, gleichmäßige, am Atem orientierte Bewegungen zur

Beruhigung einzusetzen. So bemühte sich der Berliner Psychiater Schultz in seinem autogenen Training, Patienten »konzentrative Selbstentspannung« zu vermitteln. Er stützte sich dabei auf Beobachtungen des Schweizer Psychiaters Bleuler. Dieser hatte im Jahre 1889 in der Münchner Medizinischen Wochenzeitschrift berichtet: »Nachdem ich früher schon oft vergeblich versucht hatte, mich nach anderen Methoden hypnotisieren zu lassen..., gelang es meinem Freunde..., mich in hypnotischen Schlaf zu versetzen. Zu meiner Verwunderung ermüdete mich dieser Zustand nicht. Meine Augen blieben ohne Anstrengung und – ohne mehr zu blinzeln – ruhig und offen. Ein behagliches Wärmegefühl zog vom Kopf über den Körper bis in die Beine hinunter.«[23]

Dieses Wärmegefühl, das bei einer Beruhigung der Abläufe im Körper auftrat, war meist mit einem Schweregefühl verbunden. Schultz legte daher den Übenden nahe, sich in einer bequemen Haltung vom Arzt wiederholt sagen zu lassen: »Ich bin ganz ruhig. Der rechte (linke) Arm ist (ganz) schwer.« – »Arme, Beine (sind) schwer – Körper schwer.« – »Der rechte (linke) Arm ist ganz warm.«[24] Diese Wärme breitet sich so allmählich über den Körper aus, nur der Kopf bleibt ausgenommen.

Da während dieser Übungen alle von außen kommenden Reize zurückgenommen werden, richtet sich die Wahrnehmung des Übenden auf die Zustände, die sich innerhalb seines Körpers abspielen: »Sehr wesentlich ist ferner das Erlebnis der inneren Einengung und Sammlung, die begünstigt wird durch eine innere Hinwendung auf körperhaftes Geschehen.«[25]

Bei diesem langsamen Ein- und Ausatmen gerät der Mensch somit in einen dauernden Zustand der Entspannung. Es kann geschehen – so beobachtete Schultz an sich und an seinen Patienten –, daß man nach einem halb- bis einstündigen Verweilen in versenktem Zustand einzelne Farbgesichte wahrzunehmen meint. Ein 36jähriger Mediziner etwa notierte hinterher: »Das innere Gesichtsfeld füllt sich mit einem intensiven quellenden Blau, das deutlich nach Rot-Violett hinübergetönt ist. Ich lebe gewissermaßen in einer blau-violetten Atmosphäre, wobei eine außerordentliche Steigerung des Wärmeerlebnisses folgt.«[26]

Wenn Maler wie Gauguin und van Gogh so entschieden betonten, die Farben ihrer Bilder sollten den Betrachter mit Ruhe und Harmonie erfüllen[27], mag auch für sie eine Wechselwirkung zwischen solchen Entspannungszuständen und Farben bestanden haben. Doch wir müssen, was wir über die »rhythmische« Bewegung erfahren haben, erst einmal zusammenfassen.

Unser Ergebnis ist: Zu Beginn des 20. Jahrhunderts achtet eine kleine Gruppe von Frauen und Männern in einer neuen Weise auf Bewegungen. Sie spüren nicht mehr, daß bei einer Bewegung einander entgegengesetzte Kräfte aufeinander wirken, so daß eine potentielle Energie sich in ihnen erhöht, die dann in Bewegung umgesetzt werden kann. Statt dessen beobachten sie nun den Ablauf der Bewegung. Wenn dieser ruhig und gleichmäßig zwischen zwei Polen hin und her schwingt, geraten sie in einen entspannten Zustand.

Bei allen früheren Bewegungen, die einander entgegengesetzte Kräfte erfahren ließen, wurde ein zu diesen Kräften gehöriger Raum mit erkennbar, etwa der Raum des Körpers, in dem gegen eine lastende eine tragende Kraft wirkte, von dem die Griechen im 5. vorchristlichen Jahrhundert sprachen. Jetzt hingegen wird bei der Bewegung nicht mehr auf die bei ihr spürbaren Kräfte und auf deren Raum, sondern nur noch auf die Art geachtet, in der sie – unstet oder gleichmäßig – abläuft. Dabei wird den Menschen bei dieser Bewegung bewußt, wie verschiedenartig die Zeit gegliedert sein kann. Wenn in einer gleichmäßigen Bewegung zwei Pole miteinander verbunden werden, gerät der Mensch in eine Schwingung, die ihn in einen Zustand der Entspannung versetzt und in der die Zeit dann auch diesen Charakter gewinnt.

Darüber lernte er Polaritäten in einer neuen Weise sehen. Sie – etwa die komplementären Farben – mußten, wenn sie ihn von Verspannungen befreien sollten, nebeneinander auftreten. Entsprechend hatte der Mensch in seinen Bewegungen polare Gegensätze miteinander zu verbinden, etwa die Ausdehnung seines Körpers beim Einatmen mit der Reduzierung seines Körpers, in die er beim Ausatmen geriet. So stellte er eine Relation zwischen den beiden Polen her.

Selbstverständlich war dies nicht die einzige Form, Relationen aufzunehmen. Auch beim Umgang mit Personen in seiner Umgebung achtet man nun auf Relationen.

Die Organisationen binden den einzelnen

Mit der Einführung von Maschinen wurde seit Ende des 18. Jahrhunderts die Arbeitszeit festgelegt. Die Arbeiter hatten zu lernen, daß sie morgens pünktlich erscheinen mußten, ihre Arbeit hatte ein fixiertes Ende: Die Maschinen bestimmten es.

Auch der Arbeitsvorgang wurde zunehmend häufiger von Maschinen diktiert. Die Maschinen mußten, solange sie angestellt waren, genutzt werden. Wenn sie liefen, folgten sie einem Rhythmus. Wer an ihnen arbeitete, hatte sich an diesen Rhythmus anzupassen[28]. So wurde der einzelne zunehmend mehr Teil einer unabhängig von ihm bestehenden Organisation, die dafür sorgte, daß in Fabriken Maschinen voll genutzt wurden.

Die Organisation gewann aber auch unabhängig von den Industrieanlagen an Bedeutung. Selbständige mußten in der Wirtschaft allmählich ihre unabhängige Position aufgeben. Dies bekamen recht früh die Kaufleute zu spüren. Im Jahre 1906 schreibt Friedrich Naumann: »Ein kleiner Kaufmann muß trotz formaler Freiheit genau das tun, was seine Verkaufsstelle von ihm fordert. Er zahlt die Miete, die in seiner Straße üblich ist, führt die Waren, die von den Verbänden der Fabrikanten oder von seinem Verkaufsverein normiert sind, nähert sich im Grade seiner Selbständigkeit langsam der Lage der Angestellten der Konsumvereine.«

Diese Bindung wurde von den Menschen unterschiedlich empfunden. Sie konnten darunter leiden. »Es verbreitet sich ein Geist der Gebundenheit an ein dunkles Ganzes, das uns alle umfängt.«[29] Sie konnten die gleiche Tendenz jedoch auch bejahen, dann in einer Organisation tätig werden, und jeder konnte so die eigene Lage »als Glied seiner Gruppe zu verbessern suchen«. Ein einzelner vermochte über die Gruppe Kontakte aufzunehmen, die ihm vorher völlig unzugänglich waren. »Es wird ein Stolz des Menschen, in großen Betrieben zu stehen, in weite Verbindungen hineingezogen zu sein.«[30]

Viele behielten in ihrem Privatleben noch ältere Formen bei. Sie betrieben einen Sport, setzten sich in ihren Ferien Schwierigkeiten beim Segeln oder bei hochalpinen Bergtouren aus. So dachten sie in ihrem Alltag, der ja einen so anderen Charakter bekommen hatte, etwas wehmütig an die ihnen so viel sympathischeren Lebensformen der früheren Zeit, in der der einzelne lernen konnte, in gesteigerten Spannungen eine eigene Energie zu gewinnen, die ihm später half, sich durchzusetzen. Daher beschreibt Naumann wohl die Situation recht zutreffend, wenn er sagt: »Oft ist dieser Stolz (in großen Betrieben zu stehen, in weite Verbindungen hineingezogen zu sein) noch gemischt mit einem schmerzlichen Rückblick auf Zeiten, wo der einzelne für sich etwas war. Aber was hilft es, selbst der Landmann beginnt sich zu organisieren. Alle fühlen, daß sie gemeinsam ihre Geschäfte machen müssen, daß auf Vereinzelung wirtschaftliche Todesstrafe gesetzt ist.«[31]

Die neue Situation bot auch zwei Möglichkeiten, positiv zu reagieren: Die Menschen konnten sich mit ihrer Gruppe so weitgehend identifizieren, daß sie in allen anderen Gruppen Konkurrenten sahen, die es zu bekämpfen, zumindest jedoch zurückzudrängen galt. Sie konnten jedoch auch ihre Gruppe als Teil eines Systems sehen, in dem Teilgruppen mit entgegengesetzten Interessen aufeinander bezogen waren und sich so komplementär ergänzten. Bei einer solchen Sicht kam es darauf an, um Erhaltung des Systems willen diejenige Teilgruppe oder diejenige Organisation zu stärken, die im Augenblick innerhalb des Systems zu schwach vertreten war. Dies setzte jedoch voraus, daß die Menschen sich ausreichende Informationen über alle Teilgruppen und Organisationen im System verschafften. Diese Informationen und die Informationsträger werden daher innerhalb eines solchen Systems immer wichtiger.

Wieder fallen Parallelen zu den Bewegungsweisen auf. Diese vermittelten zwischen aufeinander angewiesenen Polen. Bei der neuen Sicht der Gesellschaft wird nun betont, daß auch in dieser die Gruppen sich ergänzten und miteinander verbunden werden müssen. Dies führte zu ungewohnten Formen politischen und wirtschaftlichen Handelns.

Wie diese neuen Bewegungsweisen lange Zeit nur von sehr wenigen übernommen wurden, so neigten auch nur sehr vereinzelt Politiker dieser neuen Sicht zu. Die meisten sahen nicht auf die innerhalb des Staates ablaufenden Prozesse, sondern betrachteten diesen als eine Einheit, dessen »Wachstum«[32] oder dessen Kampf um »Lebensraum« sie förderten[33]. So sorgten sie sich – im Sinne des späten 18. und 19. Jahrhunderts – um die potentielle Energie ihres Staates, die sie in Produktivität oder in vermehrte Macht umzuwandeln suchten.

Wir wenden uns jedoch weiter den kleinen Gruppen von Personen zu, die auf Relationen zwischen sich ergänzenden Gegensätzen zu achten beginnen und somit auf die Vorgänge, die sich innerhalb eines Werkes oder innerhalb eines Systems abspielen. Spüren die Menschen erst einmal die innerhalb ihres Körpers ablaufenden Bewegungsvorgänge, dann können sich ihre Bewegungsweisen noch weiter ändern. Es muß nicht dabei bleiben, daß sie zwischen zwei Polen zu vermitteln suchen.

Afrikas Triumph fördert europäische Reformbemühungen

Seit 1919 begannen weiße Jugendliche in den USA die Tänze der Afrikaner nachzuahmen[34]. Die Empörung der älteren Generation war groß. Einer der ersten Tänze war der Shimmy. Über ihn berichtete Koebner im Jahre 1921: »Dieser Tanz, der darin bestand, daß das Tanzpaar, ohne Tanzschritte auszuführen, sich nach Art der Bauchtänzerinnen in den Hüften wiegte und dazu die Schultern zum Takt der Musik hin- und herschwenkte, erregte schon durch seine freie Bezeichnung den Unwillen gewisser amerikanischer Kreise und wurde auch bald von der Polizei in allen öffentlichen Tanzlokalen verboten.«

Etwas später fiel der Charleston auf. Er war wie der Shimmy im Süden der Vereinigten Staaten bereits am Anfang des Jahrhunderts bekannt. Bis 1920 tanzten ihn nur Neger. Die Weißen beachteten ihn wohl 1922 in einem Musical zum ersten Mal. 1925 brachte ihn eine Negerrevue nach Paris[35]. Vom selben Jahr an verbreitete er sich über ganz Europa und galt als der Jazz-Dance schlechthin.

Seldes beschrieb ihn noch im selben Jahr. »Der richtige Charleston wird mit dem ganzen Körper getanzt. Nicht nur mit den Beinen wie der Foxtrott oder Walzer. Er benutzt jene Bewegung, die der Shimmy gebracht hat: das Zittern des Torso, die Motion der Hüften, Schenkel und Hinterbacken. Auch die Hände sind aktiv. Sie berühren alle Teile des Körpers wie in Ekstase. Zuerst kommen die Bein-Motionen, die abwechselnden X-Beine und O-Beine. Damit verbunden die nach außen und innen gedrehten Knie und Füße. Der Tänzer kann seinen Rücken beugen oder gar in Hockstellung gehen.«[36] »Ich tanz Charleston, du tanzt Charleston, wir tanzen alle Charleston« – war der damals in Deutschland beliebte Schlager, der diese Bewegungsweise populär werden ließ.

Diese Tänze sind afrikanische Tänze. Wir kennen sie aus Beschreibungen der Missionare des 16. und 17. Jahrhunderts. Sie wurden auf

Befehl der Sklavenhändler beim Transport schwarzer Sklaven von Afrika nach Amerika abends auf dem Schiff getanzt, um die Afrikaner bei guter Laune zu halten und möglichst gesund auf die Verkaufsmärkte zu bringen [37]. Sie sind uns dann in den Staaten beschrieben, wo sie zwar – aus ähnlichen Gründen – gefördert wurden, aber über Jahrhunderte hinweg doch ein Kuriosum blieben, das sich die Herren dieser Neger, Zigarre rauchend und lachend, abends ansahen. Sie drangen später in die Gottesdienste der Neger ein und begleiteten die Freiheitsbewegungen der Neger seit den neunziger Jahren des vorigen Jahrhunderts [38].

Den radikalen Umbruch brachte das 20. Jahrhundert. Fast über Nacht wurden diese Tänze von den Jugendlichen der weißen Bevölkerung akzeptiert, übernommen und begeistert getanzt. Jazz-Musiker und Tänzer wurden zu großen Vorbildern. Wie in einen Sog hineingezogen, folgten die Erwachsenen der Bewegung, die auf eine spontane, sich gegen jeden Widerstand durchsetzende und alles überwältigende Neuorientierung innerhalb der weißen Bevölkerung hindeutete.

Die Eigentümlichkeiten der afrikanischen Tänze sind inzwischen oft beschrieben worden. Die Jazz-Musik, die dazugehört, ist ebenfalls genau analysiert. Die wichtigsten Charakteristika seien kurz genannt.

Bei Musik und Tanz dominiert der Rhythmus. Dieser ist am Anfang von den Weißen nur schwer wahrzunehmen, denn es laufen verschiedene Rhythmen nebeneinander. Diese Polyrhythmik läßt sich nur in Bewegung umsetzen, wenn der Körper eine eigentümlich entspannte Haltung einnimmt. Die Tanzwissenschaftler sprechen von einer »Relaxation«. Die Knie sind dabei leicht angewinkelt, der Oberkörper ist nach vorne geneigt – eine Haltung, die vom europäischen Tanzverständnis her als ausgesprochen unanständig galt. Diese entspannte Haltung erlaubt es, die Körperteile jeweils voneinander unabhängig werden zu lassen. Es lassen sich so die Hüften schwingen, die Schultern bewegen und die Glieder des Körpers, Beine, Arme, Kopf, voneinander isolieren. Die Tanzwissenschaftler sprechen daher von einer Isolationstechnik.

Dank dieser Isolierung der verschiedenen Körperteile wird es möglich, den nebeneinander laufenden Rhythmen jeweils mit einem anderen Teil des Körpers zu folgen. Es können so die Arme oder die Hüften ihrem eigenen Rhythmus nachgehen, so daß verschiedene Körperzentren gleichzeitig – in einer Polyzentrik – bewegt werden.

Ein letztes Charakteristikum dieser Bewegungsweise ist, daß jede Bewegung unterbrochen werden kann. Dies wird eine Multiplikation der Bewegungsvorgänge genannt. So sind der Schritt, der Sprung, der Fall mehrfach zu zergliedern und in Teilvorgänge zu zerlegen[39].

Ohne von diesem bevorstehenden Siegeszug der Polyrhythmik etwas zu ahnen, übte der Welschschweizer Emile Jaques-Dalcroze kurz nach der Jahrhundertwende in Genf seinen Schülern eine ebenfalls Anstoß erregende Bewegungsweise ein[40]. Im Jahre 1907 stellte er seine pädagogischen Ziele dar. Es ging ihm darum, schrieb er, ein neues rhythmisches Bewußtsein bei den jungen Menschen zu wekken. Er charakterisierte es folgendermaßen: »Das rhythmische Bewußtsein ist das Vermögen, sich jede Abfolge und jede Verbindung von Zeitteilen in allen Abschattungen von Kraft und Geschwindigkeit vorzustellen.« Dieses Ziel sei jedoch nur zu erreichen, wenn der Mensch lerne, sich den Rhythmen entsprechend zu bewegen. Trokken und nüchtern formulierte Jaques-Dalcroze: »Der Muskelapparat erzeugt die Rhythmen. Durch täglich wiederholte Erfahrungen bildet man das Muskelgedächtnis.«[41] Rhythmen waren somit seiner Beobachtung nach nur dann wahrzunehmen, wenn man sie aufgrund eigener Bewegungen gelernt hat.

Jaques-Dalcroze forderte von vornherein, verschiedenartige Rhythmen nebeneinander zu erkennen. »Um in ihm (dem Kind) das Gefühl für die Gleichzeitigkeit verschiedener Rhythmen zu erzeugen, ist es unerläßlich, daß wir es mittels verschiedener Glieder Bewegungen ausführen lassen, welche Zeitwerte von unterschiedlicher Dauer darstellen.«[42]

Es geht Jaques-Dalcroze bei seiner Erziehung vor allem darum, Kindern und Jugendlichen eine neue Art der Wahrnehmung beizubringen. Sie sollen nicht nur Rhythmen ausführen, sondern auch Rhythmen wahrnehmen. »Auf diesem Wege gelangt das Kind zuletzt dazu, Tätigkeit und Wahrnehmung zu spalten, und wird eben dadurch bewegt, die Polyrhythmik auszuführen und sie zu beobachten.«[43]

Diesen neuen Wahrnehmungssinn nennt Jaques-Dalcroze 1919 einen »Muskelsinn«. Der Mensch kann diesen Sinn neben dem Gesichtssinn und neben dem Gehör ausbilden. Hat er ihn erworben, so vermag er nicht nur wie bisher Farben zu sehen, Klänge zu hören, sondern auch gleichzeitig Bewegungen zu erfahren. »Zur Analyse der Malerei und der Musik brauchen wir nichts als unsere Augen und unsere Ohren. Und mögen sie noch so schlecht geschult sein, sie genügen, um uns die für jedes sachliche Urteil unerläßlichen Vergleichspunkte zu liefern. Allein um die stilisierte Bewegung des menschlichen Leibes voll und ganz zu würdigen, ist noch ein weiterer Sinn vonnöten, der Muskelsinn.«[44] Dieser wurde damals von Bard in Genf unter der Bezeichnung »sens de la gyration« beschrieben[45].

Dieser neue Wahrnehmungssinn ist nach Jaques-Dalcroze so auszubilden, daß die volle Aufmerksamkeit des Menschen sich auf ihn richtet. Schon 1914 schrieb er, daß es ihm nicht genüge, nur verschiedene Rhythmen nebeneinander zu beobachten, er verlange vielmehr, daß seine Schüler sich gleichzeitig auf kommende Rhythmen einstellen sollten, auch wenn diese von den bisherigen abwichen. »Hat der Schüler einmal eine verhältnismäßige Geläufigkeit im Verkörpern musikalischer Rhythmen erlangt, so entwickelt man sein Konzentrationsvermögen, indem man ihn dazu nötigt, während er einen gehörten Rhythmus verkörpert, schon auf einen neuen hinzuhorchen.«[46]

So verändert neben dem Jazz-Tanz auch die Reformgymnastik von Jaques-Dalcroze die Bewegungsweise jugendlicher Menschen. Sie lernen, auf eine Polyrhythmik zu achten. Was diese bedeutet, läßt sich am leichtesten am Jazz-Tanz erläutern.

Beim afrikanischen Rhythmus des Jazz-Tanzes wechselt der regelmäßige Schlag, der *beat*, mit dem sogenannten *off-beat*, mit einem Schlag, der kurz vor oder kurz nach dem regelmäßigen Schlag liegt. Der *off-beat* ist somit dem, was die Europäer Synkopen nennen, verwandt. Er bringt eine Zerteilung des Bewegungsflusses. Während die regelmäßige Folge des *beat* den Eindruck von etwas in sich Ruhendem vermittelt, wirkt der Schlag vor dem *beat* vorwärtstreibend und drängend, der Schlag danach bremsend und retardierend[47].

Die Afrikaner hatten die Bewegungsweisen ursprünglich dazu genutzt, um über sie in einen ekstatischen Zustand zu geraten, in dem eine Gottheit, ein Buschgeist oder ein Tiergeist sie ergreifen konnte. Diese ihrerseits führten Grundbewegungen des Kosmos aus. Nach Überzeugung der Dogon entstand der Kosmos in dem Augenblick, als Bewegungen mit verschiedenen Rhythmen, die in einem Samenkorn nebeneinander herliefen, dieses sprengten. Zu der Bewegung einer Vibration, die ein ständiges Hin und Her hervorrief, trat eine kreisende, schraubenähnliche Bewegung, die gleichzeitig erfolgte[48]. Die Tänze ließen somit an den ursprünglichen Bewegungen des Kosmos teilhaben.

Dies war selbstverständlich längst vergessen. Jedoch die Faszination der in Ekstase führenden Bewegung ergriff nun uneingeschränkt die weißen Jugendlichen. Dementsprechend heftig waren die Abwehrreaktionen. Nicht nur in Amerika kam es zu Verboten durch die Polizei. In Europa wandten sich ebenfalls die meisten an Traditionen gebundenen Kreise gegen diese »Vernigger ung« des Bewegungsverhaltens. Sowohl die sozialistisch-kommunistischen Staaten als auch die faschistisch-nationalsozialistischen Staaten versuchten über lange Zeit hinweg, diese neuen afrikanischen Bewegungsformen zu unterdrücken. Wenn Jugendliche sie tanzten, witterten die Machthaber Opposition. Wir wissen, daß in Deutschland der Reichssicherheitsdienst die verbotenen Tanzveranstaltungen aufspürte, um gegen diese Tänze, die dabei vorzüglich beschrieben wurden, vorzugehen[49].

Der Triumph Afrikas hat sich allerdings nicht verhindern lassen. Mit den einrückenden amerikanischen Truppen kam der Boogie-Woogie, der auf den Straßen getanzt wurde, und mit Kubas Übertritt zu den sozialistischen Staaten drang auch in diesen die afrikanische Tanzform ein, die sich inzwischen überall auf der Erde durchgesetzt hat.

Wieder wird diese Bewegung innerhalb des Körpers erfahren. Die Menschen suchen allerdings jetzt nicht mehr eine gleichmäßig schwingende, Verspannungen auflösende Rhythmik, die zwei Pole in einen Schwung hineinnimmt. Sie beobachten statt dessen unterschiedliche Rhythmen, die nebeneinander laufen und in Relation zueinander stehen.

Drei Formen werden dabei voneinander unterschieden:
- der gleichmäßige *beat*,
- der drängende, antreibende und vor dem gleichmäßigen *beat* zuschlagende *off-beat* und
- der bremsende, verzögernde, abwartende, auf den gleichmäßigen *beat* folgende *off-beat*.

Damit wird nun über die Bewegung eine bisher unbekannte Dimension eröffnet.

Bei der Rhythmik von Bode waren die Ausdehnung und das Zusammenziehen als komplementäre Zustände erfahren und im gleichmäßigen Wechsel von Bewegungen miteinander verbunden worden. Ähnlich hatten impressionistische Maler komplementäre Farben aufeinander bezogen. Dies wurde nur denjenigen Menschen verständlich, die den Bewegungsablauf insgesamt oder das Bild als eine Einheit wahrnahmen.

Bei der Rhythmik des Jazz-Tanzes hingegen kann ein Mensch den drängenden oder den retardierenden Charakter von *off-beat*-Schlägen jeweils für sich hören. Dies setzt allerdings voraus, daß er dem Bewegungsvorgang, der Abfolge der einzelnen Schläge, als solchem folgt. Innerhalb des Körpers wird nun nicht mehr eine Verspannung oder Entspannung erfahren. Zu spüren ist statt dessen, wie durch die Rhythmik einzelner Bewegungsabläufe der Zeitablauf gegliedert wird. Nun wird wahrgenommen, wie unterschiedliche Zeitgliederungen nebeneinander ablaufen.

Wieder bietet sich das autogene Training dafür an, das Neuartige zu erläutern. Der Übende lernt ja in diesem Training, das Wärme- und Schweregefühl erst in einem Körperteil, etwa in der rechten Hand, hervorzurufen. Von dort breitet sich die Wärme allmählich im Körper weiter aus[50]. So gewöhnt sich der Mensch daran, auf etwas zu achten, was innerhalb seines Körpers von einer Stelle zu einer anderen vordringt. Auf diese Weise wird den Menschen bewußt, daß innerhalb eines Körpers unterschiedliche Bewegungsabläufe nebeneinander auftreten können. Ähnliches entdecken zur selben Zeit die Maler.

Körper, Flächen und Linien zeigen ihre Bewegung

Für ihre Schüler im Bauhaus entwarfen Paul Klee und Wassily Kandinsky Lehrbücher, um ihnen das Zeichnen und Malen beizubringen. Sie erläuterten ihre Entwürfe in einer subjektiven Sprache, die in mancherlei Hinsicht vom 19. Jahrhundert geprägt ist. Doch was sie vorführen, hat den eigenen Charakter einer geänderten Wahrnehmungsweise.

Paul Klee zeichnete jeweils an der Spitze eines Blattes drei Grundformen: einen schwarzen Kreis, ein schwarzes Dreieck und ein scharzes Viereck (Abb. 106). Dann sagt er, wie diese drei Gebilde zu sehen seien. Jedesmal erzählt Klee dabei eine Geschichte, die die Entstehung einer dieser Flächen beschreibt. Ich gebe zwei dieser Geschichten, zuerst die vom Dreieck. Die Geschichte lautet: »Es kam zustande dadurch, daß ein Punkt zu einer Linie in ein Spannungsverhältnis geriet und dem Gebot seines Eros folgend dieses Verhältnis vollzog. Oder daß umgekehrt eine Linie nach einem Punkt tendierte und dementsprechend sich fortbewegte.«

Abb. 106 Paul Klee, Anleitung zum Zeichnen

Und nun die Geschichte des Rechtecks: »Es kam zustande dadurch, daß eine Linie (welche ehedem zustande kam, dadurch daß ein Punkt zu einem anderen Punkt sein Spannungsverhältnis vollzog) zu einer parallelen Linie in ein Spannungsverhältnis geriet und dasselbe realisierte. Dabei ist dann nicht mehr zu erkennen, welche Linie marschierte, die obere oder die untere. Also war das Spannungsverhältnis gegenseitig. Es konnte dies Viereck außerdem zustande kommen dadurch, daß seine beiden vertikalen Grenzen in ein gegenseitiges Spannungsverhältnis eintraten.«[51]

Alle diese Erläuterungen zeigen: In Linien und in Flächen liegen Bewegungen verborgen. Die Bewegungen entstehen immer dann, wenn eine Beziehung zwischen zwei Größen auftritt. Ein Punkt kann zu einem anderen Punkt diese Beziehung aufgenommen haben oder ein Punkt zu einer Linie oder zwei Linien zueinander. Diese Relationen zwischen Punkten oder Punkten und Linien führen das herbei, was Paul Klee ein Spannungsverhältnis nennt.

Dieser Ausdruck ist irreführend. Von der Tradition des 19. Jahrhunderts herkommend, erinnert Spannung an einen energetischen Zustand, der nach einer Auflösung drängt. Dies ist nicht das, was Klee schildern will. Er beschreibt, wie die Beziehung zwischen Punkten und Linien zu deren Verbindung führt. Diese ist dann linien- oder flächendeckend. Die Verbindung kommt dabei durch Bewegungen zustande. Somit ist wichtig: Alles, was wir wahrnehmen können an Linien und Flächen, enthält eine innere Bewegung. Linien und Flächen setzen sich aus Bewegungsvorgängen zusammen. So weisen Linien auf Bewegungsvorgänge zwischen Punkten hin, Flächen auf Bewegungsvorgänge zwischen Punkten und Linien oder Linien und Linien.

In diesen Schilderungen wirkte sich bereits die neue Bewegungserfahrung aus. Diese wurde innerhalb des Körpers wahrgenommen, und dabei wurde Bewegung als eine Gliederung des Zeitablaufs erfahren. Klee lehrte seine Studenten, auch eine Linie so zu betrachten: als einen in der Zeit ablaufenden Bewegungsvorgang, der von einem Punkt, an dem die Linie beginnt, zu einem anderen Punkt, an dem die Linie endet, führt.

Wer Linien in dieser Weise mit seinen Augen nachgeht, muß auch Winkel neu sehen. Bis zum spitzen Winkel folgt das Auge der Linie in einer Richtung, dann jedoch wird es, da der Winkel spitz ist, zu einem Rückweg gezwungen. Bei stumpfem Winkel hingegen muß das Auge nur etwas von der ersten Richtung abweichen. Diese Bewegungsvorgänge haben jeweils einen eigenen Charakter. Daher kann der Mensch, der so wahrzunehmen gelernt hat, auch dem spitzen und stumpfen Winkel einen Charakter zuschreiben. Diesen Schritt tut Kandinsky. In seiner Schrift von »Punkt und Linie zur Fläche« beschreibt er Linien mit spitzen Winkeln und nennt diese »scharfe, aktive« Winkel. Sie sind für ihn aggressiv und stechend. Der stumpfe Winkel hingegen hat eine andere Eigenart: »Der stumpfe Winkel verliert immer mehr an Aggressivem, an Stechendem.« So spricht er vom »Passiven des stumpfen Winkels«, den eine »fast ausbleibende Spannung nach vorne« charakterisiert.

Jedem dieser Winkel ordnet Kandinsky nun eine Farbe zu. Zum spitzen Winkel mit seiner Aggressivität gehört das Gelb. Die fast ausbleibende Spannung beim stumpfen Winkel gibt »diesem Winkel eine leicht blaue Färbung«. In der Mitte liegt der rechte Winkel, aus dem sich das Quadrat konstruieren läßt. »Das Kalt-Warme des Quadrats und seine ausgesprochen flächenartige Natur werden sofort Wegweiser zu Rot, das eine Mittelstufe zwischen Gelb und Blau darstellt.«

Der Zusammenhang zwischen Winkelformen und Farben wurde von Kandinsky durch Befragung seiner Studenten hergestellt[52]. Uns kommt es in diesem Zusammenhang nicht darauf an, ob die einzelnen Aussagen von Kandinsky haltbar sind. Es interessiert vielmehr das Muster, innerhalb dessen er Aussagen macht. Dieses läßt sich aus seiner Winkel- und Farbanalyse gut erkennen. Er unterscheidet zwischen »aktiv, spitz, aggressiv« und »passiv, hinnehmend, empfangend«. Dazwischen kennt er dann noch Mittelformen. Das Eigentümliche bei seinen Unterscheidungen ist, daß diese nur denjenigen überzeugen können, der Linien als Bewegungsvorgänge zu sehen vermag. Klees und Kandinskys Aussagen setzen eine neue Wahrnehmungsweise voraus. Beide nehmen Linien – Flächen und Formen – als Bewegungsvorgänge wahr. So achten sie nicht mehr auf eine Energieform, die im Raum einen Bewegungsvorgang zu bewirken vermag, sondern darauf, wie eine Bewegung der Linien den Ablauf der Zeit gliedert. Bereits eine Linie, die einen Winkel bildet, »gliedert«.

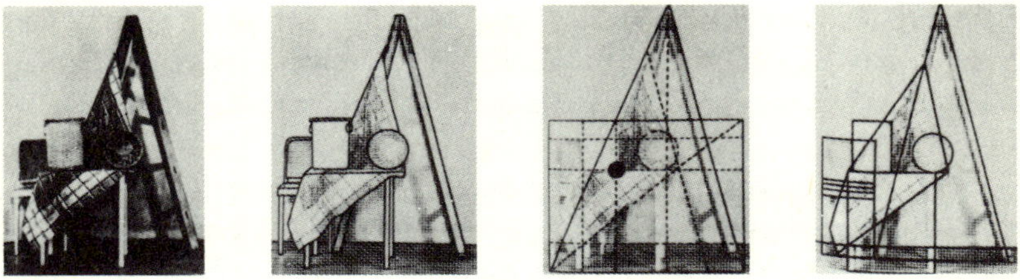

Abb. 107 Kandinsky, Analytisches Zeichnen

Ein spitzer Winkel ist für Kandinsky aggressiv, auch wenn dieser sich auf einer sonst leeren Fläche befindet. So stellt Kandinsky erst einmal die Eigenart dieser Winkel dar, die sie, ohne auf andere zu wirken, für sich besitzen. Der spitze Winkel kann dann allerdings in Relation zu einem stumpfen »passiven« Winkel treten, ohne daß sie einander berühren oder einander verändern müssen. Es genügt, daß sie auf einem Bild nebeneinander gemalt sind (Abb. 107). Diese Art, Linien und Farben wahrzunehmen, schafft somit andersartige Relationen – nicht Relationen zwischen sich helfenden oder kämpfenden, mit Energie versehenen Gestalten, nicht Relationen zwischen komplementären Gegensätzen, sondern Relationen zwischen verschiedenen Zeitgliederungen.

Die Maler des Impressionismus hatten von den polaren Gegensätzen, von Warm-Kalt, von Hell-Dunkel und von den Komplementärfarben gesprochen. Sie setzten eine polare Struktur der Welt voraus. Klee und Kandinsky hatten keine Gesamtsicht, sondern nahmen einzelne Bewegungsabläufe wahr und analysierten diese Bewegungsabläufe, aus denen jedes System – und somit auch die Welt – aufgebaut sein mußte. Sie fanden drei Eigentümlichkeiten einer Bewegung:

- Die Bewegung hat etwas Gleichmäßiges – bei einer geraden Linie.
- Die Bewegung bekommt etwas Vorwärtsstoßendes, Scharfes oder Aggressives – bei spitzen Winkeln.
- Die Bewegung erhält etwas Entgegennehmendes, Empfangendes, Passives – bei Rundungen und stumpfen Winkeln.

Diese Maler wiesen diesen drei Gruppen auch die Farben zu.

Die Einteilung, die Kandinsky und Klee den Linien und Farben geben, entspricht bis in die Begriffe hinein den Erfahrungen, die die Menschen bei der neuen polyrhythmischen Bewegungsweise gewinnen konnten. Diese gingen von einer Bewegung aus, deren Rhythmus ständig gleich blieb; sie folgte dem *beat*. Die beiden anderen Bewegungen standen zu dieser gleichmäßigen in einer Relation. Lag beim *off-beat* der Schlag unmittelbar vor dem *beat*, bekam die Bewegung etwas Drängendes, Treibendes, Aggressives; folgte der Schlag danach, etwas Zögerndes, Bremsendes, Abwartendes und Hinnehmendes[53].

Alle die geschilderten Bewegungen entstehen, wenn Menschen sich an andere Bewegungen angleichen und diese ihrerseits übernehmen. Sie können dem Herzschlag folgen – so oft beim *beat* – oder den Atembewegungen oder Bewegungen in ihrer Umgebung, die durch Rhythmusinstrumente verstärkt worden sind.

Damit geraten wir in einen Wirkungszusammenhang, den wir bisher nur bei der Schilderung germanischer Stämme in der Völkerwanderungszeit kennenlernten, die die Bewegungen vorbildhafter Gestalten übernahmen. Dieser Wirkungszusammenhang ist noch einmal kurz zu charakterisieren.

Der Mensch kann, wie wir häufig beobachteten, an seinem Körper die Wirkung einander entgegengesetzter Kräfte spüren – etwa der lastenden und der tragenden. Er kann jedoch auch, und darauf haben wir bisher kaum geachtet, erfahren, daß eine Bewegung – etwa das Gähnen eines Nachbarn – bei seinem Körper bewirkt, daß dieser sie wiederholt[54]. Auch diese Erfahrung kann so intensiv werden, daß sie die Wahrnehmungsweise der Menschen einer Gesellschaft beeinflußt.

Diese Menschen richten dann ihre Aufmerksamkeit nicht auf Räume, in denen die gegeneinander wirkenden Kräfte um Vorherrschaft streiten, sie beachten statt dessen die Einteilung der Zeitfolgen – der Zeitsequenzen –, die bei den von ihnen wiederholten Bewegungen zu beobachten sind. Laufen unterschiedlich gegliederte Zeitfolgen nebeneinander her, können sie die Relationen zwischen diesen mit wahrnehmen. Auch diese Wahrnehmungsweise beruht somit auf Körpererfahrungen, die die Menschen gewinnen, wenn sie Wirkungen ausgesetzt sind.

Diese neue Wahrnehmungsweise beeinflußte nicht nur Künstler. Sie regte auch Physiker zu Theorien an, und diese eröffneten den Blick für einen bisher nicht beachteten, ja nicht einmal vermuteten Aspekt unserer Realität.

Physiker beachten Relationen und Zeitdilationen

Im Jahre 1900 machte Max Planck den Vorschlag, die Wirkung nach Quanten zu messen. Er nannte die Quante eine Naturkonstante und gab ihr die Bezeichnung »h«. Die Einführung dieses Wirkungsquantums »h« bedeutete, daß »die Strahlungsenergie einer bestimmten Wellenlänge (oder Frequenz) sich nicht in beliebig kleinen Stufen, also nicht kontinuierlich ändern kann, sondern nur in Quanten«. Diese Quanten sollten die Größe »h« haben[55].

Diese Annahme erlaubte später, die Bahnen der Elektronen um den Atomkern zu erklären. Diese vermochten ihre Bahn nämlich nicht allmählich zu ändern. Ein Elektron konnte vielmehr »nur solche Bahnen durchlaufen, deren Drehimpuls proportional zu 1 h, 2 h, 3 h usf. ist«. Da es keine kleineren Größen und schon gar keine kontinuierlichen Übergänge gab, mußte das Elektron beim Wechsel der Bahn springen. Dies hatten die Physiker beobachtet, und diese Beobachtung war durch die Naturkonstante »h« verständlich zu machen[56]. Die Einführung dieser Naturkonstante stieß am Anfang auf Widerspruch, doch sie wurde bald akzeptiert.

Etwas Ähnliches trat im Bereich der Astronomie ein. Die Physiker nahmen an, daß das Licht, wenn es Wellencharakter hatte, im Universum einen Stoff benötigte, der in Schwingungen geriet, damit diese Wellen sich bilden konnten, so wie das Wasser als Stoff in Schwingung gerät, wenn ein Stein, der in einen Teich geworfen wird, Wellen erzeugt. Diesen im Universum angenommenen Stoff nannten sie den Äther.

Wenn es einen Äther gab, dann mußte dieser ruhen und die Erde bei ihrem Kreis um die Sonne sich durch ihn hindurch bewegen. Im Jahre 1887 machte nun Albert Abraham Michelson einen Versuch, mit Hilfe des Lichtes die relative Bewegung der Erde gegen den ruhenden Äther zu messen. Er verglich die Zeiten, die das Licht benötigt, um die gleiche Entfernung durch den Äther einmal parallel – und dann senkrecht – zur Erdbewegung zu durchlaufen.

Das Resultat war jedoch verblüffend. Der Lichtstrahl konnte in die Bewegungsrichtung oder in irgendeine beliebige andere Richtung ausgesandt werden, die Geschwindigkeit blieb immer dieselbe[57].

Wie dieses Resultat zu deuten sei, war rätselhaft. Für alle Wissenschaftler war bisher die Lichtgeschwindigkeit eine Meßgröße wie jede beliebige andere Geschwindigkeit auch. Es war überhaupt nicht einzusehen, warum sie sich von anderen Geschwindigkeiten unterscheiden sollte. Für alle anderen Wellen galt, daß sie sich je nach der Bewegung des Körpers, der die Wellen aussandte, in Beziehung zu ihm schneller oder langsamer bewegten. Wenn ein fahrendes Schiff im Wasser Wellen hervorruft, dann benötigen diese für die gleiche Strecke in der Fahrtrichtung des Schiffes und senkrecht zur Fahrtrichtung eine unterschiedliche Zeit.

Im Jahre 1905 legte Albert Einstein eine zuerst völlig überraschende These vor. Er rechnete einmal durch, was es bedeuten würde, wenn die Lichtgeschwindigkeit nicht eine beliebige Geschwindigkeit wäre, die jederzeit zu überbieten sein könnte, sondern eine Naturkonstante, die nicht zu überschreiten war. Weiter nahm er an, daß diese Naturkonstante – die Lichtgeschwindigkeit, die als nicht überschreitbar gelten sollte – im Vakuum immer dieselbe wäre, unabhängig vom Bewegungszustand der Lichtquelle[58]. Wenn dieses angenommen wurde, dann mußten daraus sehr überraschende Folgerungen gezogen werden. Die Zeit mußte für die einzelnen Körper unterschiedlich ablaufen. Bewegte sich ein Körper in Richtung der Lichtgeschwindigkeit langsam und ein anderer in derselben Richtung schnell, und messen beide bei dem jeweils von ihnen ausgesandten Lichtstrahl dieselbe Geschwindigkeit c, dann mußten die Uhren bei dem, der sich langsamer bewegte, anders als bei dem, der sich schneller bewegte, laufen. Sonst würde ja nicht von beiden Körpern die Größe c gleich gemessen werden[59].

Bei dieser Annahme war die Lichtgeschwindigkeit für jeden der bewegten Körper immer dieselbe. Die Zeit veränderte sich immer so – das war ja Einsteins Ausgangspunkt –, daß die Lichtgeschwindigkeit für den, der sie maß, konstant blieb.

Das hatte weitere Folgen. Auch die Größe der Körper konnte nicht mehr gehalten werden: »Ein geeichter Meterstab hat für einen schnell Beobachtenden nicht mehr die Länge 1 Meter, sondern die Messung zeigt eine Verkürzung, je nach der Geschwindigkeit.«[60] Wenn der Meter für einen Beobachter, der sich in bezug auf die Lichtgeschwindigkeit schneller bewegt, kürzer ist, mißt er auf diese Weise bei Berechnung der Lichtgeschwindigkeit genau die Größe c.

Damit ist wieder das Postulat, von dem Einstein ausging, eingehalten. Die Lichtgeschwindigkeit ist für jeden, gleichgültig wie schnell oder wie langsam er sich bewegt, gleich groß. Sie ist es – so können wir zusammenfassend sagen –, weil die Zeit und die Größe der Körper je nach der Geschwindigkeit, in der der Beobachter sich bewegt, unterschiedlich sind.

Anstatt von einem einzigen Beobachter reden die Physiker lieber von Bezugssystemen und somit von einer Vielzahl von Körpern, die sich gleich schnell bewegen. Wenn sich mehrere Körper gemeinsam gleich schnell bewegen, sind sie durch eine Trägheit (= inertia) miteinander verbunden. Infolgedessen sprechen die Physiker, wenn sie von einer Gruppe von Körpern reden, die sich gleich schnell bewegen, von einem Inertialsystem.

Jedes Inertialsystem hat somit gegenüber der Lichtgeschwindigkeit eine eigene Geschwindigkeit, und diese entscheidet darüber, wie groß innerhalb dieses Inertialsystems ein Meter ist und wie lang innerhalb dieses Inertialsystems eine Sekunde dauert.

Nachdem die spezielle Relativitätstheorie einmal formuliert war, ließ sie sich diskutieren, verteidigen und sogar experimentell überprüfen. Wie kam es jedoch dazu, daß Einstein auf den Gedanken kommen konnte, sie aufzustellen? Er mußte mit zwei Möglichkeiten rechnen:

- Die Zeit – so mußte er annehmen – kann, je nach der Geschwindigkeit eines Inertialsystems, schneller oder langsamer ablaufen. Es gab, wie die Physiker sagen, »Zeitdilationen«.
- Die Lichtgeschwindigkeit und somit eine Bewegung kann eine Größe sein, die nicht überschreitbar ist und auf deren Geschwindigkeit sich die Geschwindigkeit aller anderen Bewegungen beziehen läßt.

Wer solche Hypothesen zu erwägen vermag, muß erst einmal unterschiedliche Zeitabläufe für möglich halten.

Mit Gedanken dieser Art hatten sich die Physiker zu Anfang des 20. Jahrhunderts im allgemeinen nicht beschäftigt. Sie untersuchten die Zusammensetzung der Materie, und sie befaßten sich mit Fragen der Energie und Energieübertragung. Die Arbeiten an der Materie hatten zur Mechanik geführt und somit zur Lehre, wie Körper sich bewegen. Die Studien über die Energie hatten ihren Niederschlag in der Thermodynamik gefunden, deren Experimente den Satz von der Energieerhaltung entdecken ließ. Die Mechanik und Kinetik hatte sich aus der Wahrnehmungsweise des 16. und 17. Jahrhunderts[61], die Energetik aus der Wahrnehmungsweise des späten 18. und 19. Jahrhunderts ergeben[62]. Diese Wahrnehmungsweisen waren – wie wir gesehen haben – aufgrund von Körpererfahrungen möglich geworden, die die Menschen bei Bewegungen gewonnen hatten. Wenn

Einstein nun nicht im Zusammenhang dieser älteren Theorien argumentiert, sondern statt dessen verschiedenartige Bewegungsabläufe unter dem Aspekt der Zeitverlängerung und Zeitverkürzung miteinander vergleicht, dann liegt es nahe zu fragen, ob er nicht aufgrund einer gewandelten Wahrnehmungsweise auf diese unerwarteten Zusammenhänge achtete.

Nun haben wir gesehen, daß kleine Gruppen von Männern und Frauen seit Ende des 19. Jahrhunderts zu Bewegungsformen neigten, bei denen sie nicht mehr eine umzuwandelnde potentielle Energie erfuhren, sondern nur noch unterschiedliche Rhythmen, die den Ablauf der Zeit verschiedenartig gliederten. Dabei orientierten sie sich an Bewegungsabläufen, die sich auf eine Grundbewegung bezogen. Die Grundbewegung war durch gleichmäßige Schläge, etwa durch den *beat* im Jazz-Tanz, charakterisiert. Zu diesem traten andersartige Rhythmen, die die Betonung unmittelbar vor oder unmittelbar nach den gleichmäßigen Schlägen legten. Das führte zu unterschiedlichen Zeiterfahrungen, zu einer drängend antreibenden und zu einer bremsend abwartenden Zeiteinteilung. Diese waren alle in Relationen auf den einen gleichmäßig gegliederten Zeitablauf bezogen.

Wir stellten weiter bei einigen Malern fest, die ebenfalls mit den bisherigen Traditionen brachen, daß sie Linien nicht mehr dazu nutzten, einen dreidimensionalen Raum wiederzugeben, in dem die Menschen sich gleichmäßig oder ungleichmäßig bewegen konnten oder in dem sie dank gesteigerter Energie in einer angespannten Haltung Widerstände – etwa einen Sturm, der ihnen entgegenwehte – zu überwinden vermochten. Statt dessen sahen sie Linien als Bewegungen von Punkten, und diese konnten bei ihrer Bewegung unterschiedliche Winkel bilden. Danach ließ sich wieder eine Relation herstellen zwischen gleichbleibend ruhigen und den antreibenden, spitzen und den abwartenden, empfangenden Linienführungen.

Was die Menschen in den polyrhythmischen Bewegungen erfuhren, beeinflußt somit – das zeigen die Arbeiten dieser Künstler – ihre Art zu sehen. Auch Farben wurden, wie wir feststellten, aufgrund dieser neuen Wahrnehmungsweise als Bewegungsvorgänge wahrgenommen.

Wenn die polyrhythmischen Bewegungen Wahrnehmungen zur Folge haben, die ihre Entsprechungen in den neuartigen Wahrnehmungsweisen der Maler finden, können wir annehmen, daß auch Naturwissenschaftler ihre Wahrnehmungsweise in jener Zeit änderten. Diese neue Wahrnehmungsweise könnte dann die Ursache dafür sein, daß Physiker Hypothesen bildeten, die sie weit von den kinetischen und energetischen Modellen der älteren Physik entfernten. Sie fragten nicht mehr nach Energieumwandlungen, sondern sie interessierten sich dafür, ob Bewegungen möglicherweise in Relation zu einer gleichbleibenden Bewegung gebracht werden konnten. Das war nun die erste Voraussetzung, von der Einstein ausging. Er behauptete, die Lichtgeschwindigkeit sei eine Bewegung, die nicht zu überschreiten sei und auf die alle anderen Bewegungen bezogen werden müßten.

Sie konnten weiter fragen, ob möglicherweise die Zeit in einzelnen, unterschiedlich schnellen Inertialsystemen länger oder kürzer – und somit anders gegliedert – sein kann. Genau diese Frage stellte Einstein. Da er dies für möglich hielt, konstruierte er ein Modell, eben die spezielle Relativitätstheorie, in dem diese Annahmen gelten sollten. Dieses Modell hatte dann den Vorzug, experimentellen Überprüfungen standzuhalten und sich so als richtig zu erweisen.

Somit ist unser Ergebnis: Auch die Körpererfahrungen, die von einer kleinen Gruppe von Personen am Anfang des 20. Jahrhunderts gemacht wurden, die entweder der polyrhythmischen Reformgymnastik oder den polyrhythmischen Tänzen zur Jazzmusik folgten, erschlossen einen bisher nicht beachteten Aspekt der Realität. Dabei handelt es sich um einen Aspekt, der nach Aussagen der Physiker unsere Wirklichkeit charakterisiert. In ihren physikalischen Theorien stellen sie ihn dar; durch ihre physikalischen Experimente weisen sie nach, daß wir von ihm ausgehen müssen. Diese neue Sicht wurde die Grundlage für die Weltraumfahrt; denn bei dieser erfolgten alle Berechnungen nach dem Modell der speziellen Relativitätstheorie.

Diese neuen physikalischen Erkenntnisse zwingen dabei dazu, den traditionellen Raum- und Zeitbegriff zu revidieren. Isaac Newton war noch von einer absoluten Zeit, einem absoluten Raum ausgegangen, in denen, wie er annahm, alle Bewegungen abliefen[63]. Nun hingegen sieht es so aus, als ob die Geschwindigkeit einer Bewegung, die Geschwindigkeit des Lichtes konstant c sei. Alle Inertialsysteme sind auf diese bezogen. Dementsprechend variieren die Größen der Körper, die zu einem dieser Systeme gehören, und variiert der Ablauf der Zeit, der für eines dieser Systeme charakteristisch ist.

Wir sagten am Anfang unseres Abschnitts zum 20. Jahrhundert: Es ist außerordentlich schwierig, die eigene Epoche darzustellen. Die Situation ist für uns noch dadurch erschwert, daß zu Beginn dieses Jahrhunderts ein Wandel eintrat, der von der Mehrzahl der Europäer und Amerikaner nicht mitgemacht wurde. Diese standen in den Traditionen und in der Wahrnehmungsweise des 19. Jahrhunderts. Sie bekamen kein Verhältnis zu der modernen Kunst, weder zur gegenstandslosen Malerei noch zur atonalen Musik.

Trotzdem wagten wir den Versuch, gerade von dieser kleinen Gruppe auszugehen. Wir sahen, daß sie auch in Tanz und Gymnastik mit europäischen Traditionen brach. Dieser Bruch könnte leicht als eine Handlungsweise interpretiert werden, die aus spielerischen Gründen oder einem Experiment zuliebe oder unter dem Einfluß einer Theorie zustande kam und – auf die Dauer gesehen – wieder aufgegeben werden muß. Eine genauere Untersuchung ergab jedoch: Gerade dank dieser neuen Bewegungsweise entstand eine Art, sich und die Umwelt wahrzunehmen, die den Physikern die Möglichkeit bot, Theorien aufzustellen und durch Experimente zu überprüfen, die einen bisher nicht gekannten, ja nicht einmal geahnten Aspekt der Realität erschloß.

Dieser Prozeß ist nicht mehr rückgängig zu machen. Nach Einsteins Relativitätstheorie nehmen wir das Universum anders wahr als zuvor. Dementsprechend brachte, wie man nun sagen kann, auch im 20. Jahrhundert der Wandel der Bewegungsweise und der dazugehörigen Wahrnehmungsweise Veränderungen, die zu den großen Umbrüchen in der Geschichte zählen; denn sie ermöglichen es, auch die Wirklichkeit, die die Physiker beschreiben, neu zu sehen.

Die Veränderungen werden unübersehbare Folgen haben

Die neue Wahrnehmungsweise im 20. Jahrhundert lehrte die Europäer, verschiedenartige, nebeneinander herlaufende Rhythmen zu spüren und unterschiedliche Gliederungen der Zeit zu erkennen. Sie ließ Linien, Flächen und Farben als Bewegungsvorgänge sehen und jede von diesen in ihrer Eigenart würdigen.

Diese neue Gewohnheit, jede Linie, jede Fläche, jede Farbe für sich wahrzunehmen, hatte ihre Parallele in der Musik. In einer »atonalen« Kompositionsweise wurden Tonfolgen nicht mehr in eine Tonart – eine Moll- oder Dur-Tonart – eingeordnet. Sie kannten auch keinen Grundton mehr, zu dem sie am Ende der Melodie hinstrebten. Statt dessen konnten und mußten jeder Klang und jedes Intervall isoliert gehört werden, so daß von den zwölf Halbtönen einer Tonleiter jeder, wie Arnold Schönberg es ausarbeitete, sein eigenes Recht erhielt und der Fortgang der Tonfolgen wahrzunehmen ist – ein Bewegungsvorgang[64].

Bei den modernen Architekten setzte ein ähnlicher Umschwung ein. Hatten diese im 19. Jahrhundert noch historische Baustile mit verwandt, da der Stil einer Epoche beim Betrachter – in Erwartung der nächsten Epoche – eine Spannung erzeugte[65] oder da ein Stil als Ausdruck einer spezifischen »Lebendigkeit« empfunden wurde[66], so gingen sie jetzt dazu über, die einzelnen Bauteile in ihren Funktionen, ja sogar die einzelnen Baumaterialien jeweils für sich in ihrer Besonderheit hervorzuheben. Selbst die ältere Architektur sahen sie unter diesem Aspekt. Bewundernd äußert sich in diesem Sinn Mies van der Rohe: »Deshalb führen wir unsere Studenten den zuchtvollen Weg vom Material über die Zwecke der Gestaltung. Wir wollen sie in die gesunde Welt primitiver Bauten führen... Wo tritt mit gleicher Klarheit das Gefüge eines Hauses oder Baues mehr hervor als in den Holzbauten der Alten?... Welcher Sinn für das Material und welche Ausdrucksgewalt spricht aus diesen Bauten?... Im Steinbau finden wir das gleiche... Welches klare Verständnis für das Material, welche Sicherheit in seiner Verwendung, welcher Sinn für das, was man mit Stein machen kann und darf.«[67]

Was nun beobachtet und geprüft wird, sind – wie bei den Bildern – Linienführungen. Vom Backstein etwa heißt es: »Welche Logik zeigt sein Verbandsgefüge. Welche Lebendigkeit sein Fugenspiel.«[68]

So breitet sich mit den Werken und mit den Konstruktionen von Künstlern und Ingenieuren diese Art zu sehen aus. Damit gewinnen Europäer und Amerikaner auch eine neue Möglichkeit, die Verhaltensweisen anderer Kulturen zu verstehen. Die meisten außereuropäischen Kulturen neigten nämlich bereits früher aufgrund der in ihnen dominierenden Körpererfahrungen dazu, auf den Ablauf der Bewegungen und nicht auf die in den Bewegungen wirkende Energie zu achten.

Daß die afrikanischen Formen der Bewegung den Amerikanern und Europäern nahe kamen, wurde schon gesagt. Auch die indischen – dazu gehört etwa das Yoga – und die fernöstlichen – so etwa T'ai-Chi, Jigong, Judo, Karate und Aikido – wurden nun übernommen. Welche Auswirkungen solche Einflüsse haben werden, ist im Augenblick noch nicht abzusehen[69].

Wer bei Bewegungen lernt, auf den Ablauf der Bewegungen zu achten, für den kann auch das Ende einer Bewegung eine neue Bedeutung gewinnen. Schon Emil Jaques-Dalcroze brachte seinen Schülern bei, auf »Unterbrechen und Einstellen der Bewegung« zu achten, und übte mit ihnen »verschiedene Arten der Marsch- und Gebärdenunterbrechung«[70].

In dieser Richtung arbeitete eine seiner Schülerinnen weiter, die später auch begeisterte Mitarbeiterin von Laban wurde: Mary Wigman. Sie neigte bei Beginn ihrer tänzerischen Auftritte dazu, alle Varianten des Lebendigen in ihrer Dynamik zu erfassen. Im Lauf der zwanziger Jahre jedoch führten ihre Tänze immer häufiger an eine Grenze heran. Erst ließ sie die Tänzer Masken tragen, die es dem Gesicht unmöglich machten, die »Schwingungen des Lebens abzubilden«[71]. Dann stellte sie den Abbruch der Bewegungen vor dem Tod auf der Bühne dar.

Sie selber hat mehrfach davon gesprochen, und der Tanz »Das Opfer« faßte ihre Erfahrungen zusammen: »Nicht daß ich bei der Konzeption dieses Tanzes von der Vorstellung des Todes ausgegangen wäre. Diese Beziehung und damit seinen Namen erhielt der Tanz erst im letzten Stadium seiner Gestaltgebung. Nur daß von Anfang an so etwas da war, was aus weiter Ferne kam, aus dunklem Grund aufsteigend, unerbittlich fordernd... Ich wollte mich vorwärtsstürzen, wollte mich dieser Kraft entgegenwerfen, aber schon nach den ersten Schritten blieb ich wie an den Platz gebannt stehen; denn da war ein Halt gesetzt, der mich fast wie ein magischer Befehl traf. Was war es, wer war es, der mich rief und dem Vordringen Einhalt gebot?... Ein erstes Wissen stieg in mir auf über das, was hinter dem Leben steht, die erstmalige Erkenntnis aller Unwiederbringlichkeit, alles Zuendegehens und Ausgelöschtseins.«[72]

Parallele Erfahrungen wurden in jener Zeit von Philosophen beschrieben. Karl Jaspers nannte sie »Grenzerfahrungen«[73], Martin Heidegger suchte sogar das Wesen des Menschen, seine »Existenz«, vom »Dasein zum Tode« her neu zu bestimmen[74].

Auch die Physiker definieren mit ihren »Naturkonstanten« Grenzen, die nicht überschreitbar sind. Dazu gehört der absolute Nullpunkt, dazu gehört die Lichtgeschwindigkeit, also eine oberste Geschwindigkeit, die nicht überschritten werden kann[75].

Niemand kann vorläufig wissen, ob diese Erkenntnis von Grenzen auf einen eigenen, dahinter liegenden Bereich hinweist, wie ihn Eduardo Chillida mit seinen Plastiken gestaltet, wenn er mit diesen eine

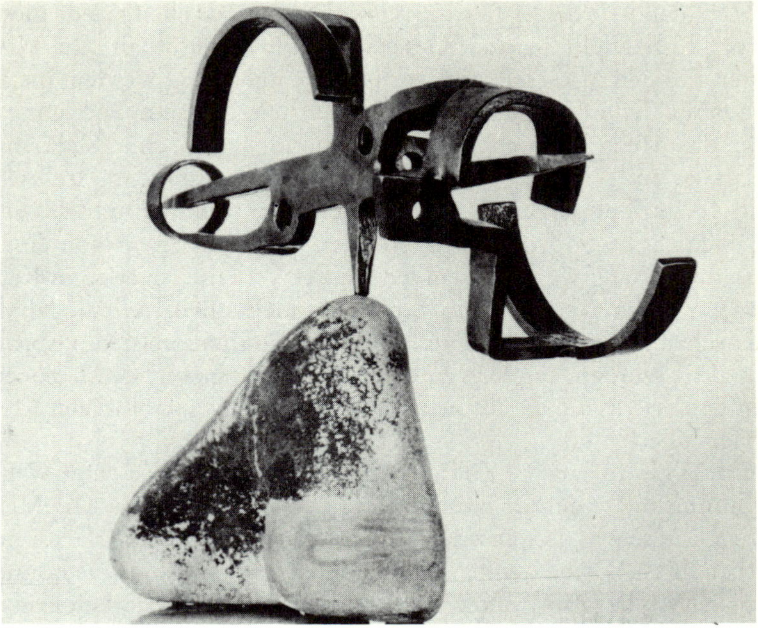

Abb. 108 Chillida, Klingende Räume

»Leere« sichtbar zu machen sucht (Abb. 108)[76]. Hier sind Fragen offen, die sicher erst in kommenden Zeiten klar zu formulieren sind.

Damit hängen politische und wirtschaftliche Handlungsweisen zusammen. Bereits als die ersten Formen der neuen Bewegungsweisen geschildert wurden, die schwingenden, rhythmischen Bewegungsweisen, die zwei Pole in Beziehung bringen, wurde erkennbar, daß sich auch die Gesellschaft als ein System sehen läßt, in dem unterschiedliche, sich ergänzende Interessen miteinander verbunden werden. Dieses System läßt sich nun von den Erfahrungen der polyrhythmischen Bewegungsweise noch genauer erfassen.

Danach sind Systeme dieser Art nicht nach den Kräften zu definieren, die in ihnen, möglicherweise in Interessenverbänden oder Organisationen, tätig werden. Sie unterscheiden sich vielmehr dadurch, daß verschiedene Personen oder Gruppen unterschiedliche Bewegungsabläufe verkörpern: vorwärtsdrängende, angreifende, antreibende und abwartende, hinnehmende, empfangende und gleichbleibende, stetige, sich wiederholende.

So könnte es zu einem politischen, möglicherweise sogar zu einem wirtschaftlichen Handeln kommen, in dem die Menschen darauf achten, daß jede dieser Bewegungsweisen, und das heißt: jede dieser Arten zu handeln, in einer Gesellschaft ihr Recht erhält. Die Menschen können in Gesellschaften für diejenigen tätig werden, die im augenblicklichen Zustand besonders benachteiligt sind. So könnte es sein, daß Menschen sich in einigen Situationen für schutzbedürftige Pflanzen und Tiere, in anderen wieder für umgestaltende Industrie und Technik einsetzen. Das geschähe nicht, weil man nur das eine oder das andere fördern will, sondern weil man etwas von einem Zusammenhang weiß, in dem jede dieser Verhaltensweisen in Relation zur anderen stehen muß. So wäre es nicht unvorstellbar, daß die Menschen nicht mehr aus einer Wettbewerbssituation leistungsbezogen aktiv werden, sondern daß ihre Aktivität einer Systembezogenheit entspricht, die darauf bedacht ist, sämtliche notwendigen Relationen zu erhalten.

Dabei gilt für unsere Zukunft wie für alle Zeiten: Zu einer Wahrnehmungsweise gehört immer eine Fülle von Varianten. Die Menschen können egoistisch oder gemeinschaftlich handeln; sie können nur an ihren Vorteil denken oder anderen helfen wollen; sie können für sich Macht beanspruchen oder an einer sozialen Tätigkeit Freude finden; auf Gewinn bedacht sein oder Vergnügen daran haben, andere zu erziehen. Das ist so gewesen, und das wird auch in Zukunft so sein. Nur waren und werden alle diese Möglichkeiten des Menschen immer in eine Wahrnehmungsweise eingebettet sein.

Unsere gesellschaftliche Situation ist nun dadurch erschwert, daß die im 19. Jahrhundert aufkommende Wahrnehmungsweise noch weit verbreitet ist und doch schon seit über 80 Jahren bei einigen Menschen die »moderne« sichtbar wird. Da diese neue sich noch nicht durchsetzte, ist es außerordentlich schwierig zu erkennen, wann sie für uns Menschen wirklich einschneidende Folgen haben wird. Nur, daß sie uns, unser Tun und die Formen unserer Gesellschaft einmal prägen wird, scheint wahrscheinlich zu sein; denn immerhin haben die Physiker mit ihrer Hilfe einen neuen Aspekt der Realität erschlossen. Das brachte, wie gesagt, einen Wandel, der sich nicht mehr rückgängig machen läßt.

Somit bestätigt unsere eigene Zeit: Bewegungen und damit verbundene Körpererfahrungen lassen erkennen, auf welche Wechselwirkungen die Menschen einer Gesellschaft achteten. Daraus ist abzuleiten, wie diese Zeiten und Räume wahrzunehmen gewohnt waren. Zur Methode unseres Vorgehens sollten wir nun noch etwas sagen.

IX

DER WEG MIT SEINEN KONSEQUENZEN

Wer wird befragt?

In unserer Studie wollten wir gerne wissen, ob einzelne Gruppen innerhalb einer Gesellschaft durch eine gemeinsame Wahrnehmungsweise verbunden waren. Die erste Schwierigkeit lag nun darin, herauszufinden, an welche Gruppen die Frage überhaupt zu richten sei. Am leichtesten sind die Personen gleicher Rechtsstellung zu erkennen. Nach diesem Prinzip lassen sich alle Adligen von Priestern, von Freien, von Leibeigenen und von Sklaven unterscheiden. An diese Gliederung konnten wir uns bei unserer Fragestellung nicht halten, denn es ist selbstverständlich möglich, daß sich die Wahrnehmungsweise bei Adligen, Freien und Leibeigenen zur selben Zeit wandelt.

Verhältnismäßig eng mit dieser Einteilung ist die ständische verwandt. Nach ihr lassen sich Ritter von Bürgern und Bauern trennen, auch diese sind oft, nicht immer, verschiedenen Rechten unterworfen. Doch auch diese Gliederung führt nicht dazu, Gruppen einer gemeinsamen Wahrnehmungsweise zu finden.

Aus der ständischen Unterscheidung entwickelte sich die berufliche. Damit kommen wir schon in den Bereich der Soziologie. Sie trennt produktive Tätigkeiten von Dienstleistungen oder handwerkliche von intellektueller Arbeit. Aus verschiedenen Berufen haben sich als ein Sonderfall die Angehörigen unterschiedlicher »Kulturen« entwickelt. So wird von Soziologen eine künstlerische Kultur von einer naturwissenschaftlichen und von einer soziologischen abgesetzt [1]. Wenn auch sicher nicht daran zu zweifeln ist, daß ein Künstler in einer anderen Umgebung lebt und selbst bei gleichen wirtschaftlichen Voraussetzungen andere Ausbildungsstätten durchläuft als ein Physiker, so ist doch auch diese Unterscheidung für unsere Fragestellung unbrauchbar. Wir möchten ja gerade wissen, ob möglicherweise in den verschiedenen Berufen und in den verschiedenen »Kulturen« Personen lebten, die eine gleiche Wahrnehmungsweise verband, die sie von anderen Personen in denselben Kulturen trennte.

In der marxistischen Literatur ist es üblich, die Menschen nach Klassen zu unterscheiden. In der Klasse sind alle mit denselben oder mit ähnlichen wirtschaftlichen Interessen verbunden. So bilden alle Landbesitzer eine Klasse, die sich von der Klasse, die anstelle des Landes über Finanzkapital verfügt, unterscheidet.

Für diese Gliederung der Gesellschaft gilt dasselbe wie für alle, die wir bisher anführten. Keiner kann voraussagen, ob nur die Angehörigen einer Klasse eine gleiche Wahrnehmungsweise haben.

Selbstverständlich kann später, nachdem festgestellt worden ist, welche Gruppe durch eine Wahrnehmungsweise verbunden war, gefragt werden, ob sich diese Gruppe mit einer Rechtsgruppe, einer ständischen Gruppe, einer Berufsgruppe, einer »Kultur« oder einer Klasse identifizieren läßt. Es ist auch zu untersuchen, ob sie mit einem bestimmten Stamm oder mit einem Volk identisch war. Von diesen Gruppen konnte bei unseren Studien aber nicht ausgegangen werden.

Daher haben wir einen anderen Weg gewählt. Wir sagten uns: Sollte es einen Wandel der Wahrnehmungsweise geben, muß eine neue Wahrnehmungsweise zuerst bei einzelnen Personen auftreten. Diese sind, wenn sie wirklich sich und die Umwelt anders als die übrigen Angehörigen ihrer Gesellschaft sehen, aufgrund dieser veränderten Situation dazu gezwungen, gegen die bisherigen Überlieferungen zu verstoßen. Sie werden als Künstler das neu Wahrgenommene gestalten. Sie werden als Politiker unkonventionell handeln, um die Gesellschaft ihrer neuen Wahrnehmungsweise entsprechend umzuformen. Sie werden als Architekten Ungewohntes bauen, nämlich Räume schaffen, die ihrer Wahrnehmungsweise gemäß sind. Sie werden als Wissenschaftler überraschende Fragen stellen, um zu erkennen, welche Ursachen das von ihnen Wahrgenommene herbeigeführt haben mögen. Sie werden sich aller Wahrscheinlichkeit nach anders bewegen und Bewegungen bevorzugen, die den von ihnen erfahrbaren Wirkungen gerecht werden.

Damit erhalten wir nun eine Möglichkeit zu sagen, mit wem wir uns beschäftigen wollen. Wir wählen diejenigen aus, die sich in ihrem Bereich als Politiker, Wirtschaftler, Künstler, Wissenschaftler von den Traditionen abwenden, die in ihrer Gesellschaft üblich sind.

Dies mag im Einzelfall etwas schwierig sein; aber generell läßt sich auf diese Weise vorgehen. Frauen und Männer, übrigens auch schon Kinder und Jugendliche, die sich aus den Traditionen lösen, erregen Aufsehen, sie werden beobachtet, ihnen setzt sich oft Widerstand entgegen[2]. So sind sie meist schon aufgrund der Berichte ihrer Zeitgenossen zu identifizieren. Außerdem sind ihre Werke ein recht zuverlässiges und objektives Kriterium. Denn es läßt sich den Fragestellungen eines Physikers, den Plastiken eines Bildhauers, den Zielen eines Politikers und den Handlungen eines Wirtschaftlers durchaus entnehmen, ob er in seiner Tätigkeit sich von den Arbeitsweisen der Personen unterscheidet, zwischen denen er aufwuchs und unter denen er lebte.

Aufgrund dieser Vorgehensweise fanden wir für jede Zeit Menschen, die durch eine gemeinsame Wahrnehmungsweise verbunden waren. Aus der Untersuchung ergab sich dann, daß eine Wahrnehmungsweise weder an ein Recht noch an einen Stand noch an einen Beruf noch an eine Kultur noch an eine Klasse gebunden ist. Veränderungen der Wahrnehmungsweise beginnen auch nicht in einer Oberschicht oder in einer mittleren Schicht, um sich dann allmählich in der gesamten Bevölkerung zu verbreiten. Zu einer neuen Wahrnehmungsweise kommen einzelne Personen aus allen, oft auch aus den benachteiligten unteren Bevölkerungsschichten. Dafür gab es im 12., im 15. und gerade auch im 20. Jahrhundert Belege. Dabei wissen diese Personen oft längere Zeit nicht, wer in anderen sozialen Gruppen mit ihnen ihre Wahrnehmungsweise teilt.

Wonach wird nicht gefragt?

Wer sich mit der Wahrnehmungsweise eines Menschen beschäftigt, kann dieses Wort unterschiedlich verwenden. So kann er äußern: Diese oder jene Person habe eben die typische Wahrnehmungsweise eines Physikers, eines Unternehmers, eines Bauern oder eines Kindes. Damit ist dann gemeint, die betreffende Person sehe die Dinge auf eine Art, die zumindest ergänzungsbedürftig sei, die möglicherweise sogar die Objektivität der Aussage in Frage stelle.

Folgende Voraussetzungen könnten die Objektivität einer Wahrnehmung einschränken. (Von diesen wird jedenfalls verhältnismäßig oft gesprochen, weitere sind sicher auch vorstellbar.)

Sachbedingte Einengung: Die meisten Menschen sind durch äußere Verhältnisse dazu gezwungen, sich im Verlauf ihres Lebens vorwiegend mit begrenzten Bereichen zu beschäftigen. So wird ein Handwerker auf die Dauer immer besser mit dem Material vertraut, das er bearbeitet, ein Bankier mit Geldproblemen, ein Unternehmer mit Organisationsfragen, ein Wissenschaftler mit abstrakten Gedankengängen, ein Maler mit der Wertigkeit der Farben, ein Gutsbesitzer mit dem Wetter, mit den Feldfrüchten, mit den Tieren oder Maschinen, die ihm bei der Arbeit helfen. Manche Menschen werden durch ihre Anlagen von vornherein darauf verwiesen, sich auf einen dieser Bereiche zu konzentrieren, auf die Wissenschaft, auf die Erziehung, auf die Technik.

Diese Bindung bringt selbstverständlich sowohl eine Bereicherung (man wird wirklich Experte auf seinem Gebiet) als auch eine Einengung (man sieht die Welt nur noch unter dem Aspekt eines Ingenieurs oder eines Bildhauers), und dies wirkt sich auf die Wahrnehmungsweise aus.

Erfahrungsbedingte Begrenztheit: Unabhängig von den berufsbezogenen Bindungen leben die Menschen auch in unterschiedlichen Erfahrungswelten. Es gibt Verhältnisse, in denen die Menschen einander offen begegnen, jedem alles, was beunruhigt oder erfreut, mitteilen, und andere, in denen die Menschen verschlossen sind. In wieder anderen Umgebungen können die Menschen listig, verschlagen, unzuverlässig, betrügerisch sein. So gewinnt jeder nach der Umgebung, in der er lebt, eine unterschiedliche Erfahrung.

Diese ändert sich häufig auch im Ablauf des Alters. Kinder in den ersten Lebensjahren werden unter normalen Umständen überwiegend mit Personen zusammenkommen, denen sie vertrauen können und die ihnen gegenüber offen und unmittelbar reagieren. Im Verlauf ihrer Jugend werden sie dann an »Erfahrung« gewinnen, auch Frauen, Männer oder Altersgenossen kennenlernen, die völlig anders, unberechenbar, möglicherweise sogar heimtückisch handeln.

Alle diese Erfahrungen prägen die Wahrnehmungsweise des Menschen. Wer List und Verschlagenheit nicht gewohnt ist, kann auf Menschen treffen, deren betrügerische Handlungsweise er zunächst einmal nicht zu erkennen vermag.

Emotionsbedingte Nuancen: Die Menschen sind von ihrer Geburt an mit Gefühlen an die Umwelt gebunden. Diese sind in recht unterschiedlicher Richtung zu entwickeln. So können Kinder in eine Umgebung geraten, in der es selbstverständlich ist, Gefühle zu zeigen, oder in eine andere, die sie dazu bringt, diese zu verbergen. Sie können eine Ausbildung durchlaufen, in der ihre Lehrer sie entweder dazu anhalten, alles mit dem Verstand zu analysieren und den Gefühlen zu mißtrauen, oder von ihnen erwarten, daß sie Gefühle in künstlerischen Arbeiten ausdrücken. So kann die emotionale Reaktion einseitig sein, verstärkt oder verhindert werden, sie kann die verstandesmäßige Kontrolle zurückdrängen oder durch die Tätigkeit des Verstandes selbst eingeschränkt werden. Die jeweilige Stellung zur Emotionalität läßt jedenfalls die Menschen sich und ihre Umgebung unterschiedlich wahrnehmen[3].

Durch Bindung an Ablaufserwartungen bedingte Einseitigkeiten: Genauere Untersuchungen haben in den letzten Jahren ergeben, daß die Menschen gewisse Erwartungshaltungen haben können. Wenn diese durch frühkindliche Erfahrungen geprägt werden, treten sie bei denjenigen Personen ähnlich auf, die als Kleinkind in gleicher Weise aufgezogen wurden[4].

Zu diesen Erwartungen gehören besondere Dynamikformen. So kennen wir Gruppen, die damit rechnen, daß Veränderung nur durch Eigeninitiative möglich sei, während andere annehmen, nur die Initiative eines Fremden – eine Heterodynamik – bringe dauerhafte Erfolge[5].

Unabhängig davon neigen Gruppen eigentümlicherweise auch dazu, den Ablauf des Geschehens, das ja an beliebigen Punkten unterbrochen werden kann, immer bei einem ähnlichen Ereignis zu einem Ende kommen zu lassen[6]. Die Geschichte der Entdeckung der Radioaktivität läßt sich recht unterschiedlich beenden. So kann Madame Curie als eine junge Frau, die selbständig in ein fremdes Land zog, dort überraschend Unbekanntes entdeckte und dafür einen Nobelpreis bekam, beschrieben werden: als eine junge Frau, die durch die Unterstützung ihres Mannes Erfolg hatte; als eine junge Frau, die Erfolg hatte und dann infolge der Arbeit, die zu dem Erfolg führte, unter großen Schmerzen starb; oder als eine junge Frau, die Erfolg hatte, dabei aber etwas fand, was zur Konstruktion einer fürchterlichen Vernichtungswaffe führte, die Hunderttausenden von Menschen unter entsetzlichen Umständen den Tod brachte.

Wenn eine Gruppe nun immer wieder zu einem dieser möglichen Abschlüsse der »Geschichte« neigt, wird davon die Wahrnehmungsweise der Menschen beeinflußt, die zu dieser Gruppe gehören. Wer annimmt, daß die Notleidenden wie Aschenputtel am Ende die Erfolgreichen werden, sieht Not anders als derjenige, der davon ausgeht, daß am Ende alles sowieso in einem Untergang vernichtet wird[7]. Den einen wird die Not beflügeln, den anderen lähmen. Dies prägt selbstverständlich seine Wahrnehmungsweise.

Es ist eine Aufgabe der Sozialpsychologen oder der Mentalitätsforscher, zu untersuchen, auf welch verschiedene Art die Wahrnehmungsweise der Menschen so eingschränkt werden kann, daß ihnen eine objektive Aussage nicht möglich ist.

Unsere Fragestellung steht in einem anderen Zusammenhang. Wir gehen davon aus, daß sich auch diejenige Wahrnehmungsweise wandelt, die zu »objektiv« zutreffenden Aussagen führt. So beschäftigten wir uns nicht mit den Varianten der Wahrnehmungsweise, die mentalitätsbedingt in jeder Gesellschaft auftreten, wenn diese mentalitätsbedingten Varianten auch sicher außerordentlich interessant sind und es sich für einen Historiker lohnt, sich mit ihnen zu befassen. Unabhängig davon gibt es jedoch auch einen Wandel derjenigen Wahrnehmungsweisen, die zu allgemein anerkannten Erkenntnissen führen.

Das Ziel unserer Untersuchungen war, so können wir zusammenfassen, nicht der Mensch, dessen soziale und psychische Situation oder dessen Mentalität. Statt dessen fragten wir, welche Aspekte der Realität, die auch für Physiker vorhanden sind, die Menschen einer Gesellschaft wahrnahmen.

Was lassen Wechselwirkungen erkennen?

Wenn bisher von Objektivität gesprochen wurde, sollte damit keine besondere philosophische Theorie entwickelt werden, die auf die Frage eingeht, ob Menschen etwas, das außerhalb von ihnen besteht, etwa ein Ding an sich, wahrzunehmen vermögen oder nicht. Zu dieser Frage kann ein Sozialwissenschaftler nichts sagen.

Hingegen kann er feststellen, daß es gewisse Abläufe gibt, die auf Wirkungen zurückgehen, die für einen Menschen regelmäßig dieselben Folgen haben, so daß dieser davon ausgehen kann, daß sie auch in der Zukunft sich jederzeit wiederholen werden. Er kann diese somit zum Anlaß nehmen, Künftiges vorauszuberechnen.

Zu diesen Wirkungen gehören alle diejenigen, die der Physiker untersucht. So ist für uns eine Wirkung immer dann »objektiv« vorhanden, wenn ein Physiker sie nachweisen kann.

Allerdings müssen wir mit folgender Möglichkeit rechnen: Die Menschen können – im Sinne der Physiker – für einzelne Vorgänge zutreffende Aussagen machen, dann jedoch – zu Unrecht – annehmen, daß »alle« Geschehnisse sich in derselben Weise wie die einzelnen Vorgänge erklären lassen.

Dafür ein Beispiel: Es war durchaus zutreffend, daß Physiker wie Galilei und Newton annahmen, bewegte Körper unterlägen den Gesetzen der Mechanik, und ihre Bewegungen seien daher für denjenigen, der diese Gesetze kennt, vorauszuberechnen. So entstand eine Kinetik, die Lehre von der Bewegung.

Als der Italiener Volta dann experimentell nachwies, daß ein chemischer Prozeß zur Erzeugung von Elektrizität dienen könne, versuchte er, diesen Vorgang ebenfalls auf Bewegung von Körpern zurückzuführen und somit nach den Gesetzen der Mechanik zu deuten[8]. Dies war jedoch eine unerlaubte Verallgemeinerung; Volta wußte eben nicht, daß es neben den Bewegungen der Körper, die selbstverständlich den Gesetzen der Mechanik unterliegen, noch die Energie als eine eigene Größe gibt, die in verschiedenen Erscheinungsformen, so in chemischen Prozessen und in einem elektrischen Strom, sichtbar wird, und daß es sich bei dem von ihm beobachteten Phänomen um eine Energieumwandlung handelte. Diese folgt den Gesetzen, die später innerhalb der Thermodynamik erkannt wurden.

Die nicht zutreffende Erklärung von Volta ist nun kein Argument gegen die Erklärungen, die Galilei und Newton für Bewegungsvorgänge, etwa für den freien Fall, formulierten; denn für die Bewegungsvorgänge gelten die Gesetze der Mechanik.

Wir suchten somit nach Wahrnehmungsweisen, die die Realität insofern objektiv wiedergaben, als sie sich an einer Wirkung orientierten, die es Physikern möglich machte, künftige Geschehnisse vorauszuberechnen. Dabei beunruhigte es uns nicht, wenn diese Wirkung nur für einen begrenzten Bereich galt und die Menschen einer Gesellschaft, die sie erkannt hatten, diese unerlaubterweise auch auf Gebiete übertrugen, in denen sie nicht vorhanden war.

Da wir uns so auf die Realität der Physiker konzentrieren, wollen wir wissen: Welche Art des Wirkens erfahren die Menschen einer Gesellschaft, wenn sie handelnd in Wechselwirkungen mit ihrer Umgebung treten? Unser Ergebnis: Sie spürten eine tragende Kraft, die alle auf sie drückenden Lasten hochzustemmen vermochte, oder eine verbindende Kraft, die die auseinanderstrebenden Teile ihres Körpers zusammenhielt – wie die Griechen in klassischer Zeit[9]. Oder: das Wirken einer Kraft, die aus der Umgebung eines Körpers in diesen eindrang und ihn in einen veränderten Zustand versetzte – wie in der Spätantike[10]. Oder: das Wirken einer Kraft, die den Körper veranlaßte, diese weiterzuvermitteln (so wie ein vom Licht bestrahlter Körper das Licht an andere Körper weitervermittelte) – wie in der Karolingerzeit[11]. Oder: das Wirken einer Wärme, die einen Körper aufsteigen und ihn beweglicher werden ließ – wie im hohen Mittelalter[12]. Oder: das Wirken eines Bewegungsimpulses, der jeden, in dem er wirkte, einen anderen Ort aufsuchen ließ – wie in der Renaissance[13]. Oder: das Wirken einer Anspannung, die in eine Tätigkeit umzusetzen war – wie im späten 18. und 19. Jahrhundert[14]. Oder: das Wirken einer rhythmischen Bewegung, der die Menschen sich resonanzartig anglichen – wie im 20. Jahrhundert[15]. Diese Wirkungen erfuhr ihr Körper, wenn sie »in Bewegung« in Wechselwirkungen mit ihrer Umgebung traten.

Zu einem Wandel kam es, wenn Menschen einer Gesellschaft aus irgendwelchen Gründen dazu veranlaßt wurden, ihre Bewegungsweise zu ändern. Dann gerieten sie dank dieser neuen Bewegung in Wechselwirkungen hinein, die ihnen bisher unbekannt waren. Dabei geschah es, daß sie an ihrem Körper eine Art von Wirkungen erfuhren, die es zwar immer in der Welt schon gegeben hatte, mit der sie jedoch bisher nicht vertraut geworden waren.

Diese neue Erfahrung änderte ihre Wahrnehmungsweise. Dafür haben wir eine Reihe von Zeugnissen bei Griechen, Römern und innerhalb der abendländischen Gesellschaft gebracht. Hatten die Menschen eine neue Wahrnehmungsweise gewonnen, dann konnten einige von ihnen die Art der Wirkung, die sie kennengelernt hatten, unterschiedlich gewichten.

Manche unterwarfen sich einem Wesen in ihrer Umgebung, das die von ihnen erfahrene Kraft zu verstärken vermochte. Dieses Verhalten lernten wir zum ersten Mal bei Römern in der späten Republik kennen, und dann war es uns immer wieder begegnet.

Für einige wurde der Raum auch unabhängig von ihrer Person bedeutungsvoll – etwa der Raum der Schwerelosigkeit in den Kuppeln der Spätantike oder der Raum unterschiedlicher atmosphärischer Spannung im 19. Jahrhundert.

Wieder andere hatten die Neigung, sich, wenn sie neue Wirkungen kennengelernt hatten, bevorzugt an derjenigen »Kraft« zu orientieren, die zur Erhaltung ihres Körpers beitrug – am »Streben« nach Überwindung des eigenen Mangels im 13. Jahrhundert oder an der »Kraft der Trägheit« im 17. Jahrhundert, die einen Bewegungszustand andauern ließ.

Doch auch diese unterschiedlichen Gewichtungen, zu denen ohnehin nur einige Personen neigten, gehörten immer zu einer Wahrnehmungsweise. Diese entstand, weil Angehörige einer Gesellschaft auf eine Art des Wirkens besonders achteten. Diese Wahrnehmungsweise läßt sich somit bei einer Untersuchung von Wechselwirkungen erkennen.

Stellt eine Geschichte der Wahrnehmung neue Fragen?

Wissenschaftler sind im allgemeinen darauf bedacht, für bisher ungelöste Probleme Antworten zu finden. Historiker, die an einer Geschichte der menschlichen Wahrnehmungsweise arbeiten, geraten in eine unerwartete Situation: Sie sehen sich vor neue Fragen gestellt. Dies ist nicht so überraschend, wenn wir uns vergegenwärtigen, welche Bedeutung die Wahrnehmungsweisen für die Angehörigen einer Gesellschaft haben. In einer Gesellschaft haben die Menschen, wie immer wieder betont wurde, unterschiedliche wirtschaftliche Interessen, verschiedenartige intellektuelle Fähigkeiten und voneinander abweichende religiöse oder philosophische Überzeugungen und Mentalitäten. Diese muß ein Historiker beschreiben und erklären. Er hat es bisher getan und wird es in Zukunft tun. Dabei kann er auf den Einfluß hinweisen, den materielle Lebensverhältnisse, politische und wirtschaftliche Strukturen, soziale Gegebenheiten, Ideen und der Ablauf des Geschehens auf die Menschen einer Gesellschaft haben. Seine Erklärung kann der Historiker in Modellen zusammenfassen und diese modifizieren.

Wenn nun gefunden wurde, daß sich außerdem noch die Wahrnehmungsweise der Menschen einer Gesellschaft wandelt, dann bedarf diese Veränderung einer weiteren, zusätzlichen Erklärung. Dafür muß ein Historiker sich allerdings bewußtmachen, was er eigentlich untersucht hat.

Die meisten historischen Arbeiten, mögen sie nun der Wirtschaft, der Politik, dem Recht, der Verfassung, der Kunst oder den sozialen Strukturen gelten, schreiben dem Menschen die Fähigkeit zu, aufgrund seines kreativen Verhaltens das eigene Leben und seine Umgebung zu gestalten oder innerhalb seiner Gesellschaft bei der Gestaltung mitzuwirken. Er baut eine Wirtschaft auf, richtet eine Verfassung ein, ordnet soziale Zusammenhänge, komponiert ein Musikstück. Bei unserer Untersuchung der gesellschaftstypischen Wahrnehmungsweisen der Menschen hat sich nun herausgestellt, daß die Menschen bei ihren Bewegungen an ihrem Körper Wirkungen »erfahren«. Nun kennen wir in der Natur Wirkungen sehr unterschiedlicher Art. Die von uns beobachteten »Erfahrungen« machen die Menschen jedoch immer nur mit einer Art des Wirkens vertraut.

Von jeder dieser Arten zu wirken, die in der europäischen Geschichte auftraten, läßt sich sagen, daß sie in der Natur auch unabhängig vom Menschen besteht. Der Druck, der von einer Last ausgeht, die Veränderungen bei einer Erwärmung, bei Bewegungen, bei Energieumwandlungen würden das Geschehen in der Natur mitbestimmen, selbst wenn in dieser kein menschenähnliches Lebewesen existierte.

Wie alle unsere Beispiele zeigten, ist die menschliche Wahrnehmungsweise von einer dieser Erfahrungen geprägt. Die Raum- und Zeitvorstellungen entstehen aufgrund dieser Erfahrung. Eine Wahrnehmungsweise unabhängig von diesen Erfahrungen ist uns nicht begegnet. Das heißt nun aber, daß die Menschen diese Erfahrungen benötigen. Sie müssen, um in menschlicher Art etwas wahrzunehmen, durch Bewegungen und Handlungen in Wechselwirkungen zu ihrer Umgebung getreten sein, um dabei eine Art des Wirkens kennenzulernen, die dann die Grundlage ihrer Wahrnehmung wird.

Wenn es sich so verhält, können wir uns »den Menschen« nicht so vorstellen, wie es die meisten Historiker bewußt oder unbewußt in ihren Arbeiten tun. Er ist dann nicht das Wesen, das sich kreativ seine Welt zu schaffen vermag. Er muß sich vielmehr den Zugang zu ihr dadurch erwerben, daß er sich mit seinen Bewegungen und Handlungen in ein Geschehen einfügt, das ihn Wirkungen und damit auch eine Art des Wirkens am eigenen Körper spüren läßt. Ist er jedoch darauf angewiesen, dann muß er ein mit Mängeln behaftetes Wesen sein. Diese kann er nur dadurch überwinden, daß er mit seiner Umgebung in Bewegungen und Handlungen eine Verbindung eingeht, in der er erfährt, auf welche Art diese auf ihn wirkt und er auf sie zu wirken vermag. Der Ausgangspunkt aller historischen Untersuchungen kann dann nicht mehr »der Mensch« und kann dann auch nicht mehr »die Struktur« der menschlichen Gesellschaft sein. Am Anfang müßte das System stehen, das den Menschen mit seiner Gesellschaft und das Mensch und Gesellschaft mit der Natur, der Technik, kurz: mit ihrer Umwelt, verbindet. Oft entscheidet bereits die Nähe und die Ferne, in der die einzelnen »Teile« dieses Systems zueinander stehen, darüber, welche Wirkungen innerhalb dieses Systems von Bedeutung oder völlig ineffizient sind.

Somit hat sich bei der Untersuchung menschlicher Wahrnehmungsweisen das Objekt des Historikers geändert. Er fragt nicht nach den Menschen, nicht nach deren mannigfachen Eigentümlichkeiten und nicht nach den Strukturen, in denen sie leben. Er untersucht statt dessen die Wechselwirkungen, die zwischen dem Menschen und seiner Umgebung bestehen, um daraus zu entnehmen, auf welche Art zu wirken ein Mensch in seinen Bewegungen und Handlungen eingeht.

Die Bewegungen und Handlungen, mit denen der Mensch Kontakt zu seiner Umgebung bekommt und diese Einfluß auf ihn nimmt, werden gelegentlich »Interaktionen« genannt. Diese Interaktionen und die dabei auftretenden Wirkungen sind das Objekt der Historiker, die sich für diejenigen Wahrnehmungsweisen der Menschen interessieren, die ihnen einen Zugang zur Realität eröffnen.

Interaktionen und Wechselwirkungen werden nun nicht nur von Historikern untersucht. Mit ihnen befaßt sich der Mediziner, der die Beziehungen zwischen einem kranken Säugling und dessen Familie beobachtet. Für sie interessiert sich der Biologe, der Distanzveränderungen zwischen Tieren gleicher Art analysiert. Und ihnen gilt auch das Interesse der Physiker, die Wechselwirkungen zwischen verschiedenen Energieträgern auf mathematische Formeln bringen. Da es sich hierbei um ein »Zusammenwirken« handelt, sprechen diese von einer »Synergetik«.

In allen diesen Wissenschaften wurde früher und wird daneben auch weiterhin nach der Eigenart einzelner Wesen und Körper gefragt. Der Mediziner muß ja weiterhin den Menschen, der Biologe die Pflanze oder das Tier und der Physiker den Atomkern beschreiben. Doch bei allen diesen Wissenschaften ist klargeworden, daß die zusätzliche Beschäftigung mit Wechselwirkungen bisher nicht beachtete Zusammenhänge erkennen läßt, etwa das Entstehen dynamischer Ordnungen oder das Überhandnehmen chaotischer Zustände, die Bildung von Turbulenzen oder von wiederholbaren Symmetrien.

Diese Vorgänge müssen in allen diesen Wissenschaften anders erklärt werden als diejenigen Veränderungen, denen nur die einzelnen Wesen für sich genommen – die Menschen, die Pflanzen oder die Atomkerne – unterworfen sind. In der Physik wirkt sich dabei auf die Wechselwirkungen, die innerhalb eines Systems bestehen, die Zufuhr oder Abnahme von Energie nachhaltig aus. In der menschlichen Gesellschaft – um zur Geschichte zurückzukehren – kann eine Verminderung oder Vermehrung der Bevölkerung einen Wandel der Wechselwirkungen bringen oder die Tatsache, daß die Menschen gezwungen sind, in einer Streusiedlung oder auf einem engen Raum zusammenzuleben, oder die Erschließung neuer Energiequellen oder das Aufkommen von neuen Institutionen der Verwaltung.

Allerdings sollten Historiker sich darüber klar sein, daß, nachdem sich das Objekt ihrer Untersuchung geändert hat – und das ist ja der Fall –, bei dem neuen Gegenstand ihrer Arbeiten bisher bereits vertraute Ursachen andere Folgen haben.

So brachte unsere fragende und beobachtende Beschäftigung mit den Wechselwirkungen, in die »Körper« bei einer »Bewegung« gerieten, sowohl für Physiker als auch für Historiker Ergebnisse.

Physiker haben aufgrund dieser Resultate damit zu rechnen, daß neue Erkenntnisse in ihrer Wissenschaft nicht nur auf Beobachtungen, Experimente und Theoriebildungen zurückzuführen sind. Sie hingen auch davon ab, auf welche Wirkungen Physiker achteten. Mit diesen Wirkungen wurden sie über die Körpererfahrungen, die in ihrer Gesellschaft verbreitet waren, vertraut.

Historiker können nun darauf hinweisen, daß Machtstreben und Interessen von einzelnen und Klassen und daß die Strukturen der Gesellschaft sich mit der Wahrnehmungsweise der Menschen wandeln. Jede Wahrnehmungsweise wurde, wie wir sehen konnten, von denjenigen Wirkungen beeinflußt, die die Menschen bei ihren Bewegungen und Handlungen kennenlernten. Diese Wahrnehmungsweisen zu rekonstruieren wird somit eine Aufgabe der Historiker.

Wem dieses bewußt geworden ist, der kann nicht daran zweifeln: Eine Geschichte der Wahrnehmung führt in Gebiete, in denen uns bei jeder Biegung des Weges neue Fragen gestellt werden.

Anmerkungen

Einleitung

Vorarbeiten und Ergänzungen:
AARON J. GURJEWITSCH, *Das Weltbild des mittelalterlichen Menschen*, München 1980, S. 19. – Ich selber beobachtete am Anfang in physikalischen Schriften, politischen Theorien, Briefen und Rechtssammlungen, sobald sie aus einer Epoche stammten, ähnliche Beschreibungen von Bewegungsabläufen. Diese Übereinstimmung ließ sich am besten erklären, wenn sie sich aus einer Wahrnehmungsweise ergab, die die Menschen einer Gesellschaft in einer Epoche miteinander verband: AUGUST NITSCHKE, *Naturerkenntnis und politisches Handeln im Mittelalter*. Körper – Bewegung – Raum, Stuttgart 1967, S. 214, 250ff. In Diskussionen mit japanischen Sozialwissenschaftlern wurde mir später bewußt, daß ich diese Wahrnehmungsweise zu europäisch beschrieben hatte. So erweiterte ich das Modell: DERS., *Kunst und Verhalten. Analoge Konfigurationen*, Stuttgart-Bad Cannstatt 1975, S. 22ff. Dabei wurde mir klar, daß ich nicht vom Menschen, von seinem »Geist« oder von seiner »Mentalität« ausgehen durfte, sondern die Interaktionen und die damit verbundenen Wechselwirkungen zu analysieren hatte, in denen er zu verschiedenen Zeiten seines Lebens steht. Diese Analyse hatte dabei das Ziel, aus dem Ablauf seines Verhaltens und aus dem Ablauf seiner Bewegungen zu erkennen, welche Art des Wirkens in seiner Welt so vorherrschte, daß er mit Verhalten und Bewegung diesem zu entsprechen suchte: DERS., *Historische Verhaltensforschung. Analysen gesellschaftlicher Verhaltensweisen*, Stuttgart 1981, S. 148ff. Die verschiedenen Formen von Wirkungen, die in der Natur auftreten und die der Mensch kennenlernen kann, beschreibe ich dann in Arbeiten über künstlerische Werke und Rechtsformen: DERS., *Die ungleichen Tiere der Sonne. Verhaltensformen und Verhaltenswandel germanischer Stämme*. Festschrift für Wilhelm Messerer, Köln 1980, S. 22ff.; DERS., *Die Wege der Toten, Beobachtungen zur keltischen Ornamentik*. Festschrift für Martin Gosebruch, hg. v. FRANK STEIGERWALD, München 1984, S. 50ff.; DERS., *Die Freilassung. Beobachtungen zum Wandel von Rechtsgebärden*, Zeitschrift für Rechtsgeschichte, German. Abt. 99 (1982), S. 242ff.; DERS., *Vom Wandel des Wirkens, erläutert an der Tatbestandsaufnahme im Prozeßverfahren am Anfang des 16. Jahrhunderts*, in: HANS SÜSSMUTH (Hg.), *Historische Anthropologie*, Göttingen 1984, S. 124ff.; zur Methodik vgl. DERS., *Handeln in der Sicht der Historischen Verhaltensforschung*, in: HANS LENK (Hg.), *Handlungstheorie interdisziplinär* 3,2, München 1984, S. 895ff.; DERS., *Die Gemeinsamkeiten einer Epoche aus der Sicht einer umweltbezogenen Verhaltenshistorie*, in: H. BERNSMEIER (Hg.), *Der Geschichtslehrer vor neuen Aufgaben*, Frankfurt/M. 1986, S. 82ff. Zu den Widersprüchen bei Gregor VII. s. AUGUST NITSCHKE, *Die Wirksamkeit Gottes in der Welt Gregors VII.* Eine Untersuchung über die religiösen Äußerungen und politischen Handlungen des Papstes, in: Studi Gregoriani 5, Rom 1956, S. 115ff.

Kapitel I

Vorarbeiten und Ergänzungen:
Zu den unterschiedlichen Bewegungen der Körperteile s. A. NITSCHKE, *Naturerkenntnis*, S. 34 ff.; zu den Bildern, auf denen die Schwere der Körper zum erstenmal dargestellt wird, s. DERS., *Kunst*, S. 69 ff.; die Veränderungen dieser Körpersicht zur Zeit Alexanders des Großen ebd., S. 78 ff.; zur Auswirkung dieser Wahrnehmungsweise auf die Verfassung in Athen s. DERS., *Revolutionen in Naturwissenschaft und Gesellschaft*, Stuttgart-Bad Cannstatt 1979, S. 21 ff.

1 JOHN BOARDMAN, JOSÉ DÖRING, WERNER FUCHS, MAX HIRMER, *Die griechische Kunst*, München 1966/1976: Dipylon-Meister, um 620, Tafel 79; Kleobis und Biton, frühes 6. Jahrhundert: Tafel 83; bei diesen Statuen werden Muskeln nur gezeigt, um den Aspekt »Kraft« darzustellen, so wie an Gelenken »Beweglichkeit« gezeigt werden kann. Ähnliches gilt von der »Körperschwere«. All diese Eigenarten – Kraft, Beweglichkeit, Körperschwere – erscheinen dabei nur immer »als funktional aufeinander bezogene Teile eines Ganzen«, BURKHARD FEHR, *Bewegungsweisen und Verhaltensideale*. Physiognomische Deutungsmöglichkeiten der Bewegungsdarstellung an griechischen Statuen des 5. und 4. Jahrhunderts vor Christus, Bad Bramstedt 1979, S. 25.

2 FEHR, *Bewegungsweisen*, S. 7 f.

3 BOARDMAN, Exekias, um 525, kennt Gewandfalten noch nicht, Tafel XV, XVII, ebensowenig der Andokides-Maler, um 510: Tafel XX, Abb. 113, und der Amasis-Maler, um 540: Tafel 99. Die Gewandfalten fehlen auch bei den Plastiken des 6. Jahrhunderts, ebd., Tafel 81. Sie beginnen bei Euthymides, um 510: Tafel 116, bei Makron, um 490/480: Abb. 162, 163; beim Panaitios-Maler, um 500/490: Tafel 131; beim Brygos-Maler, um 490; Tafel XXIV; beim Kleophrades-Maler, um 500/490: Tafel 126, 127.

4 Bei Euthymides, um 510/500, BOARDMAN, Tafel 124; beim Kleophrades-Maler, um 500/490: Tafel 125, 127 und beim Niobiden-Maler, um 455/450: Tafel 142, 143.

5 Bevorzugt wurden in jener frühen Zeit die Worte anhistasthai, anaissein, ornysthai; G. KURZ, *Darstellungsformen menschlicher Bewegung in der Ilias*, Heidelberg 1966, S. 57 ff., 71 ff.; FEHR, S. 10.

6 AISCHYLOS, Eumeniden 133, SOPHOKLES, Philoktet 894 f., Elektra, 742, ähnlich PINDAR, N. 1, 44 ff.; FEHR, S. 88.

7 EURIPIDES, Andr. 1076 ff., Suppl. 289, Troerin, 98 f.; FEHR, S. 9 f.

8 Zur Datierung s. Athlet aus Adrono, um 460, BOARDMAN, Tafel XXX; Herakles als Bogenschütze von Aphaia-Tempel, um 490/80, Aigina: Tafel 151; Poseidon, von Onatas (?) vor 450: Tafel 159; Kritios-Statue, um 480: Tafel 162.

9 NITSCHKE, *Naturerkenntnis*, S. 35 f.

10 BOARDMAN, Kritios und Nesiotes, Tyrannenmörder, von 477/476: Tafel 161.

11 PLINIUS, Historia Naturalis, 34, 56: uno crure insistere, zur Interpretation s. FEHR, S. 131.

12 Vgl. Anm. 8, Fehr, S. 26; F. HILLER, *Formgeschichtliche Untersuchungen zur griechischen Statue des späten 5. Jahrhunderts*, Mainz 1971, S. 10; N. HIMMELMANN, Marburger Winckelmann-Programm, S. 31 ff., 37 f.; A. NITSCHKE, Verhaltensforschung, S. 68 ff.

13 FEHR, S. 39 f.

14 Ebd. S. 28ff., 33ff., 42ff.
15 Antikenmuseum, Charlottenburg.
16 Vgl. Anm. 4.
17 S. Anm. 15.
18 Poseidon, Apollon, Artemis, Ostfries des Parthenon; GOLO MANN, ALFRED HEUSS (Hg.) *Propyläen Weltgeschichte 3*, Berlin 1962, zu S. 180.
19 PLATON, Timaios 89e.
20 Ebd. 69d.
21 Ebd. 70eff.
22 Ebd. 81b, 85a.
23 Ebd. 56d, 61eff.
24 S. o. Anm. 22.
25 PLATON, Politeia 441e; Timaios 70a.
26 PLATON, Timaios 52e.
27 Ebd. 89aff.
28 VITRUV I 2, 10 *Bücher über die Architektur*, hg. von CURT FENSTERBUSCH, Darmstadt 1964, S. 38.
29 VITRUV III 1, S. 136.
30 Ebd. III 1, S. 138.
31 Ebd. IV 1, S. 170.
32 Ebd. IV 1, S. 170.
33 Ebd. IV 1, S. 172.
34 S. o. Anm. 31.
35 XENOPHON, Oikonomikos VII, 18, 30, hg. v. P. CHANTRAINE, Paris 1949, S. 62, 64.
36 XENOPHON VIII 11ff., S. 69f.
37 XENOPHON IX 2f., S. 72f.; VIII 10, S. 69.
38 HIPPOKRATES, Über die Umwelt, hg. v. HANS DILLER, Berlin 1970, c. 1, S. 24ff.; c. 12, S. 54ff.; c. 16ff., S. 62ff.
39 VITRUV I 1, S. 28ff.; I 4, S. 46ff.
40 Ebd. V 3, S. 212.
41 Ebd. V 9, S. 238.
42 Ebd., S. 238ff.
43 Ebd. VI 1, S. 262.
44 XENOPHON VIII 20, S. 71; vgl. VIII 3, S. 67.
45 VITRUV II 5, S. 190.
46 K. A. DOXIADES, *Raumordnung im griechischen Städtebau*, Heidelberg/Berlin 1937, S. 9, 121ff.
47 DOXIADES, S. 141, 138.
48 Ebd. S. 11, 127, 136ff., 141.
49 CHRISTIAN MEIER, Arbeit, Politik, Identität, in: *Der Mensch und seine Arbeit*, hg. von VENANZ SCHUBERT, St. Ottilien, 1986, S. 55ff.; vgl. PLATON, Politeia 524dff.; ARISTOTELES, Politica 1328b 37ff.
50 THEODOR SCHREIBER, *Die Wandbilder des Polygnotos in der Halle der Knider zu Delphi*, Abh. der Königl.-Sächs. Gesellsch. der WW, Phil. Hist. Kl 17, Leipzig 1897, S. 160ff.: München 849, Amphora aus Canosa, Neapel 3222 aus Altamura.
51 Berlin, Antikenmuseum.
52 S. Anm. 51.
53 S. Anm. 51.

54 Platon, Politeia 441 e, Übersetzung Zürich/München 1973 (Rudolph Ruffener), S. 227.
55 Ebd. 433 d, S. 249.
56 Ebd. 433 dff., S. 250.
57 Ebd. 434 af., S. 233.
58 Ebd. 412 bff., S. 201.
59 Ebd. 536 aff., S. 388.
60 Ebd. 522 bff., S. 365 ff.
61 Ebd. 540 aff., S. 393 ff.
62 Xenophon, Oikonomikos XI 15 ff., S. 81 ff.
63 Ebd. VII 32 ff., S. 64 ff.
64 Ebd. VII 39 f., S. 66.
65 Ebd. VII 42, S. 66.
66 Boardman, Tafel 142.
67 Ebd. Abb. 168.
68 Ebd. Abb. 172.
69 Ebd. Abb. 173.
70 Theophrast, *Die Charactere*, hg. v. J. M. Edmonds, London 1967, c. 17, S. 84.
71 Herodot VII, 35.
72 Samuel Sambursky, *Das physikalische Weltbild der Antike*, Zürich–Stuttgart 1965, S. 50 ff.; Nitschke, *Naturerkenntnis*, S. 34 f.
73 Platon, Politeia 395 dff., übersetzt von Rudolph Ruffener, Zürich–München 1973, S. 173 ff.
74 Ebd., 396 b, S. 174.
75 Nitschke, *Naturerkenntnis*, S. 35; Sambursky, S. 150 ff.
76 Platon, Timaios 61 dff.; Nitschke, *Naturerkenntnis*, S. 35.
77 Sambursky, S. 149 ff.; Nitschke, *Naturerkenntnis*, S. 38 f.
78 Platon, Timaios 58 aff.; Nitschke, *Naturerkenntnis*, S. 39.
79 Nitschke, *Naturerkenntnis*, S. 40 ff.
80 Ebd. S. 43.
81 S. o. S. 35 f.
82 S. o. S. 32 ff.
83 S. o. S. 33 ff.
84 S. o. S. 27 ff.
85 Nitschke, *Naturerkenntnis*, S. 41 ff.
86 Sambursky, S. 184 ff., Max Pohlenz, *Die Stoa*. Geschichte einer geistigen Bewegung, Göttingen 1959, S. 73 ff.; Nitschke, *Naturerkenntnis*, S. 48.

Kapitel II

1 Lucanus, *Bellum civile*, hg. von Wilhelm Ehlers, München 1973, III 74 ff., S. 130 ff.; IV 240 ff., S. 154 f.; IV 560 ff., S. 172 ff.
2 Ebd. VI 460 ff., S. 268 ff.
3 Ebd. VI 496 ff., S. 270 ff.
4 Ebd. VI 611 ff., S. 278.
5 Ebd. VI 250 ff., S. 286.

6 Ebd. VI 201f., S. 254.
7 Ebd. VI 251ff., S. 256.
8 Ebd. VI 256f., S. 256.
9 Ebd. V 169ff., S. 200.
10 Ebd. V 190ff., S. 200.
11 Ebd. V 148, S. 198.
12 Ebd. V 162ff., S. 198ff.
13 Ebd. I 677ff., S. 46.
14 CICERO, Epp. ad. Quintum I 1, 1 (Epp. 3), S. 21.
15 Ebd. I, 1,2, S. 22; I, 1,10, S. 32.
16 Ebd. I, 1,14, S. 36f.
17 Ebd. I, 1,16, S. 38.
18 Ebd. I, 1,4, S. 25.
19 Ebd. I, 1,7, S. 78.
20 Ebd. I, 1,4, S. 32f.
21 S. o. S. 26f.
22 CICERO, ebd. I, 1,13, S. 34.
23 Ebd. I, 1,13, S. 35.
24 Ebd. I, 1,15, S. 37.
25 CICERO, Epp. ad Atticum I, 5 (Epp. 2,1), S. 7.
26 Ebd. I, 17 (Epp. 2,1), S. 31.
27 Ebd. I, 18 (Epp. 2,1), S. 34.
28 CICERO, Epp. ad Quintum I, 1,5 (Epp. 3), S. 25f.
29 CICERO, Epp. ad Atticum I, 5 (Epp. 2,1), S. 7f.; ebd. I, 8, S. 10; I, 10, S. 11; I, 11, S. 12f. usf.; XIII, Çicero, Epp. ad Atticum 18 (Epp. 2,1), S. 34; II, 15, S. 67; XII, 15 (Epp. 2,2), S. 127.
30 Ebd.
31 Ebd. V, 1 (Epp. 2,1), S. 155.
32 Ebd. XII, 12 (Epp. 2,2), S. 124; XII, 18, S. 129; XII, 19, S. 130f.; XII, 20, S. 132; XII, 21, S. 133; XII, 22, S. 134; XII, 23, S. 136 und häufiger; vgl. PIERRE GRIMAL, Les jardins Romains, Paris 1969, S. 362ff.
33 HELLMUTH SICHTERMANN, *Römische Idealplastik*, in: THEODOR KRAUS, *Das Römische Weltreich = Propyläen Kunstgeschichte 2*, Berlin 1984, S. 245.
34 KRAUS, *Weltreich*, Abb. 258.
35 Ebd. Abb. 288.
36 S. o. S. 23ff.
37 Ebd. Abb. 290.
38 Ebd. Abb. 183.
39 Ebd. Abb. 190.
40 Ebd. Abb. 370a.
41 S. o. S. 45.
42 BOARDMAN, Tafel XLIX.
43 Ebd. Tafel L.
44 Ebd. Tafel 264.
45 S. o. Anm. 37ff.
46 S. o. S. 19ff.
47 PLINIUS, Briefe V, 6.
48 Ebd. (am Ende).
49 S. u. S. 280ff.
50 PLINIUS, Brief IX, 36.

51 Cicero, Epp. ad. Atticum I, I (Epp. 2,1), S. 4.
52 Cicero, De oratore I, VII, XXVIII, S. 8; Grimal, Jardins, S. 69 ff.
53 Cicero, Epp. ad. familiares VII, XXIII (Epp. 1), S. 203.
54 Karl Schefold, *Pompejanische Malerei*. Sinn und Ideengeschichte, Basel 1952, S. 106 ff., Tafel 6, 11, 25, 28, 29; Karl Woermann, *Die Landschaft in der Kunst der alten Völker*, München 1876, S. 289 ff., 314 ff.; vgl. Fritz Wirth, *Römische Wandmalerei vom Untergang Pompejis bis ans Ende des 3. Jahrhunderts*, Darmstadt 1968, Tafel 17, 18; Kraus, *Weltreich*, Tafel VII, Abb. 117, 129, 137, 158.
55 Schefold, Tafel 10, 20, 24, 34, 38, 47.
56 Catull, *Carmina*, hg. v. Rudolf Helm, Darmstadt 1963, 5, S. 22.
57 Lucanus, II, 66, S. 64.
58 Lukrez, *Über die Natur der Dinge*, hg. v. Karl Büchner, Zürich 1956, I 351 ff., S. 88, II 1150, S. 232, V 925, S. 484.
59 Ebd. I 127 ff., S. 76, VI 1139 ff.
60 Cicero, Epp. ad Atticum III, 7 ff. (Epp. 2,1), S. 89 ff.; Epp. ad Quintum I, 3 (Epp. 3), S. 46 ff.
61 S. o. S. 64.
62 S. o. S. 54.
63 Plinius, Briefe IX, 36.
64 Plinius, Briefe VII, 5.
65 Vergil, Erste Ekloge, in: ders., Werke, hg. v. Friedrich Artus Hirtzel, Oxford 1900, S. 3.
66 Ebd.
67 Catull, *Carmina*, ebd. S. 22.
68 Ebd. 70, S. 136.
69 Lucanus V, 752 ff., S. 236.
70 Ebd. V, 808 ff., S. 238 ff.
71 S. o. S. 57.
72 S. o. S. 58 f.
73 S. o. S. 59.
74 S. o. S. 52 ff.
75 S. o. Anm. 38.
76 M. Gabriel, *Livius Garden Room at Prima Porta*, New York 1955; Kraus, *Weltreich* Tafel VII, S. 208.
77 Hugo Blümner, Die römischen Privat-Altertümer, in: *Handbuch der klassischen Altertumswissenschaften*, München 1911, S. 11 ff.
78 Ebd.
79 Ebd. S. 29 ff., 34 ff.
80 Ebd. S. 35 ff.
81 Ebd. S. 38 ff.
82 Ebd. S. 41 ff.
83 Ebd.
84 Iban von Müller, Die griechischen Privat- und Kriegsaltertümer, in: *Handbuch der Klassischen Altertumswissenschaften*, München [2]1893, S. 40 ff.
85 Ebd.
86 Blümner, S. 44 ff., 53 f.
87 Heinrich Drerup, *Die römische Villa*, Marburger Winckelmann 1959, S. 4 f.
88 Drerup, S. 6 f.
89 Ebd. S. 12.

90 Ebd. S. 2, 12.
91 Ebd. S. 9.
92 Ebd. S. 2.
93 Ebd. S. 10f.
94 Ebd. S. 10.
95 Ebd. S. 10f.
96 CICERO, Epp. ad Atticum II, 3 (Epp. 2,1), S. 51.
97 DRERUP, S. 12, Tafel 6; KRAUS, *Weltreich*, Abb. 188, 119, 120, 121, 124, 125, 130, 131, 134, 136; SCHEFOLD, Tafel 5, 6, 7, 9, 12, 45.
98 DRERUP, S. 15f.
99 Ebd. S. 16.
100 Ebd. S. 17.
101 S. o. S. 63.
102 CICERO, Epp. ad familiares IX, 4 (Epp. 1), S. 245.
103 PLINIUS, Briefe V, 4.
104 CICERO, Epp. ad Quintum III, 3 (Epp. 3), S. 96; DERS., ad Atticum II, 9 (Epp. 2,1), S. 61f.; DERS., Ad familiares IX, 2 (Epp. 1), S. 243.
105 CICERO, Epp. ad Atticum I, 18 (Epp. 2,1), S. 34.
106 S. o. S. 67.
107 PLINIUS, Briefe, I, 6.
108 CICERO, Epp. ad Atticum II, 20 (Epp. 2,1), S. 78.
109 CATULL, *Carmina* 51, S. 66.
110 S. o. S. 26.
111 S. o. S. 67f.
112 S. o. S. 73ff.
113 KRAUS, *Weltreich*, Abb. 284b.
114 S. o. S. 58ff.
115 KRAUS, *Weltreich*, Abb. 134.
116 LUCANUS V, 577ff., 677, S. 224ff., 230.
117 CICERO, Epp. ad Atticum I, 18 (Epp. 2,1), S. 34.
118 S. o. S. 52ff.
119 LUDWIG FRIEDLÄNDER, *Darstellungen aus der Sittengeschichte Roms 1*, Leipzig 1922, S. 74ff.; 4 Leipzig 1921, S. 56ff.
120 Ebd. 2, 1922, S. 215ff.
121 KRAUS, *Weltreich*, Abb. 183 (Augustus), 198 (Domitian), 205, 208 (Trajan), 209 (Hadrian), 226 (Marc Aurel).
122 CHRYSIPP bei Diogenes, Laertios, 7, 157, hg. von H. S. Long, Oxford 1964, Sambursky, S. 104.
123 *Kleomedes de motu circulari* 1, 1, hg. von H. ZIEGLER, Leipzig 1891, S. 4; SAMBURSKY, S. 224.
124 *Poseidonios bei Strabon*, Geogr. 3,5, hg. von A. MEINECKE, Leipzig 1913; SAMBURSKY, S. 224f.
125 PLUTARCH, *De facie in orbe lunae*, 924D Moralia, hg. von MAX POHLENZ U. A., Leipzig 1925ff.; SAMBURSKY, S. 353.
126 SAMBURSKY, S. 224f.
127 Pliniusbriefe IX 7, S. 500ff.
128 CICERO, Epp. ad familiares VII, 23 (Epp. 1), S. 202ff.; DERS., ad Atticum I, 5 (Epp. 2,1), S. 8, I, 6, S. 9, I, 8, S. 10, I, 9, S. 11, I, 10, S. 11f., II, 3, S. 51ff.; ähnlich oft; DERS., ad Quintum III, 1 (Epp. 3), S. 79ff.
129 Hier besonders KRAUS, *Weltreich*, Abb. 126, 127, 137.

130 XENOPHON, Memorabilia 3, 10, 1, 3–5, 4, S. 1.
131 NITSCHKE, Naturerkenntnis, S. 42f.
132 Ebd. S. 38ff.
133 Ebd. S. 40f.

Kapitel III

Vorarbeiten und Ergänzungen:
Zu den verschiedenen Wirkungen des »Geistes« auf die vier Elemente, der diese zu deren natürlichen Bewegungen veranlassen oder der sie gegen ihre Natur zu bewegen vermag, s. NITSCHKE, *Naturerkenntnis*, S. 48ff.; die Wirkung des Geistes auf Tiere: DERS., *Tiere und Heilige*, Beobachtungen zum Ursprung und Wandel menschlichen Verhaltens, in: RUDOLF VIERHAUS, MANFRED BOTZENHART (Hg.), *Dauer und Wandel der Geschichte*, Festgabe für Kurt von Raumer, Münster 1965, S. 71ff., 78ff.; DERS., *Verhalten und Bewegung der Tiere nach frühen christlichen Lehren*, Studium Generale 20 (1967), S. 236ff. Zu den Umständen, die die Verhaltensweise von Augustin beeinflußten, s. DERS., *Heilige in dieser Welt*, persönliche Autorität und politische Wirksamkeit, Stuttgart 1962, S. 40ff.; zur an Erkenntnis orientierten Askese von Antonius, s. ebd., S. 34ff.

1 AMMIANUS MARCELLINUS, *Römische Geschichte XXI*, 5, hg. von WOLFGANG SEYFARTH, 2, Berlin 1970, S. 136.
2 AMMIAN, XV, 8, 1, Berlin 1968, S. 138.
3 Ebd. XXI, 16, 2, S. 168.
4 Ebd.
5 Ebd. XXVI, 10, 1, S. 176.
6 Ebd.
7 Ebd. XVI, 12, 1, S. 188.
8 Ebd. XVII, 14, 1, S. 254; XX, 4, 2, S. 92.
9 Ebd. XX, 4, 2, S. 92ff.; XX, 8, 2, S. 106.
10 Ebd. XV, 8, 1, S. 136; XVII, 1, S. 252; XX, 9, 2, S. 112ff.; XXI, 5, 2, S. 137; XXI, 13, 2, S. 162; XXIII, 5, 3, S. 83.
11 Ebd. XVI, 10, 1, S. 176.
12 Ebd. XXII, 7, 3, S. 18; ebd., 10, S. 38; XXV, 4, ebd., S. 170.
13 Ebd. XXII, 10, 3, S. 38; XXV, 4, ebd., S. 170.
14 KURT LATTE, *Römische Religionsgeschichte*, Handb. d. Altertumswiss., München 1960, S. 157.
15 Ebd. XX, 3, 2, S. 86ff.; XX, 11, ebd., S. 122ff.; XXIII, 5, 3, S. 82; XXV, 10, 3, S. 192.
16 Ebd. XXI, 2, 2, S. 130.
17 Ebd. XXI, 14, 2, S. 164.
18 Ebd. XXV, 10, 3, S. 192.
19 Ebd. XXII, 1, 3, S. 8.
20 Ebd. XXIII, 2, 3, S. 72.
21 Ebd. XXI, 15, 2, S. 166; XXIII, 5, 3, S. 78ff.
22 Ebd. XX, 3, 2, S. 84ff.; XXIII, 5, 3, S. 83; XXV, 10, 3, S. 192.

23 S. o. Anm. 22.
24 Ebd. XXV, 4, 3, S. 170.
25 Ebd. XIV, 11, 1, S. 102.
26 Ebd. XXI, 1, 2, S. 128.
27 Ebd. XXI, 1, 2, S. 128ff.
28 Ebd., S. 130.
29 Ebd.
30 Ebd.
31 S. o. Anm. 11. Zur patientia als Unbeeinflußbarkeit s. ebd. XXII, 9, 3, S. 36.
32 S. o. Anm. 11, 36.
33 Ammian, XXI, 14, 2, S. 164.
34 Ebd.
35 Ebd., S. 166. Ein ähnliches Bekenntnis von Julian zur »Unbeflecktheit« ebd., XXV, 3, 3, S. 164, s. u. Anm. 47.
36 RICHARD HARDER (Hg.), Plotins Schriften 5, Leipzig 1937, Nr. 46 (Die Glückseligkeit), S. 7ff.; Nr. 49 (Über die Erkennenden Wesenheiten und das Jenseitige), S. 68.
37 AMMIAN, XVI, 5, 1, S. 162.
38 Ebd. XXV, 2, 3, S. 364.
39 Ebd. XXI, 16, 2, S. 168.
40 Ebd. XXV, 4, 3, S. 166.
41 Ebd. S. 166ff.
42 Ebd. S. 168.
43 S. o. Anm. 42, 47.
44 Ebd. XXII, 7, 3, S. 18.
45 S. auch die Schilderung von Constantius II, Ammian XXI, 16, 2, S. 168 oder Julians Übungen, ebd. XXI, 2, 2, S. 130.
46 PAULUS, Brief an die Römer 13, 13.
47 NITSCHKE, *Heilige*, S. 40ff.
48 2. Moses 34, 24; 5. Moses 12, 20; 1. Chronik 18, 3; MARTIN BUBER, *Das Königtum Gottes*, Heidelberg [3]1956, S. 88ff.
49 1. Samuel 15.
50 AUGUSTIN, Confessiones, VII, 7, vgl. ebd. I, 1.
51 Ebd. Confessiones, II, 2, vgl. ebd. I, 10.
52 Ebd. Confessiones, IX, 1.
53 Ebd.
54 Ebd.
55 AUGUSTIN, De civitate dei, V, 12.
56 Ebd. De civitate dei, V, 12, S. 232.
57 Ebd., V, 13, S. 238f.
58 Ebd., IV, 4, IV, 15, S. 182, V, 14, V, 14ff., IX, 21.
59 Diese Texte nahm auch Gratian in sein Dekret auf. C. 23, q.l, c. 3ff. Aem. Friedberg, *Corpus Juris Canonici*, 1, Graz 1959, S. 892ff.
60 S. Anm. 69.
61 S. o. S. 37ff.
62 PAULINUS VON NOLA, ep. 3, CSEL. 29, S. 3ff.; vgl. ep. 6, S. 40f.; ähnlich AUGUSTIN ep. 137, CSEL. 57, S. 82f.
63 PAULINUS, ep. 42, CSEL. 29, S. 362f.; ep. 3, S. 17; ep. 4, S. 20f.; vgl. ep. 23, S. 158; vgl. AUGUSTIN, ep. 27, CSEL. 34, 1, S. 97.

64 P. FABRE, Saint Paulin de Nole et l'amitié chrétienne, 1949.
65 Briefwechsel zwischen Augustin und Hieronymus, ep. 72, CSEL. 34, 2, S. 256; ep. 82, ebd. 34, 2, S. 352; ep. 73, ebd. 34, S. 230ff., 277.
66 S. die Statue eines Kaisers aus der ersten Hälfte des 15. Jahrhunderts in Barletta, KRAUS, *Weltreich*, Abb. 331 und die Statue eines Mannes um 400, ebd., Abb. 334b.
67 S. Das Elfenbeindiptychon der Nicomachi und Symmachi mit Priesterinnen um 400, KRAUS, *Weltreich* Abb. 381a und b; vgl. WOLFGANG FRITZ VOLBACH, *Elfenbeinarbeiten der Spätantike und des frühen Mittelalters*, Mainz [3]1976, Nr. 55, 57 u. 66.
68 VOLBACH, Nr. 55.
69 JOHANNES QUASTEN, *Musik und Gesang in den Kulten der heidnischen Antike und christlichen Frühzeit*, Münster/W. [2]1973, T. 23, 24; KRAUS, *Weltreich*, Abb. 249 (Unterägypten).
70 Jesus als Lehrer und Guter Hirte, KRAUS, *Weltreich*, Tafel 246b, S. 242.
71 KRAUS, *Weltreich*, Tafel 331.
72 S. o. S. 79ff.
73 KRAUS, *Weltreich*, Tafel 253a, 255, 328f., 331.
74 GOLO MANN U. A., *Propyläen Weltgeschichte 4*, Frankfurt/M. 1963, S. 504.
75 KRAUS, *Weltreich*, Tafel 257 (um 500); 387b (um 460).
76 Ebd. Tafel 257.
77 Ebd. Tafel 387b.
78 Ebd. Tafel 265.
79 MANN, *Propyläen Weltgeschichte 4*, S. 536.
80 Ebd., S. 557; vgl. eine ähnliche Elfenbeinarbeit bei VOLBACH Nr. 110.
81 S. *Propyläen Weltgeschichte 4*, S. 469, 564.
82 KRAUS, *Weltreich*, Tafel 380b.
83 WOLFRAM VON DEN STEINEN, *Homo Caelestis* 2, Bern 1965, S. 254.
84 Ebd., S. 255.
85 Zur Veränderung der Wohnhäuser, s. die Bauten in Ostia, FRIEDRICH RAKOB, in: KRAUS, *Weltreich*, Tafel 187.
86 AMMIAN, XVI, 10, 1, S. 176.
87 RAKOB, in: KRAUS, *Weltreich*, S. 92ff.
88 S. o. Anm. 85.
89 AMMIAN, XVI, 10, 1, S. 178.
90 RAKOB, in: KRAUS, *Weltreich*, S. 174f.
91 F. J. Dölger, *Antike und Christentum* 2, München 1930, S. 161ff.
92 GLANVILLE DOWNEY, Libanius Oration in Praise of Antioch (Oration XI), S. 13ff., in: *Proceedings of the American Philosophical Society* 103, Philadelphia 1959, S. 657f.
93 PROKOP, *Bauten* II, 10, hg. von OTTO VEH, München 1974, S. 132.
94 Ebd., II, 2, S. 90ff.
95 Ebd., II, 7, S. 112ff.
96 Ebd., II, 8, S. 118.
97 Ebd., II, 10, S. 128ff.
98 Ebd., IV, 6, S. 212.
99 Erneuerung älterer Befestigungen: Prokop, ebd., II, 1, S. 84; II, 10, S. 128; III, 2, S. 146; III, 5, S. 156; III, 6, S. 164, IV, III, S. 186ff; – Neubauten: Prokop, ebd., III, 6, S. 162; IV, 1, S. 174; IV, 1, S. 176; V, 4, S. 260.
100 Ebd., II, 10, S. 128; IV, 6, S. 212; V, 4, S. 258; VI, 4, S. 288.

101 Ebd., IV, 1, S. 176; VI, 6, S. 298.
102 Ebd., I, 3, S. 38ff.
103 PAULOS SILENTIARIOS, *Ekphrasis*, hg. von OTTO VEH, s. o. Anm. 3, S. 320.
104 Ebd., S. 138ff.
105 PROKOP, *Bauten* I, 1, S. 28ff.
106 PAULOS, S. 334, 338.
107 FRANZ-JOSEPH DÖLGER, Zur Symbolik des altchristlichen Taufhauses, des Oktogon und die Symbolik der Acht-Zahl, in: DERS., *Antike und Christentum 4*, Münster/Westf., 1934, S. 133ff.
108 PROKOP, Bauten, I, 1, S. 28.
109 Ebd., I, 1, S. 22.
110 Ebd., I, 1, S. 24.
111 Ebd., I, 1, S. 26.
112 Ebd., I, 8, S. 60.
113 Ebd., V, 6, S. 266.
114 PAULOS, S. 130ff.
115 PROKOP, *Bauten*, I, 1, S. 26.
116 PAULOS, S. 332.
117 S. Anm. 141.
118 PAULOS, S. 316.
119 PROKOP, *Bauten*, I, 1, S. 30ff.
120 PAULOS, S. 326.
121 Ebd., S. 340.
122 Ebd., S. 950ff.
123 PROKOP, *Bauten*, I, 1, S. 24.
124 PAULOS, S. 320.
125 Ebd.
126 Ebd., S. 322.
127 Ebd., S. 322.
128 Ebd., S. 124.
129 PROKOP, *Bauten*, I, 1, S. 30.
130 PROKOP, *Gotenkriege*, hg. von OTTO VEH, München 1966, IV, 31, S. 958.
131 Ebd., IV, 37, S. 960.
132 S. Anm. 130; AUGUST NITSCHKE, *Bewegungen in Mittelalter und Renaissance*, Düsseldorf 1987, S. 144f.
133 VOLBACH, Nr. 8, 11, 17, 21. Diese Arbeiten stammen aus den Jahren 506 und 517. Hundert Jahre zuvor erscheint Probus noch wie eine Gestalt der griechischen Tradition mit leicht kontrapostischer Stellung, ebd. Nr. 1. Ähnlich das Consular Diptychon von Anfang des 5. Jahrhunderts, ebd. Nr. 35. Rom und Konstantinopel vom 5. Jahrhundert, Nr. 38. Von den achtziger Jahren an scheint keine Schwere auf den Beinen zu lasten. Siehe die Darstellung von Boetius, ebd. Nr. 3 (487), bei dem der Zusammenhang zwischen Füßen und Körper kaum noch erkennbar ist.
134 VOLBACH, Nr. 8, 10, 17, 19, 21.
135 Vorderasiatischer Kult, JOHANNES QUASTEN, *Musik und Gesang*, Münster 1933, Tafel 24 (das Bild eines Isis-Kultes aus Herculaneum).
136 QUASTEN, Musik, Tafel 1 (ein griechisches Vasenbild) 14 (Pompeji), 16 (Friesfragment mit Dionysus-Kult), 38 (Tanzende Mänade auf dem Grabstein eines Soldaten Bon).

137 Vgl. Anm. 161.
138 VOLBACH, Nr. 62 (um 400).
139 Ebd., Nr. 66 (5. Jahrhundert).
140 Ebd., Nr. 48.
141 WOLFGANG FRITZ VOLBACH, JACQUELINE LAFONTAINE-DOSOGNE, *Byzanz und der christliche Osten, Propyläen Kunstgeschichte* 3, Berlin 1984, Abb. I.
142 ERNST H. KANTOROWICZ, *Anatole toy despotoy* in: HERBERT HUNGER (Hg.), *Das byzantinische Herrscherbild*, Darmstadt 1975, S. 262 ff.
143 OTTO TREITINGER, *Die oströmische Kaiser- und Reichsidee nach ihrer Gestaltung im höfischen Zeremoniell*, Darmstadt 1956, S. 56 ff., 199 ff.
144 CONSTANTINUS PORPHYOGENITUS, *De ceremoniis*, hg. v. JACOB REISKE, Bonn 1829, I 89, S. 406.
145 TREITINGER, S. 52 ff.
146 Ebd., S. 58 ff., 63 ff.
147 PAULOS, S. 314.
148 S. o. S. 43.
149 S. o. S. 86 f.
150 Syrianos bei Simplikios, in: *Aristotelis Physica Commentaria*, hg. von H. DIELS, Berlin 1882–95, S. 618, 25; SAMBURSKY, S. 384.
151 NITSCHKE, *Naturerkenntnis*, S. 40 f.
152 SYRIANOS, ebd.
153 PROKLOS bei Simplikios Physica, 611, 16–28.
154 PROKLOS, ebd. 612, 24; SAMBURSKY, S. 386 ff.
155 Ebd.
156 JOHANNES PHILOPONOS, in: *Aristoteles, De anima, commentaria*. Herausgegeben von M. HAYDOCK, Berlin 1897, S. 331, 1.
157 Ebd., S. 232, 7; DERS., in: *Aristoteles, Physica, commentaria*. Herausgegeben von H. VITELLI, Berlin 1887, S. 642, 9.
158 PHILOPONOS, *Physica*, S. 641, 29; vgl. SAMBURSKY, *Weltbild*, S. 618 f., 620, 470, 468 f.

Kapitel IV

Vorarbeiten und Ergänzungen:
Zu den Rechtsformen der Germanen s. AUGUST NITSCHKE, *Freilassung*, S. 220 ff.; DERS., *Läßt sich bei Betrachtung des älteren Familienrechtes die moderne Vorstellung von einer Persönlichkeit aufrechterhalten?*, in: ERNST-JOACHIM LAMPE, *Persönlichkeit, Familie, Eigentum*, Opladen 1987, S. 254 ff.; zur Stellung der Frau s. DERS., *Brunhilde und Hiltgund. Beobachtungen zum Verhaltenswandel der Frauen im frühen Mittelalter*, in: KARL HAUCK (Hg.), *Sprache und Recht*, Festschrift für Ruth Schmidt-Wiegand, Berlin 1986, S. 532 ff.; zur Kunst s. DERS., *Tiere der Sonne*, S. 21 ff.; zum Vergleich mit den Kelten s. DERS., *Wege der Toten*, S. 49 ff.; zur Naturerkenntnis in karolingischer Zeit s. DERS., *Naturerkenntnis*, S. 62 ff.; zu Umgangsformen derselben Zeit ebd., S. 176 ff.; zur Kunst bei Ottonen und Karolingern s. DERS., *Ottonische und karolingische Herrscherdarstellungen.* Gestik und politisches Verhalten, in: Festschrift für Hans Wenzel, Berlin 1975,

S. 157ff.; zur Erziehung bei Ottonen und Karolingern s. DERS., *Die schulgebundene Erziehung der Adligen im Reich der Ottonen*, in: DERS., HARTMUT VON HENTIG (Hg.), *Was uns die Wirklichkeit lehrt*, Festschrift für Golo Mann, Frankfurt/Main 1979, S. 13ff.; zur Verfassungsgeschichte in ottonischer Zeit s. DERS., *Die Einstimmigkeit der Wahlen im Reiche Ottos des Großen*, Mitteil. d. Inst. f. Österr. Geschichtsforschung 70, 1962, S. 29ff.; zum Reformpapsttum s. DERS., *Die Wirksamkeit Gottes in der Welt Gregors VII.*, Eine Untersuchung über die religiösen Äußerungen und politischen Handlungen des Papstes, Studi Gregoriani 5, 1956, S. 115ff.; DERS., *Das Verständnis für Gregors Reformen im 11. Jahrhundert*, Studi Gregoriani 9, 1972, S. 143ff.

1 GROENBECH, *Kultur und Religion der Germanen 1*, Darmstadt 1954, S. 34ff.
2 WALTER BAETKE, *Über den geschichtlichen Gehalt der Isländer Sagas*, in: DERS. (Hg.), *Die Isländersaga*, Darmstadt 1974, S. 323ff.
3 GROENBECH, *Kultur* 2, S. 15; JOACHIM WERNER, Der goldene Armring des Frankenkönigs Childerich und die germanischen Handgelenkringe der jüngeren Kaiserzeit, Frühmittelalt. Stud. 14, 1984, S. 1ff.
4 KARL HAUCK, *Lebensnormen und Kultmythen in germanischen Stammes- und Herrschergenealogien*, Saeculum 6, 1955, S. 193ff.
5 NITSCHKE, *Tiere der Sonne*, S. 25ff.; DERS., Beobachtungen zur normannischen Erziehung im 11. Jahrhundert, Arch. f. Kulturgesch. 43 (1961), S. 266; KARL HAUCK, Gemeinschaftsstiftende Kulte der Seegermanen, Frühmittelalt. Stud. 14 (1980), S. 477f.
6 NITSCHKE, *Brunhilde*, S. 534ff.
7 NITSCHKE, *Tiere*, S. 38ff.
8 HAUCK, *Lebensnormen*, S. 198ff.
9 WOLFRAM VON DEN STEINEN, *Chlodwigs Übergang zum Christentum*, Darmstadt 1963, S. 80ff.
10 NITSCHKE, *Familienrecht*, S. 257, 262.
11 GROENBECH, *Kultur* 1, S. 269ff.
12 NITSCHKE, *Familienrecht*, S. 262f.
13 KARL AUGUST ECKARDT (Hg.), *Lex Salica* ca. 70f., Weimar 1953, S. 190ff.
14 NITSCHKE, *Familienrecht*, S. 262.
15 NITSCHKE, *Brunhilde*, S. 542ff.
16 TACITUS' Germania c. 14, RUDOLF MUCH, *Die Germania des Tacitus*, Heidelberg [3]1967, S. 229.
17 NITSCHKE, *Brunhilde*, S. 547.
18 NITSCHKE, *Soziale Ordnungen im Spiegel der Märchen 1*, Das frühe Europa, Stuttgart-Bad Cannstatt 1976, S. 178ff.
19 AUGUST NITSCHKE, *Die Freilassung*, Beobachtungen zum Wandel von Rechtsgebärden, Zeitschrift für Rechtsgeschichte, Germ. Abt. 99 (1982), S. 242ff.; DERS., Tiere, S. 23ff.; DERS., Brunhilde, S. 538ff.; DERS., *Familienrecht*, S. 261ff.
20 TACITUS, c. 10; MUCH, *Germania*, S. 198ff.
21 GROENBECH, *Kultur 2*, S. 110.
22 LUDWIG SCHMIDT, *Geschichte der Wandalen*, München 1942, S. 164f.
23 LUDWIG BUISSON, Der Bildstein Ardre VIII auf Gotland, in: *Abhandlungen der Akademie der Wissenschaften Göttingen*, phil. hist. Kl. Nr. 102, Göttingen 1976; vgl. HAUCK, Kulte, S. 491ff.
24 HAUCK, *Lebensnormen*, S. 197ff.

25 AUGUST NITSCHKE, *Bewegungen in Mittelalter und Renaissance.* Kämpfe, Spiele, Tänze, Zeremoniell und Umgangsformen, 1987, S. 75 f.
26 NITSCHKE, *Bewegungen*, S. 47; HAUCK, *Lebensnormen*, S. 206ff.
27 TACITUS Germania, c. 9; MUCH, *Germania*, S. 181 ff.
28 GROENBECH, *Kultur* 2, S. 110.
29 BRUNO KRÜGER (Hg.), *Die Germanen* 1, Berlin [4]1983, S. 134f., 322ff.
30 NITSCHKE, *Tiere*, S. 25 ff.
31 NITSCHKE, *Tiere*, S. 26.
32 NITSCHKE, *Tiere*, S. 36f.
33 AUGUST NITSCHKE, *Soziale Ordnungen im Spiegel der Märchen* 1, Stuttgart-Bad Cannstatt 1977, S. 186.
34 NITSCHKE, *Bewegungen*, S. 144.
35 HAUCK, *Lebensnormen*, S. 198 ff.
36 NITSCHKE, *Bewegungen*, S. 46ff., 144.
37 HANS DRESCHER, KARL HAUCK, *Götterthrone des heidnischen Nordens*, Frühmittelalterl. Stud. 16 (1982), S. 244ff.
38 GREGOR VON TOURS, *Geschichten* X 23, Freiherr vom Stein Ausgabe 2, Berlin (o. J.), S. 390; NITSCHKE, *Bewegungen*, S. 87f.
39 NITSCHKE, *Familienrecht*, S. 257ff.
40 Ebd., S. 258.
41 NITSCHKE, *Bewegungen*, S. 87ff., 96, vgl. o. Anm. 38
42 NITSCHKE, *Familienrecht*, S. 257
43 Ebd., S. 257, 259
44 Ebd., S. 258ff.
45 HAUCK, *Lebensnormen*, S. 198ff.; NITSCHKE, *Bewegungen*, S. 144.
46 NITSCHKE, *Bewegungen*, S. 48 ff.
47 NITSCHKE, *Tiere der Sonne*, S. 39ff.
48 HAUCK, *Lebensnormen*, S. 198; NITSCHKE, *Freilassung*, S. 230ff.
49 NITSCHKE, *Tiere der Sonne*, S. 36ff.
50 AUGUST NITSCHKE, *Soziale Ordnungen im Spiegel der Märchen* 1, S. 169ff., 186f.
51 Der Seefahrer, *Altenglische Lyrik*, übers. v. ROLF BREUER, Stuttgart 1972, S. 21 ff.
52 Ebd., Die Ruine, S. 49.
53 Ebd., Klage der Frauen, S. 41.
54 *Briefe des Bonifaz* Nr. 147 MGH. Epp. sel. 1, Berlin 1955, S. 284.
55 *Briefe des Bonifaz* 14, Freiherr vom Stein Ged. Ausg. 4b, Darmstadt 1968, S. 54.
56 GREGOR VON TOURS, *Geschichten* II 29, Bd. 1, S. 114.
57 ECKHARDT, Lex Salica, Prolog 4, S. 88.
58 EBERHARD SCHMIDT, *Einführung in die Geschichte der deutschen Strafrechtspflege*, Göttingen 1951, S. 23f.
59 Der Wanderer, *Altenglische Lyrik*, S. 13ff.
60 MGH. Capit. 1, Nr. 72 c. 11, S. 164.
61 Ebd., c. 1, S. 162.
62 BARONTUS, MGH. SS. rer. Merov. 5, S. 381.
63 Ebd., c. 8, S. 383.
64 Ebd., c. 9f., S. 384f.
65 Ebd., c. 12, S. 386f.
66 WALAHFRID STRABO, *Die Vision Wettis*, hg. v. HERMANN KNITTEL, Sigmaringen 1986, S. 54.

67 Ebd., S. 70.
68 Ebd., S. 70ff.
69 Ebd., S. 84.
70 BARONTUS, c. 9f., S. 384.
71 Briefe des Bonifaz, Nr. 13, F. v. St., S. 48ff.
72 Ebd., S. 48.
73 Ebd., Nr. 14, S. 56ff.
74 Briefe des Bonifaz, Nr. 148, MGH. Epp. sel. 1, S. 286.
75 Ders., Nr. 94, F. v. St., S. 316.
76 MGH. Epp. 4, Nr. 79, S. 120.
77 Briefe des Bonifaz, F. v. St., Nr. 74, S. 228.
78 MGH., Epp. 4, Nr. 74, S. 117.
79 Ebd., Nr. 16, S. 42.
80 Ebd., Nr. 191, S. 318.
81 MGH. Epp. sel. 1, Nr. 103, S. 226.
82 AUGUST NITSCHKE, *Vom Hören und Gehorchen*. Beobachtungen zu den Anfängen der abendländischen Kultur. HNO Informationen 12 (1987), S. 16ff.
83 S. o. S. 53ff.
84 S. o. S. 109.
85 S. o. S. 149.
86 WILLIBALD, *Das Leben des Bonifaz*, c. 1, F. v. St. 46, S. 462; NITSCHKE, *Rebellen*, S. 27f.
87 MGH. SS. 15, 1, S. 68; NITSCHKE, *Erziehung der Adligen*, S. 16f.
88 NITSCHKE, *Hören*, S. 17f.
89 WOLFRAM VON DEN STEINEN, *Homo Caelestis 2*, Bern 1965, S. 66.
90 NITSCHKE, *Wege der Toten*, S. 51ff.
91 HERMANN FILLITZ, *Das Mittelalter 1, Propyläen Kunstgeschichte 5*, Berlin 1984, Tafel IV; im Unterschied dazu s. den Evangelisten Lukas aus dem 6. Jahrhundert in Oberitalien, der weder hört noch schreibt, Fillitz, Tafel 3.
92 In: NITSCHKE, *Kunst und Verhalten*, S. 48f.; DERS., *Tiere der Sonne*, S. 24f. wird erläutert, wie sich aus diesen aspektivischen Bildern ein Verhalten erschließen läßt.
93 NITSCHKE, *Herrscherdarstellungen*, S. 166ff.
94 FILLITZ, Tafel VII.
95 Ebd., Tafel 414, 72, 372.
96 Ebd., Tafel 19.
97 Ebd., Tafel 22.
98 Ebd., Tafel 36.
99 Ebd., Tafel 37, 34, 32.
100 ALKWIN, MGH. Epp. 4, Nr. 41, S. 84; NITSCHKE, *Naturerkenntnis*, S. 180.
101 MGH. Epp. 4, Nr. 111, S. 161; Nr. 148, S. 241; MGH. Poet. lat. 1, S. 360 Darstellung dieses »Raumes« siehe S. 182.
102 FILLITZ, Abb. 27 (2. Viertel d. 9. Jh.), 38 (870), 44 (980), 47 (um 1010), 49 (vor 1020); VON DEN STEINEN, *Homo*, Abb. 90, 146, 147, 159, 161, 166; AUGUST NITSCHKE, *Kunst und Verhalten*. Analoge Konfigurationen, Stuttgart-Bad Cannstatt 1975, S. 108ff.
103 MGH. Poet. lat. 1, Berlin 1881, S. 365.
104 NOTKER, *Taten Karls* I 30, F. v. St. 7, Darmstadt 1960, S. 366.
105 GREGOR VII., MGH. Epp. sel. 2, Reg. III, 19, S. 264.
106 MGH. Capit. 1, Nr. 124, S. 245.

107 NITSCHKE, *Naturerkenntnis*, S. 226.
108 MGH. Capit. 1, Nr. 22, S. 53f.
109 Ebd., Nr. 83, S. 181; Nr. 84, S. 182; Nr. 120, S. 239.
110 Ebd., Nr. 22, S. 53f.
111 Ebd., S. 54.
112 Ebd., S. 54.
113 NITSCHKE, *Herrscherdarstellungen*, S. 158ff., 170f.
114 ALKWIN, Nr. 61, MGH. Epp. 4, S. 104f.; Nr. 74, S. 117.
115 MGH. Epp. sel. 2, Reg. II, 5, S. 132.
116 MGH Epp. sel. 2, Reg. VII, 11, S. 473 und noch oft, NITSCHKE, *Wirksamkeit*, S. 139.
117 Reg. VI 17, S. 423f.
118 NITSCHKE, *Wirksamkeit*, S. 139.
119 EINHARD, *Das Leben Karls*, c. 31, F. v. St. 5, Darmstadt 1962, S. 202.
120 EINHARD, c. 15, S. 182ff.
121 S. o. S. 141.
122 S. o. S. 121ff.
123 BEDA, *Kirchengeschichte der Angeln* III 2, hg. v. C. PLUMMER, Oxford 1896, S. 128.
124 WILHELM MESSERER, *Karolingische Kunst*, Köln 1973, Abb. 16.
125 Codex Carolinus, MGH. Epp. 3 (1), Nr. 13, 22, 33, 39, S. 510, 526, 540, 552.
126 EINHARD, c. 5ff., S. 170ff.
127 MGH. Capit. 1, Nr. 26, S. 68.
128 ALKWIN, MGH. Epp. 4, Nr. 111, S. 160f.
129 ALKWIN, MGH. Epp. 4, Nr. 41, S. 84; Nr. 111, S. 161.
130 NITSCHKE, Heilige, S. 91ff.
131 MGH. Epp. sel. 2, Reg. II, 21, S. 281.
132 S. o. S. 108.
133 NITSCHKE, *Wirksamkeit*, S. 130ff., 143ff.; DERS., *Erziehung der Adligen*, S. 22ff.; DERS., *Heilige*, S. 87f.; THIETMAR VON MERSEBURG, MGH. SS. I 24, S. 30ff.
134 NITSCHKE, *Wirksamkeit*, S. 151ff., 214ff.
135 S. Anm. 104, NOTKER II 8, S. 368.
136 Das Epos von Karl und Leo, MGH. Poet. lat. I, S. 368.
137 Liber Pontificalis, Hadrian c. 35, hg. v. L. DUCHESNE, Paris 1955, S. 496f.
138 KASSIUS HALLINGER (Hg.), *Initia consuetudinis Benedictiniae* 1, Siegburg 1963, S. 296ff.; FRIEDRICH MÖBIUS, HELGA SCURIE, Symbolwerke mittelalterlicher Kunst, Leipzig 1984, S. 54ff., 156ff.
139 MÖBIUS, S. 56.
140 Ebd., S. 56f.
141 Epos von Karl, S. 370f.
142 ANGILBERT, MGH. Poet. lat. 1, S. 360ff.
143 E. T. DEWALD, *The Illustrations of the Utrecht Psalter*, Princeton 1932, fol. 3r, 8r, 23r, 36v, 73r.
144 Ebd., fol. 9r, 13r, 13v, 14v, 15v, 25r, 35r, 40r, 49r, 54v.
145 Ebd., fol. 25r.
146 Ebd., fol. 10v, 15r, 22v, 79v.
147 Ebd., fol. 34v, 63v.
148 Ebd., fol. 52v, 73v, 75v, 89v.
149 Ebd., fol. 51v, 65v.

150 Ebd., fol. 17r, 26r, 27v, 43v, 61v.
151 Ebd., fol. 8v, 14v, 27v.
152 S. u. S. 212ff.
153 MGH. Capit. 1, Nr. 124, S. 245f.; Nr. 72, S. 164.
154 S. o. Anm. 60.
155 MGH. Capit. 2, Nr. 304, S. 461; Nitschke, *Einstimmigkeit*, S. 58.
156 Thietmar von Merseburg, *Chronik* VII 71, F. v. St. 9, Darmstadt 1962, S. 486f.
157 Ebd.
158 Thietmar VI 10, S. 286.
159 Ebd., IV 54, S. 194.
160 Ebd., VII prol, S. 396.
161 Ebd., V 32, S. 256f.
162 Nitschke, *Einstimmigkeit*, S. 42ff.
163 Percy Ernst Schramm, *Herrschaftszeichen und Staatssymbolik* 2, Stuttgart 1955, S. 492ff.
164 Liudprand, Antapodosis IV 24, S. 117.
165 Ebd., IV 25, S. 119.
166 Percy Ernst Schramm, *Kaiser, Könige und Päpste* 3, Stuttgart 1969, S. 63f., 84.
167 Widukind von Korvey, *Sachsengeschichte* II 10, F. v. St. 8, Darmstadt 1971, S. 74.
168 Dümmler, *Jahrbücher*, S. 179.
169 MGH. Const. 1, Nr. 13, S. 29.
170 Widukind II 11, S. 77.
171 Nitschke, *Kunst*, S. 108ff.
172 S. o. S. 175.
173 Nitschke, *Verhaltensforschung*, S. 116ff.
174 Nitschke, *Kunst*, S. 109.
175 Nitschke, *Wirksamkeit*, S. 136ff., 214f.
176 Ebd., S. 138, 141.
177 MGH. Epp. sel. 2 Reg. II 37, S. 173.
178 Ebd., III 21, S. 281.
179 Ebd., II 49, S. 189.
180 Ebd., VII 11, S. 474.
181 Ebd., II 55a (S. 207).
182 Percy Ernst Schramm, *Kaiser, Rom und Renovatio*, Berlin 1929, S. 110f.
183 MGH. Epp. sel. 2 Reg. II 55a.
184 S. o., Anm. 133.
185 Johannes Scotus, *Erläuterungen zur Himmelshierarchie des heiligen Dionys*, c. 1 § 1, Migne, Patrologia latina 122, Paris 1853, S. 129.
186 Alkwin, MGH. Epp. 4, Nr. 133, S. 200f.; Nr. 148, S. 239f.
187 Thietmar VI 10, S. 253.
188 Das Leben von Meinwerk, c. 186, MGH. SS. 11, S. 150.

Kapitel V

Vorarbeiten und Ergänzungen:
Zur Naturwissenschaftsgeschichte s. AUGUST NITSCHKE, *Naturerkenntnis*, S. 79ff.; zur politischen Theorie DERS., ebd., S. 150ff.; zu politischen Verhaltensweisen DERS., Die Mitarbeiter des jungen Friedrich Barbarossa, in: KASPAR ELM u. a. (Hg.), *Landesgeschichte und Geistesgeschichte*, Festschrift für Otto Herding, Stuttgart 1977, S. 56ff.; DERS., Friedrich II., S. 648ff.; zu Kampfspielen DERS., Die Skepsis des Historikers und zuwenig beachtete Raum- und Zeitvorstellungen, Saeculum 26 (1985), S. 105ff.; DERS., *Bewegungen*, S. 147ff.; zur Erziehung DERS., *Beobachtungen zur normannischen Erziehung*, S. 265ff.; DERS., *Rebellen*, S. 33ff., 51ff.; zur Erklärung des Wandels DERS., *Revolutionen*, S. 33ff., 67ff.

1 GEOFFREY CHAUCER, *Canterbury Tales*, hg. v. FRED NORRIS ROBINSON, Cambridge – Mass. 1957, S. 17; ARNO BORST, *Lebensformen im Mittelalter*, Frankfurt/M. 1973, S. 150.
2 HILDEGARD VON BINGEN, Heilkunde, übers. u. erläutert v. H. SCHIPPERGES, Salzburg 1957, S. 93.
3 THIERRY VON CHARTRES, *De opere sex dierum*, c. 10, hg. v. N. HARING, Archives d'Histoire doctrinale littéraire du moyen-âge 30 (1955–1956), S. 187.
4 WILHELM VON CONCHES, *De philosophia mundi* I 22, MPL. 172, S. 55.
5 Ebd., IV, 7, S. 88.
6 THIERRY VON CHARTRES, ebd., c. 14, S. 189.
7 Zu den Wissenschaftlern, die im 12. Jahrhundert diese kausale Erklärungsweise bevorzugen, s. NITSCHKE, *Naturerkenntnis*, S. 80ff.
8 SALIMBENE, *Cronica*, MGH. SS. 32, S. 96.
9 ANDREAS CAPELLANUS, *De amore*, hg. v. E. TROJEL, München 1964, S. 70.
10 ANDREAS CAPELLANUS, *Hartliebs Übersetzung*, hg. v. A. KAREIN, München 1970, S. 106.
11 SALIMBENE, MGH. SS. 32, S. 225.
12 S. o. S. 151f.
13 ALBERTUS MAGNUS, *Über die Pflanzen* VII, DIETER HENNEBO, *Gärten des Mittelalters*, 1962 S. 41ff.
14 THIERY VON CHARTRES, *De opere*, c. 19, S. 190; vgl. auch ebd., c. 5, S. 186.
15 FRIEDRICH II., *De arte venandi cum avibus*, hg. v. C. R. Willemsen 1 (1942), S. 4f.
16 ERWIN ASSMANN (Hg.) *Visio Godeschalci*, Neumünster 1979, S. 9f., 25ff., 38ff.
17 Ebd., S. 29.
18 Wanderung durch das Dornenland, das Wasser und die Unterwelt, c. 4 (S. 56), c. 10 (S. 62), c. 14 (S. 66); NITSCHKE, *Wege der Toten*, S. 54.
19 ASSMANN, S. 14.
20 Ebd., S. 39ff.
21 Ebd., c. 18, S. 70.
22 VISIO TNUNGDALI, hg. v. A. WAGNER, Erlangen 1882, hg. v. OSCAR SCHADE, Halle/Saale 1869.
23 K. LANGOSCH (Hg.), Ruodlieb, Berlin 1956, S. 180.
24 GUILLAUME DE LORRIS, S. 30, *Le Roman de la Rose*, hg. v. A. LANLY, Paris 1983, Vers 727ff.
25 INGO F. WALTHER (Hg.), *Codex Manesse* 1, Frankfurt/M. 1988, S. 114, 169.

26 Ebd., S. 60, 213.
27 TACITUS, c. 24; NITSCHKE, *Bewegung*, S. 72
28 NITSCHKE, *Bewegung*, S. 79.
29 C. SACHS, *Eine Weltgeschichte des Tanzes*, Hildesheim 1984, S. 189.
30 BOARDMAN, Tafel 218.
31 S. o., Anm. 23 f.
32 VON KÜRENBERG, in: MAX WEHRLI (Hg.), *Deutsche Lyrik des Mittelalters*, Zürich 1955, S. 42.
33 Choniatis Niketas, Historia hg. v. J. A. VAN DIETEN, Berlin 1975, S. 108; NITSCHKE, *Bewegungen*, S. 64.
34 Saba Malaspina, Historia, hg. v. G. DEL RE, *Chronisti e Scrittori Sincroni Napolitani* 2, Neapel 1868, S. 313; NITSCHKE, *Bewegungen*, S. 66, 147 f.
35 Ebd., S. 66 f.
36 SALIMBENE VON PARMA, *Chronik*, MGH. SS. 32, Hannover 1913, S. 45; Martino da Canale, La Cronaca dei Veneziani, Archivio storico Italiano 8, Florenz 1845, S. 420.
37 WILWOLT VON SCHAUMBURG, *Geschichten und Taten*, hg. v. A. VON KELLER, Stuttgart 1859, S. 158 ff.
38 ALWIN SCHULTZ, *Das höfische Leben zur Zeit der Minnesänger* 2, Leipzig 1899, S. 108 f.
39 Ebd., S. 110 ff.
40 JOHN STOW, *Survey of London*, hg. v. C. KINGSFORD, 2 Oxford 1908, S. 226 f.; vgl. NITSCHKE, *Bewegungen*, S. 61.
41 S. o. Anm. 34.
42 S. o. Anm. 33.
43 RAMON MUNTANER, *Cronica* 4, Barcelona 1951, S. 48.
44 GUSTAV HERGSELL (Hg.), *Talhoffers Fechtbuch* aus dem Jahre 1459, Prag 1889, Tafel 74 ff.
45 WALTER SCHAUFELBERGER, *Der Alte Schweizer und sein König*, Zürich 1952, S. 17 ff.
46 HERMANN FILLITZ, *Das Mittelalter 1, Propyläen Kunstgeschichte 5*, Bern 1984, S. 72 f.
47 Ebd., Tafel 146.
48 Ebd., Tafel 134 a.
49 Ebd., Tafel 35 a.
50 Ebd., Tafel 35 b.
51 Ebd., Tafel 144.
52 Ebd., Tafel 145.
53 Ebd., Tafel 147.
54 Ebd., Tafel 151.
55 Ebd., Tafel 135 b.
56 Ebd., Tafel 134 a, 135 a, 145, 151.
57 Ebd., Tafel 145, 146, 147, 150.
58 Ebd., Tafel 139.
59 S. o. S. 178 ff.
60 Ebd., Tafel 160.
61 Ebd., Tafel 161.
62 Ebd., S. 76.
63 Ebd., Tafel 64.
64 Ebd., Tafel 163.

65 Ebd., S. 76.
66 Ebd., S. 76.
67 Ebd., Tafel 157.
68 Ebd., S. 77.
69 Ebd., S. 76.
70 Ebd., S. 113.
71 AUGUST NITSCHKE, *Ziele Heinrichs IV.*, Beobachtungen zum Wandel einer Staatsform, in: KARL-HEINZ MANEGOLD, *Wissenschaft, Wirtschaft und Technik*, Wilhelm Treue zum 60. Geburtstag, München 1969, S. 59ff.
72 Ebd., S. 60f.
73 HANS-MARTIN MAURER, Burgen, in: Württ. Landesmuseum (Hg.), *Die Zeit der Staufer* 3, Stuttgart 1977, S. 119.
74 ASSMANN, c. 40, S. 106.
75 S. o. S. 178ff.
76 ASSMANN, c. 50, S. 134.
77 CORD MECKSEPER, Städtebau, in: *Zeit der Staufer*, S. 76ff.
78 BERENT SCHWINEKÖPER, Die Problematik von Begriffen wie Stauferstädte, Zähringerstädte und ähnliche Bezeichnungen, in: ERICH MASCHKE, JÜRGEN SYDOW (Hg.), *Südwestdeutsche Städte im Zeitalter der Staufer*, Sigmaringen 1980, S. 165ff.
79 LAMBERT VON ARDRES, *Historia comitum Ghisnensium*, c. 83, MGH. SS. 24, S. 599, vgl. c. 57, S. 590; c. 76, S. 596.
80 Ebd., c. 83, S. 599f.
81 Ebd., c. 109, S. 613; vgl. c. 78, S. 597; c. 154, S. 642.
82 Ebd., c. 77, S. 597.
83 Ebd., c. 77, S. 597; c. 41, S. 582.
84 Ebd., c. 68, S. 594; c. 83, S. 600.
85 Ebd., c. 68, S. 594.
86 Ebd., c. 154, S. 642.
87 Ebd., c. 127, S. 624; ähnlich: c. 76, S. 596; c. 77, S. 597
88 SCHULTZ, *Leben*, S. 54ff.; CORD MECKSEPER, *Kleine Kunstgeschichte der deutschen Stadt im Mittelalter*, Darmstadt 1982, S. 108ff., 112ff.
89 S. o. S. 73ff. und S. 257ff.
90 S. o., Anm. 87.
91 Der neue Wunsch, der Zimmereinteilung eine übersichtliche, d. h. geometrische Klarheit zu verleihen, ist am deutlichsten in den Bauten Friedrichs II. zu spüren, etwa in Castel del Monte. Vgl. NITSCHKE, *Friedrich II.*, S. 690.
92 ALBERTUS MAGNUS, Physica, in: DERS., *Opera* 2, Lyon 1651, I 3, c. 17, S. 53.
93 Ebd., I 3, c. 16, S. 52f.; NITSCHKE, *Naturerkenntnis*, S. 114ff.
94 NITSCHKE, *Naturerkenntnis*, S. 124f.
95 ALBERTUS MAGNUS, Physica I 3, c. 17, S. 53.
96 ALBERTUS MAGNUS, Metaphysica XI 2, c. 12; DERS., *Opera omnia*, hg. v. B. GEYER 16, 2 164, S. 499; vgl. ebd. c. 6, S. 490; NITSCHKE, *Naturerkenntnis*, S. 123f.
97 ALBERTUS MAGNUS, Quaestiones de animalibus I 54, in: DERS., *Opera omnia* 12 (1955), S. 107.
98 GERVASIUS VON CANTERBURY, *Chronica I*, Rer. Brittan. SS. 73, London 1879, S. 19f.; BORST, *Lebensformen*, S. 220.
99 S. o. S. 28f.
100 S. o. S. 120ff.

101 NITSCHKE, *Revolutionen*, S. 34ff., 44ff., 52ff., 59ff.
102 OTTO VON FREISING, *Taten Friedrichs II* 5, F. v. St., S. 290.
103 NITSCHKE, *Revolutionen*, S. 44ff., 52ff.; WERNER PARAVICINI, *Karl der Kühne*, Göttingen 1976, S. 83ff.
104 THIERRY VON CHARTRES, De opere, c. 17, S. 189.
105 S. o. S. 199.
106 S. o. S. 207ff.
107 VON DEN STEINEN, Homo 2, S. 268 Tafel III.
108 WEHRLI, *Lyrik*, S. 32 (Anonymus); S. 106 (Heinrich von Veldeke); 195 (Wolfram von Eschenbach); S. 234 (Walther von der Vogelweide); S. 242 (ders.); S. 244ff. (ders.); NITSCHKE, *Friedrich II.*, S. 649ff.
109 VON DEN STEINEN, *Homo* 2, Tafel bei S. 238, 267f.
110 Ebd., S. 98.
111 Ebd., S. 16.
112 Ebd., S. 281 (Leine des Pferdes).
113 S. o. S. 208ff.
114 S. o. S. 19ff., 23ff.
115 S. o. S. 192ff.
116 S. o. S. 19ff.
117 S. o. S. 219ff.
118 S. u. S. 253ff., 308.

Kapitel VI

Vorarbeiten und Ergänzungen:
Zu den Naturwissenschaften s. AUGUST NITSCHKE, *Der Wandel von Naturwissenschaft und Gesellschaft in Spätmittelalter und Renaissance*. Geschichte in Wissenschaft und Unterricht, Beiheft 1979, S. 40ff.; DERS., *Luthers Beziehung zur neuzeitlichen Naturwissenschaft*, Festschrift für Hermann Heimpel 1, Göttingen 1971, S. 639ff. Zur Beziehung zwischen Naturwissenschaft und Staatstheorie, DERS., *Wandlungen des Kraftbegriffs in den politischen Theorien des 16. und 17. Jahrhunderts*, Sudhoffs Archiv 55, 1971, S. 180ff.; DERS., *Keplers Staats- und Rechtslehre*, in: FRITZ KRAFFT u. a. (Hg.), *Internationales Keplersymposium, Weil der Stadt 1971*, Hildesheim 1972, S. 409ff. Zum Wandel der Rechtsvorstellungen, DERS., *Vom Wandel des Wirkens, erläutert an der Tatbestandsaufnahme im Prozeßverfahren am Anfang des 16. Jahrhunderts*, in: HANS SÜSSMUTH (Hg.), *Historische Anthropologie*, Göttingen 1984, S. 124ff. Zu Kindern und deren Erziehung, DERS., *Die Stellung des Kindes in der Familie im späten Mittelalter und in der Renaissance*, in: ALFRED HAVERKAMP (Hg.), *Haus und Familie in der spätmittelalterlichen Stadt*, Wien 1984, S. 215ff. DERS., *Rebellen*, S. 39ff.; zu den neuen Bewegungsabläufen, s. DERS., *Bewegungen*, S. 150ff. *Zum Wandel*, s. DERS., *Revolutionen*, S. 79ff., 116ff.

1 FRANZ HATTINGER, *Stundenbuch des Herzogs von Berry*, Stuttgart (o. J.), S. 5f.
2 MARIA LANCKOROŃSKA, Christlich-humanistische Symbolsprache, in: *Studien zur Kunstgeschichte* 319, Baden-Baden 1958, vgl. MICHAEL NEUMANN,

Die Freuden des Jahres. Die Monatsbilder des Brevarium Grimani, Bayreuth 1978, o. Seitenangaben.

3 Ebd. (Faksimileausgabe von Scato de Vries, Salomone Mopurgo, Leiden, Leipzig 1903–1908).

4 HATTINGER, Tafel VI.

5 NEUMANN, ebd.

6 HATTINGER, Tafel X, Neumann ebd.

7 Ebd., Tafel VIII.

8 NEUMANN, ebd.

9 Genter Altar, s. JAN BIAŁOSTOCKI, *Spätmittelalter und beginnende Neuzeit. Propyläen Kunstgeschichte* 7, Berlin 1984, Tafel 15 a, b (1432).

10 BIAŁOSTOCKI, Tafel 105.

11 BIAŁOSTOCKI, Tafel 106.

12 Ebd., Tafel 111.

13 Ebd., Tafel 128.

14 Ebd., Tafel XLIV.

15 HEINZ KINDERMANN, *Theatergeschichte Europas* 2, Salzburg 1951, S. 94.

16 TH. KIRCHNER, *Raumerfahrung im geistlichen Spiel des Mittelalters*, Frankfurt/M. 1985, S. 99ff.

17 KINDERMANN, ebd., S. 27. Zur Halbellipse s. Kindermann, S. 90.

18 Ebd., S. 82ff.

19 Ebd., S. 48ff.

20 GUGLIELMO EBREO, *Trattato Dell Arte Del Ballo*, Bologna 1968.

21 Ebd., S. 35f.

22 Ebd., S. 35f.; NITSCHKE, *Bewegungen*, S. 80.

23 NITSCHKE, *Bewegungen*, S. 150.

24 S. o. S. 205ff.

25 NITSCHKE, *Bewegungen*.

26 KARL HEINZ TAUBERT, *Höfische Tänze*, Mainz 1968, S. 61.

27 Ebd., S. 61.

28 Ebd., S. 71.

29 Ebd., S. 71.

30 Ebd., S. 71.

31 JOHANN PASCH, *Beschreibung wahrer Tanz-Kunst*, Frankfurt 1707, S. 29f.

32 ARCHANGELO TUCCARO, *Trois dialogues de l'exercise de sauter et voltiger en l'air*, Paris 1559; MICHEL BINAMÉ, La Théorie de la Gymnastique et de »l'Art de Sauter« de l'Archangelo Tuccaro (1536–1604); Hispa, The History, the Evolution and Diffusion of Sports and Games in different cultures, Brüssel 1976, S. 387ff.

33 NITSCHKE, *Bewegungen*, Abb. 16f., S. 133f.

34 SALVATORE FABRI, *De lo schermo overe scienza de 'arme*, Kopenhagen 1606; GUSTAV HERGSELL, *Die Fechtkunst* im 15. und 16. Jahrhundert, Prag 1896, S. 335f.; NITSCHKE, *Bewegungen*, S. 70f.

35 NITSCHKE, *Bewegungen*, Abb. 19f., S. 135.

36 HENNING EICHBERG, Leistung, Spannung, Geschwindigkeit, Sport und Tanz im gesellschaftlichen Wandel des 18./19. Jahrhunderts, Stuttgart 1978, S. 61ff.

37 FABRI, GUSTAV HERGSELL, *Die Fechtkunst*, S. 4ff.

38 S. o. S. 19ff.

39 S. o. S. 141ff.

40 S. o. S. 164ff.

41 S. o. S. 205 ff.
42 SIEGFRIED EPPERLEIN, *Der Bauer im Bild des Mittelalters*, Leipzig 1975, S. 137.
43 S. o. S. 198 f.
44 LEONARDO DA VINCI, *Tagebücher und Aufzeichnungen*, hg. v. T. LÜCKE (1940), S. 14.
45 EBd., S. 7.
46 LEONARDO DA VINCI, *Das Leben eines Genies*, 6. Aufl., Wiesbaden/Berlin 1972, S. 170.
47 Ebd.
48 Ebd., S. 167.
49 THOMAS MORUS, *De optimo reipublicae statu*, New Haven, London 1965, S. 172; AUGUST NITSCHKE, *Wandlungen des Kraftbegriffs in den politischen Theorien des 16. und 17. Jahrhunderts*, Sudhoffs Archiv 55, 1971, S. 196 f.
50 HUTTEN, *Deutsche Schriften*, München 1970, S. 320.
51 Ebd., S. 328.
52 LEONARDO, *Tagebücher*, S. 222.
53 Ebd., S. 11.
54 NICCOLÒ MACHIAVELLI, *Discorsi* III 1; DERS., *Tutte le opere*, hg. v. FRANCESCO FLORA, CARLO CORDIÉ, Mailand 1940, S. 327; vgl. I 3, S. 102 f.; NITSCHKE, *Kraftbegriff*, S. 184 f.
55 NITSCHKE, *Keplers Staats- und Rechtslehre*, S. 422.
56 S. o.S. 219 ff.
57 CARSTEN-PETER WARNKE, *Sprechende Bilder – sichtbare Worte*. Das Bildverständnis in der frühen Neuzeit, Wiesbaden 1987, S. 298 ff., 315 ff.
58 GIORDANO BRUNO, *Die Kabbala des Pegasus*, 2. Dialog, in: DERS., Gesammelte Werke, hg. v. LUDWIG KUHLENBECK, 6 Jena 1909, S. 40.
59 HANS BLUMENBERG, *Die kopernikanische Wende*, Frankfurt 1965, 63 ff., 88 ff.
60 S. o. S. 26, 43.
61 GALILEO GALILEI, *Dialog über die beiden hauptsächlichsten Weltsysteme*, hg. v. ROMAN SEXEL, *Karl v. Meyenn*, Stuttgart 1982, S. 20.
62 Ebd., S. 20 ff.
63 Ebd., S. 33.
64 Ebd., S. 34; vgl. S. 30.
65 Ebd., S. 34.
66 RENÉ DESCARTES, *Principia philosophica* II 39; DERS., Œvres, hg. v. CH. ADAM, P. TANNERY, 8 Paris 1957, S. 63 f.; NITSCHKE, *Kraftbegriff*, S. 198 f.
67 ISAAC NEWTON, *Principia Mathematica*; DERS., *Opera omnia* 2, Stuttgart-Bad Cannstatt 1964, S. 3, 13, 19.
68 GIORDANO BRUNO, *Zwiegespräch vom unendlichen All und den Welten*, in: DERS., ebd., Jena 1904.
69 ANDREA PALLADIO, *Die vier Bücher zur Architektur*, München 1983, S. 161.
70 Ebd., S. 161.
71 Ebd., S. 121.
72 Ebd., S. 100.
73 Ebd., S. 246.
74 Ebd., S. 162, 132.
75 HAINHOFER, in: *Zeitschrift des Historischen Vereins für Schwaben und Neuburg* 8, Augsburg 1881, Augsburg: S. 24.
76 Ebd., München, S. 73.

77 Ebd., S. 74.
78 MATTHÄUS DANIEL PÖPPELMANN, *Vorstellung und Beschreibung des Zwingergartens zu Dresden* 1729 = Dortmund 1980 (o. S. = S. 8).
79 Ebd., S. 7.
80 S. o. S. 236.
81 BIAŁOSTOCKI, T. 104.
82 Ebd., T. 253.
83 Ebd., T. 229.
84 GEORG KAUFFMANN, *Die Kunst des 16. Jahrhunderts. Propyläen Kunstgeschichte 8*, Berlin 1984, T. 3a.
85 PALLADIO, S. 114, 164.
86 Ebd., S. 209, 246.
87 Ebd., S. 273.
88 Ebd., S. 273.
89 NICCOLÒ MACHIAVELLI, *Discorsi* II 2, S. 239; I 29, S. 161.
90 Ebd., vgl. NITSCHKE, *Wandlungen des Kraftbegriffs*, S. 182f.
91 Ebd., II 2, S. 239.
92 S. o. S. 249.
93 MACHIAVELLI, *Discorsi* I 2, S. 100.
94 Ebd., I 1, S. 125, 127; III 1, S. 329.
95 Ebd., III 1, S. 328.
96 NITSCHKE, *Kraftbegriff*, S. 198ff.
97 KEPLER, *Gesammelte Werke 6*, S. 196.
98 Ebd., S. 191.
99 Ebd., S. 191.
100 Ebd., S. 203.
101 THOMAS HOBBES, *De homine* 11, 2; DERS., *Opera* 2, Aalen 1961, S. 95; DERS., *Leviathan* I 13, S. 99.
102 NITSCHKE, *Kraftbegriff*, S. 200.
103 ALBRECHT DÜRER, in: FERDINAND LIEBENAU (Hg.), *Tagebücher und Briefe*, München 1969, S. 109.
104 LEONARDO, *Das Leben*, S. 40.
105 FELIX PLATTER, *Tagebuch*, Basel/Stuttgart 1976, S. 57.
106 GIACOMO CASANOVA, *Geschichte meines Lebens* 1, Berlin 1964, S. 88.
107 BARTHOLOMÄUS SASTROW, *Lauf meines Lebens*. Ein deutscher Bürger im 16. Jahrhundert, Berlin 1956, S. 48f.
108 NITSCHKE, *Vom Wandel des Wirkens*, S. 130ff.
109 ALBERTI, I libri della famiglia, in: DERS., *Opere volgari*, Bari 1960, S. 46; NITSCHKE, *Stellung des Kindes*, S. 215ff.
110 HERMANN VON WEINSBERG, *Das Buch Weinsberg*, bearb. von KONSTANTIN HÖHLBAUM, Leipzig 1886, S. 57.
111 M. J. TUCKER, *Das Kind als Anfang und Ende*, in: LLOYD DE MAUSE (Hg.), *Hört ihr die Kinder weinen*, Frankfurt/Main 1977, S. 356.
112 A. NITSCHKE, *Stellung des Kindes*, S. 217; DERS., *Rebellen*, S. 36.
113 SASTROW, *Lauf meines Lebens*, S. 48.
114 WEINSBERG, S. 58.
115 JOSEF GRÜNPECK, Historia Friderici IV ed Maximiliani, hg. v. J. SCHMELL, Der österreichische Geschichtsforscher 1, 1838, S. 83.
116 HERMANN VON WEINSBERG, S. 57.
117 NITSCHKE, *Revolutionen*, S. 83, 88ff., 118.

118 Nitschke, *Revolutionen*, S. 99 ff.
119 Nitschke, *Revolutionen*, S. 94 ff.
120 Christina Hofmann, *Das Spanische Hofzeremoniell von 1500 bis 1700*, Frankfurt/M. 1985, S. 130 ff., 145 ff.

Kapitel VII

Vorarbeiten und Ergänzungen:
Zur Naturwissenschaftsgeschichte s. August Nitschke, *Revolutionen*, S. 127 ff., 138 ff., 140 ff. Zum Wandel in der Malerei ders., *Kunst und Verhalten*, S. 96 ff.; zu den Veränderungen in der Dichtung ders., *Energieübertragung, Ströme, Felder und Wellen, Beobachtungen zur Lyrik von Goethe, Novalis und Eichendorff*, in: Helmut Kreuzer (Hg.), *Gestaltungsgeschichte und Gesellschaftsgeschichte*, Festschrift für Fritz Martini, Stuttgart 1969, S. 201 ff. Zur Verfassungsgeschichte ders., *Die neuen Staatsverfassungen*, in: ders. (Hg.), *Verhaltenswandel in der industriellen Revolution*, Beiträge zur Sozialgeschichte, Stuttgart 1975, S. 21 ff. Zum neuen Bewegungsverhalten s. ders., *Nicht-Europäische Bewegungsweisen im Sport*, Sportwissenschaften 15 (1985), S. 294 ff.; ders., *Skepsis*, S. 107 ff. Zur Erziehung der Kinder s. ders., *Raumerfahrungen und Selbsterfahrungen – Beobachtungen zum Wandel jugendlicher Bewegungsweisen zwischen dem 18. und 20. Jahrhundert*, in: ders. / Jochen Martin (Hg.), *Zur Sozialgeschichte der Kindheit*, Freiburg 1986, S. 591 ff. Ders., *Rebellen*, S. 44 ff., 57 ff.

1 Karl Philipp Moritz, *Anton Reiser*, Ein psychologischer Roman, Nördlingen 1987, S. 35.
2 Ebd., S. 33 ff.
3 Christian F. D. Schubart, *Leben und Erinnerungen*, Heidenheim 1969, S. 28 f.
4 L. Rellstab, *Aus meinem Leben*, Berlin 1861, S. 19.
5 Johann Wilhelm Schirmer, *Die Lebenserinnerungen*, Krefeld 1956, S. 32.
6 Ulrich Bräker, *Der arme Mann im Tockenburg*, München 1965, 32.
7 Theodor Fontane, *Meine Kinderjahre*, Berlin 1919, S. 212.
8 Hermann Sudermann, *Das Bilderbuch meiner Jugend*, Stuttgart/Berlin 1922, S. 19.
9 Friedrich Ratzel, *Glücksinseln und Träume*, Leipzig 1905, S. 36.
10 Bogumil Goltz, *Buch der Kindheit*, Langensalza 1908, S. 142.
11 Ebd., S. 143.
12 Rudolf von Gottschall, *Aus meiner Jugend*, Berlin 1898, S. 24.
13 Moritz, Reiser, S. 64.
14 Alfred Hoffmann, Der Landschaftsgarten, in: ders. – Dieter Hennebo, *Geschichte der Gartenkunst* 3, Hamburg 1963, S. 18 ff.
15 Ebd., S. 22 ff.
16 Ebd., S. 35.
17 M.-L. Gotheim, *Geschichte der Gartenkunst* 2, Jena [2]1926, S. 386.
18 Justus Möser, *Patriotische Phantasien* 2, Berlin 1778, S. 335 ff.
19 C. C. L. Hirschfeld, *Theorie der Gartenkunst* 2, Leipzig 1780, S. 350; vgl. Hoffmann, *Landschaftsgarten*, S. 83.

20 Hirschfeld, ebd. 1, S. 184; Hoffmann, S. 134.
21 Friedrich von Schiller, Über den Gartenkalender auf das Jahr 1795, in: ders., *Sämtliche Werke* 15, Stuttgart 1894, S. 198.
22 Hirschfeld 2, S. 351f.
23 Hoffmann, S. 85.
24 Christoph Wihelm Hufeland, *Selbstbiographie*, hg. von Walter von Brunn, Stuttgart 1937, S. 32, 45f.
25 Ernst Moritz Arndt, *Fragmente über Menschenbildung*, Langensalza 1904, S. 125.
26 J. C. F. GutsMuths, *Gymnastik für die Jugend*, Frankfurt/M. 1970, S. 140.
27 Ebd., S. 199ff., 206.
28 Nitschke, *Bewegungsweisen*, S. 301; ders., *Raumerfahrungen*, S. 596f.
29 Eichberg, *Leistungen*, S. 188ff.
30 Kleinschmidt, *Tyrocinium militare*, Stuttgart 1989, S. 167ff.
31 Ebd., S. 258ff.
32 Ebd., S. 260ff.
33 Giacomo Casanova, *Geschichte meines Lebens* 1, Berlin 1964, S. 92ff.
34 Nitschke, *Rebellen*, S. 40ff.
35 Johann Wolfgang von Goethe, Die Leiden des jungen Werther, (15. September), *Werke* hg. v. Erich Trunz, 6 München 1977, S. 80f.
36 Nitschke, *Raumerfahrungen*, S. 592ff.
37 Nitschke, *Rebellen*, S. 45ff.
38 Goethe, *Dichtung und Wahrheit*, hg. v. Trunz, 9 München 1978, S. 47f.
39 Jean-Jacques Rousseau, Les Confessions, in: ders., *Œuvres complètes* 1, Paris 1959, S. 18ff.
40 Nitschke, *Kunst und Verhalten*, S. 97ff.
41 Ebd., S. 103ff.
42 Ebd., S. 100ff.
43 Ebd., S. 103ff.
44 H. Börsch-Supan, K. Jähnig, *Caspar David Friedrich*, München 1973, S. 446.
45 Peter Lahnstein, *Eduard Mörike*, München 1986, S. 124.
46 Ebd., S. 123.
47 Immanuel Kant, Allgemeine Naturgeschichte und Theorie des Himmels, in: ders., *Werkausgabe* (hg. v. Wilhelm Weischedel) 1, Frankfurt/M. 1977, S. 274.
48 Ebd., S. 277.
49 S. o. S. 19ff.
50 Karl Hund, in: Armin Hermann (Hg.), *Lexikon Geschichte der Physik*, Köln 1987, S. 355; vgl. S. 82.
51 Ebd., S. 355.
52 Lothar Suhling, ebd., S. 265ff.
53 S. o. S. 289ff.
54 Ebd., S. 75; Siegfried Koch, *Der Konzeptwandel in Naturwissenschaften um 1800* im Vergleich, in: Nitschke, *Industrielle Revolution*, S. 94ff.; Friedrich Wilhelm Joseph von Schelling, *Entwurf eines Systems der Naturphilosophie* (1799), in: Manfred Schröter (Hrg.), *Schellings Werke* 2, München 1958, S. 22ff.
55 Christoph Heinrich Pfaff, in: Hermann, *Lexikon*, S. 75.
56 Friedrich Mohr, Über die Natur der Wärme, in: Baumgartners und von

Holger's Zeitschrift für Physik und verwandte Wissenschaften 5 (1837), S. 419ff.

57 JULIUS ROBERT MAYER, Die Mechanik der Wärme, in: DERS., *Gesammelte Schriften* (hg. v. J. J. WEYRAUCH), Stuttgart [3]1893, S. 48.

58 ARMIN HERMANN, *Lexikon*, S. 262.

59 MICHAEL FARADAY, *Diary* 1, London 1932, S. 370; DERS., *Experimental Researches in Electricity* 3, London 1855 (= Brüssel 1969), § 2146, S. 1f.

60 S. o. S. 229.

61 LOTHAR SUHLING, in: HERMANN, *Lexikon*, S. 92ff.

62 Ebd., S. 94.

63 AUGUST NITSCHKE, *Energy and Entropy*, A Model für the Explanation of Social Change?, Journal of Non-Equilibrian Thermodynamics 12 (1987), S. 78f.

64 FRITZ HARTUNG, *Die Entwicklung der Menschen- und Bürgerrechte von 1776 bis zur Gegenwart*, Göttingen [3]1964, S. 36.

65 Ebd., S. 42.

66 Ebd., S. 51.

67 Ebd., S. 37.

68 WERNER BOLDT, *Die Anfänge des deutschen Parteiwesens*, Paderborn 1971, S. 18ff.

69 BARBARA VOGEL, *Allgemeine Gewerbefreiheit*, Göttingen 1983, S. 135ff., 157ff.

70 JULIUS ZEITLER (Hg.), *Deutsche Liebesbriefe*, Berlin 1944, S. 161.

71 Ebd., S. 199.

72 Ebd., S. 201.

73 Ebd., S. 201.

74 MORITZ, Reiser, S. 68f., 71.

75 S. o. Anm. 39; NITSCHKE, *Rebellen*, S. 45.

76 JOHANN WOLFGANG VON GOETHE, *Werke*, hg. v. ERICH TRUNZ, Hamburg 1948, S. 142.

77 JOSEPH VON EICHENDORFF, *Sämtliche Werke*, hg. v. W. KOSCH, H. SCHULHOF, A. SAUER (o. J.), S. 302.

78 Ebd., S. 306, NITSCHKE, *Energieübertragung*, S. 215ff.

79 Nitschke, ebd. S. 212ff.

80 S. o. S. 201ff., 258ff.

81 S. Anm. 78.

82 GOETHE 1, S. 30f.; NITSCHKE, *Energieübertragung*, S. 206f.

Kapitel VIII

Vorarbeiten und Ergänzungen:
Zum Wandel in der Naturwissenschaft s. AUGUST NITSCHKE, *Revolutionen*, S. 178ff.; neue Zeitvorstellungen in der Dichtung: DERS., *Ein Plädoyer für die andere Kultur*, in: HELMUT KREUZER (Hg.), *Die zwei Kulturen, literarische und naturwissenschaftliche Intelligenz*, München 1987, S. 282ff. Veränderungen in der Theologie: DERS., *Die Begegnung der Christen mit den Weltreligionen*, in: Deutsches Institut für Fernstudien (DIFF) (Hg.), Funkkolleg Jahrhundertwende

1880–1930, Die Entstehung der modernen Gesellschaft, Studienbegleitbrief 12, S. 102ff., Weinheim 1989. Zu den neuen Bewegungsformen s. DERS., *Nicht-europäische Bewegungsweisen*, S. 294ff.; DERS., *Die Bewegung als Zugang zu einer Kultur*, in: CHRISTA PROKSCH, *Taijiquan*, Darmstadt 1987, S. 107ff. Zu Beziehungen zwischen Bewegung und Malerei s. DERS., *Turnen, Rhythmik und neue Tänze*, in: DIFF Jahrhundertwende, Studienbegleitbrief 4, Weinheim 1988, S. 99ff. Zu den Beziehungen zwischen Bewegung und Musik s. ebd., S. 106. Zum gesellschaftlichen Wandel s. DERS., *Abkehr vom Individuum*, in: DIFF Jahrhundertwende, Studienbegleitbrief 11, 1989, S. 7ff., 12ff.; zu den politischen Vorstellungen s. DERS., *Der Feind. Erlebnis, Theorie und Begegnung – Formen politischen Handelns im 20. Jahrhundert*, Stuttgart 1964. Zum Wandel der Jugendlichen s. DERS., *Rebellen*, S. 110ff.; zur Epocheneinteilung s. DERS., *Die Jahrhundertwende – eine neue Epoche?* in: DIFF, Jahrhundertwende, Studienbegleitbrief 0, Weinheim 1988, S. 53ff.; vgl. ebd. 10, Weinheim 1989, S. 11ff.

1 NITSCHKE, Feind, S. 77ff., 135ff.
2 NITSCHKE, Rebellen, S. 112ff.
3 FRITZ NOVOTNY, Der Impressionismus, in: RUDOLF ZEITLER (Hg.), *Die Kunst des 19. Jahrhunderts, Propyläen Kunstgeschichte* 11, Berlin 1966, S. 129, 132.
4 ZEITLER, Tafel XXXIX.
5 Ebd., Abb. XLI; LORENZ DITTMANN, Von Cézanne zu Redon, in: DIFF, Jahrhundertwende, Studienbegleitbrief 4, Weinheim 1988, S. 21f.
6 JOHN REWALD, *Geschichte des Impressionismus*, Zürich 1957, S. 150, 163; DITTMANN, ebd., S. 20.
7 GIULIO CARLO ARGAN, *Die Kunst des 20. Jahrhunderts* 1880–1940, *Propyläen Kunstgeschichte 12*, Berlin 1977, Tafel IV.
8 Ebd., Tafel 9.
9 Ebd., Tafel II.
10 GEORGE SEURAT, in: ARGAN, S. 70.
11 MARTIN HEIDEGGER, Sein und Zeit, *Gesamtausgabe* 2, Frankfurt/M. 1976, S. 178ff., 244ff.
12 VINCENT VAN GOGH, *Sämtliche Briefe*, hg. v. FRITZ ERPEL 4, Zürich 1965, S. 198f.
13 WALTER HESS, *Das Problem der Farbe in den Selbstzeugnissen der Maler von Cézanne bis Mondrian*, Mittenwald 1981, S. 52, 31f.
14 FRIEDRICH NIETZSCHE, *Werke* 2, hg. v. KARL SCHLECHTA, München ^{2}1960, S. 1255.
15 JOHANNES LANGNER, Der Kubismus, in: ARGAN, S. 187f.; EBERHARD ROTERS, Der blaue Reiter, ebd., S. 174.
16 RUDOLF BODE, *Energie und Rhythmus, Musik und Erziehung*, Goslar ^{2}1941, S. 11.
17 RUDOLF BODE, *Aufgaben und Ziele der Rhythmischen Gymnastik*, München 1913, S. 14.
18 LORY MAIER-SMITS, in: *Wir erleben Rudolf Steiner*, Stuttgart 1967, S. 148.
19 ELSE KLINK, Eurhythmie, in: GERTRUD BÜNNER – PETER RÖTHIG, *Grundlagen und Methoden rhythmischer Erziehung*, Stuttgart 1971, S. 163.
20 Ebd., S. 164.
21 Ebd., S. 159ff.
22 S. o. S. 288ff.

23 Bleuler, in: Johannes Heinrich Schultz, *Das autogene Training*, Stuttgart 1964, S. 314.
24 Schultz, ebd., S. 25, 63.
25 Ebd.
26 Ebd., S. 233.
27 S. o. S. 323f.
28 Volker Hentschel, Die moderne Revolution: Industrielle Revolution, in: DIFF, Geschichte, Studienbegleitbrief 8, Weinheim, S. 144ff.
29 Friedrich Naumann, *Neudeutsche Wirtschaftspolitik*, in: Werke 3, Köln, Opladen 1964, S. 104f.
30 Ebd.
31 Ebd.
32 Friedrich Naumann, *Mitteleuropa*, Berlin 1915, S. 173.
33 Nitschke, Feind, S. 154ff.; Eberhard Jäckel, *Hitlers Weltanschauung*, Stuttgart 1986, S. 29ff.
34 Günther, *Die Tänze*, S. 88, 119,
35 F. W. Koebner (Hg.), *Jazz und Shimmy*, Berlin 1921, S. 13ff.; Günther, *Die Tänze*, S. 119ff.
36 Günther, Die Tänze, S. 122.
37 Ebd., S. 40f., 56.
38 Ebd., S. 56.
39 Helmut Günther, *jazz dance*, Wilhelmshaven 1980, S. 20ff.
40 Helmut Günther, Historische Grundlinien der deutschen Rhythmusbewegung, in: Bünner / Röthig, *Grundlagen*, S. 40ff.
41 Emile Jaques-Dalcroze, *Einführung in den Rhythmus, in:* ders., *Rhythmus, Musik und Erziehung*, Basel 1922, S. 55.
42 Ebd., S. 55.
43 Ebd., S. 55.
44 Ebd., S. 175.
45 Ebd., S. 188.
46 Ebd., S. 81.
47 Eduard Pütz – Hugo Wolfram Schmidt (Hg.), *musik international*, Köln 1975, S. 44, 46f.
48 Jacques Maquet – Herbert Ganslmeyr, *Afrika, die schwarzen Zivilisationen*, Paris 1970, S. 352.
49 Detlev Peukert, *Die Edelweißpiraten*, Köln 1980, S. 202.
50 S. o. S. 326ff.
51 Paul Klee, Urwege zur Form, in: Württembergischer Kunstverein (Hg.), *50 jahre bauhaus*, Stuttgart 1968, S. 23.
52 Wassily Kandinsky, Analytisches Zeichnen, in: *50 Jahre bauhaus*, S. 51, 55; vgl. S. 257ff.
53 Ebd. S. 52.
54 Alfred Nitschke, *Das verwaiste Kind der Natur*. Ärztliche Beobachtungen zur Welt des jungen Menschen, Tübingen 1967, S. 94ff., 105ff.; Nitschke, *Verhaltensforschung*, S. 100f., 177f.
55 Walther Gerlach, Physik und Chemie, in: Golo Mann (Hg.), *Propyläen Weltgeschichte 9*, Berlin 1960, S. 479f.; Gerhard Frey, *Erkenntnisse der Wirklichkeit*, Stuttgart 1965, S. 67ff.
56 Ebd.
57 Steffen Richter, in: Hermann, *Lexikon*, S. 236; vgl. ebd., S. 207.

58 HERMANN, *Lexikon*, S. 322f.
59 Ebd. und S. 453
60 Ebd., S. 322.
61 S. o. S. 252ff.
62 S. o. S. 304ff.
63 HERMANN, *Lexikon*, S. 322f.
64 HANS HEINRICH EGGEBRECHT, Atonalität, in: RIEMANN, *Musiklexikon*, Sachteil, Mainz 1967, S. 57ff.
65 S. o. S. 285f.
66 S. o. S. 301f.
67 Bauhausarchiv (Hg.) *Der vorbildliche Architekt Mies von der Rohe, Architekturunterricht 1930 bis 1958 am Bauhaus und in Chicago*, Berlin 1986, S. 182.
68 Ebd., S. 183.
69 AUGUST NITSCHKE – HANS WIELAND (Hg.), *Die Faszination außereuropäischer Sport- und Tanzformen*, Ahrensburg 1980, S. 179; DERS., Bewegung als Zugang, S. 107ff.
70 JAQUES-DALCROZE, *Rhythmus*, Musik, S. 82.
71 MARY WIGMAN, in: AUGUST NITSCHKE, *Funkkolleg Jahrhundertwende*, hg. v. DERS., DETLEV PEUKERT, GERHARD RITTER 1, Hamburg 1989.
72 Ebd.
73 KARL JASPERS, *Philosophie 2*, Berlin 1956, S. 201ff.
74 HEIDEGGER, *Sein und Zeit*, S. 332ff.
75 S. o. S. 341ff.
76 NITSCHKE, *Revolutionen*, S. 185f.; EDUARDO CHILLIDA, in: CAROLA GIDEON-WELCKER, Schriften 1926–1971, Köln 1973, S. 511.

Kapitel IX

Vorarbeiten und Ergänzungen:
Zur Erklärung des Wandels der Wahrnehmungsweisen wurden eine Reihe von Hypothesen diskutiert. Am Anfang war ich noch so in dem traditionellen Denkmuster der Historiker befangen, demzufolge diese sich mit den Menschen, mit menschlichen Gruppen und Strukturen, die Menschen bilden, zu beschäftigen haben, daß ich den Wandel der Wahrnehmungsweisen auf Veränderungen zurückführen wollte, die sich »in irgendeiner Weise mit Mutationen vergleichen lassen«. NITSCHKE, *Naturerkenntnis*, S. 256. Ich erwog damals auch, den Menschen bestimmte Eigenschaften zuzuschreiben, etwa die »Tendenz, immer neue Erfahrungen in seiner Umwelt zu suchen«, oder zwei widersprechende Tendenzen, eine nach »Sicherheit« und eine nach »Erfahrung des Fordernden, die ihn in Frage stellt«; DERS., *Verhaltenswandel*, S. 141f. Später erst wurde mir voll bewußt, daß bei Wechselwirkungen Veränderungen auch eintreten können, wenn alle, von denen Wirkungen ausgehen – so auch natürliche oder technische Gegebenheiten –, in gleicher Weise beeinflußt werden. So können alle in die Situation geraten, daß die Distanz zwischen ihnen sich vergrößert, oder alle können in geringerer Distanz aufeinander wirken. Dies muß die Art ihrer Wechselwirkungen verändern, s. DERS., *Revolutionen*, S. 67f., 116f., 160f. Auch wäre möglich, daß alle, die an Wechselwirkungen teilhaben, über gesteigerte oder verringerte Energie verfügen, sich schneller oder langsamer bewegen, s. DERS., *Ver-*

haltensforschung, S. 205 ff.; DERS., *Bewegung als Zugang zu einer Kultur*, S. 118 ff. Diese Veränderungen, die alle, die in Wechselwirkungen miteinander verbunden sind, gleichermaßen betreffen, lassen sich mit Veränderungen vergleichen, denen auch Systeme ganz anderer Art – etwa physikalische Systeme – unterworfen sind, s. DERS., *Energy and Entropy. A Model for the Explanation of Social Change?* Journal of Non-Equilibrian Thermodynamics 12 (1987), S. 80 ff. Wenn Menschen in eine veränderte Gesamtsituation geraten, die sie eine neue Art des Wirkens erfahren läßt, kann diese sich auch auf ihre Phantasie auswirken, die dann das Handeln mit beeinflußt, s. DERS., *Rebellen*, S. 93 ff., 138 ff.

1 KREUZER, *Die zwei Kulturen*, S. 7 ff.; WOLF LEPENIES, *Die drei Kulturen*, München 1985, S. 11.
2 NITSCHKE, *Rebellen*, S. 15 f., 27 f., 51 f.
3 NITSCHKE, *Verhaltensforschung*, S. 25 ff.
4 DERS., *Soziale Ordnungen im Spiegel der Märchen* 2, Stuttgart-Bad Cannstatt 1977, S. 174 ff.
5 Ebd., S. 15 ff.
6 Ebd., S. 44 ff., 71 ff., 88 ff., 122 ff., 131.
7 Ebd., S. 29 ff., 77, 80 f., 83.
8 S. o. S. 304.
9 S. o. S. 19.
10 S. o. S. 143 f.
11 S. o. S. 192 ff.
12 S. o. S. 198 f.
13 S. o. S. 245 ff.
14 S. o. S. 304 ff.
15 S. o. S. 331 ff.

Abkürzungsverzeichnis

Capit.	Capitularia
CSEL	Corpus Scriptorum Ecclesiasticorum Latinorum
Epp.	Epistolae
Epp. sel.	Epistolae selectae
F. v. St.	Freiherr von Stein-Gedächtnisausgabe
MGH	Monumenta Germaniae Historica
SS	Scriptores
SS rer. Merov.	Scriptores rerum Merovingicarum

Bildquellenverzeichnis

1 Dipylon-Meister, Stehender Jüngling aus Attika, Marmor. / New York, Metropolitan Museum of Art, Fletcher Fund, 1932 (32.11.1), New York.
2 Herakles als Bogenschütze / M. Hirmer Verlag, München.
3 Amasis-Maler. Von der Halsamphora, Paris des Médailles / M. Hirmer Verlag, München.
4 Panaitios-Maler, Schale. Theseus und Amphitrite. Paris, Louvre / M. Hirmer Verlag, München.
5 Poseidon. Athen, Nationalmuseum / M. Hirmer Verlag, München.
6 Kritios-Knabe. Athen, Akropolis-Museum / M. Hirmer Verlag, München.
7 Sauroktonos. Rom, Vatikan / Monumenti Musei Vaticani.
8 Pan-Maler. Boston Museum of Fine Arts.
9 Euthymides, Tanzende Zecher. München, Staatl. Antikensammlung / M. Hirmer Verlag, München.
10 Helena-Maler, Pompe, Dionysos und Eros. New York, Metropolitan Museum of Art / M. Hirmer Verlag, München.
11 Poseidon, Apollon und Artemis. Athen / M. Hirmer Verlag, München.
12 Apulischer Volutenkrater (Vasenbild) / Staatliche Antikensammlung, München.
13 Vasenbild / Antikmuseum, Staatl. Museen Preußischer Kulturbesitz, Berlin.
14 Vasenbild / Antikmuseum, Staatl. Museen Preußischer Kulturbesitz, Berlin.
15 Gefallener. Aphaia-Tempel auf Aigina / Staatl. Antiken-Sammlung, München.
16 Herculanische Tänzerinnen. Neapel / Alinari, Firenze.
17 Statue des Augustus. Rom / Roger Violett, Paris.
18 Sitzstudie des Tiberius, Rom. Aus: *Propyläen Kunstgeschichte Band 2*.
19 Prozession an der Ara Pacis, Rom / Fototheka Unione, Rom F. U. 3246, F 3247.
20 Prozessionsbild, Rom / Monumenti Musei Vaticani.
21 Silberpatera mit Darstellung des Eleusinischen Opfers / Deutsches Archäologisches Institut, Rom.
22 Alexandersarkophag, Istanbul / Max Seidel, München.
23 Nereide, Silberrelief vom Deckel einer Pyxis. Tarent Museo Nazionale / M. Hirmer Verlag, München.
24 Tanzende Nike auf Silberrelief / Antikenmuseum Basel, Inv.-Nr. 520, Foto: Claire Niggli.
25 Wandgemälde Pompeji, Paris auf dem Ida. Nationalmuseum Neapel / Schwabe Verlag, Basel.
26 Heiliger Hain, Villa der Livia / Schwabe Verlag, Basel.
27 Hauptwand aus Bau 4 der Villa unter der Farnesina in Rom / Schwabe Verlag, Basel.
28 Gemma Augustea. / Antikensammlung Kunsthistorisches Museum, Wien (AS IXA 79).
29 Tellus- und Rankenrelief Via Pacis. Rom / Fototeca Unione. Rom F. U. 6450.
30 Congiarium des Kaisers Marc Aurel (Konstantin-Bogen). Rom / Alinari, Firenze.
31 Elfenbeinarbeit der Spätantike. Reproduziert nach W. F. Volbach, *Elfenbeinarbeiten der Spätantike und des frühen Mittelalters*. Röm.-German. Zentralmuseum, Mainz. Katalog Vor- und frühgeschichtlicher Altertümer 7 (1952; 3. Aufl. 1976 Verlag Philipp von Zabern, Mainz, Nr. 55, Tafel 29).

32 Jesus als Lehrer. Aus: C. Schug-Wille, *Byzanz und seine Welt*, Holle Verlag, Baden-Baden / Druckhaus Nonntal, Salzburg.
33 Jesus als guter Hirte. Aus: W. v. d. Steinen, *Homo Caelestis* / Francke Verlag, Bern und München.
34 Statue eines Kaisers; Barletta. Aus: *Propyläen Weltgeschichte Band 2*.
35 Constantinus I. Konservatorenpalast, Rom / Deutsches Archäologisches Institut, Rom.
36 Wagenlenker Prophyrius, Relief, Istanbul / M. Hirmer, München.
37 Gemme, Triumphierender Kaiser. Paris / M. Hirmer Verlag, München.
38 Sockelrelief, Theodosius-Obelisken, Istanbul / M. Hirmer Verlag, München.
39 Silberschale, Theodosius I. Madrid Real Academia de la Historia. Aus: *Propyläen Weltgeschichte Band 4*.
40 Holztüre von Santa Sabina / Alinari, Firenze.
41 Elfenbein-Pyxis mit Darstellung des thronenden Christus und Aposteln. / M. Hirmer Verlag, München.
42 Sarkophag, Jesus zwischen zwei Palmen. Aus: W. v. d. Steinen, *Homo Caelestis* / Francke Verlag, Bern und München.
43 Gott als Lamm dargestellt. Aus: W. v. d. Steinen, *Homo Caelestis* / Francke Verlag, Bern und München.
44 Hagia Sophia. Aus: C. Schug-Wille, *Byzanz und seine Welt*, Holle Verlag, Baden-Baden / Druckhaus Nonntal, Salzburg.
45 Elfenbeindiptychon (Teil). Reproduziert nach W. F. Volbach, *Elfenbeinarbeiten der Spätantike und des frühen Mittelalters*. Röm. German. Zentralmuseum, Mainz. Katalog Vor- und frühgeschichtlicher Altertümer 7 (1952; 3. Aufl. 1976 Verlag Philipp von Zabern, Mainz, Nr. 21, Tafel 9).
46 Seraphisheiligtum mit Tanz. Relief aus Ariccia. Aus: J. Leipoldt, *Umwelt des Urchristentums III* – Bilder zum neutestamentlichen Zeitalter / Evangelische Verlagsanstalt, Berlin 1966.
47 Friesfragment mit ekstatischer Prozession des Dionysoskultus. Neapel, Nationalmuseum. Aus: Joh. Quasten, *Musik und Gesang in den Kulturen der heidnischen Antike und christlichen Frühzeit* / Aschendorffsche Verlagsbuchhandlung, Münster.
48 Elfenbeinarbeit der Spätantike. Reproduziert nach W. F. Volbach, *Elfenbeinarbeiten der Spätantike und des frühen Mittelalters*. Röm.-Germ. Zentralmuseum, Mainz. Katalog Vor- und frühgeschichtlicher Altertümer 7 (1952; 3. Aufl. 1976 Verlag Philipp von Zabern, Mainz, Nr. 62, Tafel 34).
49 Elfenbeinarbeit der Spätantike. Reproduziert nach W. F. Volbach, *Elfenbeinarbeiten der Spätantike und des frühen Mittelalters*. Röm.-Germ. Zentralmuseum, Mainz. Katalog Vor- und frühgeschichtlicher Altertümer 7 (1952; 3. Aufl. 1976 Verlag Philipp von Zabern, Mainz, Nr. 62, Tafel 26).
50 Kaiser Justinian I. mit Erzbischof Maximinian und Gefolge, Mosaik. Ravenna / Scala, Florenz.
51 Krieger mit Siegeshelfer (Goldscheibe aus Pliezhausen) / Württ. Landesmuseum, Stuttgart.
52 Helmschmuck aus Valsgärde. Aus: Ruth Schmidt-Wiegand, *Wörter und Sachen im Lichte der Bezeichnungsforschung*. Berlin / New York, 1981 / Verlag W. de Gruyter, Berlin.
53 Reiterstein von Hornhausen. Abb. Nr. 20. Aus: Wolfg. Braunfels, *Die Welt der Karolinger und ihre Kunst* / Landesmuseum für Vorgeschichte, Halle (Saale).

54 Evangelist Johannes (Irische Kunst). Aus: W. v. d. Steinen, *Homo Caelestis*/ Francke Verlag, Bern und München.

55 Ornamentale Verzierungen. Irland / Prof. G. Haseloff, Würzburg.

56 Gefangennahme Christi (Book of Kells) Dublin. Aus: *Propyläen Kunstgeschichte Band 5*.

57 Evangelist Matthäus, Evangeliar des Erzbischofs Ebo. Hautvillers (Reims)/ Ann Münchow, Aachen.

58 Die vier Evangelisten, Schatzkammer-Evangeliar. Aachen / Bildarchiv Foto Marburg.

59 Gregor der Große, Egino-Codex, Berlin / Deutsche Staatsbibliothek Berlin/ DDR Ms. Phill. 1676, f. 25 v.

60 Gregor der Große mit seinen Schreibern. Aus: *Propyläen Kunstgeschichte, Band 5*, Tafel 36 / Bibliothèque Nationale, Paris.

61 Karl der Kahle (Reims). Aus: W. v. d. Steinen, *Homo Caelestis* / Francke Verlag, Bern und München.

62 Verkündigung an die Hirten, Perikopenbuch Heinrichs II., Clm 4452, fol. 8 v., Reichenau, zwischen 1007–1012; München (Penguin Books, Ltd.) Aus: *Propyläen Kunstgeschichte Band 5*.

63 Engel mit Christusmonogramm (Kindersarkophag) und Engel mit Christusmonogramm, Elfenbein vom Lorscher Buchdeckel. Vatikan. Aus: Wilh. Messerer, *Karolingische Kunst* / Verlag DuMont, Köln.

64 – 68 Utrechter Psalter. Aus: E. T. Dewald, *The Illustrations of the Utrecht Psalter*, Princeton University Press / University of Utrecht.

69 Die Fußwaschung Petri, Evangeliar Kaiser Ottos III., Reichenau um 1000, Bayr. Staatsbibliothek, Cod. Lat 4453. Aus: M. Gosebruch, *Giotto und die Entwicklung neuzeitlichen Kunstbewußtseins* / Verlag DuMont, Köln.

70 Der himmlische Strom (Bamberger Apokalypse, Reichenau). Aus: W. v. d. Steinen, *Homo Caelestis* / Francke Verlag, Bern und München.

71 Der von Johansdorf. Aus: Ingo F. Walther (Hg.), *Codex Manesse* / Insel Verlag, Frankfurt.

72 Heinrich von Stretlingen. Aus: Ingo F. Walther (Hg.), *Codex Manesse* / Insel Verlag, Frankfurt.

73 Lorenzetti: Mädchenreigen. Fresko im Rathaus von Siena um 1340. Aus: Curt Sachs, *Eine Weltgeschichte des Tanzes*, Georg Olms Verlag, Hildesheim / Stadtbibliothek Hannover, Signatur: Th 3805

74 Heinrich von Frauenberg. Aus: Ingo F. Walther (Hg.), *Codex Manesse* / Insel Verlag, Frankfurt.

75 Albrecht von Heigerloch. Aus: Ingo F. Walther (Hg.), *Codex Manesse* / Insel Verlag, Frankfurt.

76 Fechtszene. Aus: *Talhoffers Fechtbuch* Abb. B. 2539 (Gothaer Codex) / Forschungsbibliothek Gotha, Chart. A 558, Blatt 75 verso.

77 Gernrode, ehem. Frauenstiftskirche, Innenansicht. / Sächsische Landesbibliothek, Deutsche Fotothek, Dresden.

78 Mont-Saint-Michel, Abteikirche / Bildarchiv Foto Marburg.

79 Einer der drei Könige auf dem Weg zu Herodes.

80 Flucht nach Ägypten.

81 Die evangelischen Fischer. (79–81) Aus: E. Poeschel, *Die romantischen Dekkengemälde von Zillis* / Graubünden, E. Rentsch Verlag, Zürich / Orell Füssli Verlag, Zürich.

82 Monat Juni. Aus: *Stundenbuch des Herzogs von Berry*, Parkland Verlag, Stuttgart/Editions Minerva S. A. Genf.

83 Monat Juni. Aus: Michael Neumann, *Die Freuden des Jahres*/Georg Westermann Verlag, Braunschweig und Stadtbibliothek Braunschweig.

84 Monat Oktober. Aus: *Stundenbuch des Herzogs von Berry*, Parkland Verlag, Stuttgart/Editions Minerva S. A. Genf.

85 Monat Oktober. Aus: Michael Neumann, *Die Freuden des Jahres*/Georg Westermann Verlag, Braunschweig und Stadtbibliothek Braunschweig.

86 Monat August. Aus: *Stundenbuch des Herzogs von Berry*, Parkland Verlag, Stuttgart/Editions Minerva S. A. Genf.

87 Monat August. Aus: Michael Neumann, *Die Freuden des Jahres*/Georg Westermann Verlag, Braunschweig und Stadtbibliothek Braunschweig.

88 Masaccio: Der Zinsgroschen, Wandmalerei, Florenz, S. Maria del Carmine, 1427 (?). Aus: *Propyläen Kunstgeschichte Band 7*

89 Masaccio: Die Vertreibung aus dem Paradies, Wandmalerei, Florenz, S. Maria del Carmine, 1427 (?). Aus: *Propyläen Kunstgeschichte Band 7*.

90 Sandro Botticelli: Die Geburt der Venus um 1485 (?), Florenz. Aus: *Propyläen Kunstgeschichte Bd. 7*/Gabinetto Fotografico della Soprintendenza alla Gallerie, Florenz.

91 Tizian: Maria Himmelfahrt. Aus: Nitschke, *Kunst und Verhalten*, Abb. Nr. 57 Frommann-Holzboog, Stuttgart.

92 Masaccio: Die Heilige Dreifaltigkeit. Wandmalerei, Florenz, S. Maria Novella um 1425. Aus: *Propyläen Kunstgeschichte Band 7*/Gabinetto Fotografico della Soprintendenza alla Galerie, Florenz.

93 Lorenzo Ghiberti: Szenen aus Jakob und Esau. Florenz, Baptisterium S. Giovanni, sog. Paradiestür/Archivi Alinari, Firenze.

94 Favorite zu Mainz. Der mittlere Quergarten nach S. Kleiner, 1726.

95 Weimar, Die drei Säulen, um 1800.

96 Wörlitz, Venus-Tempel (94–96). Aus: D. Hennebo/A. Hoffmann, *Geschichte der dt. Gartenkunst Bd. II*/Broschek Verlag, Hamburg und Dr. D. Hennebo und Dr. A. Hoffmann.

97 Koch: Der Geist von Loda, Aus: Nitschke, *Kunst und Verhalten*, Abb. 59 Frommann-Holzboog, Stuttgart-Bad Cannstatt.

98 Füssli: Die Riesenschlange. Aus: Nitschke, *Kunst und Verhalten*, Abb. 60 Frommann-Holzboog, Stuttgart-Bad Cannstatt.

99 David: Napoleon am St. Bernhard. Aus: Nitschke, *Kunst und Verhalten*, Abb. 65 Frommann-Holzboog, Stuttgart-Bad Cannstatt.

100 Runge: Der Morgen. Aus: Nitschke, *Kunst und Verhalten*, Abb. 61 Frommann-Holzboog, Stuttgart-Bad Cannstatt.

101 C. D. Friedrich: Vor Sonnenaufgang. Aus: Nitschke, *Kunst und Verhalten*, Abb. 62 Frommann-Holzboog, Stuttgart-Bad Cannstatt/Staatliche Museen Preußischer Kulturbesitz, Nationalgalerie, Berlin (West).

102 C. D. Friedrich: Klosterhof im Schnee. Aus: *Propyläen Kunstgeschichte Bd. 11*/Ullstein Bilderdienst, Berlin.

103 C. D. Friedrich: Ruine. Aus: Nitschke, *Kunst und Verhalten*, Abb. 64 Frommann-Holzboog, Stuttgart-Bad Cannstatt/Staatliche Kunstsammlung Dresden.

104 Degas: Tänzerinnen. Aus: *Kindlers Malereilexikon Bd. II* (Archiv Kindler, München)

105 Alfred Sisley: Regatta in Molesey, 1874, Paris. Aus: *Propyläen Kunstgeschichte Bd. 11*, Tafel XLII/Jean Dubout, Paris.

106 Paul Klee: Anleitung zum Zeichnen. Aus: 50 *Jahre Bauhaus*, Abb. Seite 23/ Bauhaus-Archiv, Museum für Gestaltung, Berlin. (Paul-Klee-Stiftung, Bern)
107 Kandinsky: Analytisches Zeichnen. Aus: 50 *Jahre Bauhaus*, Abb. 134/Bauhaus-Archiv, Museum für Gestaltung, Berlin.
108 Chillida: Klingende Räume. Aus: Pierre Volboudt, *Chillida* (Sammlung Juan Huarte, Madrid) Abb. 11/Verlag Gerd Hatje, Stuttgart.

Nicht alle Bildquellen konnten ausfindig gemacht werden. Wir sind für entsprechende Hinweise dankbar. Den Verlagen, Museen und Bildagenturen danken wir freundlich für die erteilte Abdruckgenehmigung.